Ja,
auch du kannst
dein Pferd
gebisslos reiten!

Jesse Drent

Gebisslos — Reiten

KOSMOS

Inhalt

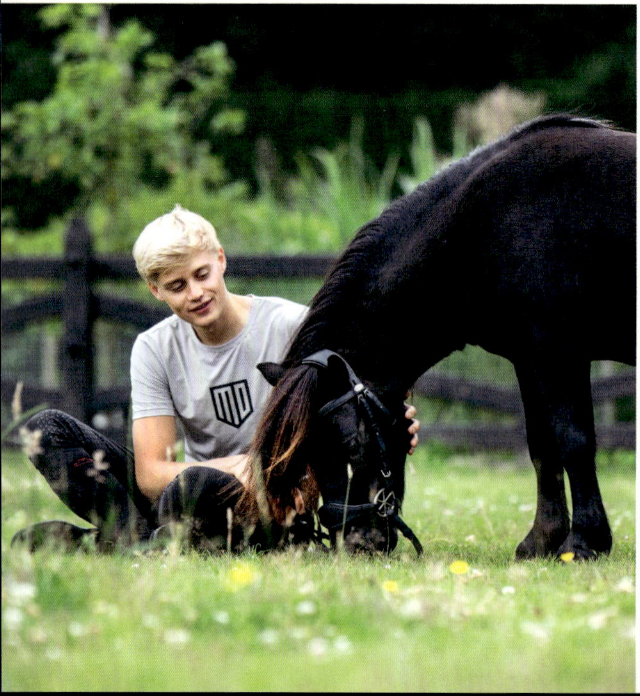

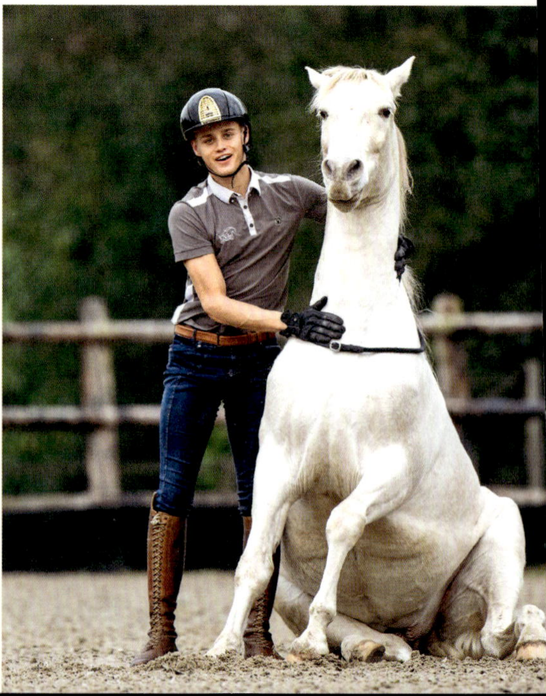

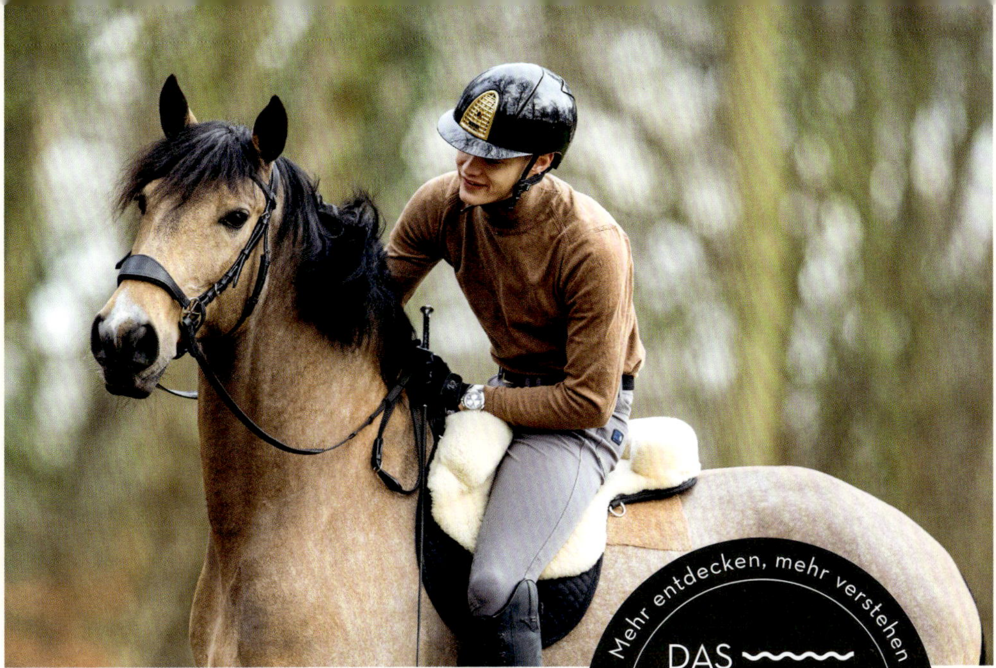

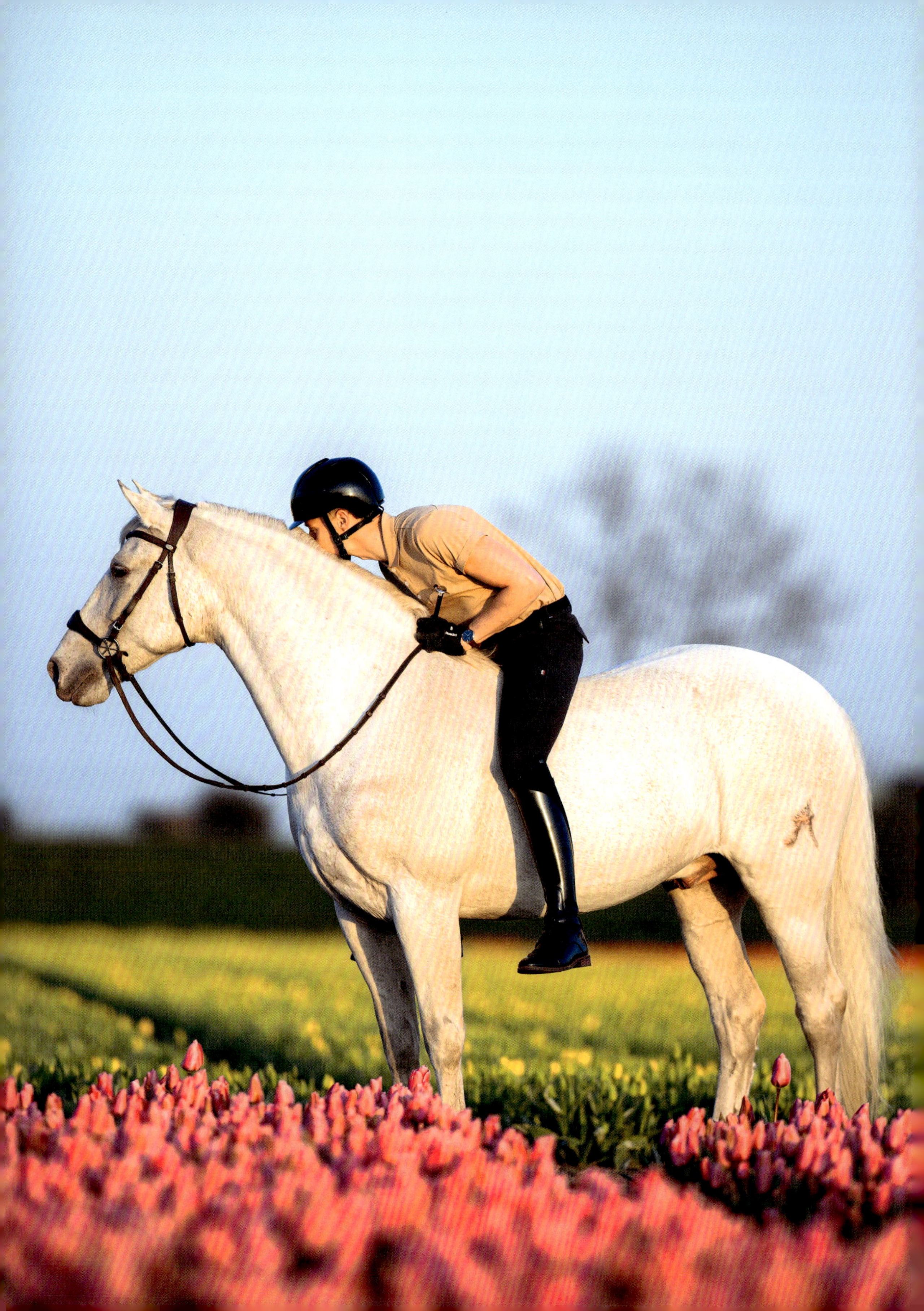

Einleitung

Das Wichtigste ist,
dass du und dein Pferd Spaß
miteinander habt.

Ich habe dieses Buch geschrieben, weil ich Reiter dazu motivieren möchte, das gebisslose Reiten auszuprobieren, damit diese Reitweise hoffentlich mehr Freunde findet.

Entdecke die Möglichkeiten

Ich bin früher oft mit Gebiss geritten und tue es immer noch hin und wieder. Ich habe nichts gegen Gebisse, aber im Laufe der Zeit habe ich die vielen Vorteile des gebisslosen Reitens entdeckt. Ich hoffe, dass ich diese Erkenntnis mit mehr Menschen teilen kann, von denen manche vielleicht ganz aufhören werden, ein Gebiss zu benutzen, während andere sich vielleicht dazu entschließen, ab und zu gebisslos zu reiten.
Ich möchte den Leserinnen und Lesern zeigen, dass es keinen so großen Unterschied zwischen dem Reiten mit und ohne Gebiss gibt. Es ist dabei nicht meine Absicht, eine endgültige Entscheidung herbeizuführen, sondern ich möchte Reiterinnen und Reiter dazu anregen, darüber nachzudenken, was für ihr Pferd am besten ist. Hoffentlich kann ich dazu beitragen, dass sich das Reiten ohne Gebiss etabliert.

Es gibt keinen Konflikt zwischen den Methoden

Manchmal wirkt es so, als ob es einen Konflikt zwischen dem Reiten mit Gebiss und dem Reiten ohne Gebiss gäbe – als ob Welten zwischen den beiden liegen würden. Ich wünsche mir eine Welt, in der beide Reitarten akzeptiert sind, ohne eine Kluft zwischen ihnen. Man ist nicht unbedingt gegen Gebisse, nur weil man gebisslos reitet: Man kann beides tun. Es ist dein Pferd, das du reitest, nicht das „Gebiss". Aber wenn dein Pferd ohne Gebiss gut reagiert, warum reitest du dann nicht auf diese Weise?

Das Wohlbefinden deines Pferdes

Meiner Meinung nach ist das gebisslose Reiten pferdefreundlicher und angenehmer für das Pferd, vorausgesetzt, der Reiter macht es richtig. Es geht nicht nur darum, irgendwie ohne Gebiss zu reiten, sondern auch darum, wie man gebisslos reitet. Egal, ob mit oder ohne Gebiss, das Wichtigste ist faires und gutes Reiten. In diesem Sinne wird in diesem Buch viel Wert auf den richtigen Umgang mit dem Pferd und die Anwendung der Reitgrundlagen gelegt. Denn das Ziel beim gebisslosen Reiten ist immer noch das gleiche: Leichtigkeit und Anlehnung. Pferde sind freundliche, kooperative Lebewesen. Ich glaube, dass diese Kooperation der Kern einer harmonischen Reitweise ist.

Man lernt nie aus

Ich lerne ständig von den Pferden und Menschen, denen ich begegne, und ich hoffe, dass andere wiederum von mir lernen und dass ich dazu beitragen kann, das gegenseitige Verständnis zwischen Menschen und Pferden zu verbessern. Mein wichtigster Punkt ist, dass es nicht nur mehr Spaß macht, auf positive Weise mit Pferden zu arbeiten, sondern dass es auch die effektivste Methode ist.

Pferde tun nie etwas, um uns absichtlich zu ärgern: Sie reagieren einfach in dem Moment auf das, was sie gerade erleben. Im Gegensatz zu uns Menschen reagieren sie nie aus Frust heraus. Ich möchte nie aufhören, Pferde zu beobachten und von ihnen zu lernen, und hoffe, dass ich mein Wissen und meine Erfahrungen immer mit anderen teilen kann.

Ein besseres Verständnis entwickeln

Ich bin allen sehr dankbar, die mein Buch lesen, weil sie ihr Pferd besser verstehen möchten. Wir können froh sein, dass wir mit so besonderen Lebewesen zusammenarbeiten dürfen und wir sollten immer versuchen, diese Zusammenarbeit für das Pferd angenehm zu gestalten. Natürlich bin ich nicht allwissend, aber ich versuche immer mein Bestes und bin sicher, dass die Menschen, die mein Buch lesen, dieselbe Motivation und Hoffnung haben: dass wir die Welt und das Leben unserer Pferde gemeinsam ein bisschen schöner machen können.

Jesse

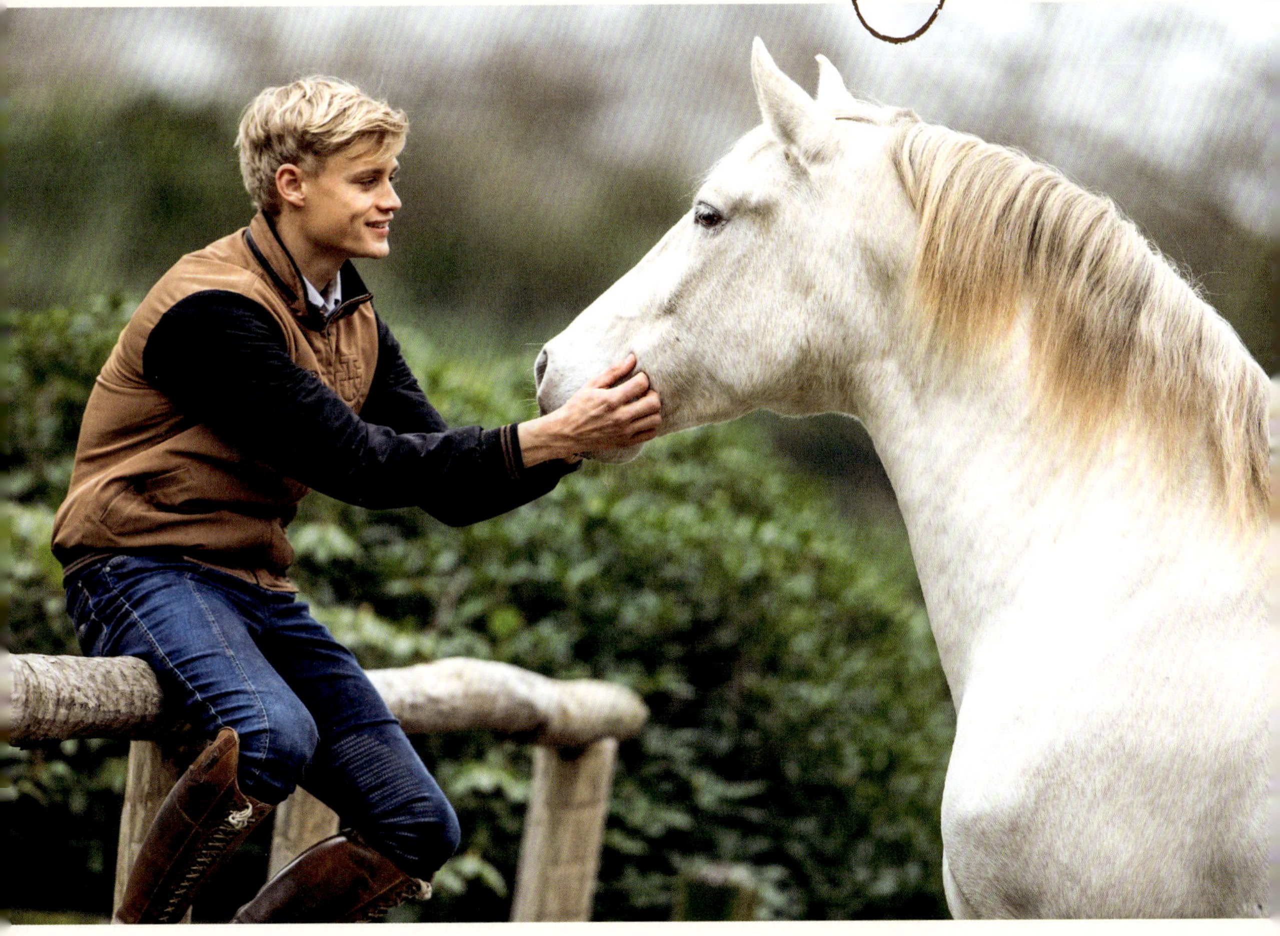

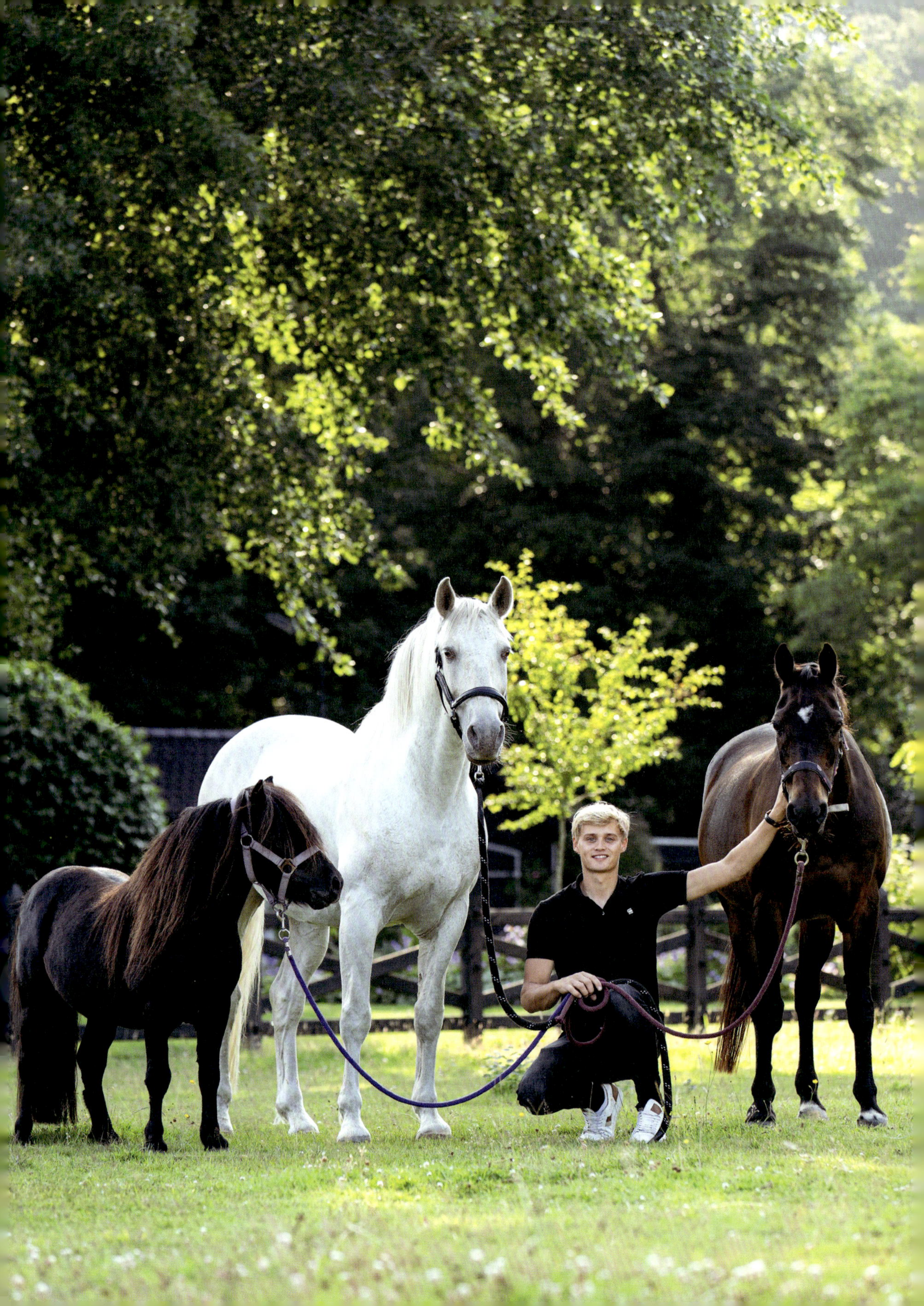

Jesse und seine Pferde

Wenn du deine Pferde so respektierst, wie sie sind, und ihnen erlaubst, sie selbst zu sein, wirst du wundervolle Persönlichkeiten kennenlernen.

Jesse

In meinem Leben dreht sich alles um Pferde. Es sind wunderschöne, freundliche Geschöpfe, die gerne kooperieren, wenn sie verstehen, was wir meinen. Jeden Tag lerne ich etwas Neues – von meinen eigenen Pferden und denen anderer Leute.
Ich war acht Jahre alt, als ich zum ersten Mal Reitunterricht nahm. Obwohl ich mich ein bisschen fürchtete, konnte ich an nichts anderes mehr denken. Als ich zwölf war, hatte ich das Glück, Andorra zu bekommen – mein erstes Pony. Sie stellte mich vor all die Herausforderungen, die nötig waren, um mich auf das Leben vorzubereiten, das ich jetzt führe.

Wissen teilen

Ich möchte das, was ich gelernt habe, gerne mit anderen teilen. Dann kann jeder für sich das mitnehmen, was ihn am meisten anspricht und zu seiner einzigartigen Situation passt. Mein Ziel ist es, Menschen zu helfen, indem ich sie zum Nachdenken anrege und ihnen hoffentlich beibringe und sie dazu inspiriere, ihrem Bauchgefühl treu zu bleiben und diesem zu vertrauen. Denn dieses Gefühl ist etwas Besonderes und der Grund, warum wir immer versuchen sollten, die Methoden, die wir anwenden, weiter zu verbessern.
Ich versuche, den Menschen zu vermitteln, die Dinge aus der Sicht der Pferde zu sehen – zu verstehen, wie ein Pferd denkt. Ein Pferd ist ein Pferd und wird immer wie ein Pferd reagieren, niemals wie ein Mensch. Deshalb müssen wir einerseits versuchen zu verstehen, wie ein Pferd denkt und warum es so reagiert, wie es reagiert. Und andererseits müssen wir versuchen zu verstehen, wie Pferde die Welt sehen und wie wir in ihrer Sprache kommunizieren können. Auf diese Weise kommen wir gemeinsam viel weiter und haben viel mehr Spaß zusammen.
Wir alle streben nach Harmonie mit unserem Pferd, aber das wird nicht funktionieren, wenn wir versuchen, dem Pferd Dinge aufzuzwingen. Harmonie kommt von beiden Seiten.
Das Wichtigste und Grundlegendste, was ich gelernt habe, ist, wie viel man durch einen positiven Ansatz erreichen kann. Wenn du dich auf die positiven Dinge konzentrierst, werden sie mehr werden. Natürlich musst du dem Pferd ein paar Leitlinien bieten, damit es

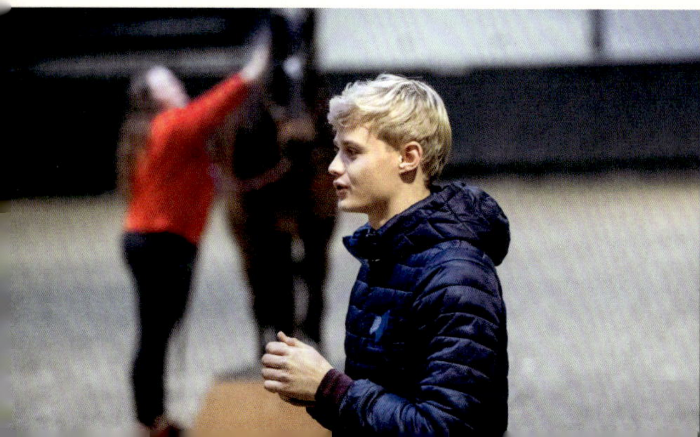

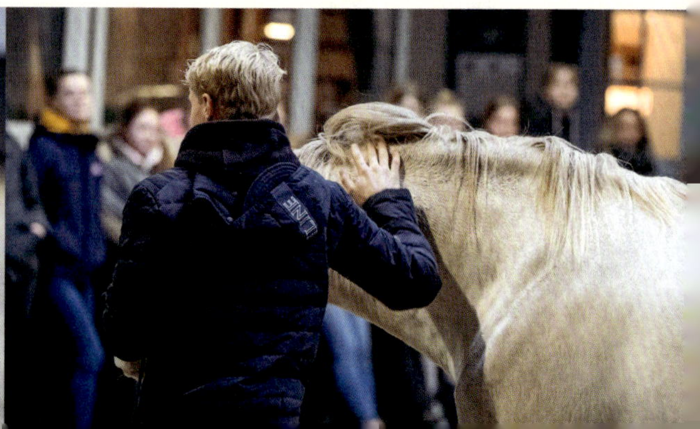

seine Situation versteht – aber konzentriere dich immer auf die Dinge, die gut laufen. Schwierigere Aufgaben kannst du in kleinen Schritten angehen, damit dein Pferd motiviert bleibt. Auf diese Weise kann es sich öffnen und ihr könnt zu einem starken Team zusammenwachsen, in dem sich eure Persönlichkeiten gegenseitig ergänzen. Oder sich gegenseitig spiegeln, haha.

Manchmal sehen Menschen die Dinge aus Frustration und Ohnmacht negativ und beschweren sich darüber, dass das Pferd „dies oder jenes nicht tun will". Sie ärgern sich über ihr Pferd und nehmen es fast persönlich, wenn sie nicht das Ergebnis erhalten, das sie sich erhofft hatten. Aber ein Pferd tut nie etwas mit dem Ziel, den Menschen zu ärgern.

Ich möchte den Leuten beibringen, nach Wegen zu suchen, wie sie ihrem Pferd helfen können, und was sie tun können, damit es versteht, was sie meinen; ihnen zeigen, wie sie sich ihrem Pferd gegenüber klar ausdrücken können, damit es versteht, was von ihm verlangt wird. Auf diese Weise werden sich Reiter und Pferd immer besser kennenlernen und ein Gefühl füreinander entwickeln. Das Pferd wird seine Situation verstehen und seinem Reiter Vertrauen entgegenbringen. Dieses Vertrauen ist nur möglich, wenn der Reiter aufrichtig und fair ist.

Die meisten Menschen haben ein Pferd, weil sie sich entspannen und zusammen Spaß haben wollen. Aber allzu oft sieht man, wie sie diese Absicht unter dem Druck äußerer Einflüsse – wie Turniere, die Stallatmosphäre und ähnliche Stressquellen – aus den Augen verlieren. Ihr ursprüngliches Ziel ist verloren gegangen und vergessen.

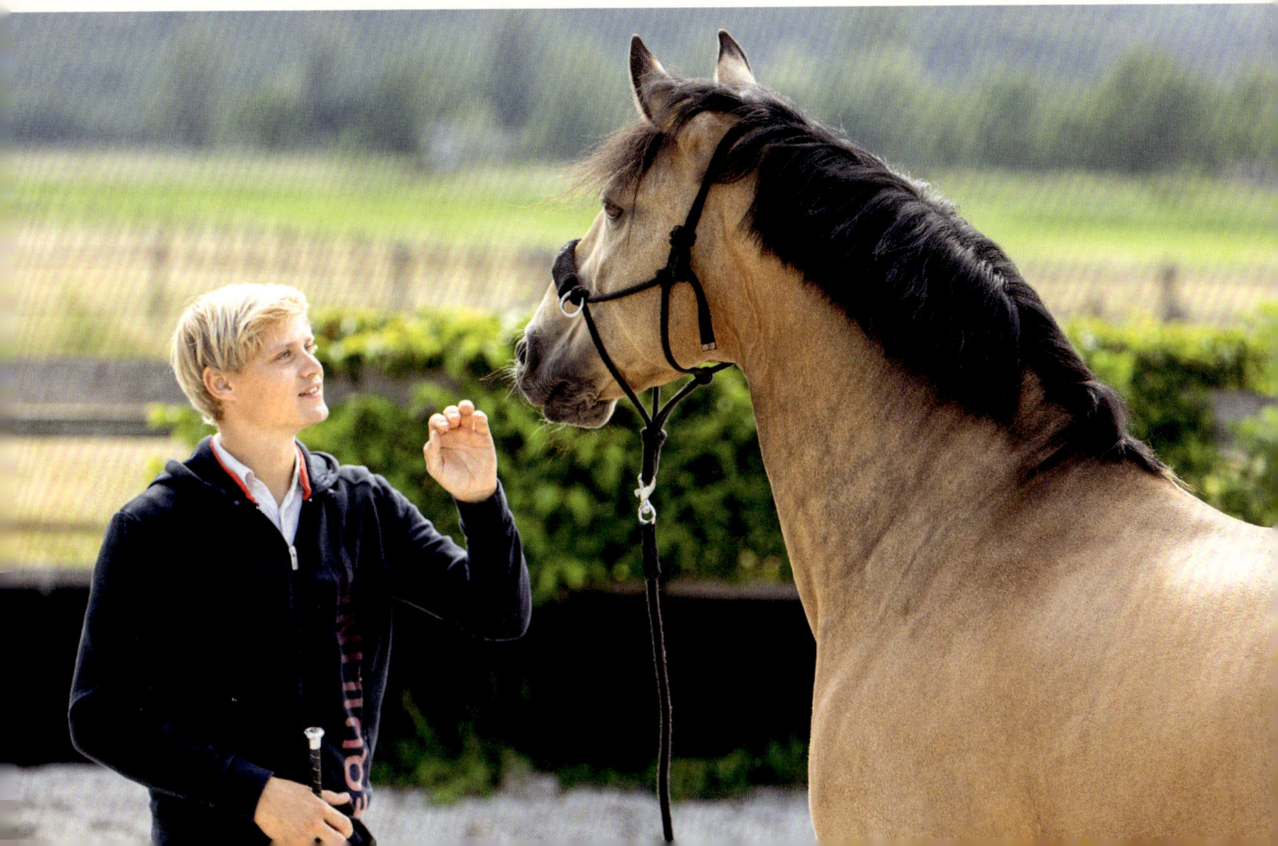

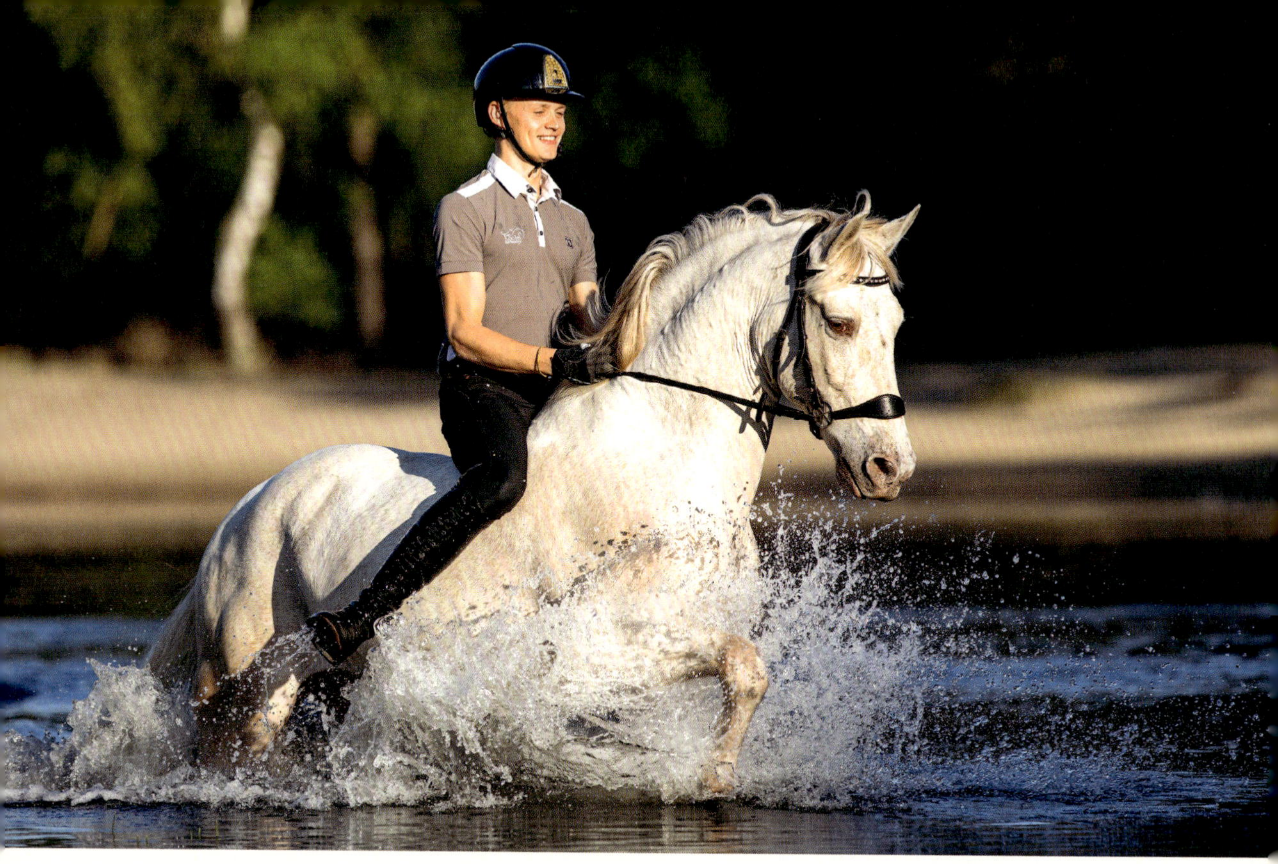

Mein Ziel ist es, diese Freude zurückzubringen. Es muss nicht immer alles perfekt laufen oder exakt den Regelwerken entsprechen. Viel wichtiger ist es, Spaß zu haben und die Sache nicht zu verkomplizieren. Das Ziel sollte ein gutes Gefühl und die Freude sein, die du mit deinem Pferd teilst, ohne Rücksicht auf äußere Erfolge oder die Meinung anderer Leute. Natürlich kannst du auf ein bestimmtes Ziel hintrainieren, aber verliere dabei nie den gemeinsamen Spaß aus den Augen.

Was ich mache

Meine Arbeit ist unglaublich abwechslungsreich, keine Woche gleicht der anderen. Ich lege mich nicht auf eine bestimmte Reitdisziplin fest. Ab und zu reite ich ein Dressurturnier, ich bin schon viel gesprungen und ich gebe Vorführungen in der Freiheitsdressur, bei denen ich meinen Umgang mit Pferden erkläre und versuche zu zeigen, was für Spaß wir zusammen haben. Die Freiheitsdressur und die Arbeit an der Hand machen mir generell besonders viel Freude, weil es hier keine Grenzen gibt, wie viel ich und mein Pferd gemeinsam lernen können – wir verstehen einander immer besser und vertiefen unsere Verbindung mit jeder neuen Übung.

All diese Aktivitäten bilden ein Ganzes. Meiner Meinung nach sind sie keine getrennten Disziplinen, sondern verschiedene Wege, um eine freudige Zusammenarbeit und ein besseres Verständnis zwischen Pferd und Mensch zu erreichen. Natürlich verbringe ich die meisten Tage damit, meine eigenen Pferde und die Pferde anderer Leute zu reiten. Ich unterrichte auch und gebe Workshops. Es erfüllt mich zunehmend, Unterricht zu geben, weil

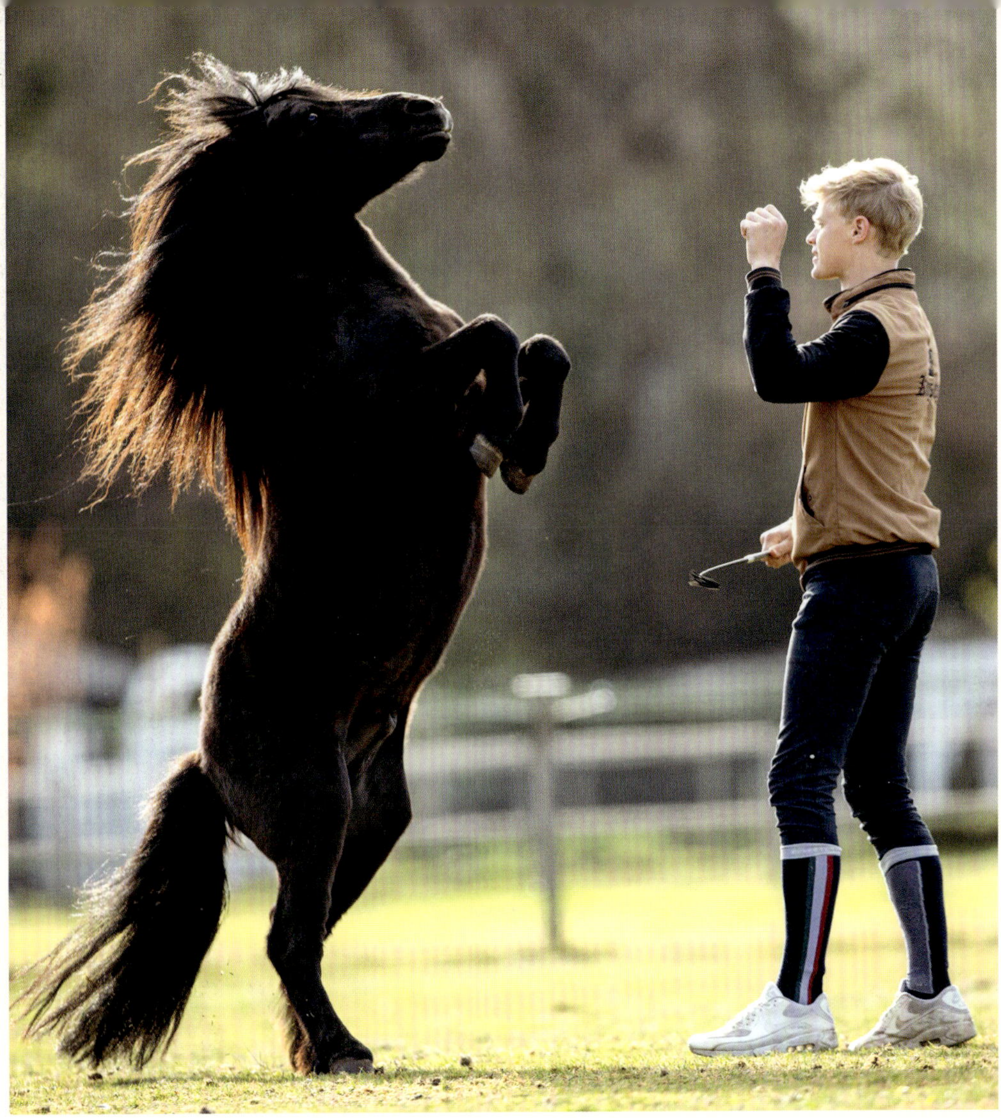

ich merke, wie viel man durch das Beobachten anderer Menschen und Pferde lernen kann. Es ist so schön, wenn ich den Menschen Werkzeuge an die Hand geben kann, mit denen sie Fortschritte machen können – es ist ein Lernprozess, den ich mit ihnen teilen kann.
Soziale Medien wie Instagram und YouTube sind wichtige Medien, um den Menschen zu zeigen, was ich mache und was ich aus all diesen verschiedenen Erfahrungen lerne. Ich hoffe, dass ich andere mit meiner Begeisterung anstecken kann.
Zusammen mit Matt Harnacke habe ich eine Online-Plattform namens HorseWorldTV gegründet. Hier wollen wir die Möglichkeit bieten, sich Inspiration und Lernerfahrungen von jenen Menschen in der Pferdewelt zu holen, die wir bewundern und an die wir glauben. Dazu zeigen wir Trainingsvideos mit verschiedenen Trainern und Reitern, teilen wissenswerte Informationen über Pferde und haben natürlich auch einige Clips dabei, die einfach nur Spaß machen. Ich hoffe, dass eine Kombination aus vielen verschiedenen positiv dargestellten Aspekten der Pferdewelt zu wunderschönen Ergebnissen führen kann. Wir können voneinander lernen und miteinander Fortschritte machen, ohne einander zu beurteilen.

Andorra

Andorra ist eine „richtige Stute“, im positiven Sinne des Wortes: freundlich und fürsorglich. Ich sehe Andorra jeden Tag und wenn das manchmal nicht möglich ist, vermisse ich sie. Andorra bedeutet mir alles. Seit ich zwölf bin, haben wir alles zusammen durchgestanden und jetzt wohnt sie ganz in der Nähe, nämlich hinter meinem Haus. Das Gefühl der Verbundenheit, das ich mit ihr teile, ist unbeschreiblich. Was wir zusammen haben, ist einzigartig, und ich bin jeden Tag aufs Neue dankbar dafür.

Andorra hat mir etwas Wichtiges beigebracht

Man muss Andorra gegenüber absolut fair sein, sonst bekommt man nichts von ihr zurück. Wenn man ihr nicht aufrichtig begegnet, weigert sie sich einfach, aufzupassen. Sie kann Fehler verzeihen, aber wenn man ihr nicht zuhört und dieselben Fehler immer wieder macht, dann verweigert sie einfach jegliche Kooperation – so lange, bis man anfängt, seine Methoden zu verbessern, und den richtigen Weg findet.
Das wurde mir klar, als ich sie noch nicht sehr lange hatte. Zuerst war sie bei allem, was ich tat, kooperativ, aber als ich sie weiter so ritt, wie ich das in der Reitschule gelernt hatte, hörte sie auf, das zu akzeptieren. Sie warf mich ab, was ihre Art war, mir zu sagen: „So wird das nichts. Wir müssen zusammenarbeiten, und du musst herausfinden, wie du dein reiterliches Können verbessern und wie du mich anders behandeln kannst.“
Ich liebe ihre klare und deutliche Art.

Andorra hat mir alles beigebracht, was ich weiß, und dank ihr habe ich es bis dahin geschafft, wo ich bin. Am Anfang konnte ich nicht einmal auf ihr ausreiten, aber jetzt fahren wir auf alle möglichen Veranstaltungen. Ich kann sie komplett ohne Sattel und Zaumzeug reiten und wir haben immer Spaß zusammen. Sie war es, die mir beigebracht hat, meinen Horizont zu erweitern und meine Technik zu verbessern, um Lösungen zu finden. Durch sie habe ich gelernt, dass es andere Wege gibt, mit Pferden umzugehen, als die Methoden, die in der Reitschule gelehrt werden.
Sie weist mich immer noch in meine Schranken. Wenn ich manchmal denke, dass ich dieses oder jenes schnell mit ihr machen kann, ist ihre Reaktion: „Nein, wir werden nichts dergleichen tun.“ Das kann im Moment ärgerlich sein, aber eigentlich ist es wunderbar, wie sie mir den Spiegel vorhält.

Nach den vielen Jahren merke ich, dass vieles einfacher für mich geworden ist. Das ist ein großartiges Gefühl, für das sich die ganzen schwierigen Lektionen gelohnt haben. Denke auch du daran, wenn die Dinge mal nicht so laufen, wie du es dir erhofft hattest.

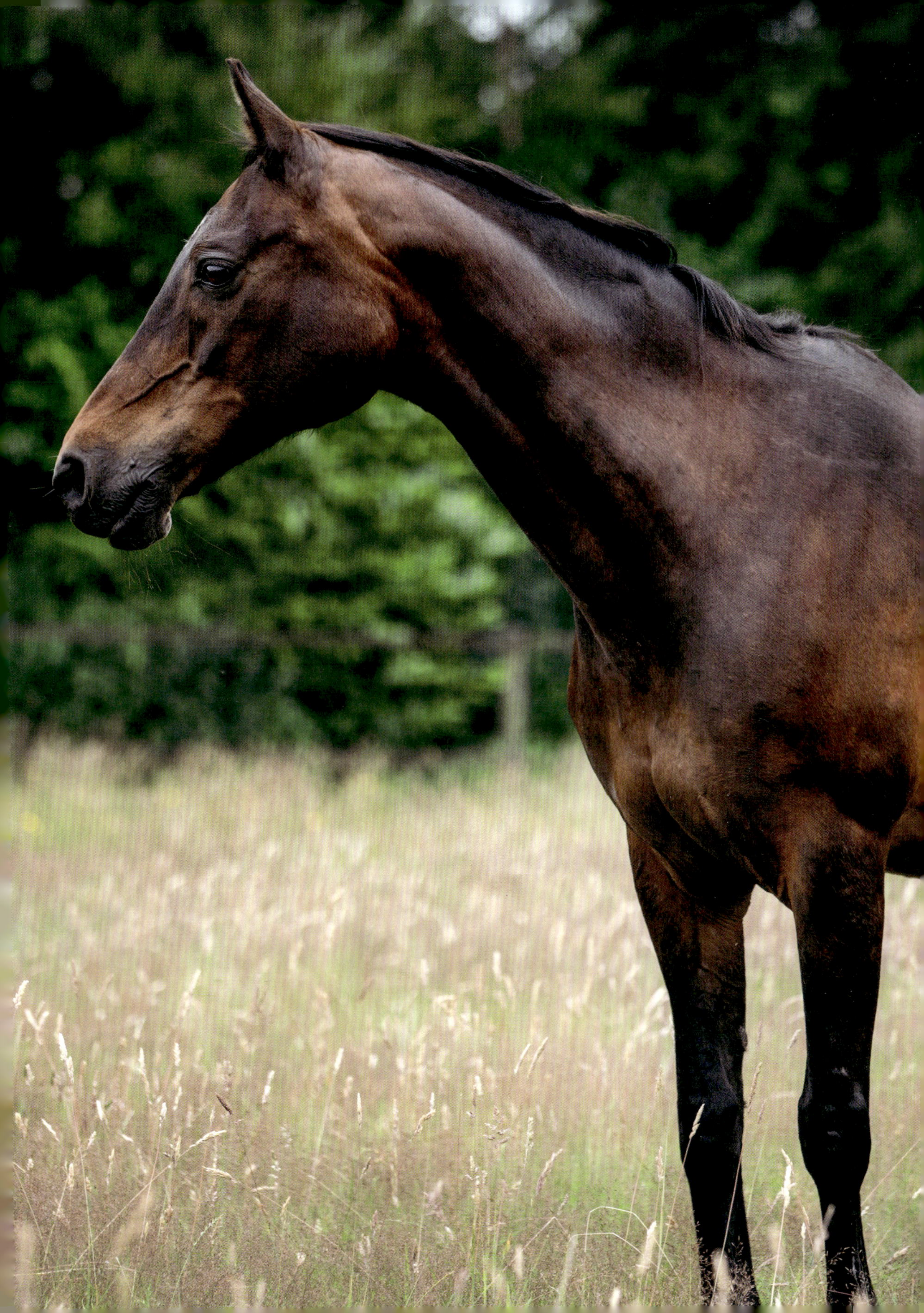

Schlau und fröhlich

Andorra ist sehr schlau. Ich habe ihr in letzter Zeit nicht mehr viel Neues beigebracht, aber es war immer eine wahre Freude, sie zu trainieren. Sie versucht herauszufinden, was ich meine, gibt immer ihr Bestes und lässt mich nie im Stich. Auf Shows ist sie zu 100 % bei der Sache. Sobald sie dort ankommt, die Musik hört und die Leute sieht, fängt sie an zu tanzen. Sie ist fröhlich, frech und nie faul. Beim Ausreiten ist sie die Lustigste von allen und will immer laufen. Ich habe Andorra seit 2008, als ich zwölf Jahre alt war und sie 14 Jahre alt wurde. Die Bindung, die ich zu ihr habe, ist etwas ganz Besonderes. Wenn ich den Stall verlasse, will sie noch ein letztes Mal meine Aufmerksamkeit. Und wenn ich das einmal vergesse, fordert sie sie ein. Ihre Lieblingsbeschäftigung ist es, Küsschen zu geben … aber sie liebt es auch, wild zu galoppieren.

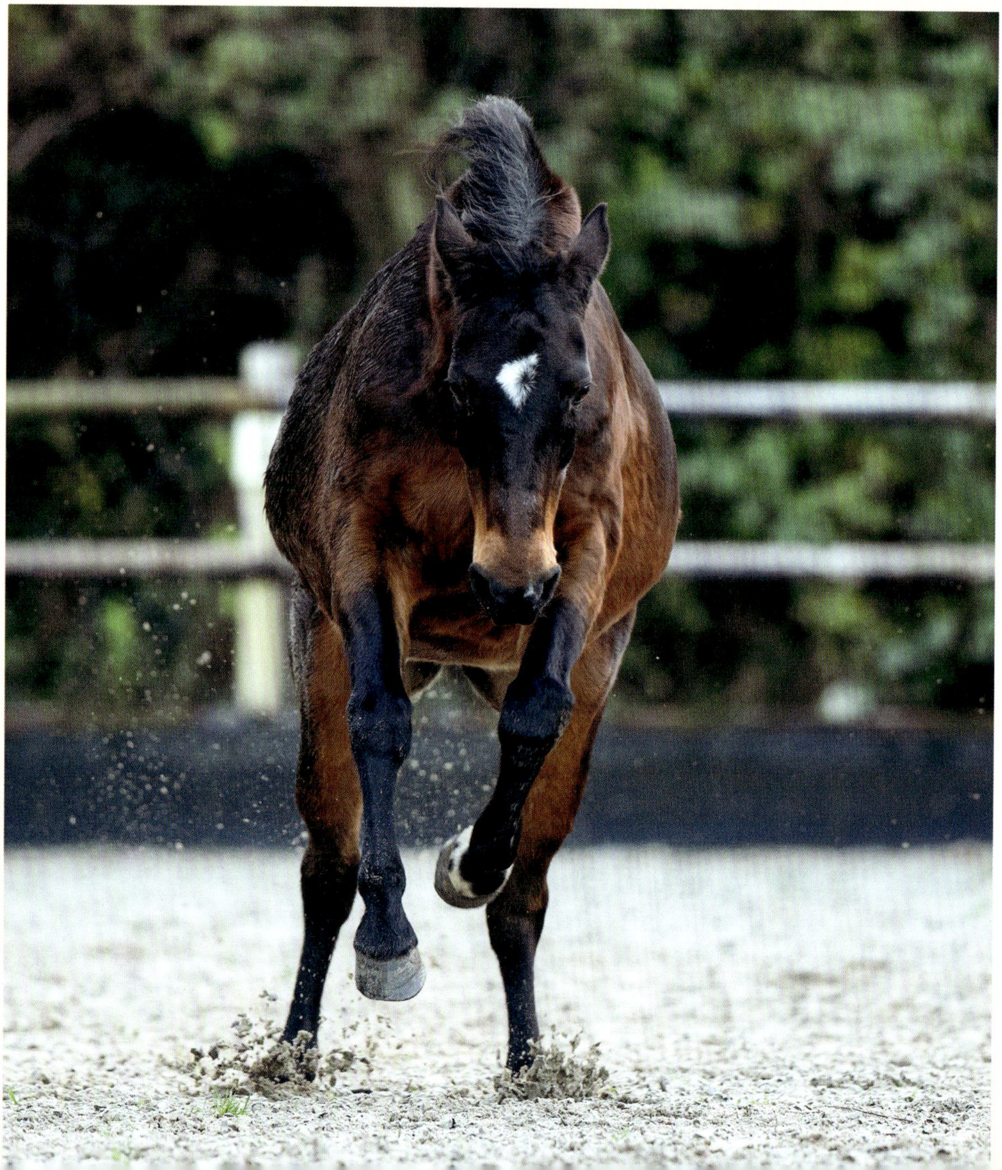

Du musst dein Bestes geben

Manchmal arbeiten andere Leute mit Andorra. Wenn sie ihr Bestes versuchen, reagiert Andorra meistens so, wie sie es wollen. Aber wenn jemand unsicher oder zu forsch ist, dann verweigert sie die Kooperation und steht einfach nur da, wobei sie die Person komplett ignoriert. Man muss sich ihre Aufmerksamkeit verdienen – diese Eigenschaft liebe ich an ihr. Man kann sich nie einfach denken: Ich fang mal an und dann wird sie schon ihr Repertoire abspulen. Wenn jemand sein Bestes gibt, aber die Hilfen noch nicht ganz beherrscht, dann wird sie alles Mögliche probieren, um herauszufinden, was gewollt ist. Sie denkt vielleicht: „Aha, die wollen, dass ich die Beine kreuze", und dann wird sie das mehrmals hintereinander machen. Als Trainer musst du also ihr folgen und nicht umgekehrt. Sie bringt einen dazu, darüber nachzudenken, was man tut und wie man es tut. Darin unterscheidet sie sich völlig von Macho. Wenn jemand in seiner Nähe unsicher ist, nutzt der Ponywallach das sofort aus.

Momente der Frustration

Anfangs war ich ziemlich frustriert, wenn die Dinge nicht so liefen, wie ich es wollte. Damals hatten Andorra und ich Phasen, in denen nichts richtig lief, aber nach und nach machten wir Fortschritte. Ich wollte zu viel, zu früh. Ich dachte, ich hätte verstanden, wie der Hase läuft und begann, auf bestimmte Dinge zu bestehen. Und genau da fing es wieder an, schiefzugehen. Ich wurde zunächst zornig und schämte mich dann dafür. Dadurch habe ich gelernt, ohne Erwartungen an die Sachen ranzugehen, weil ich dann am meisten vom Pferd zurückbekomme. Wenn also etwas nicht klappt und du merkst, wie du frustriert wirst: Versuche, in Lösungen zu denken, so schwer das auch sein mag. Das ist der Weg.

Mit oder ohne Gebiss?

Ich habe Andorra anfangs auf die übliche Weise geritten, mit Sattel und Zaumzeug. Später habe ich versucht, sie ohne Sattel nur mit einer Satteldecke zu reiten, und habe am Ende der Reitstunde zunächst ein Halfter und schließlich nichts mehr am Kopf verwendet. Ich wechsle immer noch ab und reite sie sowohl mit als auch ohne Gebiss. Mit Gebiss neigt sie dazu, maulig zu werden, was mir den Eindruck vermittelt, dass sie ohne Gebiss ruhiger und zufriedener ist.

Ich habe alle möglichen gebisslosen Zäumungen an Andorra probiert. Manche haben besser funktioniert als andere. Die von mir entwickelte Nalanta-Zäumung basiert auf dem, was bei Andorra gut funktioniert hat. Andorra ist von Natur aus sehr temperamentvoll und möchte am liebsten überall schnell hinrennen. Ein paarmal ist sie mit mir durchgegangen, als ich mit einem Halsring geritten bin, darunter auch einmal bei einer Show – einfach, weil sie immer noch mehr geben will.

Gemeinsam Spaß haben

Es ist schön zu sehen, dass Andorra viel Spaß an den Dingen hat, die wir zusammen machen. Vor einiger Zeit sind wir in einer Show aufgetreten, bei der alles sehr gut lief, und noch tagelang danach kam sie zu mir, als wollte sie fragen: „Sollen wir das nochmal machen?“

Ich habe so viel von Andorra gelernt. Sie ist ein ganz besonderes, weises Pferd – das sieht man an ihren Augen. Und obwohl die Dinge am Anfang manchmal schiefliefen, war es nie wirklich gefährlich. Sie hat mir einfach erklärt, wie sie behandelt werden möchte.

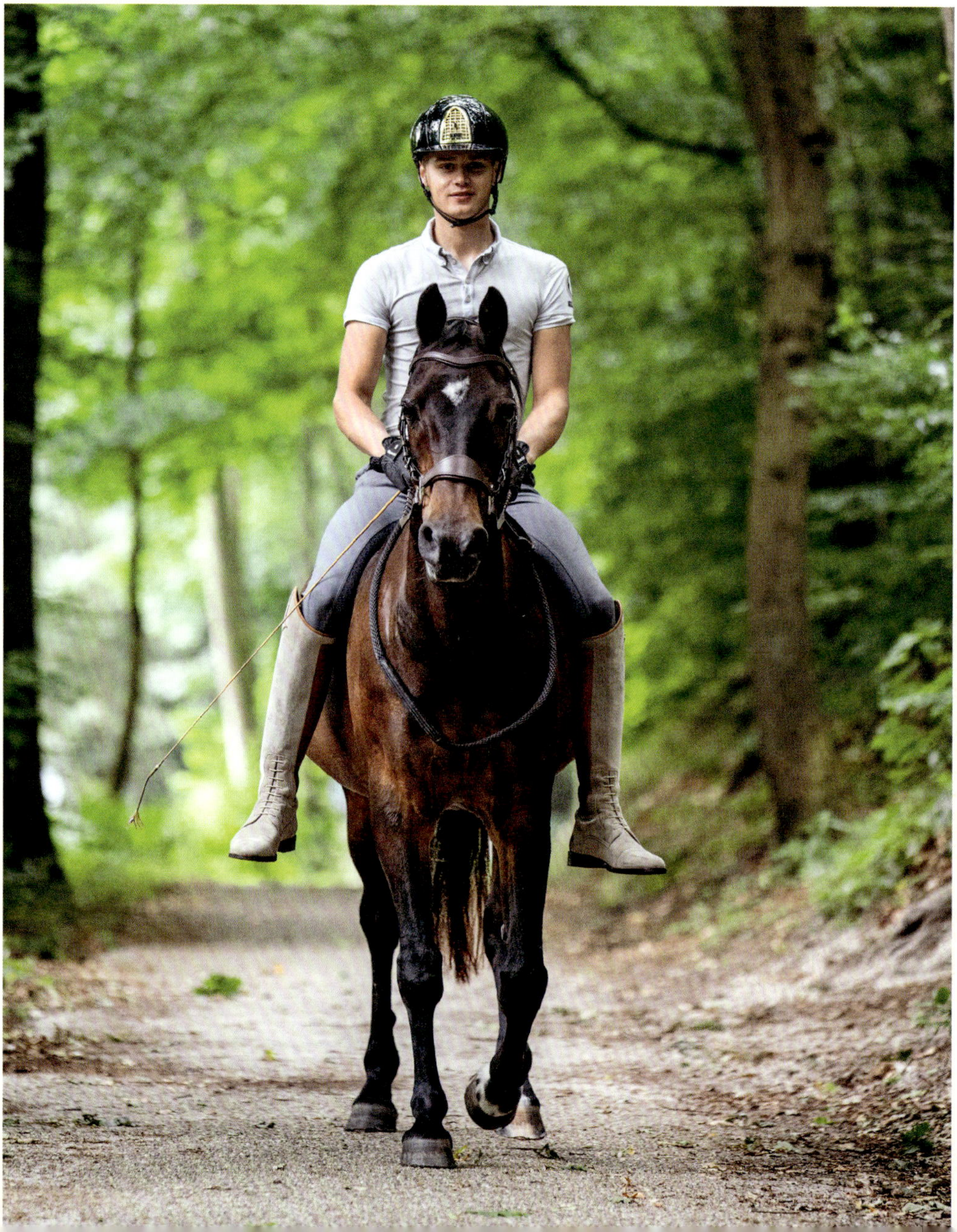

Macho

Macho war eineinhalb, als er zu mir kam. Er war gerettet worden und ich wurde gebeten, ihn aufzunehmen. Ich hatte nicht vorgehabt, mir ein weiteres Pony anzuschaffen (meine Mutter hatte definitiv keine Pläne in dieser Richtung!), aber ein Blick in seine Augen genügte und es gab kein Zurück mehr.

Macho ist Macho. Er hat einen starken Willen, ist oft sehr spitzbübisch und lustig. Er hat echt Humor, was man daran erkennen kann, dass seine Augen manchmal glitzern. Aber er ist auch sehr gutmütig. Macho weiß genau, wie weit er in einem bestimmten Moment gehen kann. Er liebt es, zu arbeiten und Aufmerksamkeit zu bekommen.

Kein Baby mehr

Ich habe Macho lange als Fohlen angesehen – als ein Baby, mit dem ich nicht zu viel machen wollte. Dann war er eine Zeit lang krank und ich verlangte nicht viel von ihm. Aber nun ist er fit und gesund und ich versuche, ihn wie ein erwachsenes Pferd zu behandeln.

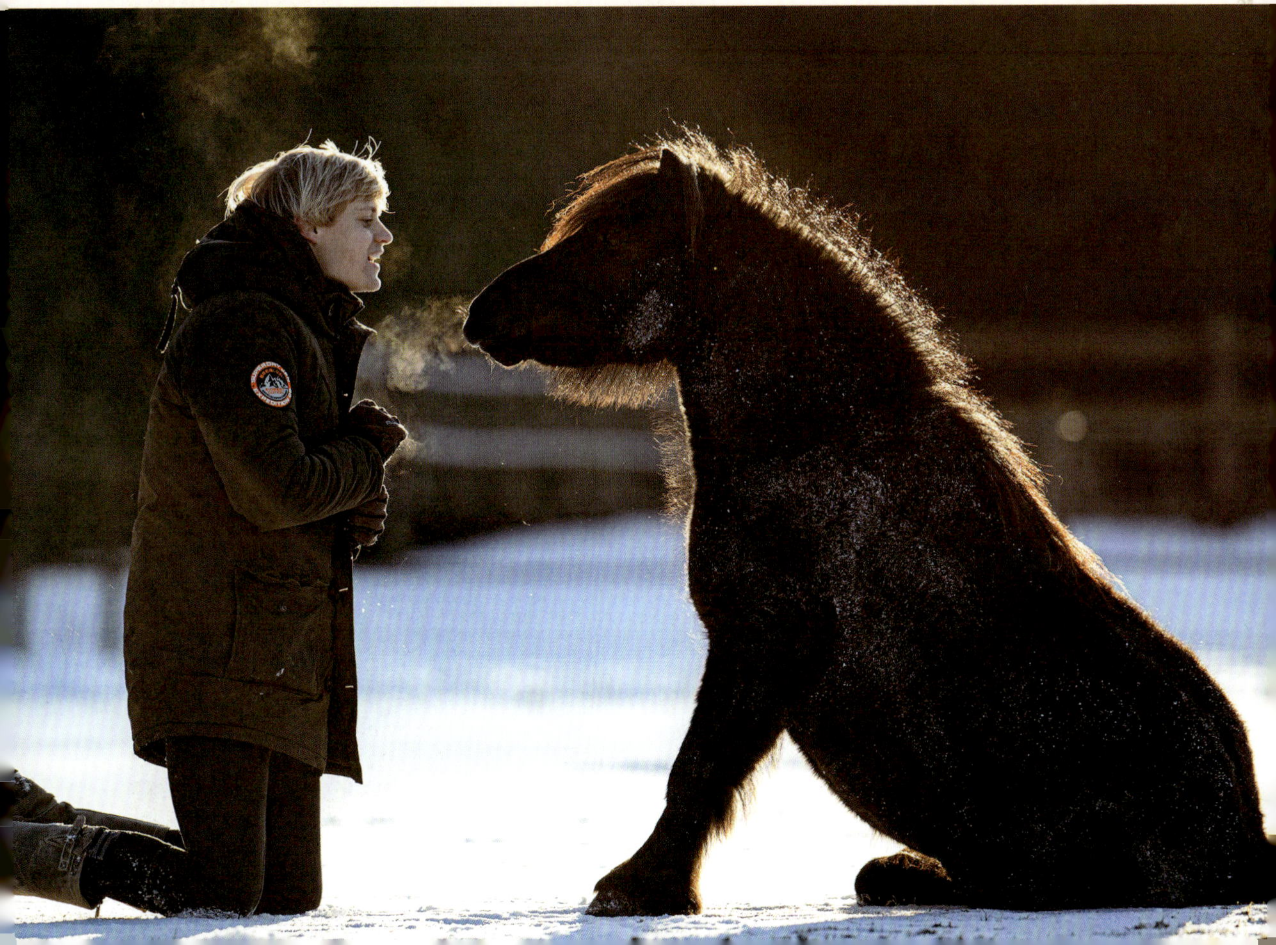

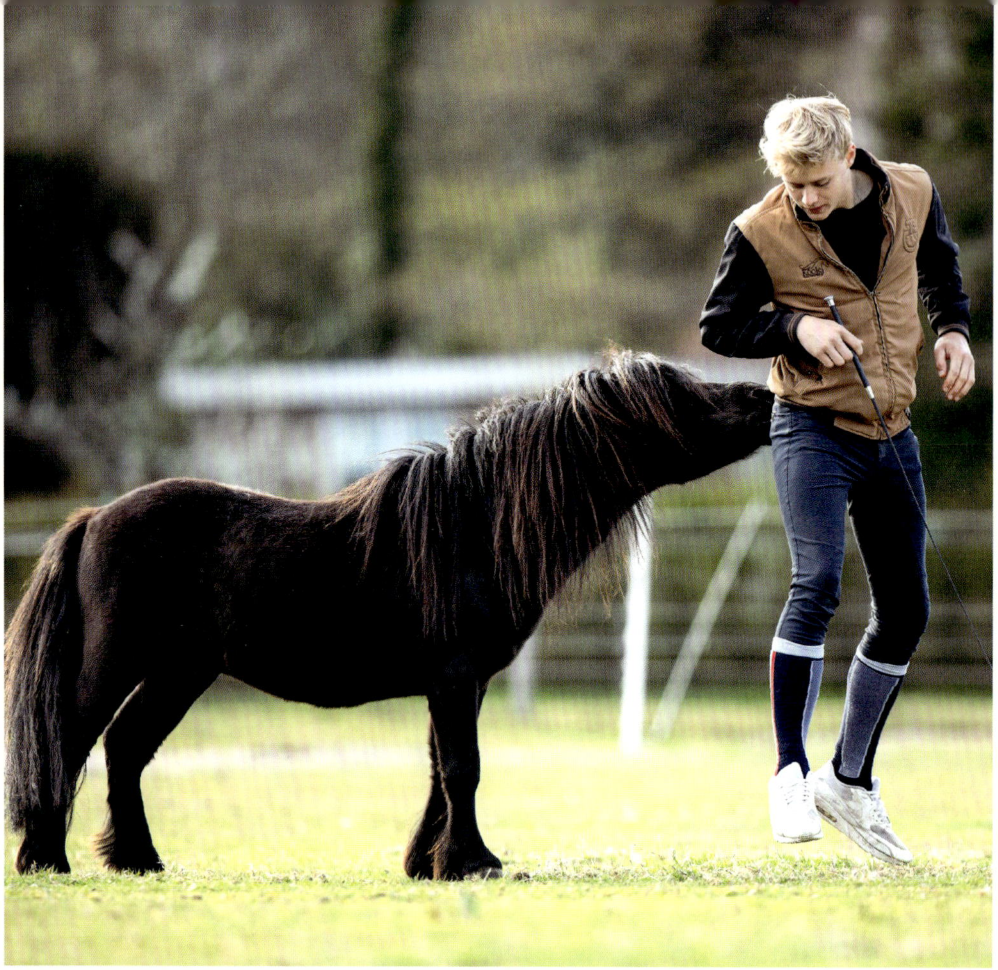

Er mag es nicht, wenn man ihn kurz hält oder ihn lange in seiner Bewegung einschränkt. Dann fängt er an, Blödsinn zu machen und nach allem zu schnappen, was er erreichen kann, zum Beispiel nach dem Strick oder der Gerte. Daraus habe ich eine Menge gelernt. Wenn ich eine Trainingseinheit mit ihm beginne, fordert er mich zunächst meistens heraus, indem er nur Unsinn macht. Wenn man diese Phase überwunden hat, gibt er sein Bestes. Wenn er konzentriert ist, kann ich alles mit ihm machen, aber bei jemandem, der selbst unsicher ist, versucht er, die Situation in die Hand zu nehmen – er wird dann sehr dominant und versucht, die Initiative zu ergreifen. Er braucht Klarheit und Führung, um mit einem arbeiten zu wollen.

Macho hat mir beigebracht, dass ich klar denken muss – in Schwarz und Weiß –, um ihm die Klarheit zu geben, die er braucht. Bei Andorra würde dieser Ansatz zu einem ganz anderen Ergebnis führen. Jedes Pferd ist anders und ich habe gelernt, dass ich mein Verhalten an das jeweilige Pferd anpassen muss, um etwas zu erreichen, und nicht umgekehrt.

Wenn Macho in einer unkooperativenen Laune ist, kostet er das so richtig aus. Kürzlich bei einer Vorführung ist er mir bestimmt zwanzigmal davongelaufen. Ich lasse ihn einfach sein Ding machen und belohne ihn trotzdem, damit er Spaß hat und zu einer positiven Zusammenarbeit übergeht. Auf diese Weise bekommen wir es am Ende richtig hin.

Mit oder ohne Gebiss?

Natürlich reite ich Macho nicht, aber ich habe ihn fürs Kutschenfahren an das Gebiss gewöhnt. Er ist auch schon von Kindern geritten worden. Es funktioniert auch gut, ihn mit Halfter zu fahren. Ich habe ihn ans Gebiss herangeführt, weil ich ihm so viel wie möglich beibringen möchte, aber wenn ich ehrlich bin, hat er schon lange keines mehr im Maul gehabt.

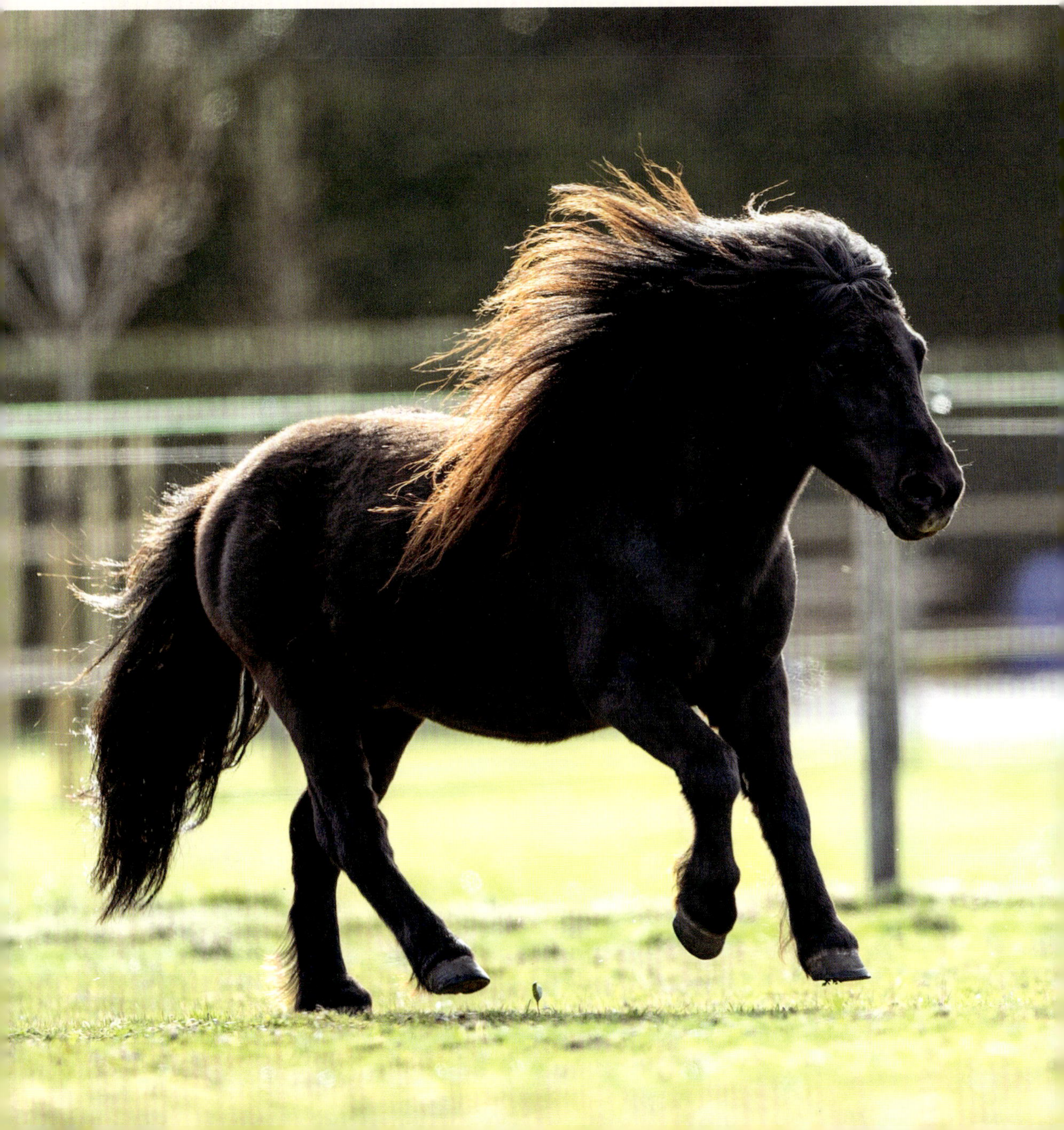

Antares

Antares war ein zweieinhalbjähriger Hengst, als er aus Spanien zu mir kam, wo er mit anderen jungen Hengsten aufgewachsen war. Ich war eigentlich nicht auf der Suche nach einem neuen Pferd, ich fuhr trotzdem hin, um ihn mir anzusehen. Ich hielt ihn dort nicht einmal am Strick, nahm ihn trotzdem mit nach Hause. Und ich bin so froh darüber, denn er ist ein ganz besonderes Pferd in Größe XS.

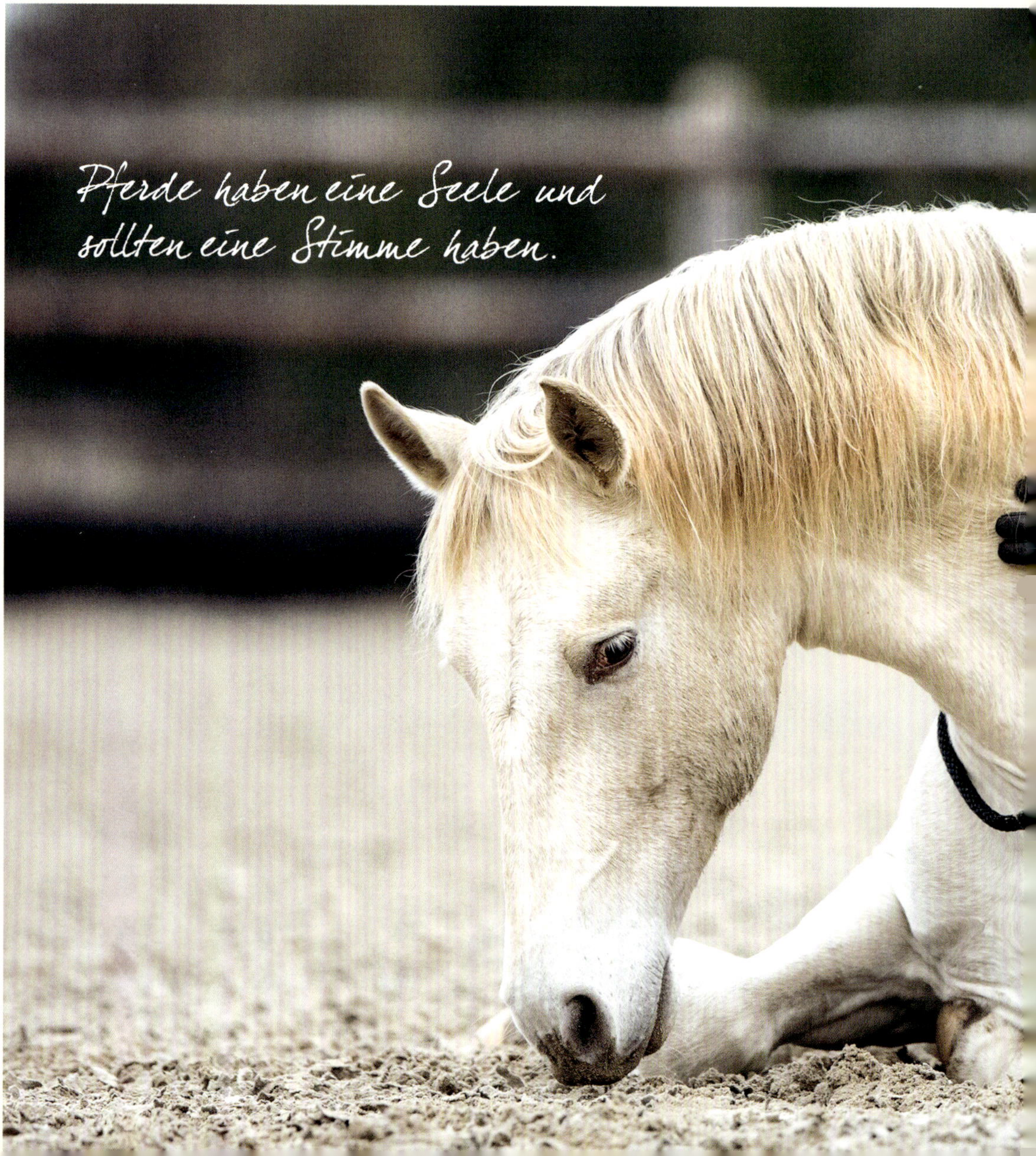

Loslassen

In seiner Vergangenheit musste Antares sich durchsetzen, was seinen Charakter im Vergleich zu Andorra härter gemacht hat. Auch er versucht, mir etwas beizubringen, aber auf eine ganz andere Art als Andorra. Als er zu mir kam, hatte ich alle möglichen Pläne und Ideen, was ich mit ihm machen wollte. Aber wenn man versucht, Antares zu etwas zu zwingen, weigert er sich, macht dicht und kann richtig zornig werden.

Es ist wichtig, dass dein Pferd Nein sagen kann. Das ist nicht dasselbe wie Sturheit. Wenn ein Pferd zeigt, dass es etwas nicht mag, respektiere ich das und sehe keinen Sinn darin, es zurechtzuweisen. Ich möchte, dass das Pferd mir zeigt, was ihm nicht gefällt. Es gibt

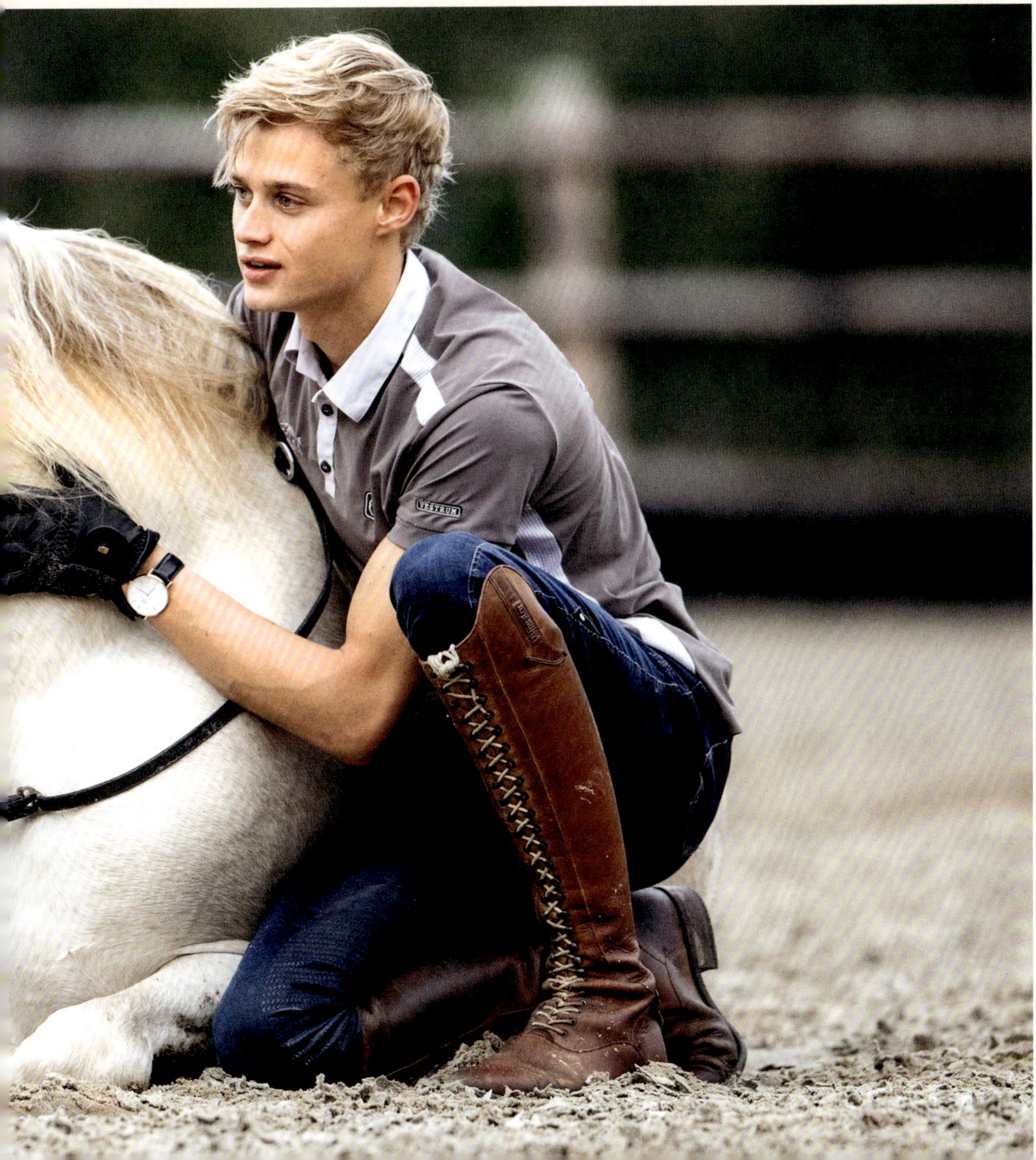

natürlich Grenzen. Aggressives Verhalten ist nicht in Ordnung, aber es wird unnötig, wenn das Pferd merkt, dass es gehört worden ist. Es ist ziemlich schwer, aber wichtig, dass wir die kleinen Signale unserer Pferde richtig lesen.

Anfangs war Antares manchmal aggressiv, aber je mehr Raum ich ihm lasse, um sich auszudrücken – wobei ich ihm natürlich Leitlinien vorgebe – desto mehr gibt er mir zurück. Einerseits muss ich ihm gegenüber klar und konsequent sein, andererseits darf ich nicht zornig auf ihn werden oder versuchen, ihn zu etwas zu zwingen. Wenn ich die Einstellung habe „und jetzt musst du", akzeptiert er das nicht. Von dem Moment an, als ich diese Einsicht gewann, begann sich unsere Beziehung zu verbessern. Je mehr ich ihn für die guten Dinge belohnte, desto schneller nahm seine Neigung zu Wutausbrüchen ab und seine Freude an der Mitarbeit zu.

Ich habe auch eine Menge von Antares gelernt. Eigentlich sollte man immer versuchen, von seinem Pferd zu lernen, und nicht andersherum.

Der Trick ist, loszulassen, und das gilt für Antares mehr als für meine anderen Pferde. Wir haben oft alle möglichen Pläne und Erwartungen, aber es ist besser, die Dinge einfach geschehen zu lassen und innerhalb dieser Grenzen zu spielen. Seit ich diesen Ansatz habe, sehe ich, dass er gerne mit mir zusammenarbeitet und dass es ihn glücklich macht. Früher hat es lange gedauert, bis ich so weit war, oft bis zum Ende der Trainingseinheit, aber jetzt traut er sich, Dinge auszuprobieren, um zu sehen, ob er meine Absicht verstanden hat. Früher hat es ihn sehr gestresst, wenn er mich nicht verstanden hat, jetzt probiert er einfach verschiedene Dinge aus und zeigt seine unterschiedlichen Stärken und Vorlieben.

Ihr bildet zusammen ein Team, aber das braucht Zeit.

Immer positiv bleiben

Antares hat lange gebraucht, um sich an alles zu gewöhnen. Er musste lernen, sich zu öffnen und zu erkennen, dass wir zusammen Spaß haben können und dass es nicht nötig ist, ständig sauer zu sein. Was er mir beigebracht hat, ist, sich nicht auf die Dinge zu konzentrieren, die nicht gut laufen, sondern einfach die gemeinsame Arbeit zu genießen.

Eine Zeit lang hatte er einen eigenartigen nervösen Tick mit seinem Maul. Als ich versuchte, etwas dagegen zu unternehmen, wurde die Angewohnheit nur noch schlimmer. Aber sobald ich losließ, meine Aufmerksamkeit auf die positiven Dinge lenkte und einfach Spaß mit ihm hatte, wurde er fröhlicher und stolzer. Heutzutage fällt er kaum noch in diese nervöse Angewohnheit zurück.

Er gibt wirklich sein Allerbestes, und das freut mich besonders, wenn ich daran denke, dass ich früher oft gar keine Lust hatte, etwas mit ihm zu machen, weil er so launisch war. Ein großer Unterschied zur jetzigen Situation, wo ich es kaum erwarten kann, mit ihm weiterzuarbeiten, und aufpassen muss, dass ich ihn nicht überfordere. Und wenn er mich vorbeigehen sieht, macht er sich sofort bereit, mit mir mitzugehen.

Wenn wir uns in einem so positiven Flow befinden, muss ich aufpassen, dass ich nicht zu viel auf einmal mit ihm mache. Ich muss auch darauf achten, meinem Gefühl zu folgen und mich nicht von meinen Gedanken ablenken lassen, weil das die Gefahr birgt, dass ich zu viel von ihm verlange. Wenn das passiert, bekommt Antares sofort einen wütenden Blick und verliert das Interesse an dem, was wir gerade tun. Ich muss ihn wirklich gehen lassen – auch buchstäblich –, und dann kommt die Partnerschaft wieder ins Lot.
Wenn ich mit ihm an der Hand spazieren gehe, wird er manchmal plötzlich böse – ein Zeichen dafür, dass ich ihn zu fest halte, was er genau wie Macho nicht leiden kann. Sobald ich ihn loslasse, geht er wieder schön entspannt neben mir her.
Ich liebe es, seine Fortschritte zu beobachten und zu sehen, wie er sich weiter verändert. Ich sehe, dass wir jetzt zu einem richtigen Team zusammenwachsen und uns immer besser verstehen. Wir lassen die Vergangenheit los und leben in der Gegenwart.
Er kann mir ein wunderbares Gefühl vermitteln und ist absolut ehrlich. Es ist eine Ehre, mit ihm zu arbeiten.

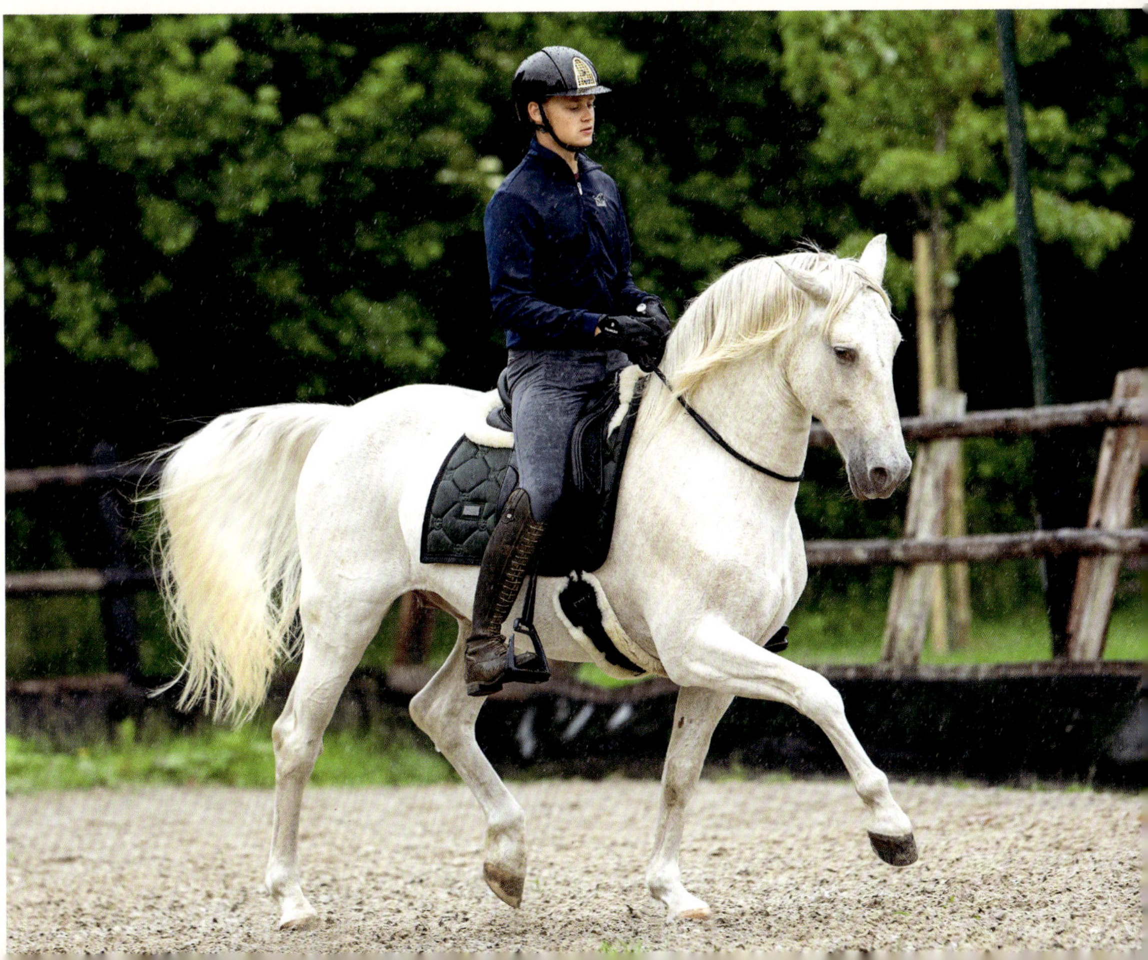

Mit oder ohne Gebiss

Als ich anfing, Antares zu reiten, benutzte ich ein Gebiss, und das lief ganz gut. Nach vier oder fünf Einheiten beschloss ich, die gebisslose Zäumung auszuprobieren. Ich hatte sie entworfen, um zu sehen, wie er damit zurechtkommt. Zunächst geriet er in Panik und warf alle Sprünge am Reitplatz um, weil er orientierungslos umherlief und dabei wild den Kopf schüttelte – er verstand die neue Art von Druck nicht, die er an seinem Kopf spürte. Aber nach zehn Minuten hatte er es plötzlich verstanden und seitdem habe ich ihn nie wieder mit Gebiss geritten.

Später habe ich ihm beigebracht, mit Halsring zu gehen. Bei meinem ersten Versuch saß ich auf ihm, während jemand ihn am Halfter und an der Longe führte. Ich konnte spüren, wie er einen Moment lang zögerte, aber von da an reagierte er wirklich gut darauf. Letztendlich kann ich ihn also mit Gebiss, mit gebissloser Zäumung, mit Halfter oder mit Halsring reiten, solange ich nicht zu viel herumzupfe. Aber ich habe beschlossen, ihn nur gebisslos zu reiten, weil er darauf am besten reagiert und es mir am meisten Spaß macht. Ihn mit Halsring zu reiten ist ein ganz besonderes Gefühl für mich, weil er sich dann so stark und stolz präsentiert! Er ist wirklich ein Showpferd. Ich muss nur an eine Lektion denken und er führt sie aus. Er zeigt den Spanischen Schritt mit immensem Ausdruck – voller Stolz und Begeisterung.
Jetzt habe ich die besondere Verbindung zu Antares, die ich mir immer erhofft hatte. Egal, was wir zusammen machen – es ist immer fantastisch.

Gaio

Gaio gehört mir nicht, aber ich bin schon seit Längerem sein einziger Reiter. Ich war mit einer Freundin in Portugal, um mir Pferde für sie anzuschauen. Wir hatten schon viele Pferde angesehen, als wir in letzter Minute spontan zu einem schönen Hof fuhren und dort Gaio erblickten.

Gaios Geschichte

Es war ein Stall mit erstklassigen Dressurpferden, wo man im Urlaub das Erlebnis haben kann, ein gut ausgebildetes Pferd zu reiten. Gaio konnte also schon eine Menge, obwohl er erst seit sechs Monaten dort war. Vorher war er im Stierkampf eingesetzt worden, was für ein Pferd natürlich ziemlich beängstigend ist: Es musste in einer Arena arbeiten, in der sein Reiter mit einer langen Lanze hantierte und ein Stier herumlief. Das machte Gaio zu einem Kämpfer.
Er wurde im Schnellverfahren ausgebildet und in nur sechs Monaten zu einem Top-Dressurpferd gemacht. Er hatte einen hohen Ausbildungsstand erreicht, aber das machte ihn

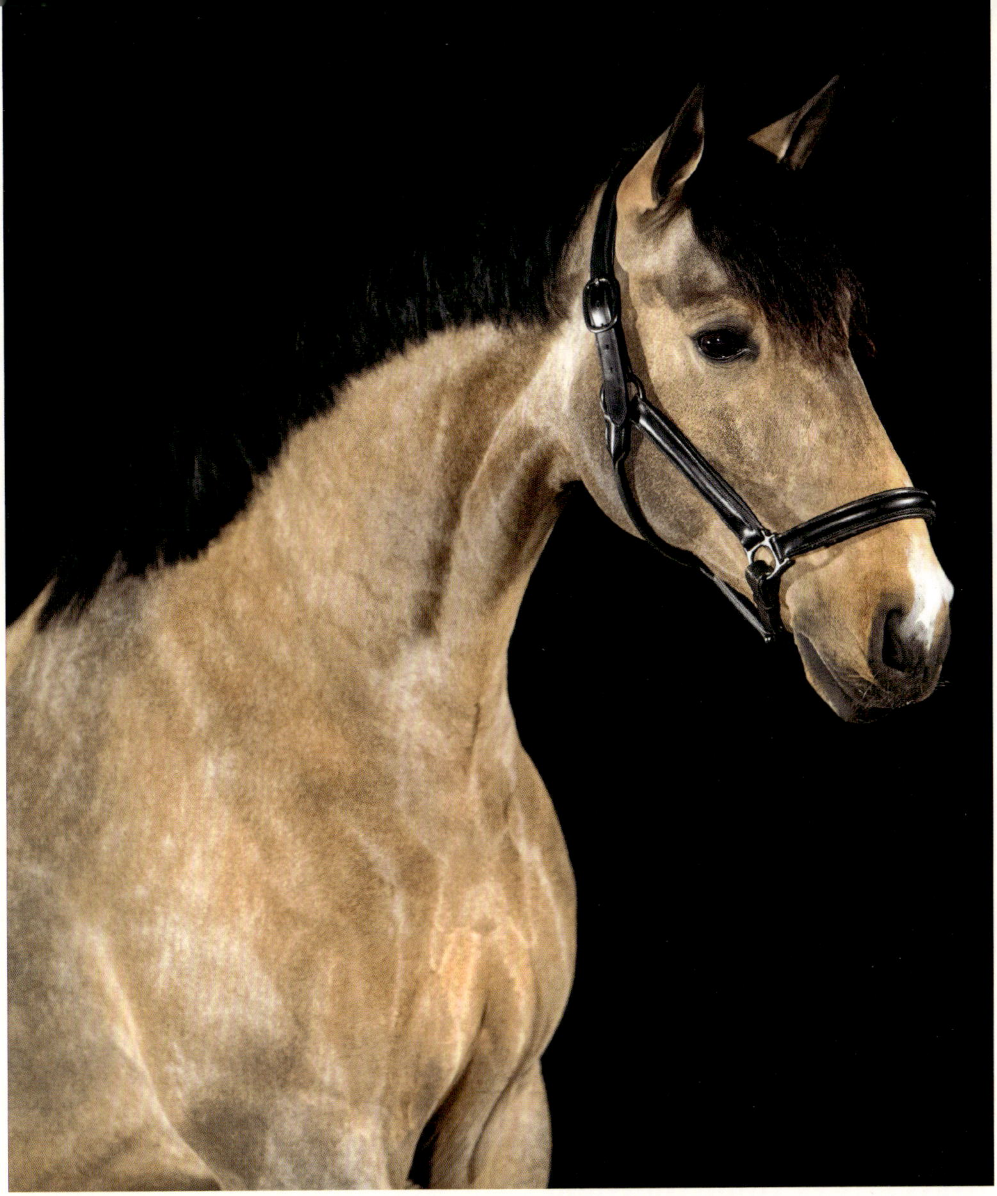

nicht gerade zu einem leichten Pferd. Er litt unter Stress, der auch durch das Trauma verursacht wurde, das er beim Stierkampf erlitten hatte.

Ein neues Leben in den Niederlanden

Es war sehr schwer für Gaio, sich an sein neues Leben hier zu gewöhnen. Sogar das Gras vertrug er anfangs nicht. Es ist offensichtlich, dass er einen ganz anderen Hintergrund hat als die anderen Pferde, die ich kenne. Er ist es nicht gewohnt, liebevoll behandelt zu werden. Obwohl er sehr lieb sein kann, kann er auch sehr hart werden und sich zur Wehr setzen. In seiner Welt geht es um die Frage: Du oder ich? Anfangs war er oft unruhig und zappelig, sogar in seiner Box. Irgendwann merkte ich, dass er auch dann Stress empfindet, wenn ich nur in seiner Nähe stehe und nichts von ihm verlange. Er muss erst noch lernen, dass er sich in meiner Gesellschaft entspannen kann. Ich muss aufpassen, dass ich ihn nicht verwirre.

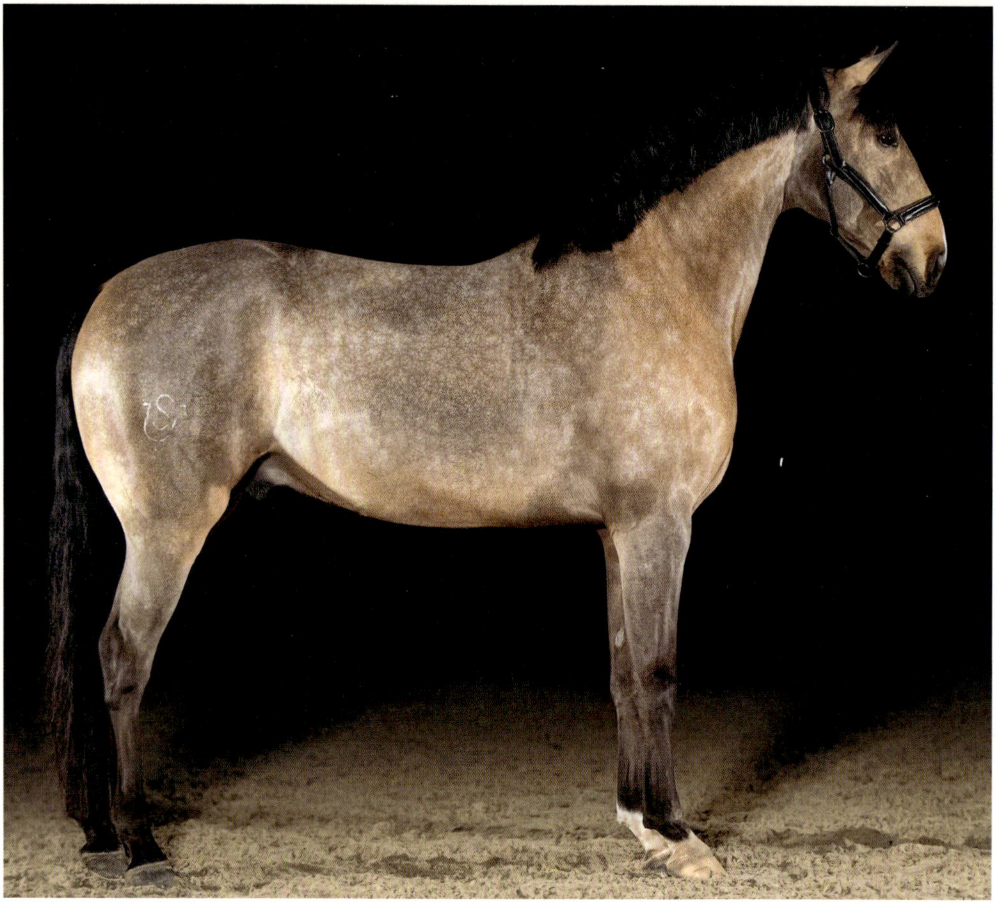

Gaio hat ein großes Bedürfnis nach Klarheit. Er ist sehr talentiert und arbeitet gerne, aber das führt zu einer Überlastung in seinem Kopf. Er findet es schwierig, wenn ein Reiter sofort viel von ihm verlangt. Mein Ziel mit Gaio ist, ihm das Gefühl von Freude beim Reiten zurückzugeben, ihn richtig kennen und verstehen zu lernen und die Kommunikation zwischen uns zu perfektionieren. Ich mache jeden Tag das Gleiche mit ihm, weil er diese Klarheit braucht. Das ist auch eine gute Lektion für mich, denn ich finde die Wiederholungen anstrengend. Er traut sich bereits, sich mir gegenüber mehr zu öffnen.

Gebisslos

Als ich Gaio das erste Mal mit einem gebisslosen Zaum ritt, hatte ich keine Ahnung, was passieren würde, aber er ging wirklich gut damit und genoss es. Wenn er erst einmal gelernt hat, sich zu entspannen, hoffe ich, dass ich ihn auch mit Halsring reiten kann.
Gaio mag Bodenarbeit. Anfangs musste ich eine Gerte bei mir tragen, weil ich fürchtete, dass er mich angreifen könnte. Jetzt gibt er sein Bestes und ist so enthusiastisch dabei, dass er manchmal fast über seine eigenen Beine stolpert.

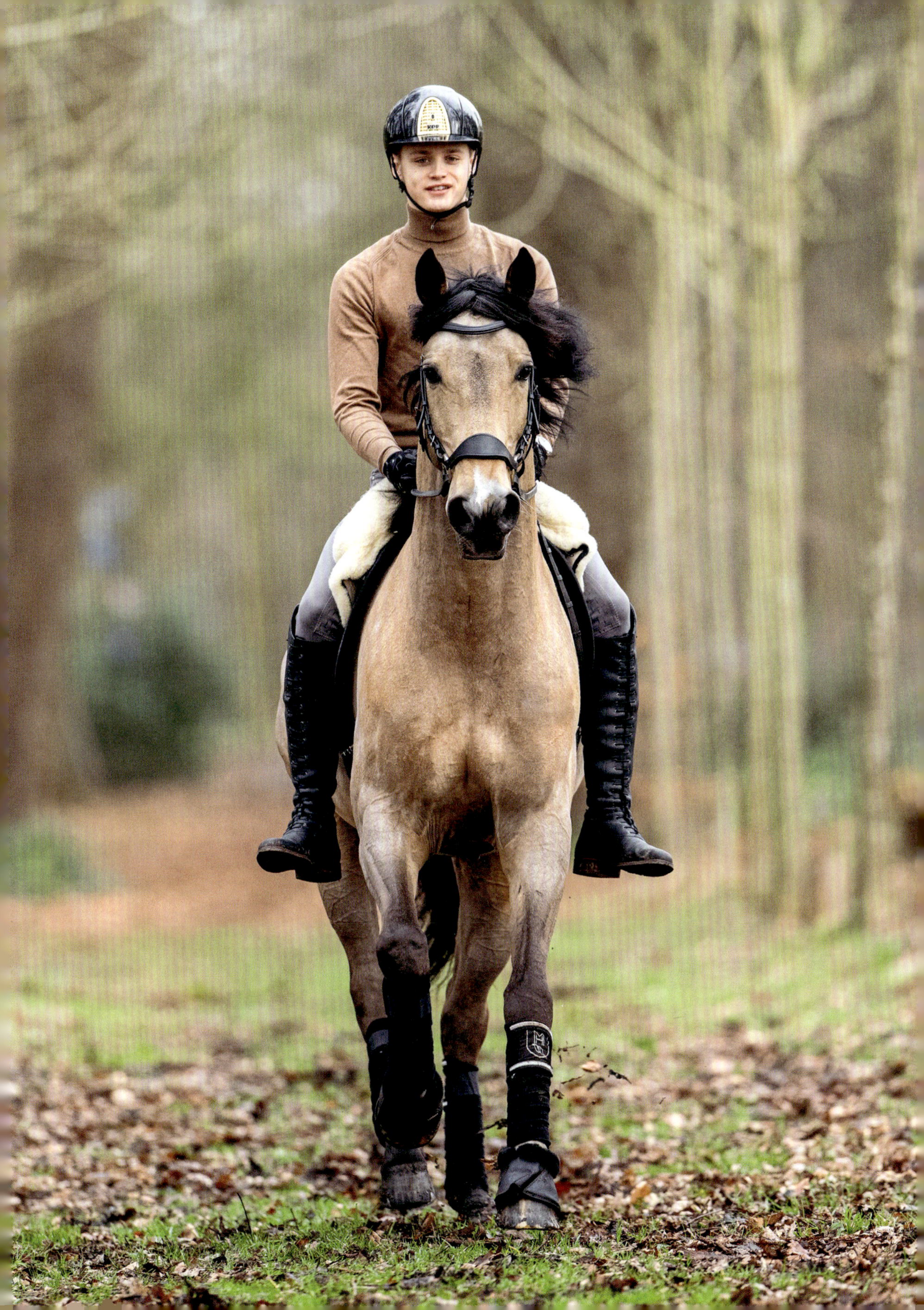

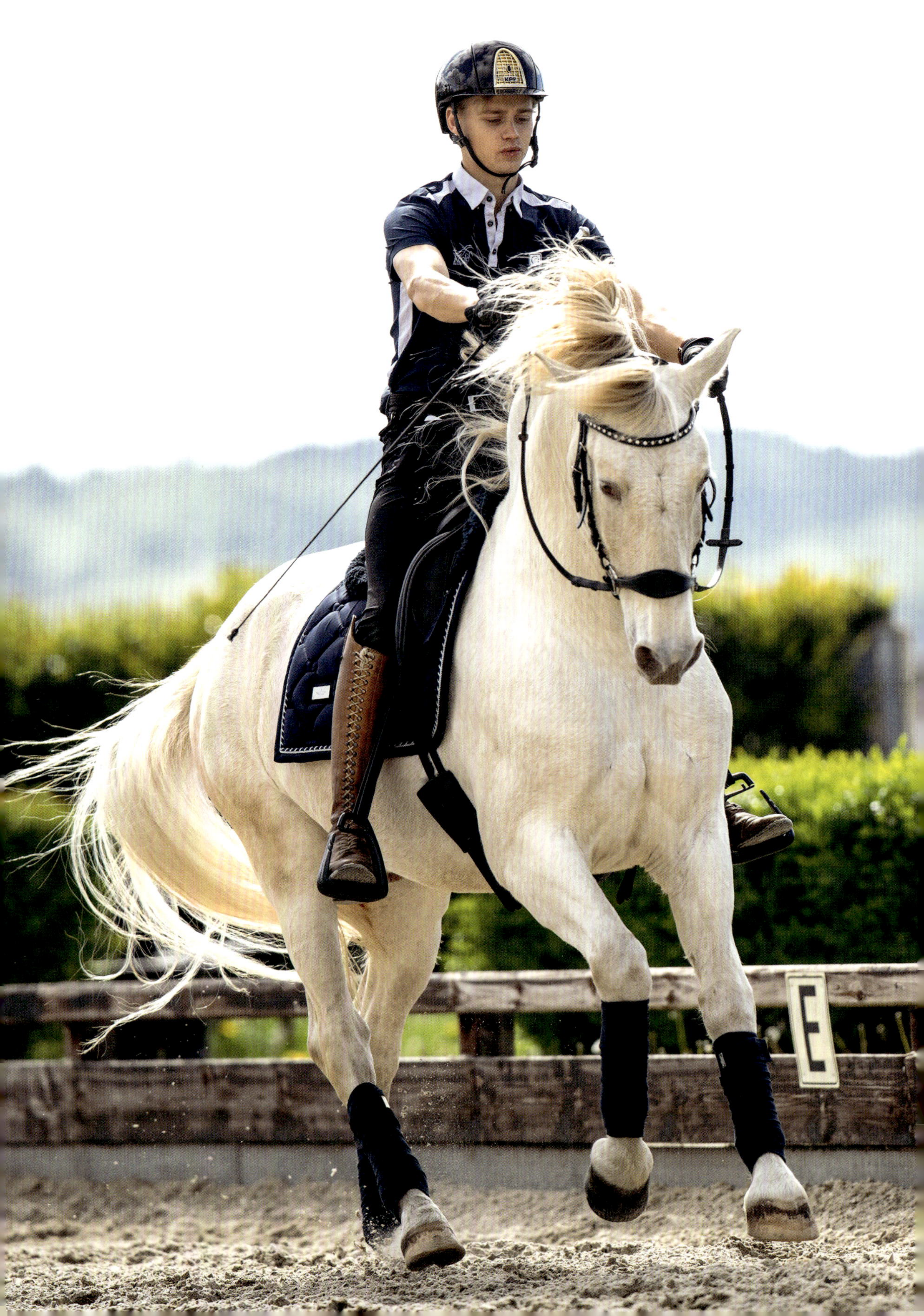
E

Warum gebisslos reiten?

Jeder von uns kann ohne Gebiss reiten.

Es hat viele Vorteile, ohne Gebiss zu reiten - auch für Reiterinnen und Reiter, die nicht komplett auf ein Gebiss verzichten wollen. Ich persönlich reite lieber ohne Gebiss, weil ich glaube, dass es für das Pferd angenehmer ist. Es hängt aber davon ab, welche gebisslose Zäumung man verwendet (siehe Kapitel 6 auf Seite 106).

Mit Gebiss ist die Wahrscheinlichkeit höher, dass man dem sensiblen Maul des Pferdes wehtut. Meine eigenen Pferde werden gerne gebisslos geritten und auch die anderen Pferde, die ich trainiere, reagieren gut darauf, wenn sie ohne Gebiss geritten werden. Das heißt aber nicht, dass ich grundsätzlich gegen die Verwendung eines Gebisses bin. Es gibt sehr viele gute und erfahrene Reiter, die ihrem Pferd nie mit dem Gebiss wehtun würden. Trotzdem glaube ich, dass auch diese Reiter in ihrem Training davon profitieren würden, wenn sie hin und wieder gebisslos reiten würden. Ich habe von vielen Reitern - darunter auch Profireitern - nur positive Reaktionen gehört, nachdem sie das gebisslose Reiten ausprobiert hatten, zum Beispiel, dass ihre Pferde weniger verspannt waren oder dass sich eine Schwachstelle eher zeigte. Interessanterweise betonten alle, dass die Unterschiede zum Reiten mit Gebiss gar nicht so groß waren.

Vorteile des Reitens ohne Gebiss

- Ein gutes gebissloses Zaumzeug ermöglicht eine ehrliche Arbeit mit dem Pferd, ohne dass ihm Schmerzen im Maul zugefügt werden. Ich denke, dass es normalerweise angenehmer für das Pferd ist, gebisslos geritten zu werden.

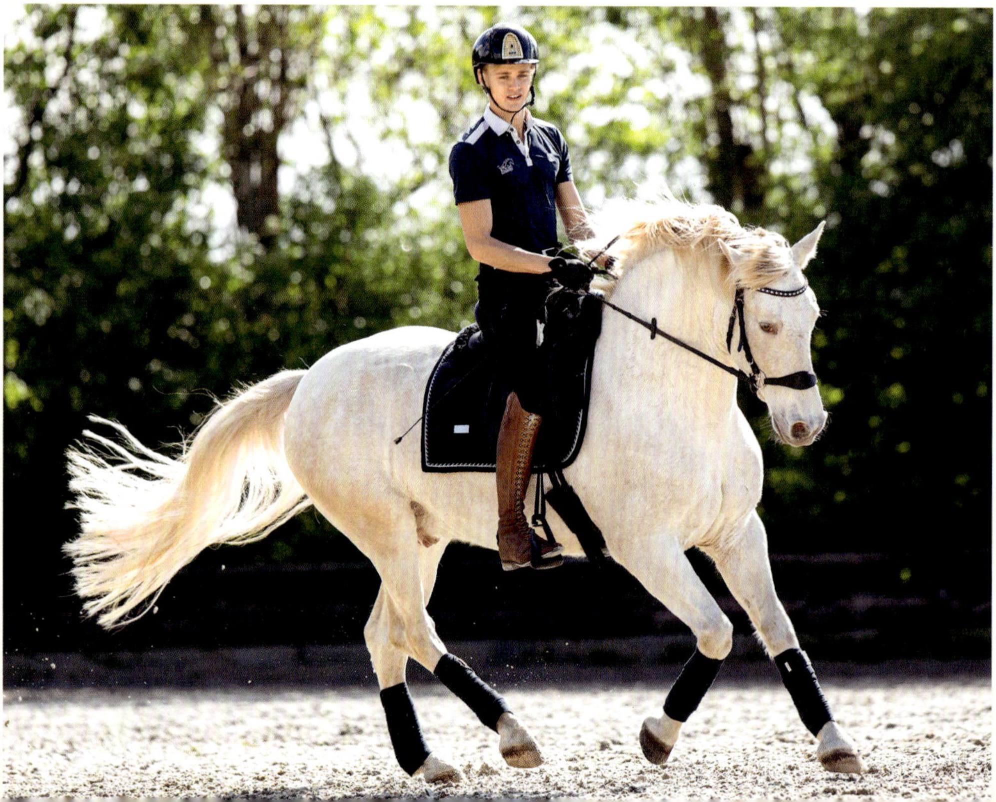

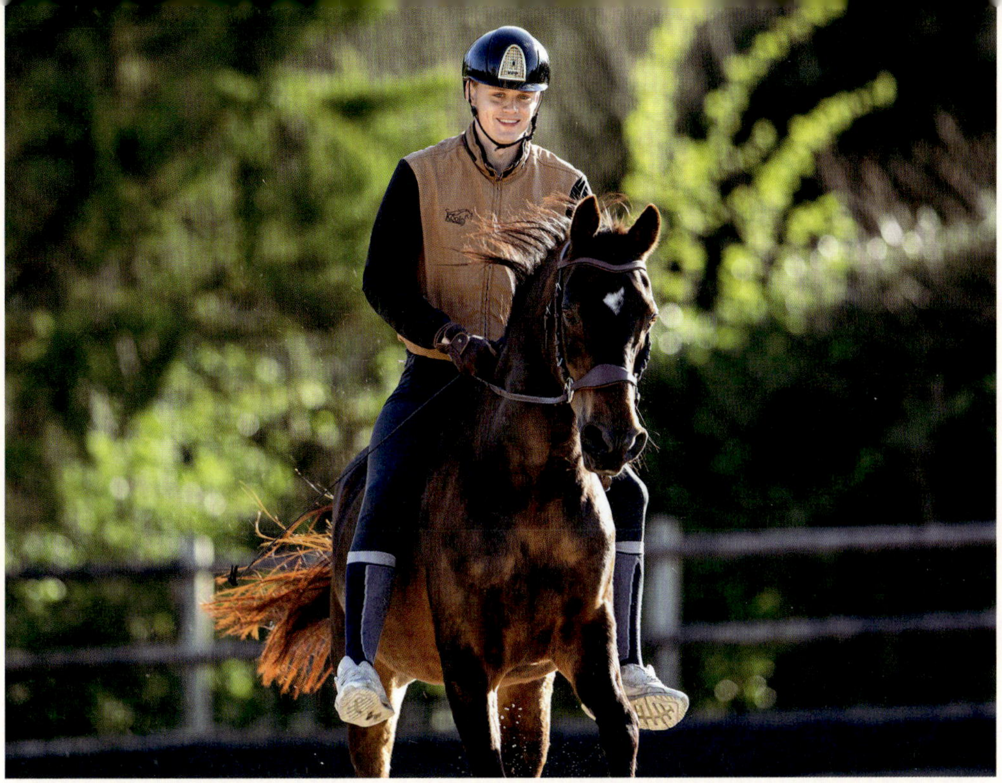

- Das Pferd fühlt sich freier und versteht, dass seine Wünsche und Meinungen zählen. Umgekehrt sehe ich, dass meine Pferde mir mehr zurückgeben und sich extrem anstrengen.
- Mit korrektem gebisslosem Reiten kann man eine leichte und weiche Verbindung erreichen sowie eine feine Kommunikation.

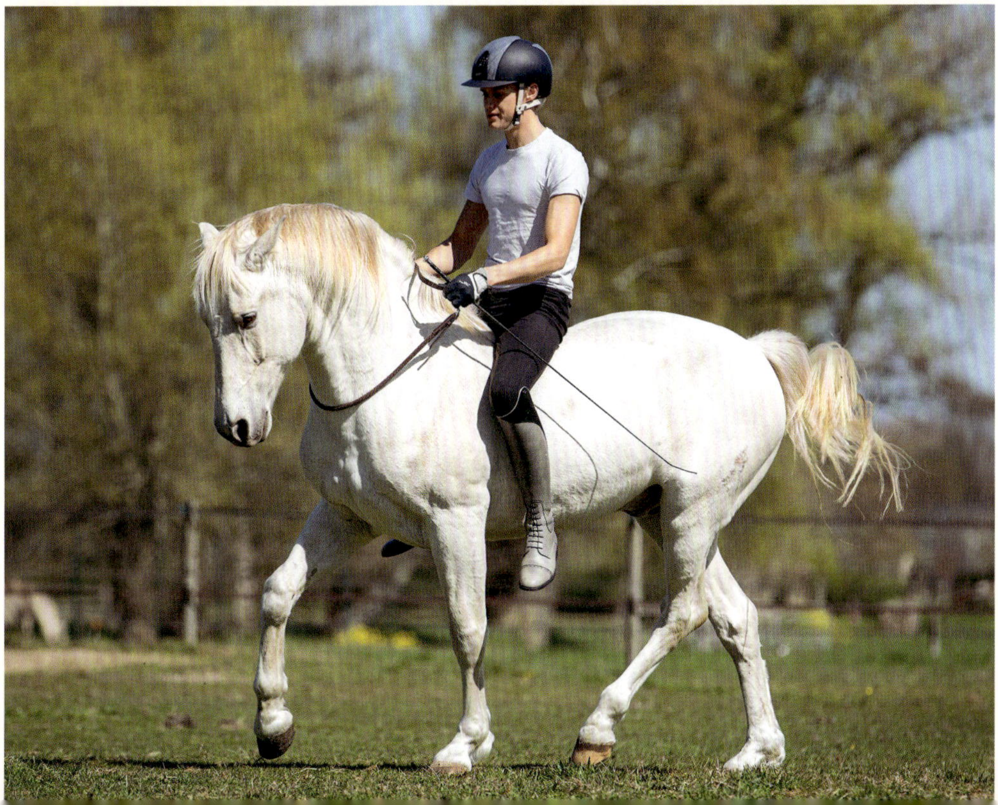

- Die meisten Pferde entspannen sich schneller ohne Gebiss, was sowohl ihre Biegsamkeit als auch die Hinterhandaktivität verbessert. Ergebnis: Das Pferd trägt sich besser.

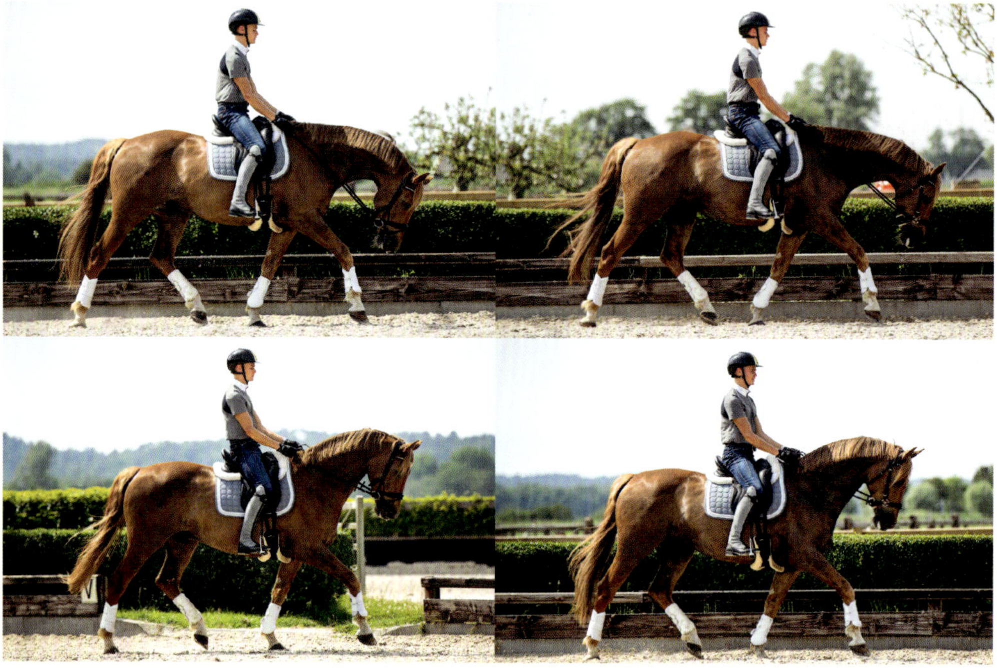

Peekay links mit Gebiss und rechts gebisslos

- Ohne Gebiss fallen Probleme schneller auf. Mit Gebiss kann man einen Fehler kaschieren, weil es eine „einfache" Lösung gibt. Ein gebisslos gerittenes Pferd stützt sich vielleicht auf die Hand, weil seine Hinterhand nicht genug Last aufnimmt. Dadurch wird sofort klar, dass es hier ein Problem gibt, an dem man arbeiten muss.
- Ein Gebiss übt ständigen Druck auf die Zunge, die Laden und die Maulwinkel auf, selbst wenn die Zügel nicht unter Spannung stehen. Ein gutes gebissloses Zaumzeug übt von sich aus keinen Druck aus.
- Bei einem gebisslosen Zaumzeug verteilt sich der Zügeldruck im Vergleich zu einem Trensenzaum auf eine größere Fläche des Pferdekopfes.
- Bei einem gebisslosen Zaumzeug können die Wolfszähne zu keinen Problemen führen.
- Ohne Gebiss ist es schwerer, Ergebnisse zu erzwingen. Du kannst deine Ziele nur mit der Kooperation des Pferdes erreichen. Beispielsweise gibt ein gebisslos gerittenes Pferd nur nach, wenn es entspannt ist, während man mit dem Gebiss ein „falsches" Nachgeben auslösen kann.
- Es gibt Pferde, die aus vielerlei Gründen nicht gut mit Gebiss gehen. Für diese Pferde ist ein gebissloser Zaum die Lösung. Ich sehe das ganz deutlich bei Antares: Seit dem Augenblick, als ich aufgehört habe, ihn mit Gebiss zu reiten, kommt er öfters zu mir, um

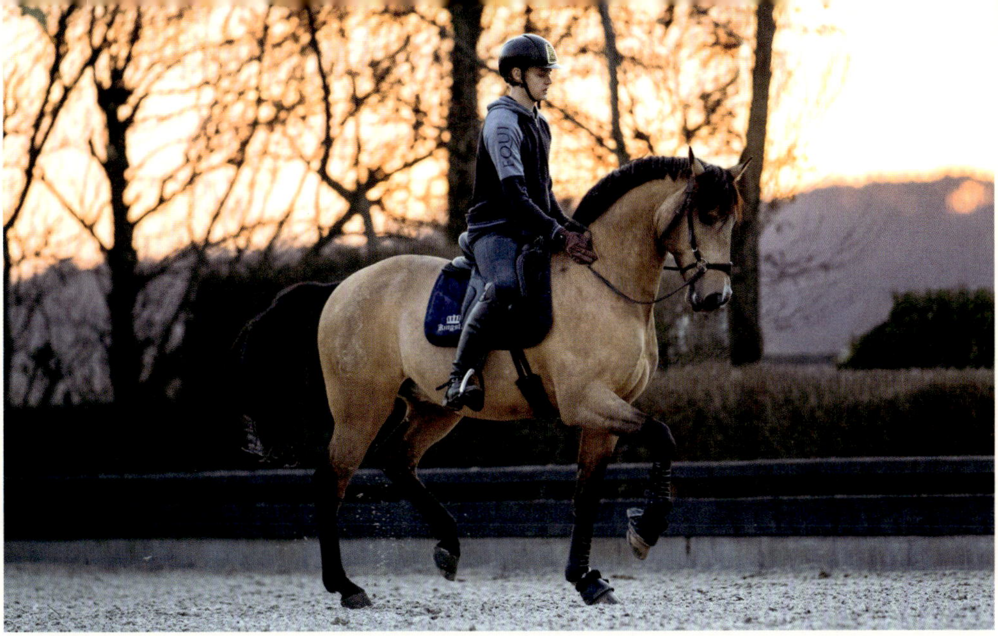

zu schmusen, und traut sich, beim Reiten mitzudenken. Er hat sich völlig verändert. Er schaltet nicht mehr ab oder wird zornig, sondern bietet von selbst Dinge an. Früher habe ich eine Viertelstunde gebraucht, um wieder zu ihm durchzudringen, wenn er etwas nicht verstanden hatte. Heute hat er das Vertrauen, verschiedene Lösungsansätze auszuprobieren – ohne Angst, einen Fehler zu machen. Er ist ein anderes Pferd geworden und diese Veränderung ist aus ihm selbst gekommen.

- Für junge Pferde im Zahnwechsel ist ein Gebiss oft sehr unangenehm. Das Gebiss sollte zwar nie die Zähne berühren, aber während des Zahnwechsels ist der gesamte Mundraum empfindlich und ein Mundstück kann diese Schmerzen für das junge Pferd verstärken. Pferde wechseln zwischen dem zweiten und dem fünften Lebensjahr das Milchgebiss zum bleibenden Gebiss. Wenn man während dieser Zeit auf ein Mundstück verzichtet, kann man sicher sein, dass man die Beschwerden des Pferdes nicht noch verschlimmert.

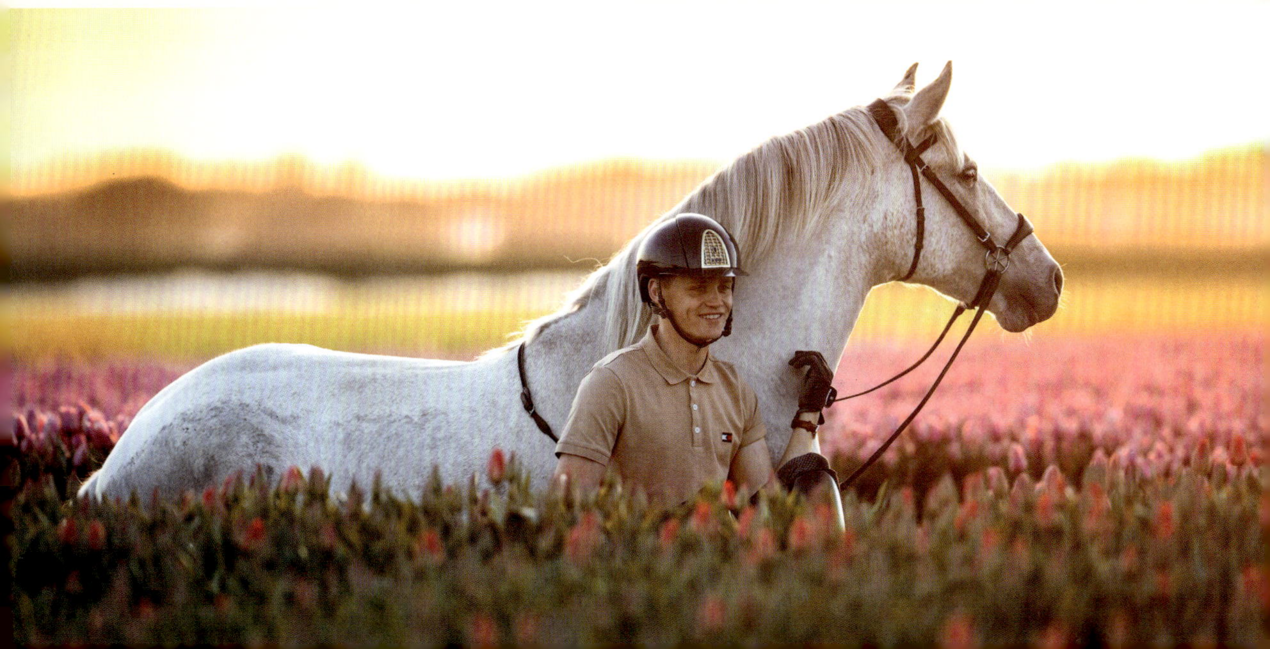

- Pferden mit oralen Problemen hilft es sehr, wenn sie gebisslos geritten werden. Ein Pferd, das Wunden an der Zunge, den Lippen oder den Mundwinkeln hat, wird versuchen, seine Zunge über das Gebiss zu legen. Das gebisslose Reiten ist ein super Weg, um diese Probleme zu vermeiden – obwohl es das Grundproblem natürlich nicht behebt, sondern nur umschifft.
- Das Metallstück im Maul kann Pferde frustrieren, irritieren und ablenken.
- Ohne Gebiss kann das Pferd sich besser das Maul lecken – ein Zeichen, dass es sich entspannt oder über etwas nachdenkt. Beim Reiten mit Gebiss möchte der Reiter, dass das Pferd abkaut, aber Lecken ist eine viel bessere Form der Entspannung.
- Man kann in jeder Disziplin gebisslos reiten: Dressur, Springen, Orientierungsritte, Allround-Wettbewerbe und mehr. Bei Turnieren ist es jedoch notwendig, sich an die geltenden Regeln zu halten, was die Ausrüstung betrifft. Denn nicht alle gebisslosen Zaumzeuge sind in allen Disziplinen oder in allen Klassen erlaubt.
- Es ist viel einfacher, ein Pferd gebisslos aufzäumen als mit Gebiss.

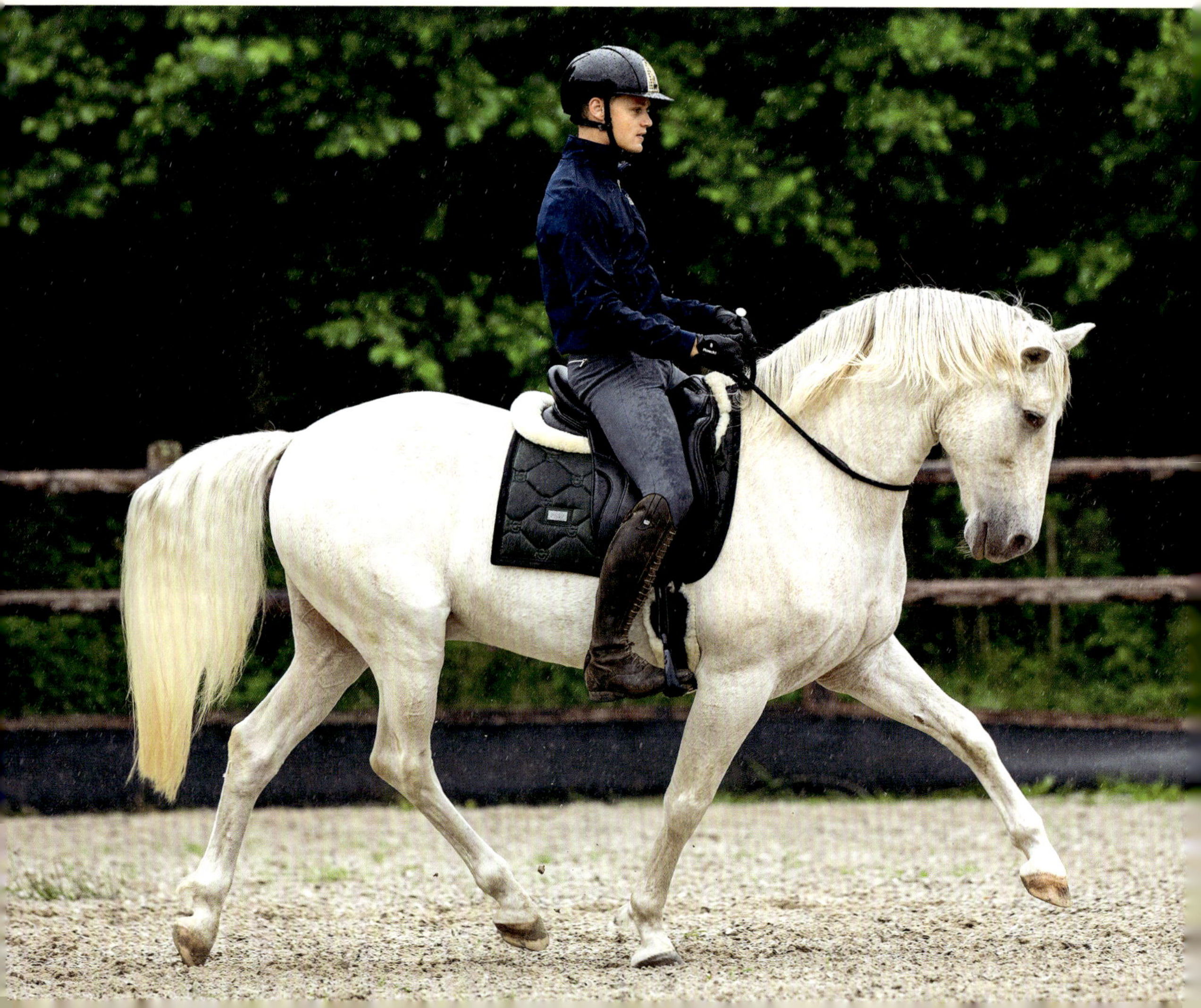

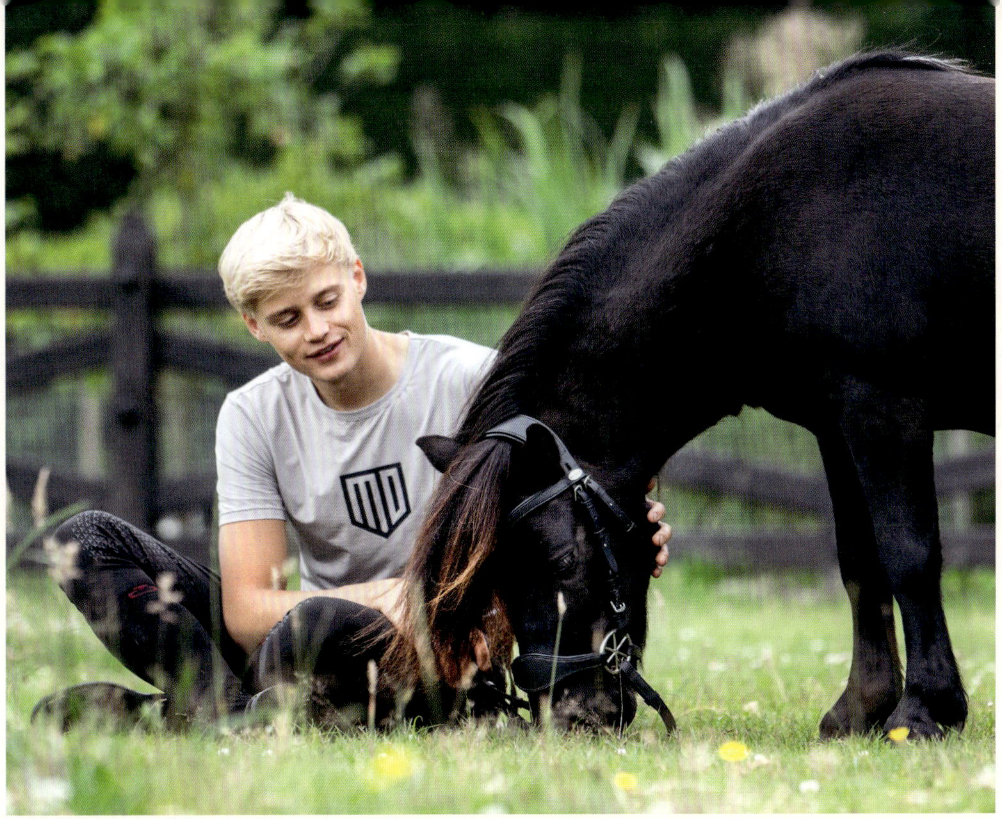

- Das Pferd kann fressen und trinken, ohne dass man es dafür abzäumen muss. Das ist gerade bei langen Ausritten und Distanzwettbewerben praktisch.
- Manche gebisslosen Zäumungen können auch als Halfter verwendet werden und man kann das Pferd darin anbinden, was auch manchmal hilfreich sein kann.
- Man muss nach dem Reiten kein Gebiss abwaschen!!

Nachteile des Reitens ohne Gebiss

- Die schärfsten Arten der gebisslosen Zäumung verwenden ein Hackamore-Hebelsystem, das hart auf Nasenrücken, Kinn und Genick einwirken kann. Denn durch das Hackamore können gewaltige Kräfte wirken. Es ist wichtig, sich vor dem Kauf einer gebisslosen Zäumung gründlich zu informieren und im Zweifel lieber eine weichere Variante zu wählen.
- Manche Pferde mögen das Gefühl nicht, an der Nase eng eingeschnürt zu sein. Das gilt besonders bei einer verzögerten Nachgebefunktion, was bedeutet, dass das Pferd es nicht sofort spürt, wenn der Reiter den Druck wegnimmt. Das passiert oft bei Zaumzeugen, bei denen die Zügel entweder seitlich an der Backe oder an gekreuzten Riemen unter dem Kinn befestigt sind. Wenn du dich für eine dieser Zaumvarianten entscheidest, solltest du unbedingt darauf achten, dass sie über eine gute Nachgebefunktion verfügt.
- Auch die Breite und Weichheit des Nasenriemens ist von großer Bedeutung. Bei einem schmalen oder harten Nasenriemen musst du aufpassen, dass der Nasenrücken des Pferdes nicht verletzt wird. Das Gleiche gilt für den Kinnriemen und das Genickstück (hinter den Ohren).

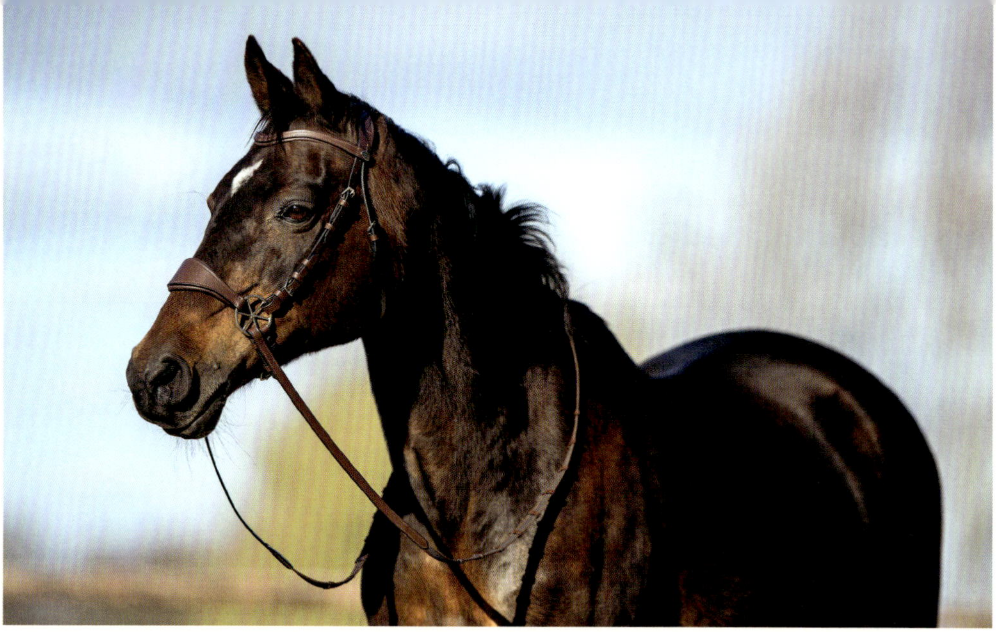

- In manchen Situationen hast du als Reiter vielleicht ohne Gebiss weniger Kontrolle, weil keine so scharfen Hilfen möglich sind wie mit Gebiss. Wenn es um reines Kräftemessen geht, kann der Reiter dem Pferd mit einem Gebiss viel größere Schmerzen zufügen und das Pferd wird schneller reagieren, weil es den Schmerz vermeiden will. Es ist aber auch gut möglich, dass das Pferd eine unerwünschte Reaktion auf den Schmerz zeigt.

Dieser letzte Punkt ist für mich der Beweis, dass ein Gebiss dem Pferd mehr Schmerzen zufügt als eine gebisslose Zäumung, weshalb ich mich für letztere entscheide. Ein Pferd, das sich in Panik oder in einem Zustand blinder Raserei befindet, wird dank seiner größeren Kraft so oder so durchgehen, mit oder ohne Gebiss. Wir als Menschen können nie einen

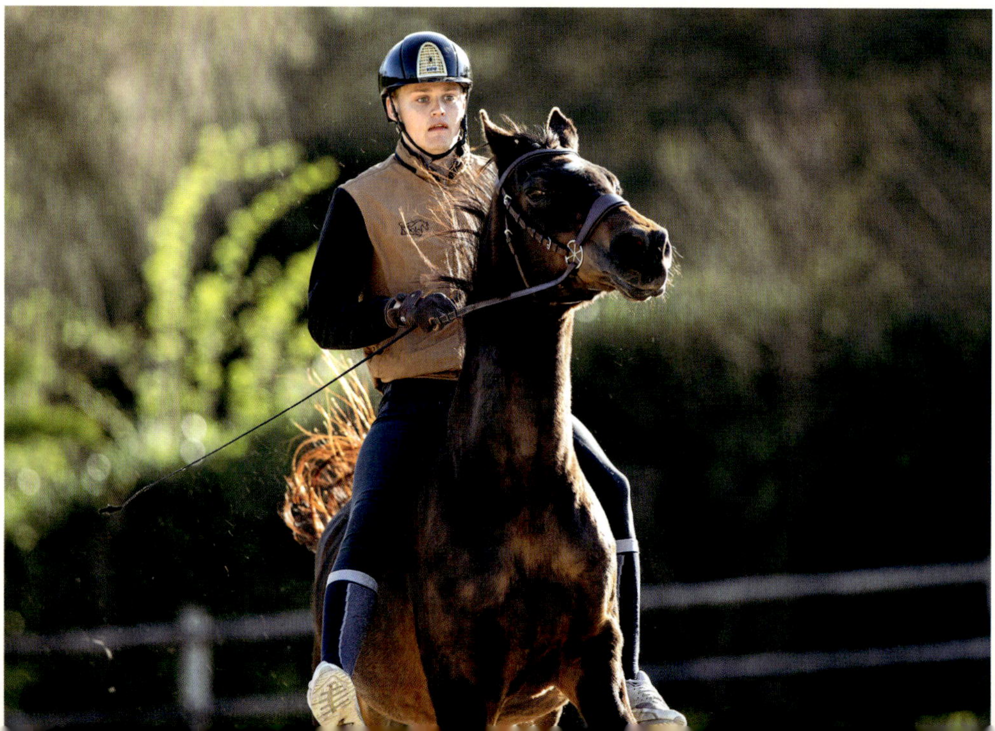

physischen Kampf mit einem Pferd gewinnen. Nicht das Gebiss sorgt für unsere Sicherheit, sondern die Ausbildung und Kommunikation mit dem Pferd.

Vorurteile über das Reiten ohne Gebiss

- „Man hat ohne Gebiss weniger Kontrolle über sein Pferd."
  Egal, ob mit oder ohne Gebiss: Kontrolle kommt von guter Kommunikation mit dem Pferd. Es ist nie richtig, Schmerzen als Kontrollmittel einzusetzen.
- „Man kann ohne Gebiss auf keinem hohen Niveau reiten. Fürs Turnierreiten braucht man ein Gebiss."
  Stimmt so nicht. Bei vielen Turnieren sind gebisslose Zaumzeuge heute schon erlaubt. Und mit einem guten gebisslosen Zaumzeug kann man dieselbe Feinheit und Leichtigkeit erzielen wie mit einem Gebiss. Darüber hinaus ist das Pferd so wahrscheinlich entspannter und in der Hinterhand aktiver.

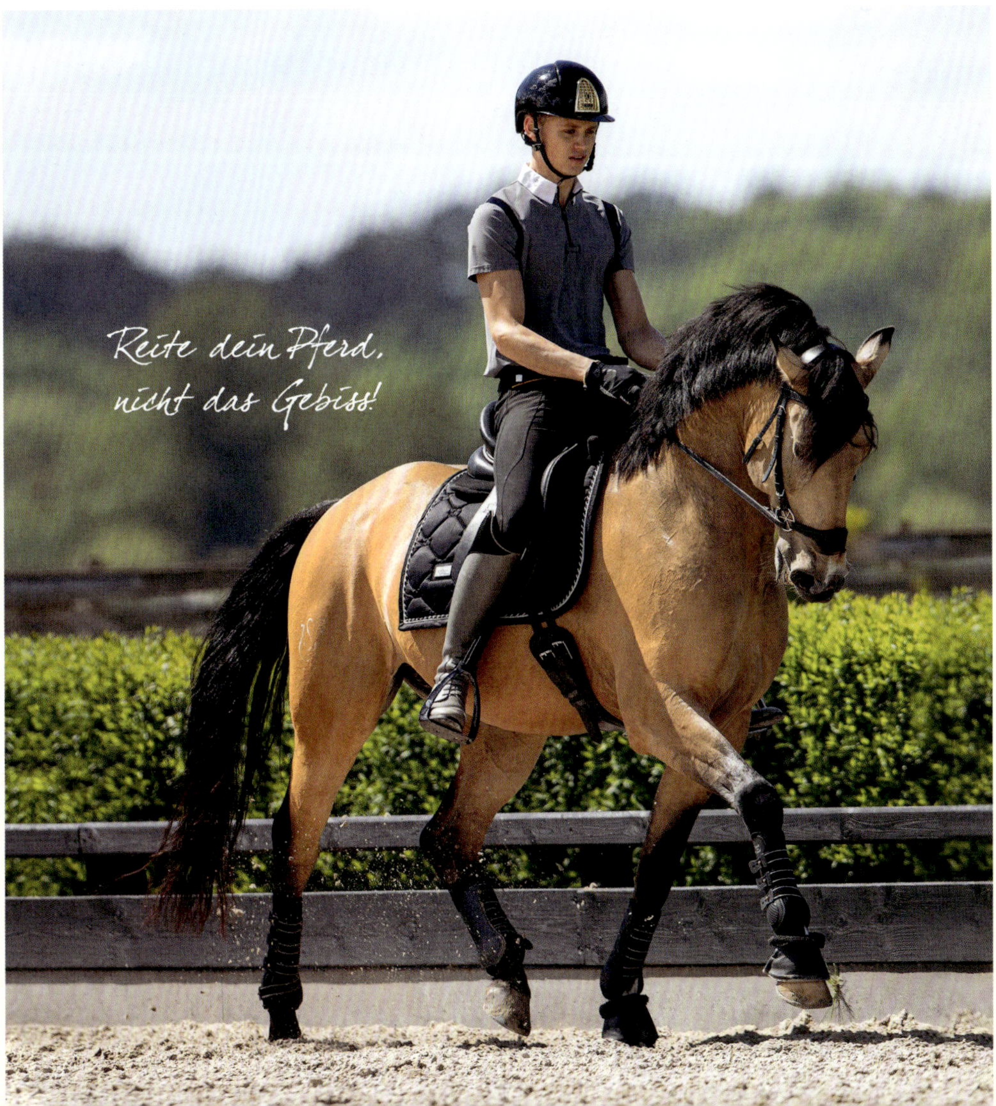

- „Man kann ein Pferd erst dann gebisslos reiten, wenn es bereits komplett kontrollierbar ist. Es muss also zuerst mit Gebiss ausgebildet werden."
  Es ist absolut möglich, ein rohes Pferd ohne Gebiss auszubilden, siehe Kapitel 8.
- „Es ist unmöglich, ein Pferd mit einer gebisslosen Zäumung zu versammeln."
  Versammlung kommt aus dem ganzen Körper, nicht aus dem Maul.
- „Gebissloses Reiten ist nicht unbedingt immer angenehmer für das Pferd."
  Es ist die Frage, wie die Ausrüstung eingesetzt wird. Meiner Meinung nach ist ein gebissloses Zaumzeug – richtig eingesetzt – angenehmer für das Pferd, weil es den Druck auf einen größeren Bereich verteilt. Außerdem werden der empfindliche Gaumen und die Maulhöhle des Pferdes entlastet.
- „Gebissloses Reiten ist etwas für „alternative" Menschen und ich möchte nicht als solcher gesehen werden."
  Gebissloses Reiten hat überhaupt nichts Sonderbares an sich, es ist einfach etwas anderes, als wir gewohnt sind. Schon heute gibt es viele bekannte Reiter, die sich für eine Variante ohne Gebiss entscheiden, selbst bei Turnieren. Ich bin sicher, dass diese Zahl in den nächsten zehn Jahren noch steigen wird. Wäre es nicht großartig, dann sagen zu können: „Ach, ich reite schon seit zehn Jahren ohne Gebiss!"

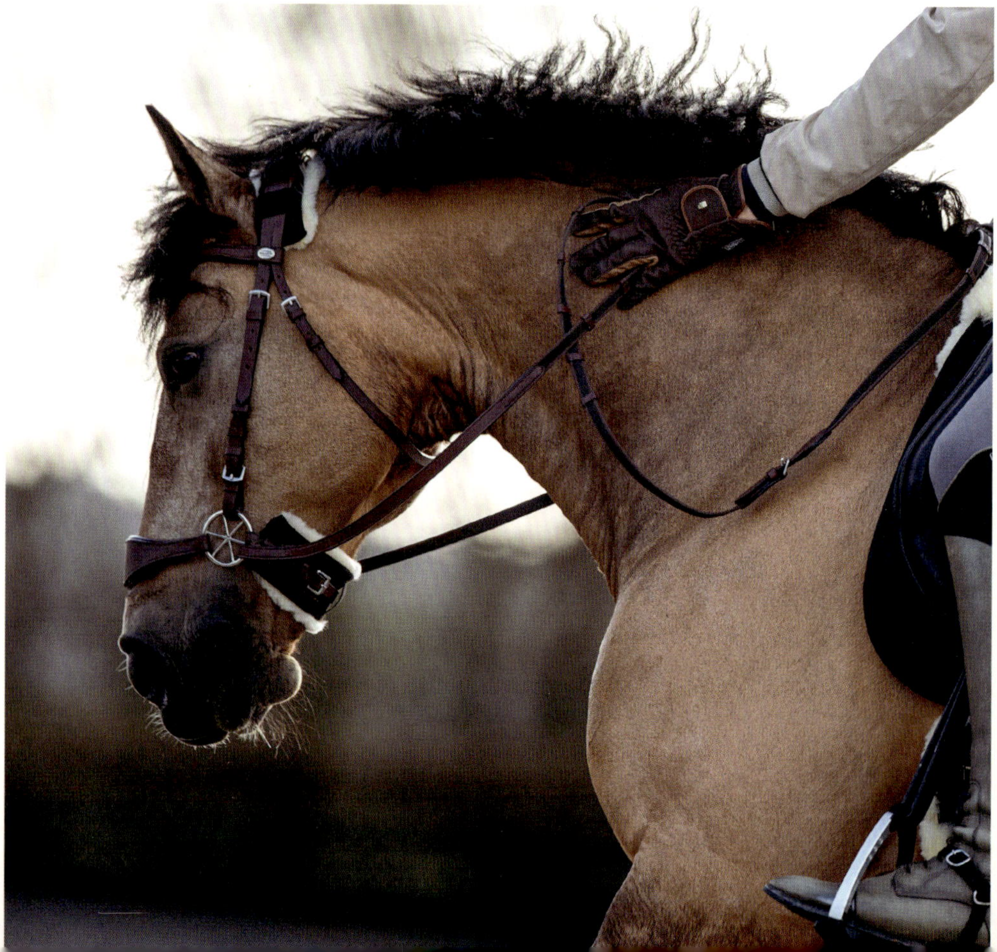

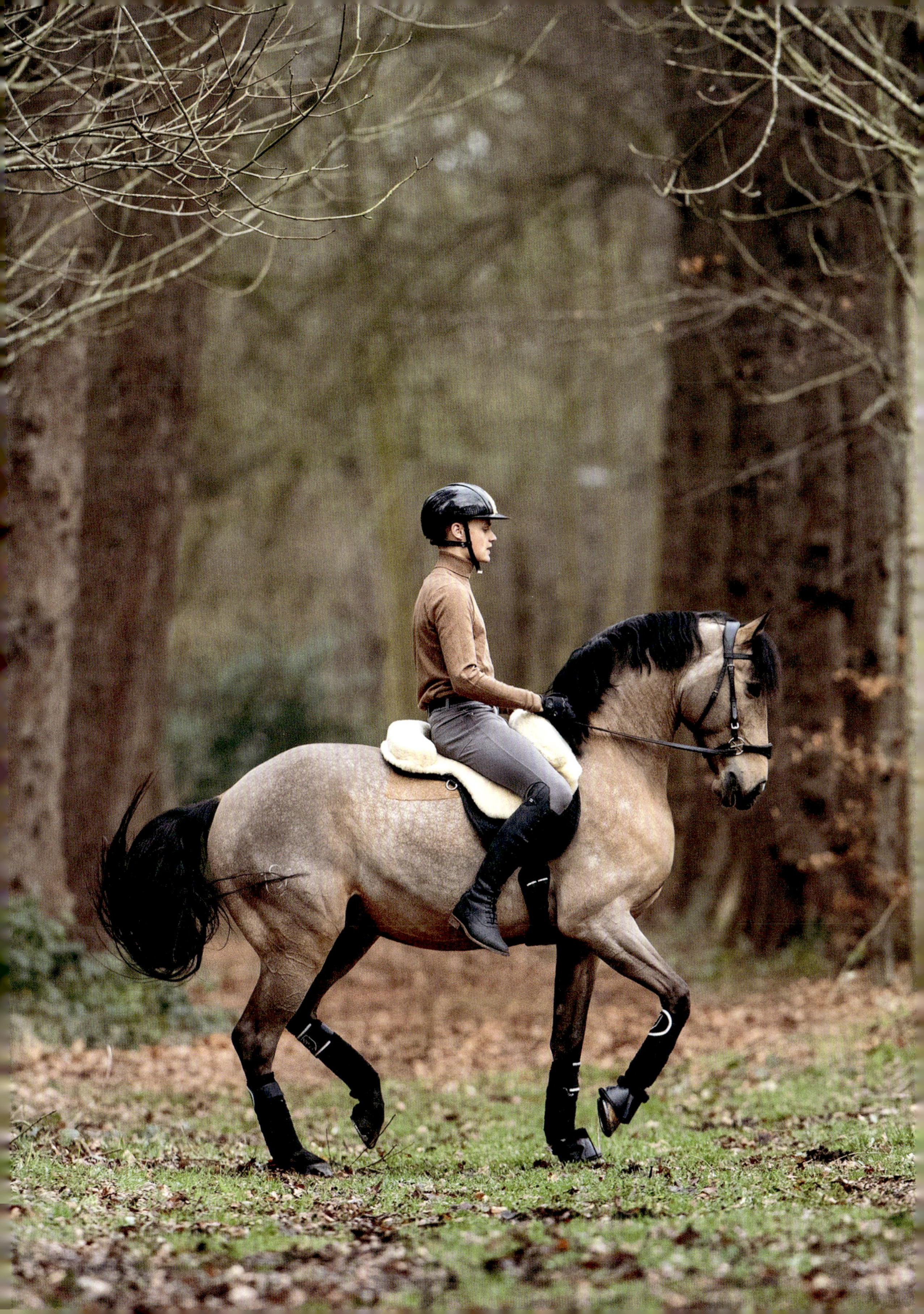

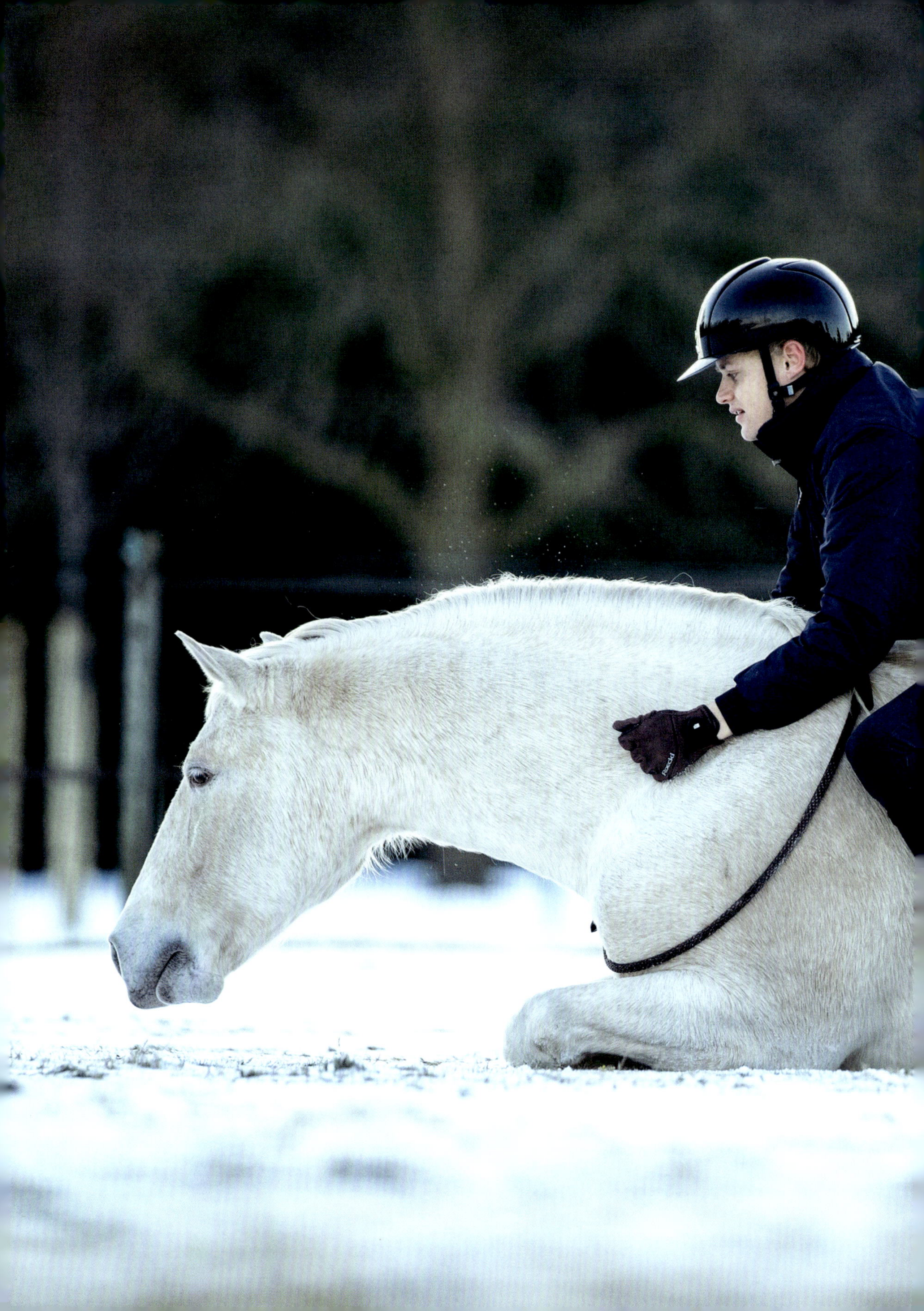

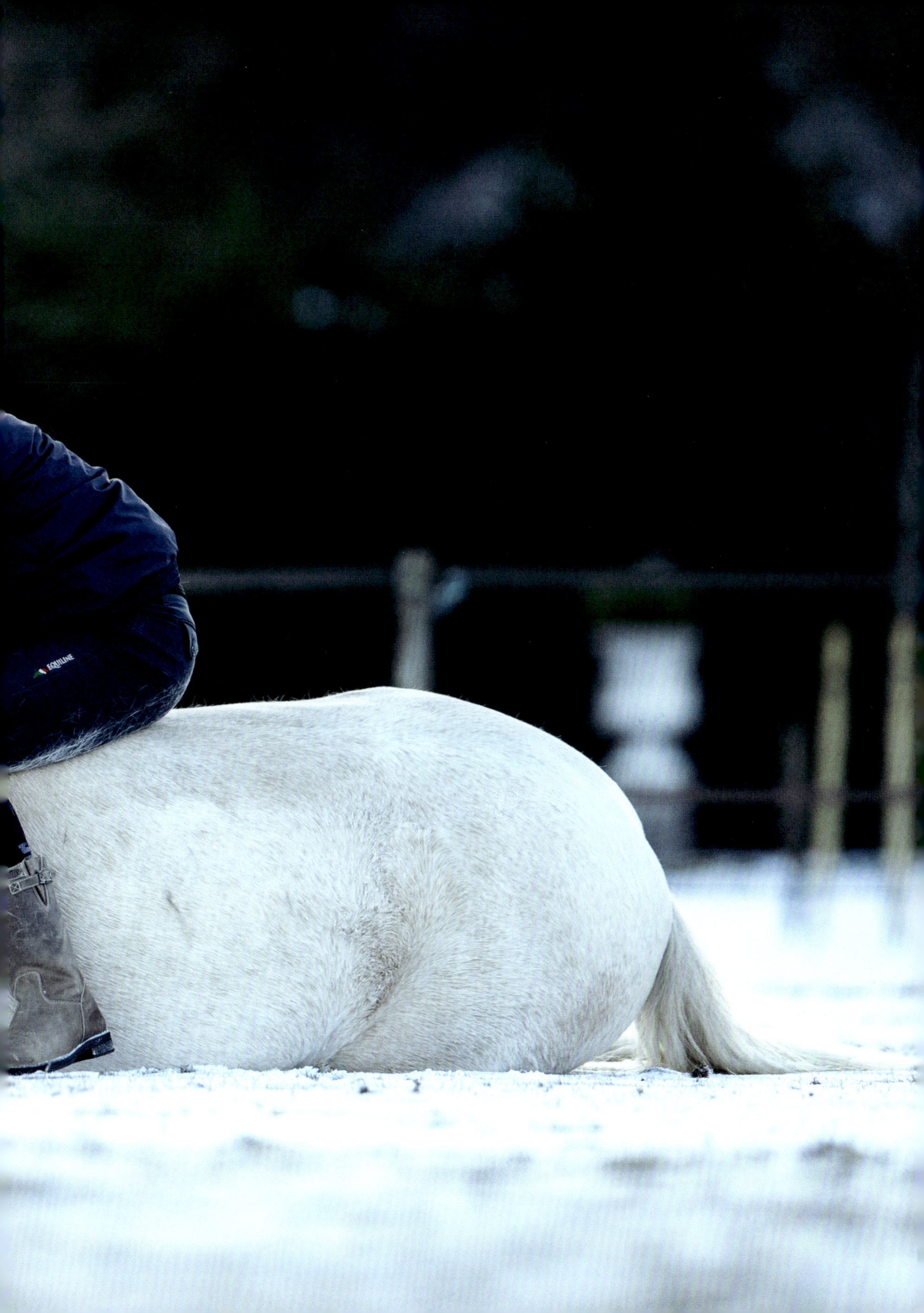

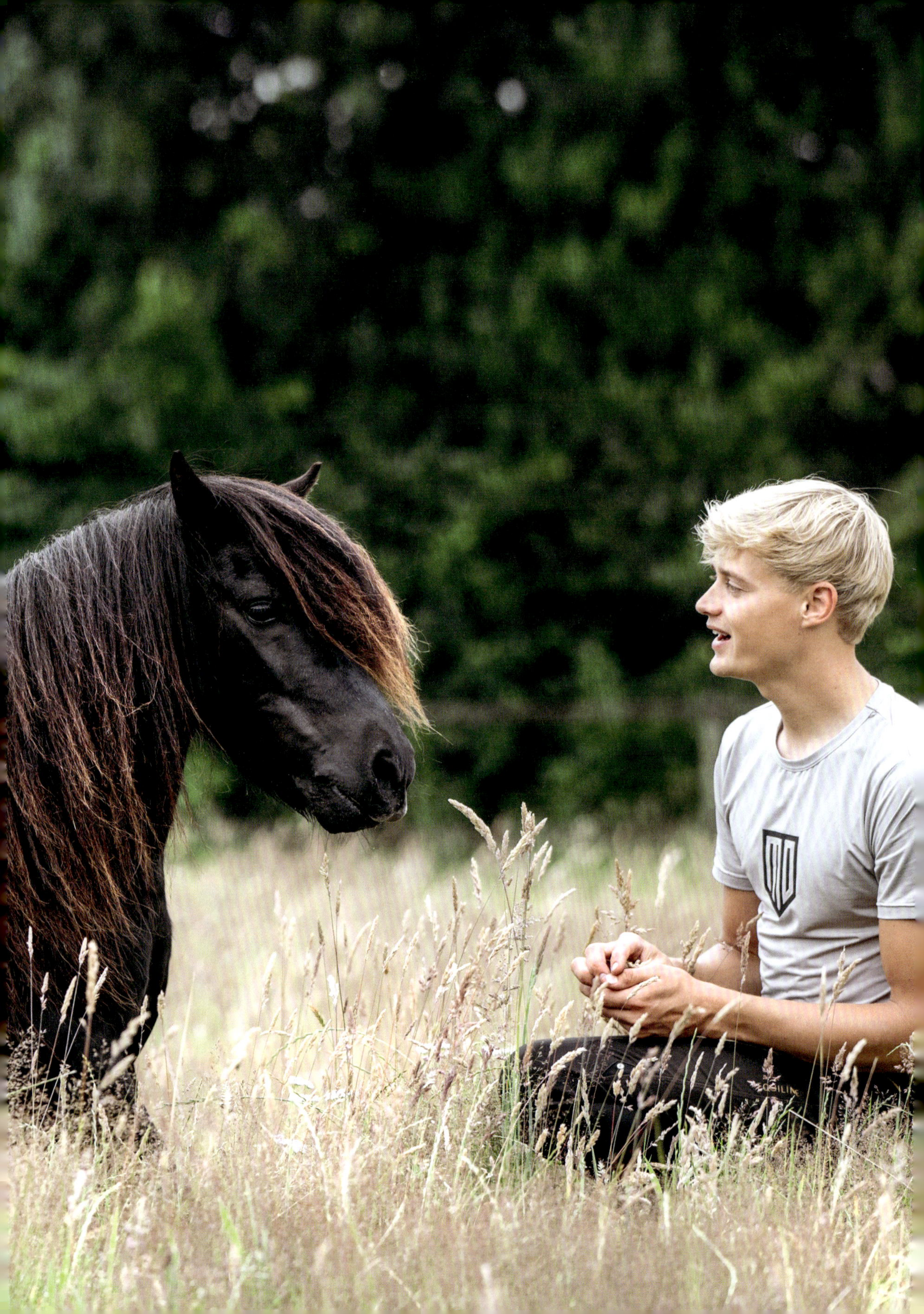

Aus Rücksicht auf dein Pferd

In der Welt eines Pferdes gibt es kein Richtig und kein Falsch. Und in der Welt, die wir mit den Pferden teilen, sollte es das auch nicht geben.

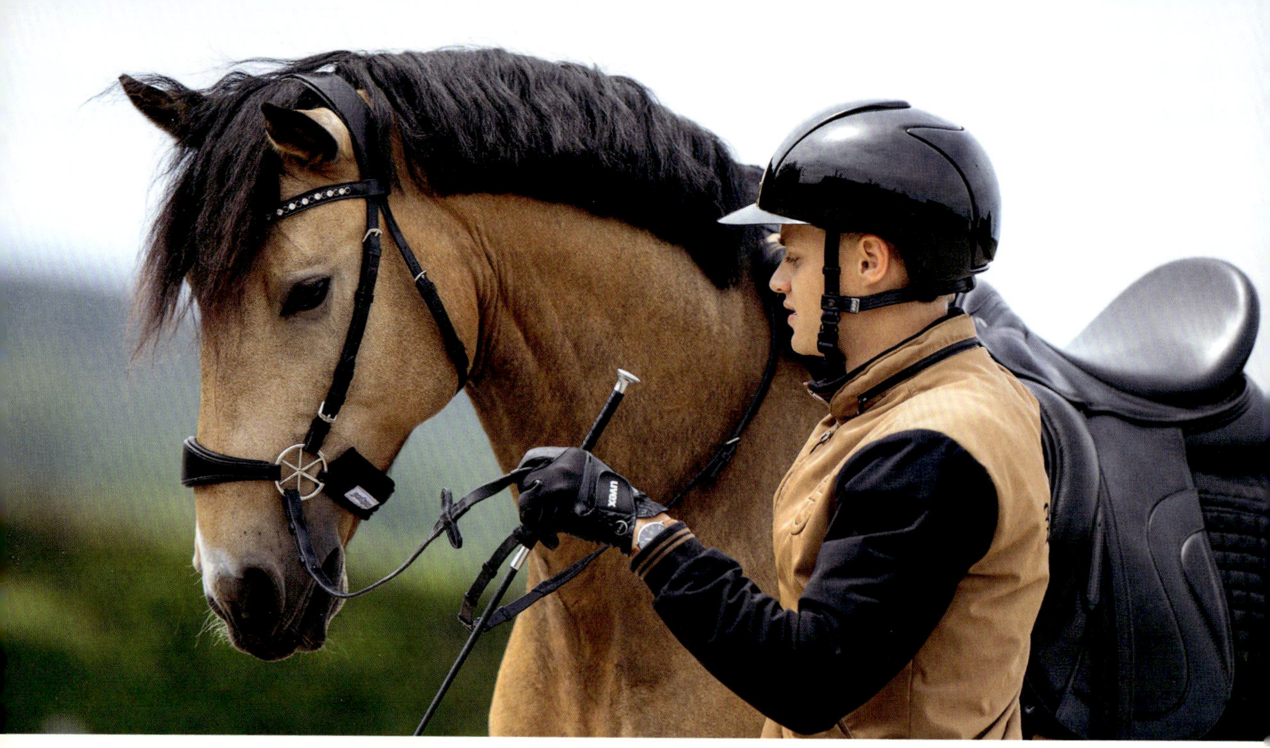

Das Hauptthema dieses Buches ist das Reiten ohne Gebiss, aber das ist nur ein Aspekt des Umgangs mit Pferden. Die Basis für alles ist gute Kommunikation, weshalb ich auch dort beginnen möchte.

Pferde können denken

Es ist eine weit verbreitete Annahme, dass wir der Chef unseres Pferdes sein sollten. Viele Reitlehrer unterrichten nach dieser Theorie, und es gibt sogar Pferdegurus, die die Einstellung teilen, dass das Pferd seine Intuition vergessen und einfach blind folgen sollte. Ich habe oft den Eindruck, dass diese Menschen die Fähigkeit des Pferdes unterschätzen, selbst zu denken – dass sie die Tatsache ignorieren, dass ein Pferd positiv oder negativ auf das reagieren kann, was von ihm verlangt wird.

Ich bin davon überzeugt, dass man mehr erreichen und mehr Spaß haben kann, wenn man dem Pferd die Chance gibt, selbst zu zeigen, was es möchte. Es sollte aus sich selbst heraus kooperieren wollen und mitdenken dürfen. Pferde spüren ganz genau, wenn sie geliebt werden und wenn sie etwas richtig gemacht haben, und sie können auch stolz auf sich sein. Versuche, dein Pferd in einem positiven Sinn zu verstehen, und freu dich darüber, dass ein Pferd mit dir zusammenarbeiten möchte. Das allein ist schon ziemlich beachtlich.

Wenn ich mit Pferden arbeite oder Reitstunden gebe, versuche ich immer, das Pferd zu einer freudigen Mitarbeit zu motivieren. Das ist die wichtigste Lektion von allen. Anstatt uns auf Leistung und Ergebnisse zu fokussieren, sollten Vertrauen und Kooperation unsere obersten Ziele sein. Bring deinem Pferd bei, darüber nachzudenken, was du willst, und suche gemeinsam mit ihm nach Lösungen. Die erste Reaktion des Pferdes sollte nicht sein, dass es wütend wird oder dichtmacht, wie das oft der Fall ist. Bringe ihm bei, sich zu öffnen, und

gib ihm Raum, aus einem Gefühl der Sicherheit heraus die richtigen Entscheidungen zu treffen.
Unser Ziel sollte es sein, dem Pferd die Angst vor Fehlern zu nehmen und es zum Mitdenken zu bewegen. Ein Pferd kennt nur eine Art, nachzufragen: Es probiert einfach etwas aus. Diese Erkenntnis wird dein Reiterlebnis viel angenehmer machen, denn ein Pferd, das versteht, wenn es etwas gut gemacht hat, fühlt sich wohler und bietet eine bessere Kooperation an. Das ist die Grundlage. Natürlich müssen Pferde auch wissen, wo die Grenzen sind und welche Regeln gelten – denn dadurch werden wir für sie verlässlich. Aber wir müssen ihnen die Grenzen und Regeln freundlich aufzeigen und dürfen niemals strafen.

Ein Pferd reagiert auf die jetzige Situation

Pferde leben im Hier und Jetzt und rationalisieren nicht. Ein Pferd denkt nie: „Dann macht mein Reiter dies oder jenes und dann werde ich ...“ Es passiert einfach etwas und das Pferd reagiert sofort darauf. Das Pferd reagiert also auf seine Empfindungen und hat keine Ahnung, was du eigentlich willst. Nur du weißt das. Deshalb musst du ernst nehmen, was dein Pferd gerade ausdrückt, weil dies ein Hinweis auf seine Gefühle ist. Jede Bewegung und jede Reaktion haben eine Ursache. Manchmal hast du keine Ahnung, woher etwas kommt, weil es nicht immer etwas mit dir zu tun hat. Aber ein Pferd reagiert niemals ohne Grund!

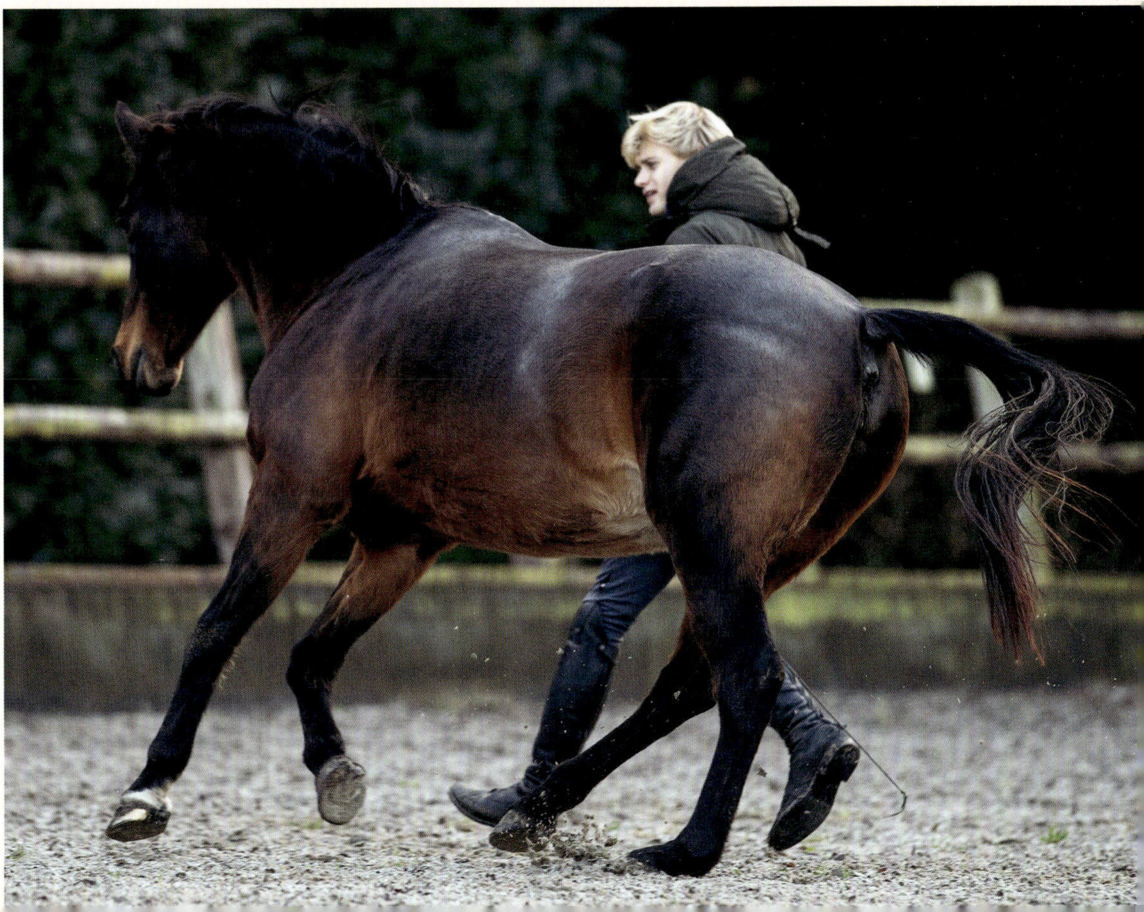

*Ein Pferd reagiert auf das,
was es in einem konkreten Moment spürt.*

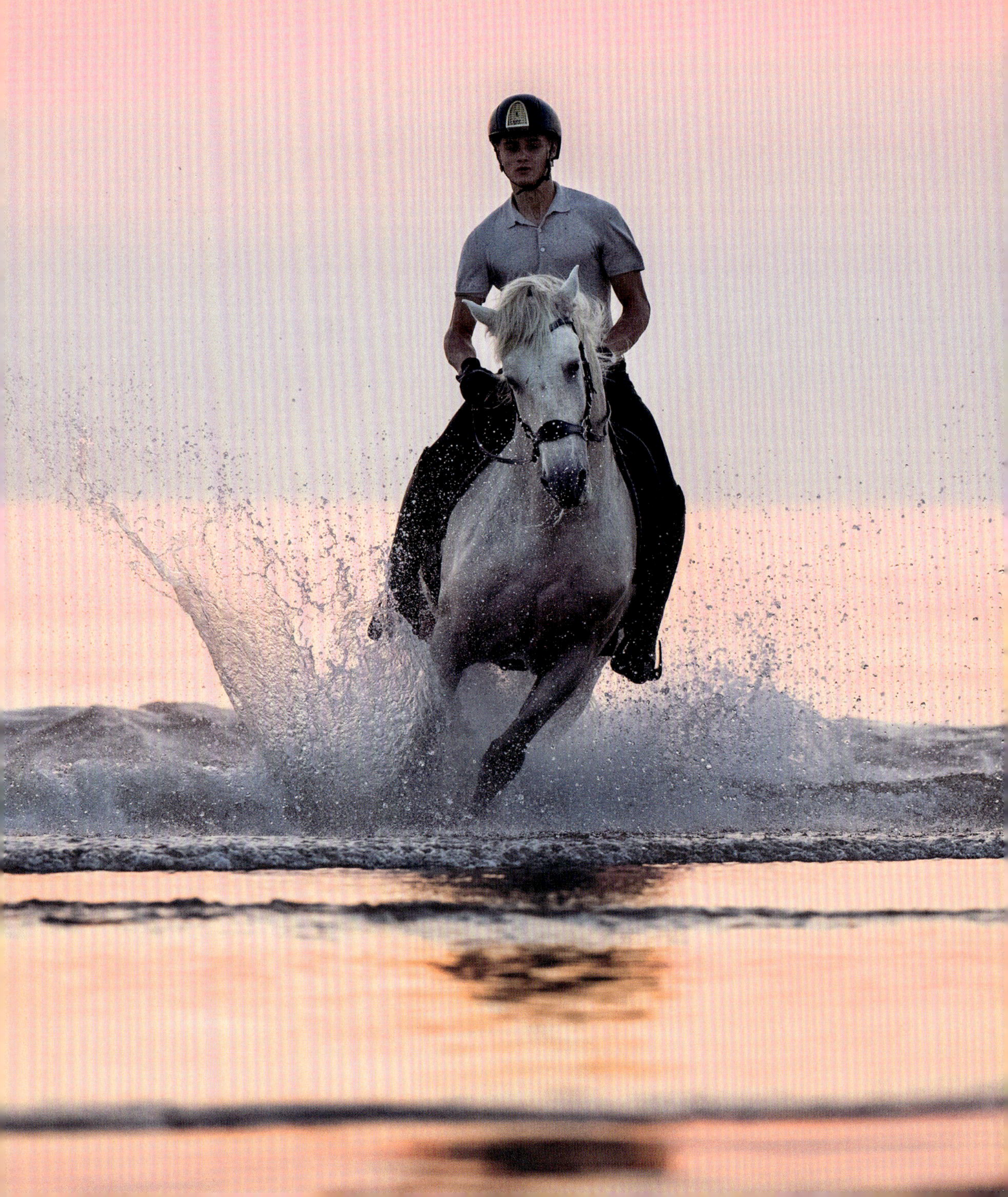

Viele Leute werden zornig, wenn ihr Pferd buckelt oder verspannt ist, und sagen sich: „Dem werde ich eine Lektion erteilen! Das probiert er nicht nochmal!!" Dabei drückt das Pferd nur aus, was es in dem Moment spürt. Das ist niemals falsch und es gibt immer einen Grund dafür. Wenn du mit Zorn reagierst, wird das Pferd denken, dass alles, was es tut, falsch ist.

Manche Leute reagieren verärgert, wenn ihr Pferd nicht versteht, was von ihm erwartet wird, während andere Angst bekommen. In beiden Fällen entsteht ein Spannungsfeld zwischen Reiter und Pferd, das eine klare Kommunikation verhindert. Das Pferd kann seine Muskulatur nicht korrekt einsetzen und du entfernst dich noch weiter von deinem Ziel. Ein verspanntes Pferd kann nicht klar denken und deshalb auch nichts lernen. Und ein verspannter, verärgerter oder verängstigter Reiter kann nicht klar kommunizieren.

Wenn ein Pferd auf etwas anders reagiert, als du das möchtest, solltest du versuchen zu verstehen, woher die Reaktion kommt. Hat das Pferd Schmerzen, ist es erschrocken, hat es eine böse Erinnerung? Wenn du die Ursache beheben und dem Pferd beibringen kannst, dass es unnötig ist, so zu reagieren, könnt ihr in gegenseitigem Vertrauen gemeinsam Fortschritte machen.

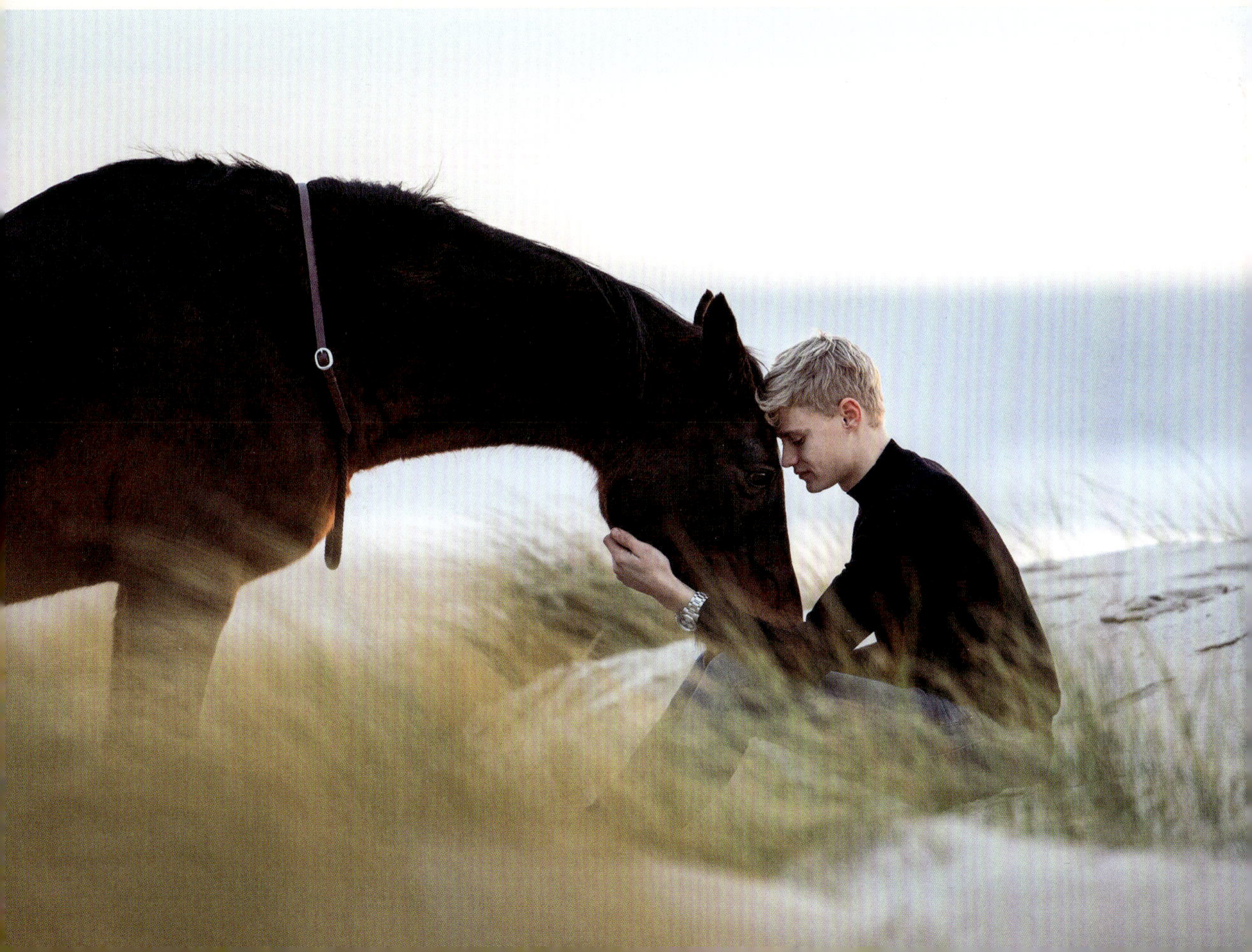

Gewohnheitstier

Pferde sind Gewohnheitstiere. Durch Wiederholung werden die Dinge für sie normal. Das gilt sowohl für positive als auch für negative Dinge, wobei das Pferd ja nicht versteht, ob etwas als richtig oder falsch gilt. Du musst sicherstellen, dass nicht ein unerwünschtes Verhalten zur Gewohnheit wird, sondern dass das erwünschte Verhalten zur Routine wird. Deshalb musst du dir darüber im Klaren sein, was du willst und was du nicht willst. Du darfst unerwünschte Reaktionen deines Pferdes nicht so lange erlauben, bis sie zu einer Gewohnheit geworden sind.

Nichts ist jemals falsch

Im Reitsport und in der Pferdehaltung gibt es viele Regeln. Wir wollen, dass sich das Pferd auf eine bestimmte Art und Weise verhält, aber das Pferd kennt diese Regeln nicht, also müssen sie ihm erklärt werden. Das Pferd hat keine Vorstellung von Richtig und Falsch. In seiner Welt gibt es das Konzept „falsch“ nicht, und in der Welt, die wir mit den Pferden teilen, sollte es das auch nicht geben.

Wenn dein Pferd also nicht so reagiert, wie du es gerne hättest, darfst du dich nicht ärgern. Das Pferd reagiert nur auf die Situation. Es ist viel besser, herauszufinden, warum es so reagiert, und dann nach Möglichkeiten zu suchen, ihm zu einer besseren Reaktion zu verhelfen. Mache deutlich, dass es für euch beide nicht nötig ist, wütend zu werden oder Angst zu haben.
Dein Pferd kann es gar nicht verstehen, wenn du ihm böse bist – es wird dichtmachen und dich ausschließen. Dann wird es unmöglich, noch etwas zu erreichen. Wenn du deinem

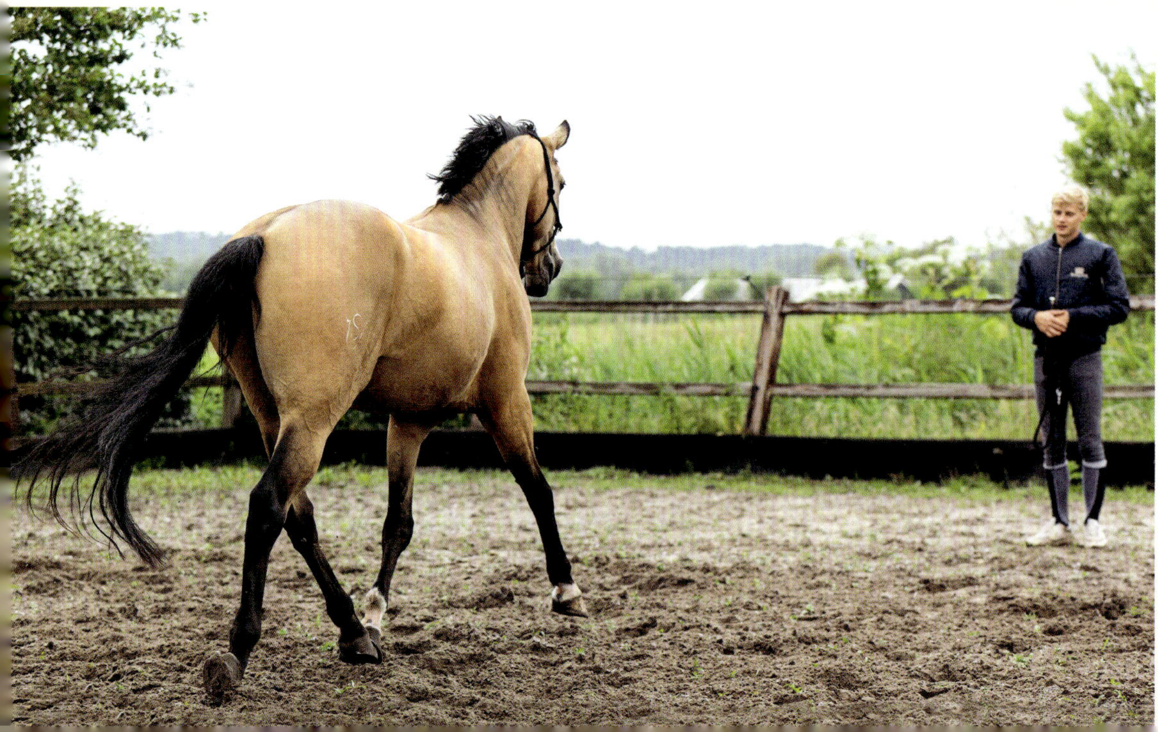

Pferd aber zeigst, dass es nichts falsch machen kann, und wenn du ihm hilfst, zu verstehen, was du meinst, wird diese positive Herangehensweise sein Vertrauen in dich und sich selbst stärken. Am Ende wird sein Vertrauen in dich so groß sein, dass es sich traut, dir zu zeigen, was es von einer Sache hält. Mit so einer positiven Einstellung könnt ihr gut zusammenarbeiten und dein Pferd wird alles für dich tun.

Hilf deinem Pferd

Pferde sind sehr nachsichtig und großzügig. Das ist wirklich unglaublich, wenn man bedenkt, was wir von ihnen verlangen und was sie uns anbieten.

Selbst Pferde, die bereits schlechte Erfahrungen gemacht haben, können noch positives Denken lernen. Ich habe schon oft mit Pferden gearbeitet, deren Besitzer sich nicht mehr getraut haben, aufzusteigen. Ich beginne immer damit, dem Pferd zu zeigen, dass es nicht sofort mit Zorn reagieren muss. Man muss dem Pferd helfen, über seine Reaktion hinwegzukommen, indem man ihm Führung bietet. Es bringt nichts, selbst wütend zu werden und zu hoffen, das Pferd durch Bestrafung unterwerfen zu können.

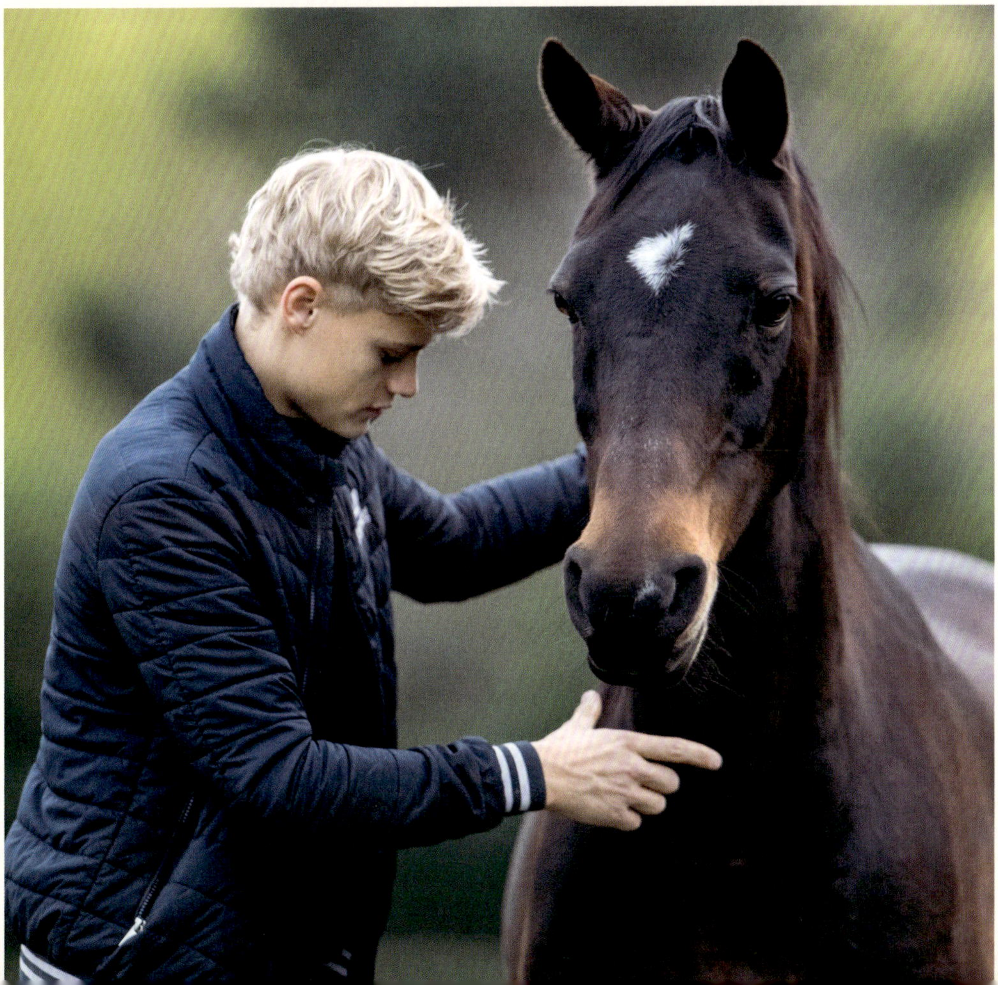

Wenn man ein Pferd bestraft, kommt man danach nicht mehr so schnell zu ihm durch. Gehe deshalb am besten Schritt für Schritt vor: Verlange zuerst etwas, das deinem Pferd leichtfällt, sodass es sich entspannen kann. Bau dann von dort ausgehend auf. Oft reicht es schon, einem Pferd diesen neuen Weg aufzuzeigen, damit es merkt, dass das Training gar nicht so schrecklich ist.

Es ist sehr wichtig, dem Pferd eine Lösung anzubieten. Wenn du ein Pferd korrigieren oder ihm mitteilen willst, dass seine Reaktion nicht das ist, was du dir vorgestellt hattest, dann versuche, nicht zu sagen: „NEIN, so nicht!", sondern: „Nein, so nicht, aber wie wäre es, wenn du das hier probierst?" Wenn du ihm eine Lösung anbietest, motivierst du es dazu, mehr Dinge als bisher auszuprobieren. Unterstütze dein Pferd, während es nach der richtigen Lösung sucht. In dem Moment, in dem es versteht, was du willst, musst du ihm sofort zeigen, dass es seine Sache richtig gut gemacht hat. Bis dein Pferd versteht, was du willst, musst du geduldig sein und ihm signalisieren, dass es kein Problem ist, wenn es dich noch nicht versteht oder die Übung noch nicht schafft.

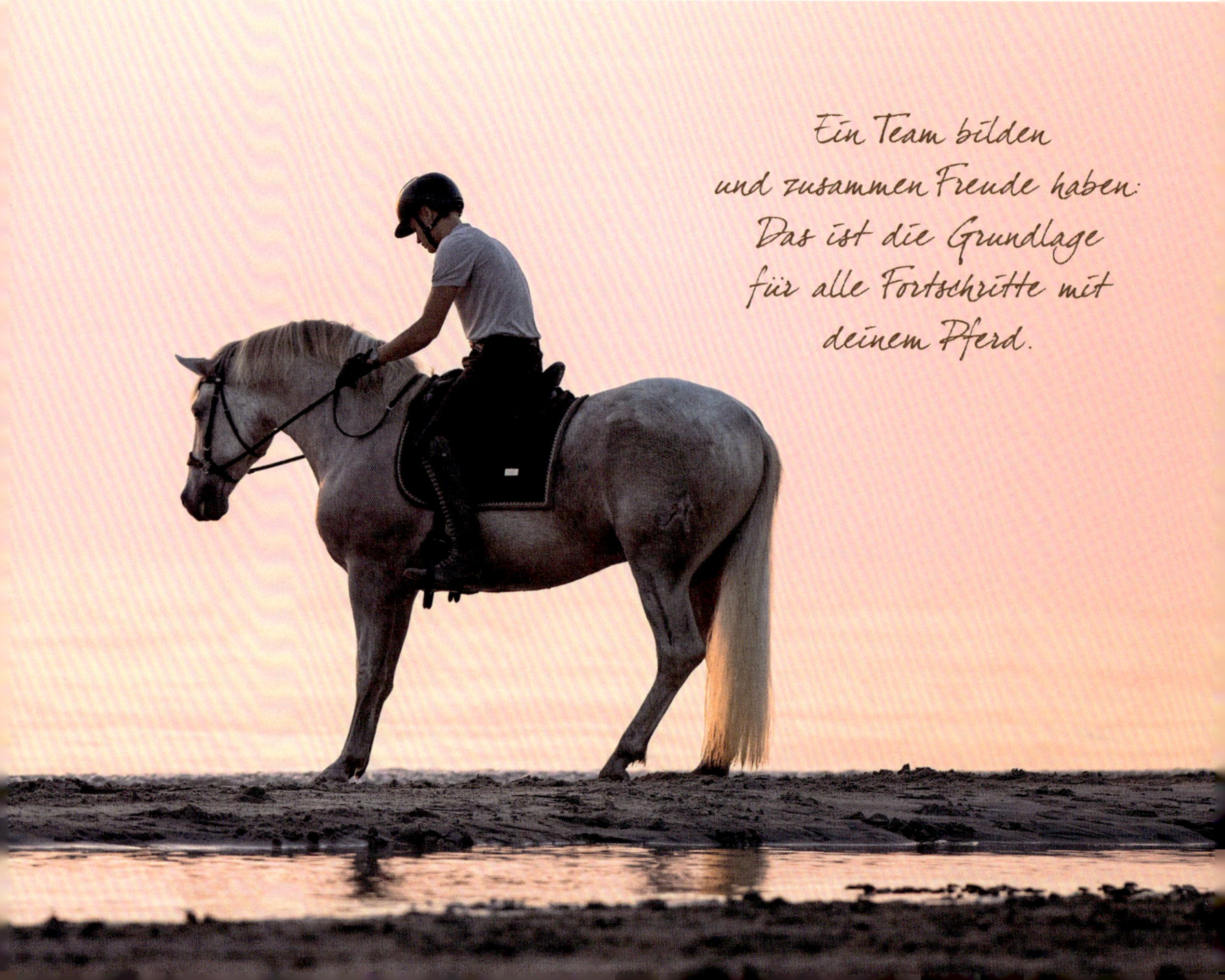

Carino war ein ausgebildetes Springpferd, das zu mir kam, weil niemand mehr etwas mit ihm machen konnte. Er stieg und buckelte nur noch. Ich ärgerte mich nicht über ihn, sondern ignorierte einfach so weit wie möglich seine Eskapaden.
Wann immer es ging, machte ich einfach mit der Arbeit weiter und belohnte ihn sofort, wenn er auch nur das kleinste Anzeichen von Mitarbeit zeigte. Dadurch lernte er zu verstehen, dass das ganze Buckeln völlig unnötig war und wir einfach Spaß miteinander haben konnten. Er lernte, dass er mich nicht bekämpfen muss, und wandelte sich zu einem lieben und braven Pferd.

Was können wir von einem Pferd erwarten?

Man kann nichts von einem Pferd erwarten, das in seiner Erlebniswelt nicht vorkommt. Während Pferde in der Freiheitsdressur Bewegungen zeigen, die sie so auch in der Wildnis zeigen würden, ist es zum Beispiel nicht natürlich für ein Pferd, für einen Filmdreh ins Wasser zu springen. Das ist nichts, was ein Pferd jemals freiwillig machen würde, und ich finde, dass man so etwas von einem Pferd nicht verlangen sollte.

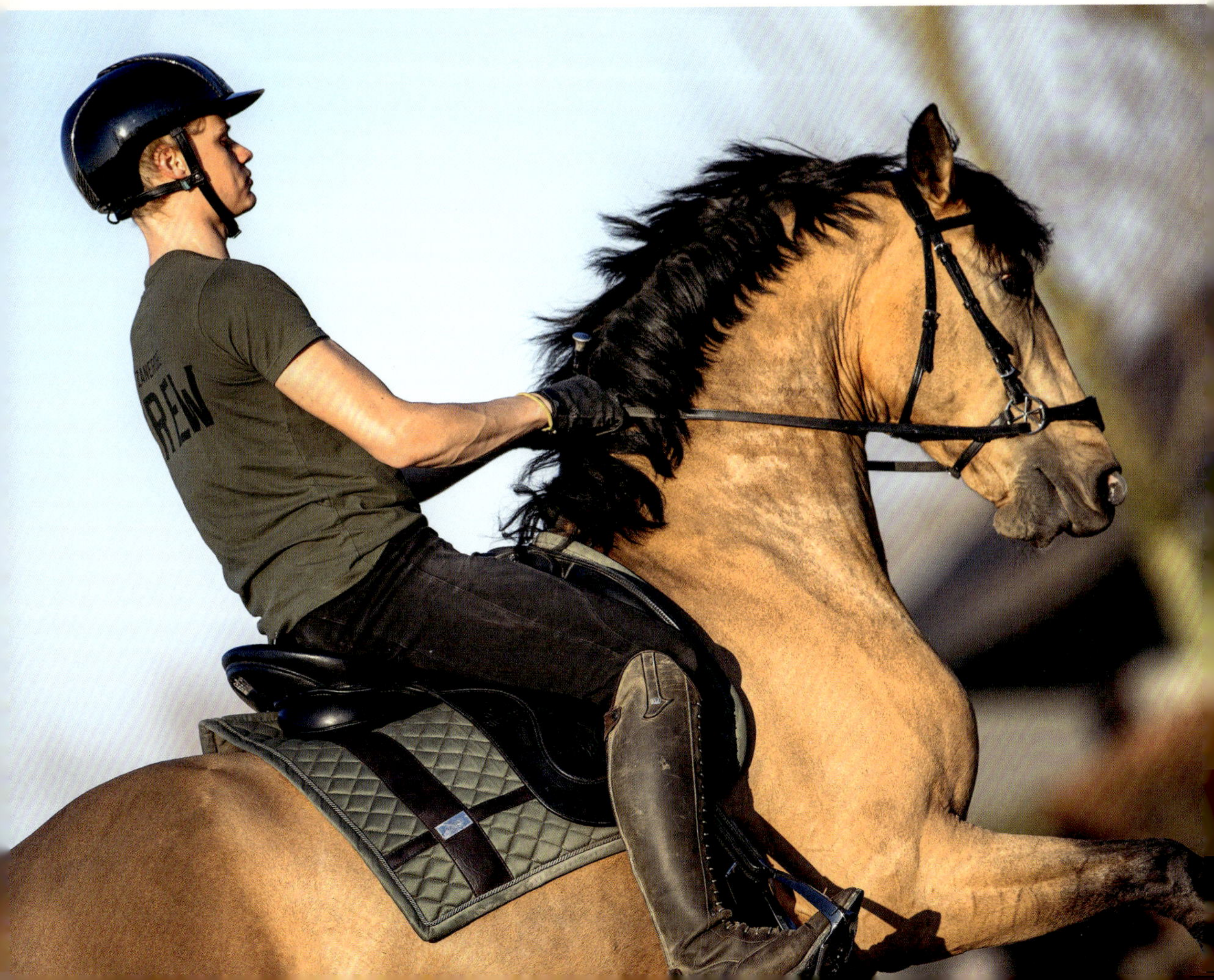

Ein Pferd wird etwas Unnatürliches nur unter Zwang machen, niemals freiwillig. Und das ist meiner Meinung nach falsch. Man kann einem Pferd viele Dinge beibringen und sein natürliches Verhaltensspektrum so allmählich vergrößern, aber man muss dabei immer fair und realistisch bleiben. Denke immer daran, dass alles, was ihr zusammen macht, deinem Pferd genauso guttun sollte wie dir.

Abgesehen davon solltest du dir überlegen, wo die Talente deines Pferdes liegen. Nicht jedes Pferd hat es in sich, ein Topdressur- oder -springpferd zu werden. Du kannst viel erreichen, aber nur im Rahmen seiner Möglichkeiten. Du musst realistische Erwartungen haben und mit dem zufrieden sein, was es dir geben kann.

Wie können wir einem Pferd etwas erklären?

Egal, was du willst – du musst es klar verlangen, damit das Pferd verstehen kann, was du meinst. Wenn es so reagiert, wie du gehofft hattest, kannst du es sofort belohnen, indem du den Druck wegnimmst – oder, besser gesagt, die „Bitte" – und es lobst. Achte darauf, keine „halbherzigen" Hilfen zu geben, da dies nur zu Verwirrung beim Pferd führen würde. Wenn du genau weißt, was du tust, führt dies zu Klarheit.
Überlege dir die Dinge also gut, bevor du beginnst. Probiere keine Übungen aus, bei denen du nicht genau weißt, wie du sie verlangen kannst. Du solltest dir zuerst das relevante Wissen aneignen, indem du Reitstunden nimmst, Ratgeberbücher liest, dir YouTube-Filme ansiehst oder auf einem erfahrenen Pferd übst, das die Lektionen bereits beherrscht.

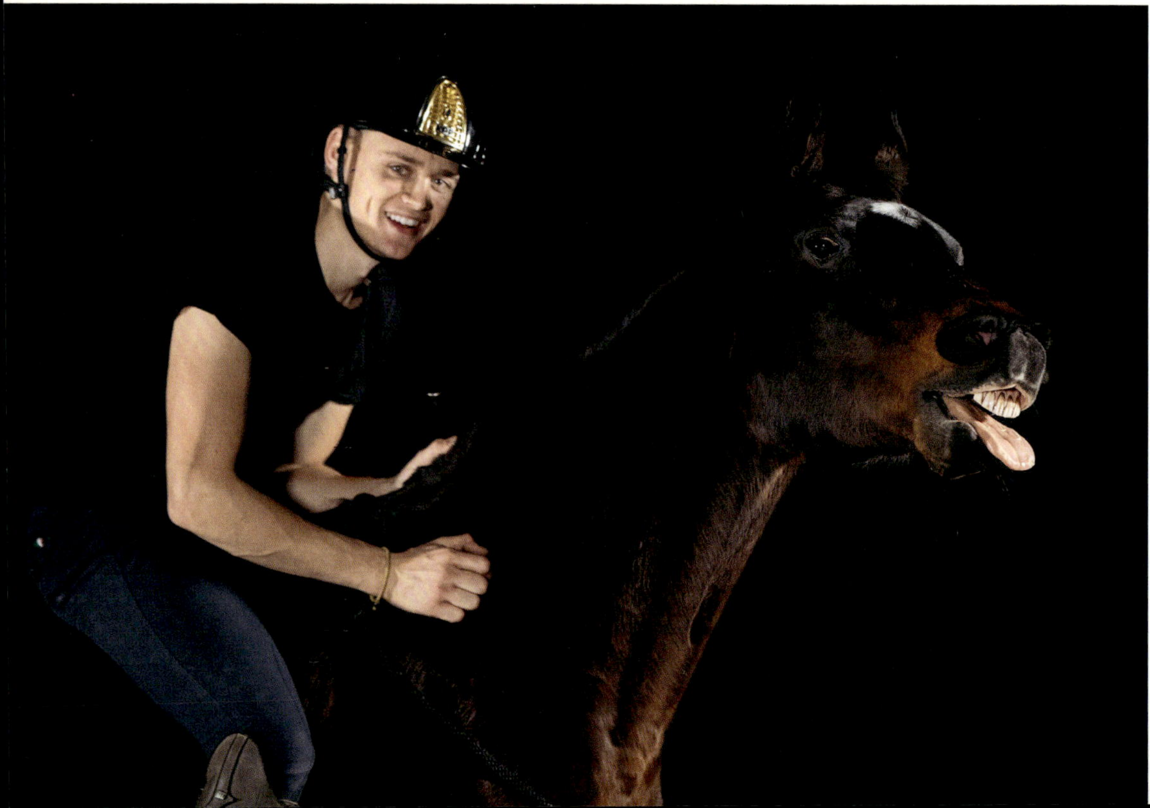

Es gibt natürlich kleine, risikofreie Dinge, die du ausprobieren kannst. Es ist kein Problem, wenn du diese gemeinsam mit deinem Pferd probierst, aber mach immer kleine Schritte und erwarte nicht zu viel. Es ist wichtig, gut vorbereitet zu sein.

Was, wenn mein Pferd mich nicht versteht?

Bodenarbeit ist die Grundlage für alles, was du mit deinem Pferd machst und die beste Art, ihm etwas zu erklären. Wenn es dich vom Boden aus nicht versteht, wird es dich beim Reiten schon gar nicht verstehen.

Manchmal muss beim Pferd einfach der Groschen fallen. Das Wichtigste ist, dass du klar mit ihm kommunizierst und nichts verlangst, was ihm nicht zumutbar ist. Es ist oft besser, immer wieder anzufragen, bis das Pferd eine kleine Bewegung in die richtige Richtung macht. Hör dann sofort auf und belohne es, damit es ein gutes Gefühl bekommt und etwas lernt. Mach nicht ewig weiter, wenn das Pferd dich nicht versteht, sondern versuche, wenn

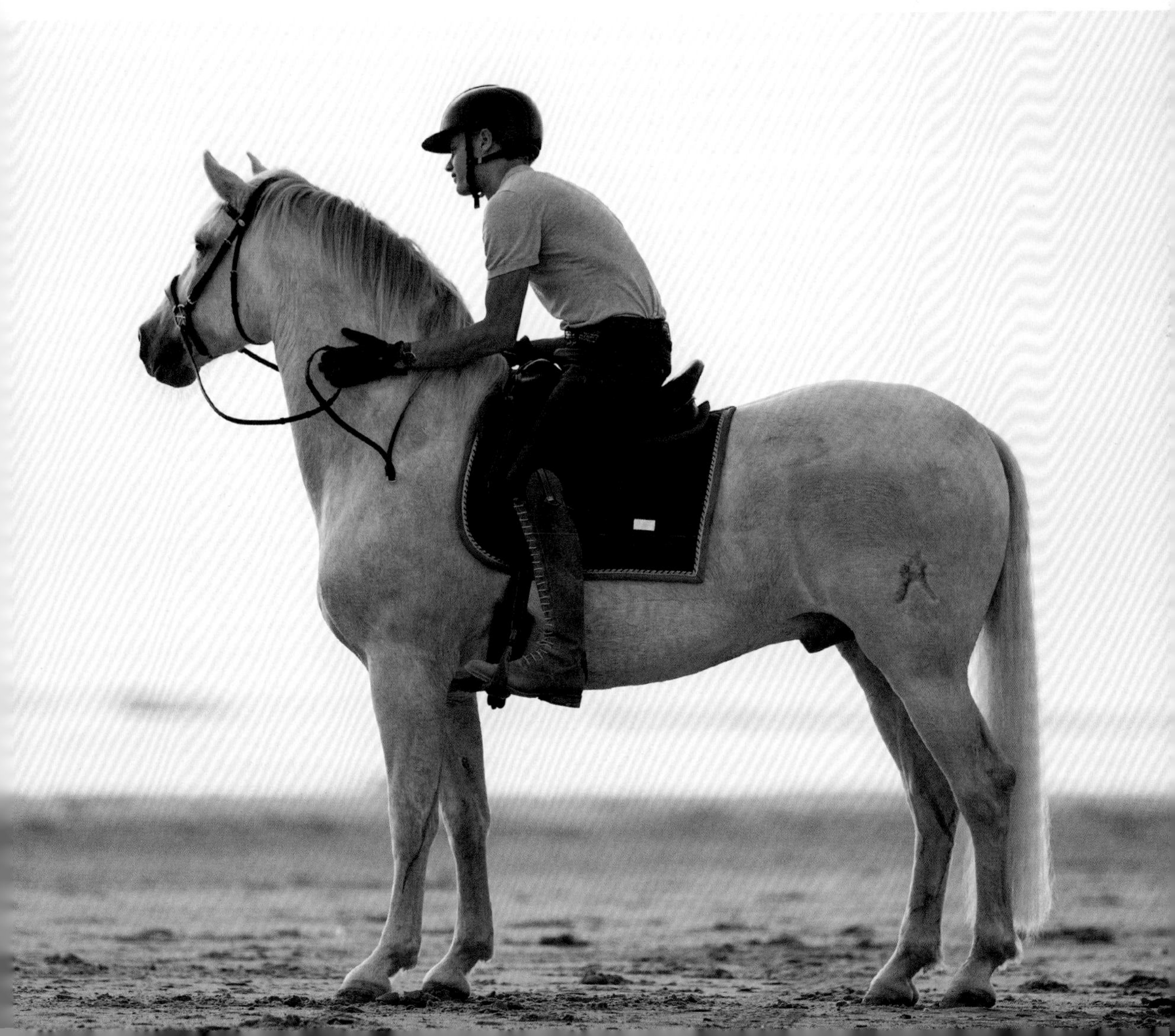

irgendwie möglich, mit einer Lösung abzuschließen, bei der das Pferd zumindest den Anfang einer Antwort gefunden hat.
Es ist ganz wichtig, dass es dafür belohnt wird. Wenn du zu früh aufhörst, macht es für das Pferd keinen Unterschied, ob es die Lösung gefunden hat oder nicht.

So kannst du deinem Pferd zeigen, dass es mehr kann, als es dachte – und das schenkt ihm Selbstvertrauen, Motivation und Freude. Achte aber darauf, dass deine Bitten immer fair sind und dass das Pferd sie verstehen kann, sonst verwirrst du es nur.
Manche Menschen sind zu nett und weich im Umgang mit ihrem Pferd und sehen immer wieder über Fehler hinweg. Damit ist dem Pferd auch nicht geholfen, denn so lernt es nie zu verstehen, was von ihm erwartet oder verlangt wird. Im schlimmsten Fall kann das dazu führen, dass das Pferd nervös oder „schlimm" wird. Es ist gut, freundlich zu sein, aber man muss auch konsequent – und damit fair – sein.

Wenn du irgendwie feststeckst und mit deinem Pferd nicht weiterkommst, kann es hilfreich sein, wenn du versuchst, die Situation aus seinem Blickwinkel zu betrachten. Wie einfach ist es für dein Pferd, zu verstehen, was du meinst? Ist aus seiner Sicht alles klar? Warum reagiert es auf eine bestimmte Weise? Hat es Angst vor etwas und, wenn ja, aus welchem Grund? Oder ärgert es sich über etwas? Sobald du die Reaktionen deines Pferdes verstehst, wird es viel einfacher, ihm bei seinen Problemen zu helfen.

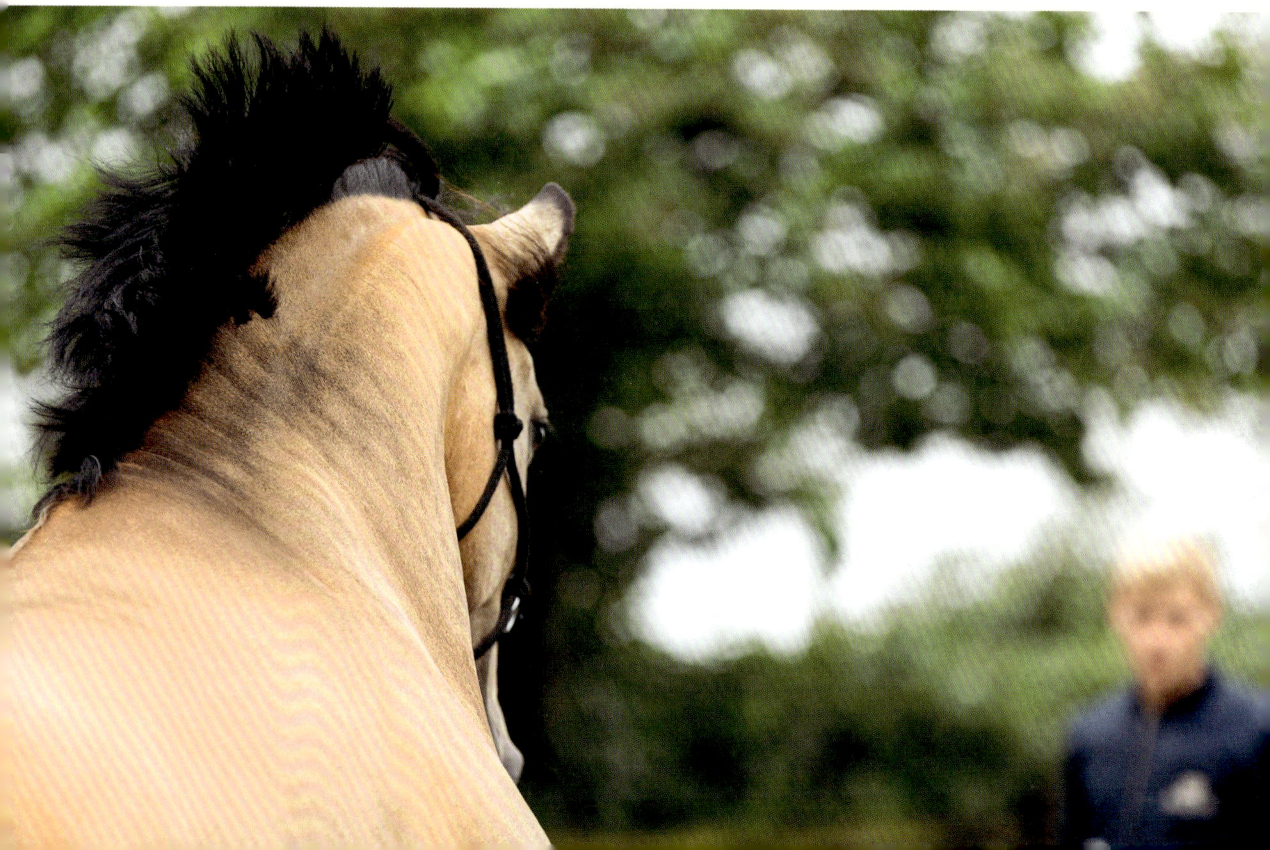

Versuche, positiv zu denken

Viele Menschen haben die Neigung, sich auf die negativen Dinge zu konzentrieren. Wenn etwas gut funktioniert, sehen sie das als normal an oder denken: „Endlich!“ Sie hatten nichts anderes erwartet. Wenn die Dinge jedoch nicht so funktionieren, wie sie das erwartet hatten, reagieren sie verärgert und frustriert.

Aber alles geht besser, wenn man sich auf die positiven Dinge konzentriert. Signalisiere deinem Pferd, dass es etwas gut gemacht hat, indem du sagst: „Ja! Gut gemacht! So habe ich das gemeint!“ Das hilft dem Pferd, deine Absicht viel schneller zu verstehen. Wenn du alles, was dein Pferd richtig macht, klar belohnst – und mit „alles“ meine ich auch Bodenarbeit, einfach alles –, wird das Pferd immer öfter versuchen, die Dinge richtig zu machen.

Auch in der Freiheitsdressur arbeiten wir so. Vielleicht denkst du jetzt: „Ach, das ist ganz lustig, aber es sind nur Tricks.“ Aber unser Ziel ist weiter gesteckt: Wir wollen dem Pferd immer und überall signalisieren, wenn es etwas richtig gemacht hat, damit es so auf eine großartige Zusammenarbeit beim Reiten vorbereitet wird. Wenn du also „Ja, ja, ja!“ rufst, sobald das Pferd auch nur das kleinste Anzeichen zeigt, machen zu wollen, was du verlangst, dann wird es viel schneller verstehen, was von ihm verlangt wird. Das gilt nicht nur für die Freiheitsdressur, sondern für jede Art des Reitens, die du ihm näherbringen möchtest.

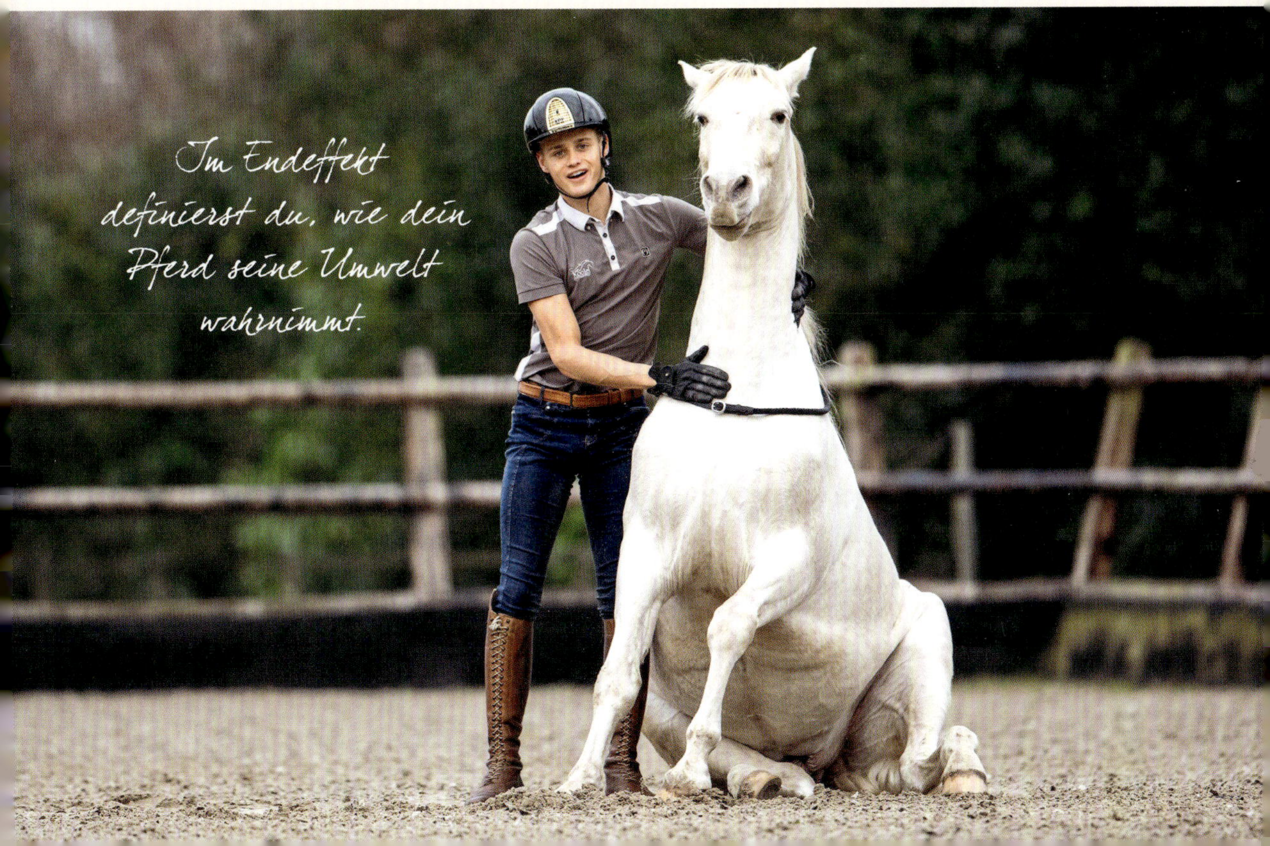

Führungsrolle

Pferde brauchen Fairness und Klarheit. Ein Pferd, dem die Dinge klar sind, fühlt sich wohl und kann sich entspannen. Das ist der Normalzustand für ein Pferd: In der Herde gibt es auch nur ein Leittier. Die anderen folgen und machen das, was das Leittier möchte. Aus diesem Grund akzeptieren auch die meisten Pferde unsere Führungsrolle bereitwillig. Wenn du die Führungsrolle übernimmst, wird dein Pferd sich auf dich und deine Wünsche konzentrieren. Es nimmt Rücksicht darauf, was du möchtest, und das ist für euch beide angenehm.

Ich mag das Wort „Führungsperson" nicht, weil es suggeriert, dass es höherstehende und untergeordnete Akteure gibt. Ich persönlich bevorzuge das Wort „Coach". Die Verantwortung und die Initiative liegen bei dir, aber das Pferd muss seinen Beitrag leisten können. Ihr seid gleichberechtigte Partner, die sich gegenseitig respektieren, aber du bist der Coach.

Sei konsequent

Wir arbeiten auf positive Weise mit unseren Pferden, aber das bedeutet nicht, dass alles erlaubt ist. Indem wir uns auf das Positive konzentrieren, helfen wir unseren Pferden, sich zu entwickeln, aber ein paar Regeln sind notwendig. Diese Regeln müssen jeden Tag dieselben sein. Nur wenn du klar und konsequent bist, kann dein Pferd Vertrauen zu dir fassen. Es wird dich respektieren und dich als Unterstützung erleben.

Um konsequent zu sein, solltest du eine klare Vorstellung davon haben, was du willst und was du nicht willst. Du darfst niemals über etwas hinwegsehen, das für dich ein unerwünschtes Verhalten darstellt. Niemals. Wenn du deinem Pferd Verhaltensweisen durchgehen lässt, wird es beginnen, an deinen Führungsqualitäten zu zweifeln, was bei ihm wiederum zu Anspannung und Unsicherheit führt. Es ist wie bei einem Kind, das sich an einem Tag einen Keks nehmen darf, aber am nächsten nicht, und das immer wieder. Das Kind wird es immer wieder probieren, in der Hoffnung, dass heute ein „Kekstag" ist. Aber dadurch wird es angespannt und verunsichert.

Macho liebt das Wälzen, egal ob ich im Weg bin oder nicht.

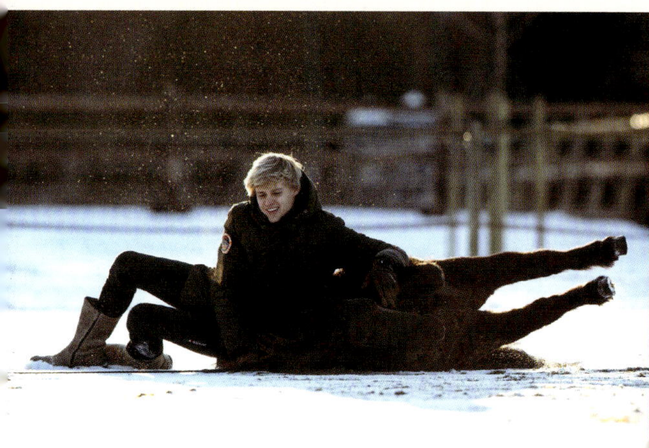

Gaio steht zu dicht bei mir und er ignoriert meine Hilfen.

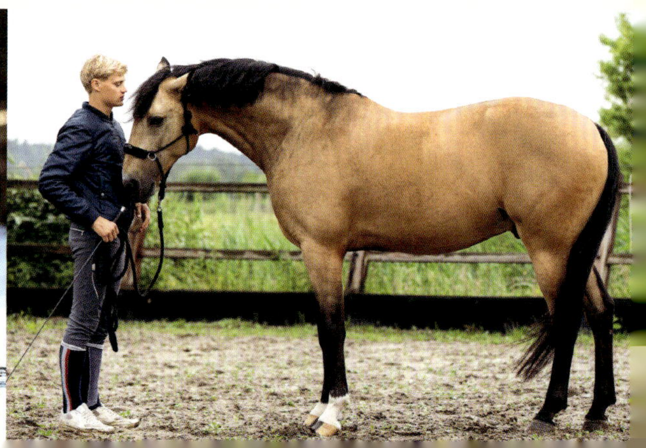

Wenn du deinem Pferd zeigen kannst, was erlaubt ist und was nicht – natürlich, ohne dabei zornig oder frustriert zu werden –, dann ist es klar im Kopf, kann sich entspannen und du kannst dich auf den Rest konzentrieren. Das gilt auch für Pferde, die durchgehen, die die Hilfen ignorieren, die sich weigern, auf die Hilfen hin anzuhalten und für viele weitere unerwünschte Gewohnheiten.
Ich selbst halte mich nicht immer daran. Macho zieht zum Beispiel stark am Führstrick, wenn er irgendwo hinwill. Dann muss ich lachen, denke: „Typisch Macho", – und lasse es ihm durchgehen. Aber dadurch glaubt er, dass dieses Verhalten in Ordnung wäre, was richtig mühsam werden kann, wenn jemand anders ihn führt, der auf dieses Verhalten nicht vorbereitet ist.
Es ist gut, wenn uns bewusst ist, dass wir selbst der Grund für viele unerwünschte Verhaltensweisen unserer Pferde sind.

Individualdistanz

Sowohl Menschen als auch Pferde brauchen ihren persönlichen Raum, der auch Individualdistanz genannt wird. Diese Zone respektieren wir bei anderen, und umgekehrt erwarten wir von den anderen auch, die unsrige zu respektieren. Dasselbe gilt für Pferde. Manche Pferde kommen viel zu dicht an uns heran und stehen uns fast schon auf den Füßen herum. Das wollen wir nicht, und unsere Pferde müssen lernen, in einem korrekten Abstand von uns zu stehen. Nicht nur wird es dadurch angenehmer, das Pferd zu führen, sondern es ist auch sicherer. So können dein Pferd und du nicht übereinander stolpern, und das Pferd kann dir weder auf die Fersen steigen noch in dich reinrennen, solltest du plötzlich stehen bleiben. Dein Pferd sollte stehen bleiben, wenn du stehen bleibst, und zwar in einer angemessenen Distanz zu dir. Du kannst deinem Pferd beibringen, dich zu respektieren und Rücksicht auf deine Wünsche zu nehmen, indem du es jedes Mal ein paar Schritte zurückschickst, wenn es zu dicht bei dir stehen bleibt. Es ist absolut unnötig, dafür Gewalt anzuwenden: Sei konsequent und erlaube ihm niemals, einen Schritt näher zu kommen, als du möchtest. Dein Pferd darf nur näherkommen, wenn du es dazu einlädst. Das klingt jetzt vielleicht sehr streng, aber es ist die Grundlage von allem und führt zu einem ruhigen Pferd.

Vermeide einen ständigen Zug am Führstrick, da die Hilfe sonst ihre Bedeutung verliert.

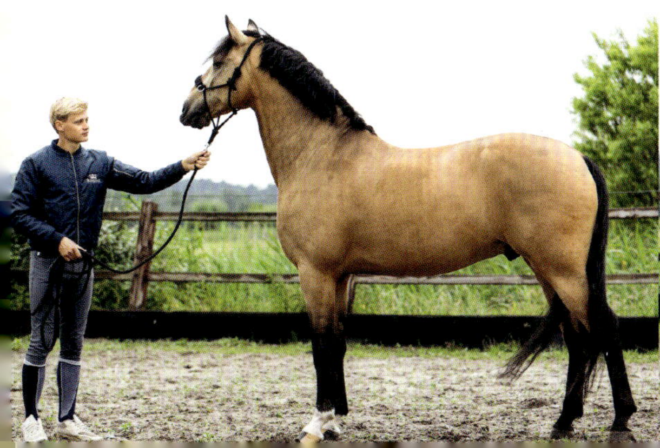

Gaio steht bei mir mit einem guten Abstand und an durchhängender Führleine.

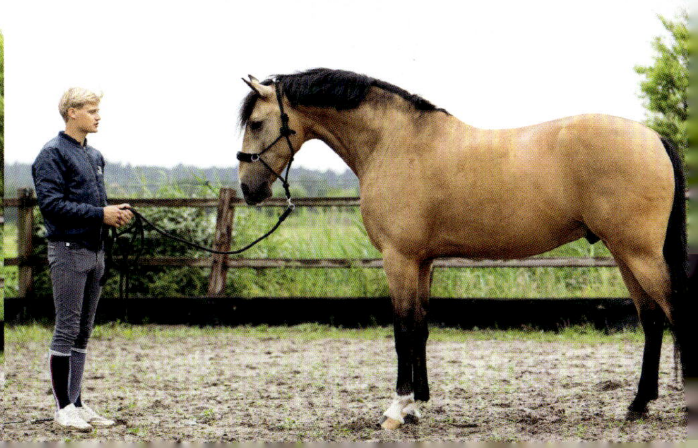

Versuche, deine Hilfen bewusst einzusetzen und sie nur zu geben, wenn es nötig ist. Stelle zum Beispiel sicher, dass du den Führstrick nicht ständig gespannt hältst, wenn du dein Pferd führst, weil du Angst hast, dass dein Pferd sonst zu schnell werden könnte – die Hilfe würde in dem Fall wertlos und das Pferd würde nur lernen, sie zu ignorieren.
Beobachte mal, wie sich Pferde auf der Koppel verhalten. Ein ranghohes Pferd würde niemals ein rangniedrigeres Pferd innerhalb seiner Distanzzone tolerieren. Und die rangniedrigen Pferde würden das nie versuchen. Das heißt, wenn ein Pferd in deine Distanzzone eindringt, denkt es, dass es in der Rangordnung über dir steht. Dasselbe gilt auch andersherum. Auch du solltest nicht unsensibel in die Distanzzone deines Pferdes eindringen, sondern es um Erlaubnis bitten, wenn du es einfangen oder streicheln willst. Ich war einmal mit Andorra bei einer Pferdeveranstaltung. Sie stand dort in einer Box. Alle Leute, die vorbeigingen, streckten ihre Hand aus, um sie zu streicheln, ohne überhaupt zu schauen, ob ihr das recht war. Am Ende des Tages hatte sie total genug. Sie drehte den Menschen den Hintern zu und wollte mit dem Trubel nichts mehr zu tun haben.

Reagiere sofort

Wenn du auf unerwünschtes Verhalten sofort reagierst, hast du eine klare Vorstellung davon, was du willst, und bist konsequent. Das Pferd kann deine Grenzen nur verstehen, wenn du sofort reagierst. Zum Beispiel: Wenn du dein Pferd anhalten möchtest, es aber einfach weitergeht, dann kannst du es so viele Schritte zurückschicken, wie es unaufgefordert vorwärts gegangen ist. Aber dadurch versteht das Pferd noch nicht, wann es hätte stehen bleiben sollen. Besser wäre, ihm in dem Moment, in dem es stehen bleiben sollte (aber weitergeht), mit einem klaren „Nein!“ mitzuteilen, dass das nicht richtig ist. Auf diese Weise ist deine Grenze komplett klar. Deshalb ist es so wichtig, dass du nie aus den Augen verlierst, was du willst. Wenn du erst darüber nachdenken musst, wird deine Reaktion zu spät kommen.

Das gilt auch für ungezogenes Verhalten wie Beißen. Versuche, schnell zu reagieren und dein Pferd mit einer kurzen, scharfen Bewegung von dir wegzustoßen. Mache dann damit weiter, was du vorher getan hast. Das Motto lautet: Aktion – Konsequenz.

Bei guter Kommunikation ist kein Strick mehr nötig.

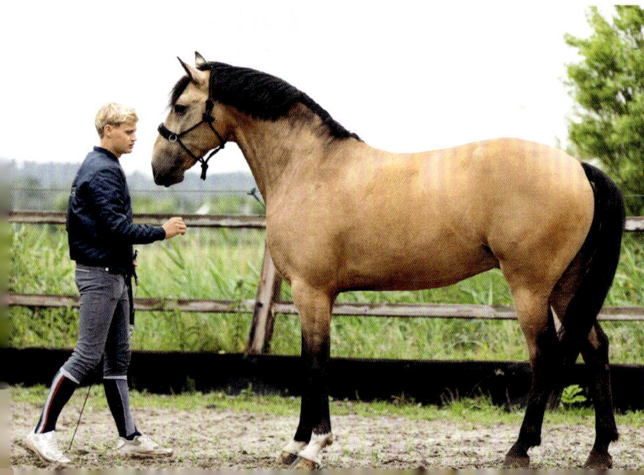

Am Ende einer Übung gibt es eine Belohnung.

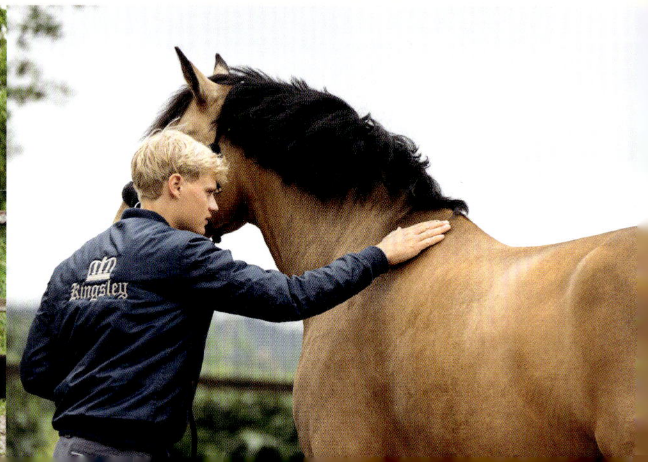

Unerwünschtes Verhalten wird nur noch schlimmer, wenn du dich darauf konzentrierst. Zusätzlich verschwendest du deine Aufmerksamkeit auf Fehler, die bereits gemacht wurden, und verlierst darüber aus den Augen, was du eigentlich erreichen wolltest. Alles, in das du Energie steckst, wird wachsen. Deshalb versuche ich, so schnell zu reagieren, dass das Pferd die Korrektur gar nicht mit mir als Person in Verbindung bringt, sondern mit seinem eigenen Verhalten. So zeigst du ihm eine Grenze auf, ohne wütend zu werden – und machst dann dort weiter, wo ihr vorher wart. Auch in dieser Situation ist es besser zu sagen: „Nein, nicht so, probiere stattdessen das hier“, anstatt einfach „Nein, so nicht“, ohne eine Alternative anzubieten. Kurz gefasst: Lass dich von ungezogenem Verhalten nicht ablenken, sondern korrigiere es sofort und mach dann dein Ding weiter. Genauso reagieren nämlich auch Pferde aufeinander.

Vergiss nicht, Spaß zu haben!!

Als Pferdehalter macht man viele verschiedene Dinge. Dazu gehören Aktivitäten wie Ausmisten, Füttern, das Pferd bewegen, Unterricht nehmen, dem Pferd unterschiedliche Dinge beibringen, vielleicht auch Turnierteilnahmen. Du versuchst, dich so gut wie möglich um dein Pferd zu kümmern, und hältst dich dabei oft auch an die Erwartungen anderer: deines Reitlehrers, deines Stallbetreibers oder deiner Stallkollegen. Aber meiner Meinung nach geht es bei der Zusammenarbeit zwischen Mensch und Pferd nur um Gefühl, Kommunikation und das Fahrenlassen aller Erwartungen. Es geht darum, Spaß miteinander zu haben – etwas, das man nie vergessen sollte. Denn war nicht das der Grund, warum du überhaupt mit dem Reiten angefangen hast?

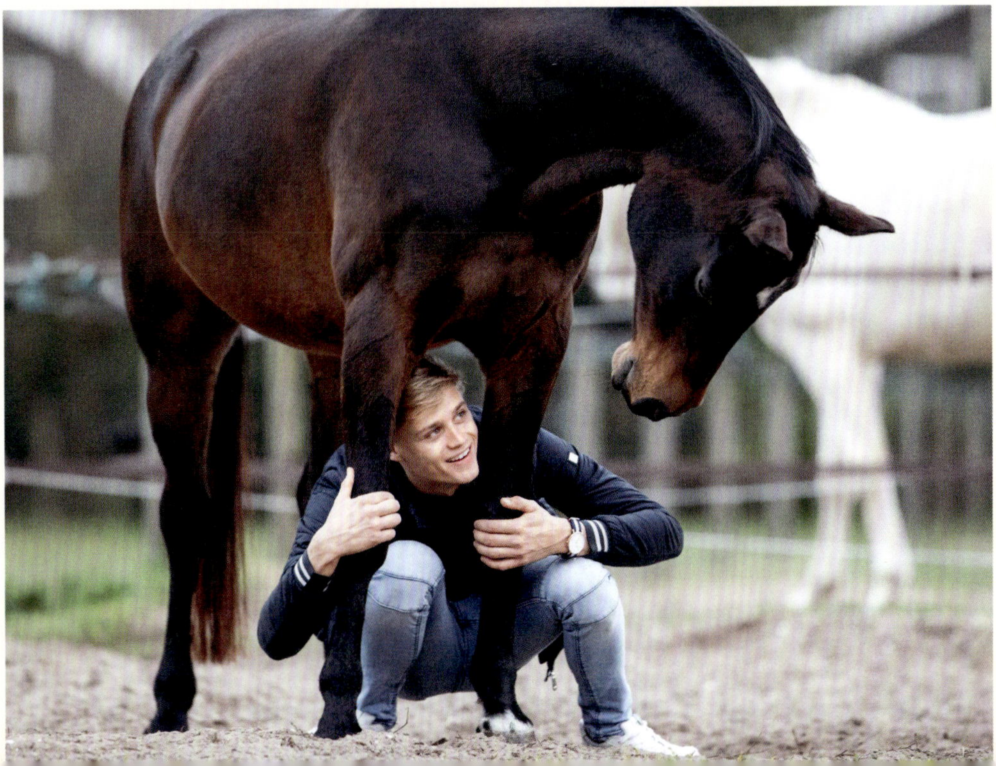

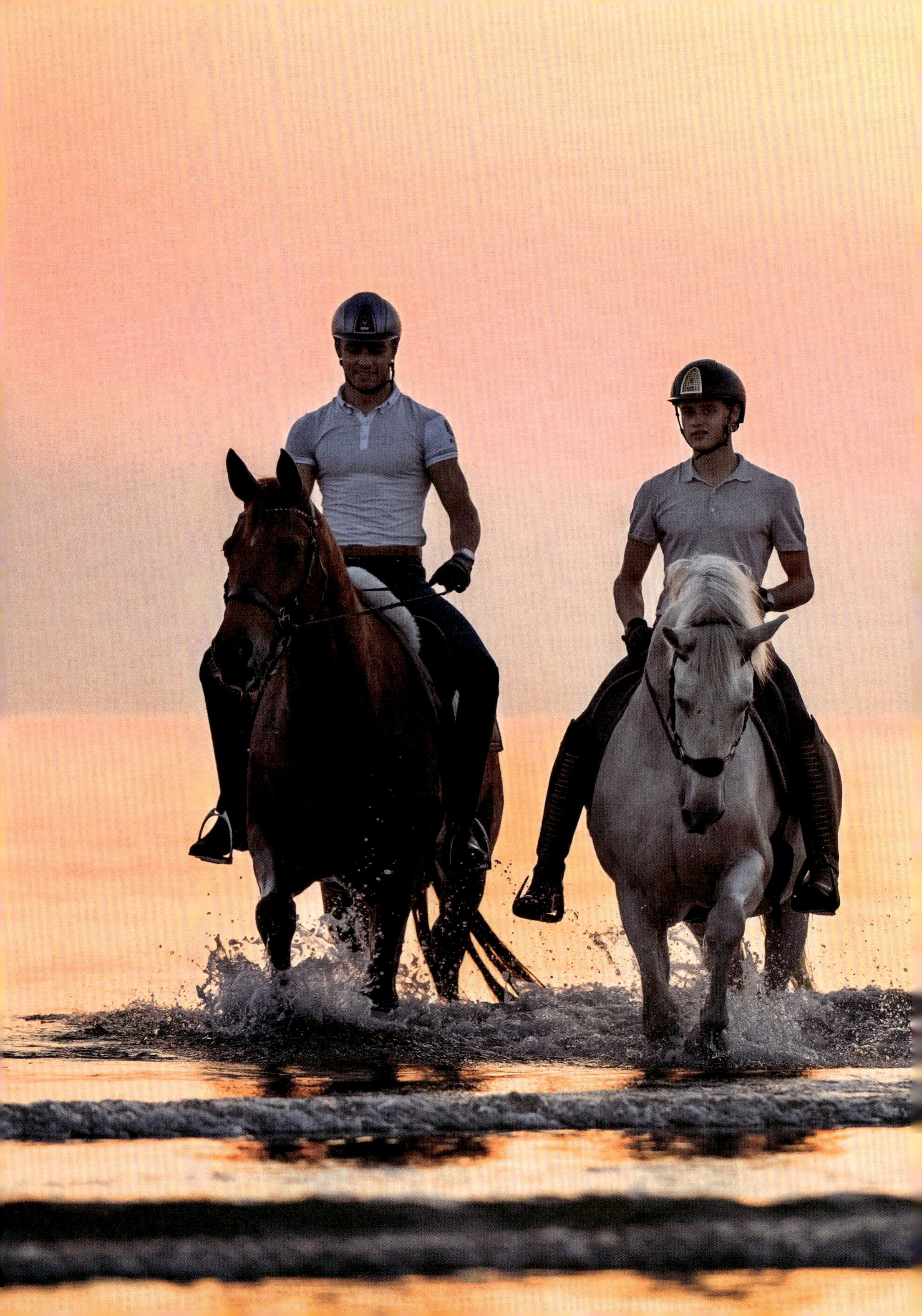

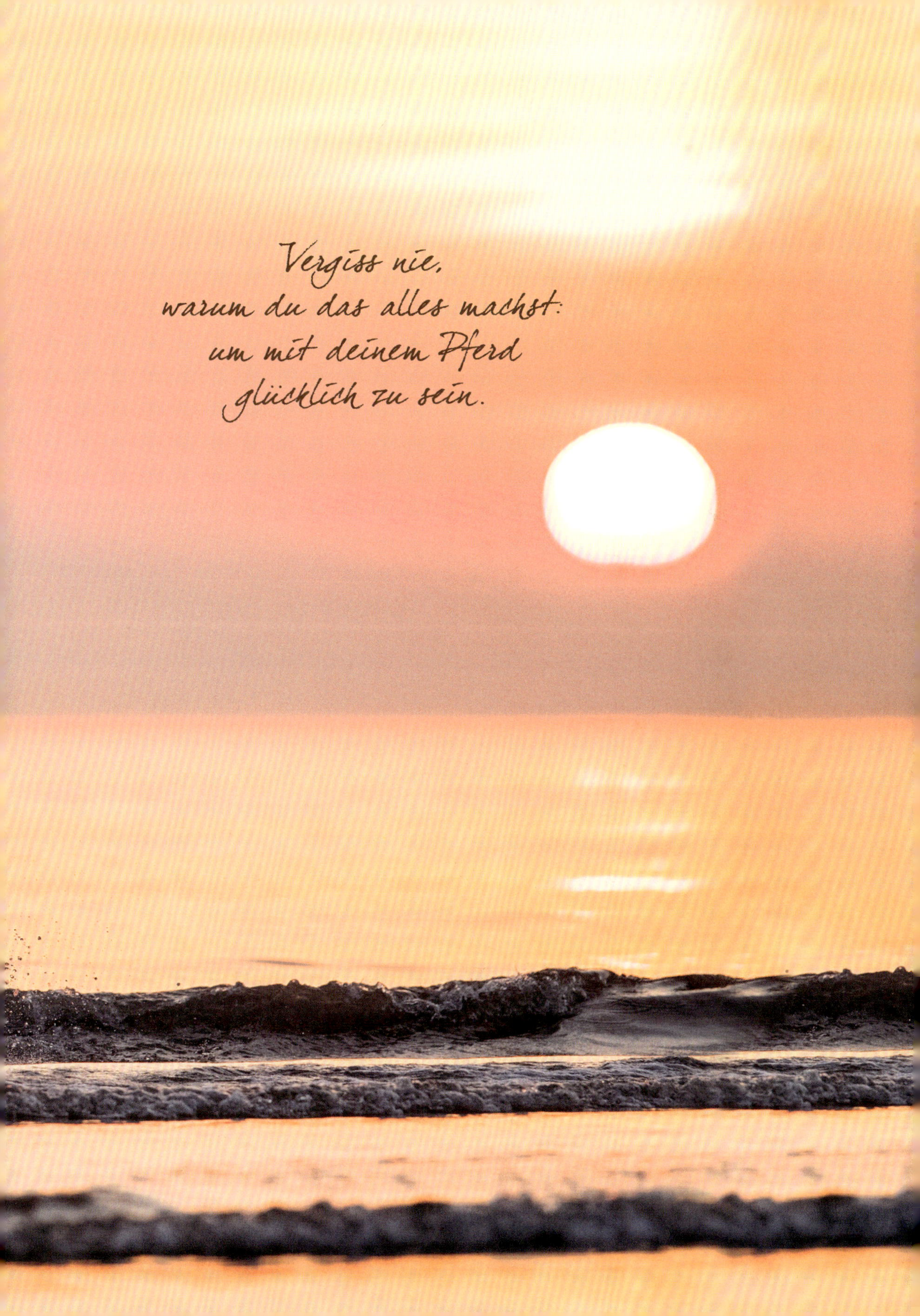
Vergiss nie,
warum du das alles machst:
um mit deinem Pferd
glücklich zu sein.

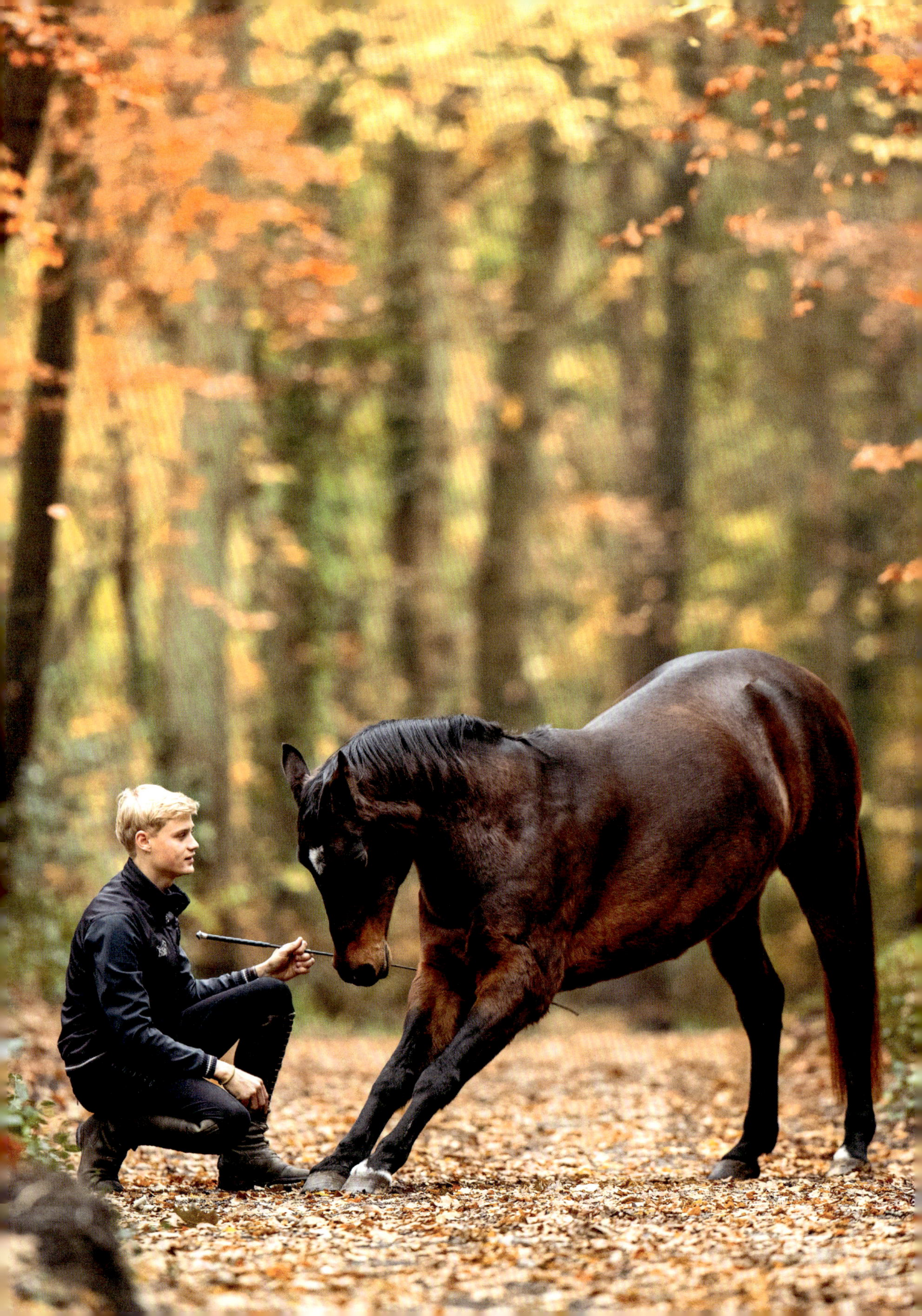

Wie lernen Pferde?

Lass alle deine Erwartungen los – und du wirst sehen,
dass wunderschöne Dinge entstehen.

Ein Pferd versteht nicht automatisch, was der Mensch meint. Wenn du möchtest, dass dein Pferd deine Absicht versteht, musst du seine Sprache lernen. Sobald du weißt, wie ein Pferd denkt, werden dir auch die Gründe für seine Reaktionen klar werden. Dann kannst du dein Pferd in den Lernprozess einbinden und ihr könnt gemeinsam Fortschritte machen.

Herdentiere

Um zu verstehen, warum Pferde auf eine bestimmte Weise reagieren, ist es nötig, ihr Verhalten im natürlichen Umfeld zu studieren. Unsere Pferde lebten früher in wilden Herden, die immer auf der Hut vor Raubtieren sein mussten.
Eine Herde bestand typischerweise aus einer Gruppe von Stuten mit Fohlen, Jungtieren und einem Hengst. Sobald sie alt genug waren, wurden die jungen Hengste von der Herde weggejagt und bildeten ihre eigene Gruppe. Sie verbrachten dann einen Großteil ihrer Zeit damit, miteinander zu laufen und zu spielen, um sich auf den Tag vorzubereiten, an dem sie als Erwachsene um die Leitposition kämpfen würden.

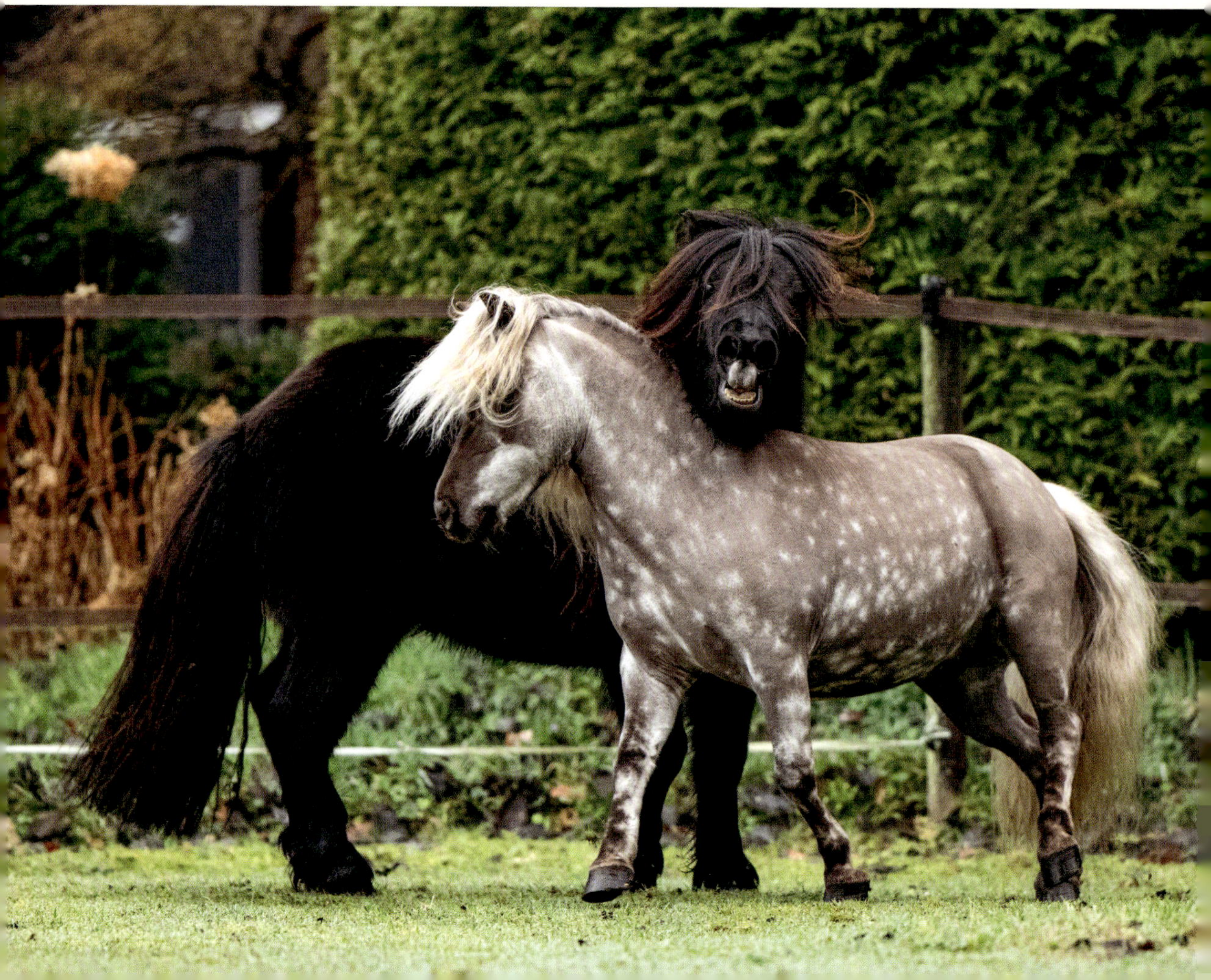

Als Beutetiere fühlen sich Pferde in einer Herde sicherer als alleine. In der Gruppe werden enge Freundschaften geschlossen, die Pferde spielen miteinander und kraulen sich gegenseitig. Pferde, die in einer Gruppe leben, sind viel glücklicher und leiden weniger unter Stress als Pferde, die einzeln gehalten werden.
In freier Wildbahn legt ein Pferd beim Grasen fünf bis zehn Kilometer pro Tag zurück, was zwölf bis sechzehn Stunden des Tages in Anspruch nimmt. Unter bestimmten Umständen kann ein Pferd bis zu 25 Kilometer an einem Tag zurücklegen. Es ruht etwa acht Stunden am Tag, aber nicht am Stück wie wir.

Rangordnung

Es gibt eine Rangordnung innerhalb der Herde. Normalerweise stehen die älteren Stuten an der Spitze und leiten die Herde. Die anderen Pferde akzeptieren das, folgen den Leitstuten und respektieren ihre Wünsche.
Deshalb ist es für die meisten Pferde selbstverständlich, zu tun, was wir wollen – vorausgesetzt, wir drücken uns klar aus und übernehmen unmissverständlich die Führung. Ein Pferd fühlt sich sicher, wenn es seinen Platz in der Herde kennt. Das gilt gleichermaßen für seine Beziehung zu uns. Wenn du eindeutig die Führung übernimmst, wird dein Pferd dir nur zu gerne folgen. Es geht nicht darum, möglichst streng zu sein, sondern darum, möglichst klar zu sein.

Die natürlichen Reflexe des Pferdes

Pferde reagieren instinktiv auf bedrohliche Situationen und Dinge, vor denen sie Angst haben. Diese Reflexe gehen auf die Zeit zurück, als Pferde noch in einer Herde lebten und sich selbst durchschlagen mussten. Ein Reflex ist eine unwillkürliche Reaktion, die das Pferd nicht verhindern kann.

Wenn etwas Unerwartetes und Furchteinflößendes passiert, ist Flucht die erste Reaktion des Pferdes. Wir alle kennen den Fluchtinstinkt des Pferdes.
Sollte ein Pferd jedoch nicht in der Lage sein, wegzurennen – vielleicht, weil es angebunden ist, wird sein nächster Reflex sein, gegen den Druck zu gehen. Genau wie ein Beutetier, das angefallen wird und nicht fliehen kann. Wenn ein Raubtier seine Krallen in die Beute schlägt, ist es für das angegriffene Tier besser, sich auf das Raubtier zuzubewegen, als von ihm weg. Denn so kann es verhindern, dass es zerfleischt wird.

Das könnte erklären, warum manche Pferde – besonders junge, unausgebildete Pferde, die die Hilfen noch nicht verstehen – eine Tendenz haben, gegen den Druck zu gehen. Auf diese Reaktion hin kämpft es, beißt es, bockt es, steigt oder schlägt mit seinen Hufen um sich – alles, damit das Raubtier loslässt. Wenn das nicht funktioniert, ist die nächste Reaktion des Pferdes, überhaupt nichts mehr zu tun, sondern dichtzumachen und zu erstarren. Der Grund dafür könnte sein, dass es auf diese Weise weniger spürt und mitkriegt.

Die Hilfen verstehen

Gegenseitiges Verstehen ist die Basis für jede Kommunikation mit deinem Pferd. Wenn eine andere Person nicht versteht, was du vorhast, könnt ihr nie zusammenarbeiten. Dasselbe gilt für Mensch und Pferd. Egal, was du machst, egal, ob du mit oder ohne Gebiss reitest – dein Pferd muss die Hilfen verstehen. Sie sind dein Mittel, um mit dem Pferd zu kommunizieren.

Das Prinzip hinter den Hilfen ist immer dasselbe: Du übst irgendwo Druck aus und versuchst dem Pferd, zu verstehen zu geben, dass es diesem Druck weichen soll. Wenn du Druck auf die Vorderseite des Pferdes ausübst, willst du, dass es sich rückwärtsbewegt. Wenn du Druck von der Seite ausübst, willst du, dass es sich seitlich von dir wegbewegt. Wenn du Druck auf das Halfter ausübst, indem du das Seil nach vorne ziehst, willst du, dass es sich nach vorne bewegt. Druck auf die Nase bedeutet, dass es langsamer werden, anhalten oder sich rückwärts bewegen soll.

Die Hilfen beim Reiten sind ähnlich: Druck mit deinen Beinen bedeutet, dass das Pferd vorwärts- oder seitwärtsgehen soll; Druck mit den Zügeln bewirkt, dass das Pferd deiner Hand folgt und langsamer wird. Du übst auch mit deinem Sitz Druck aus.

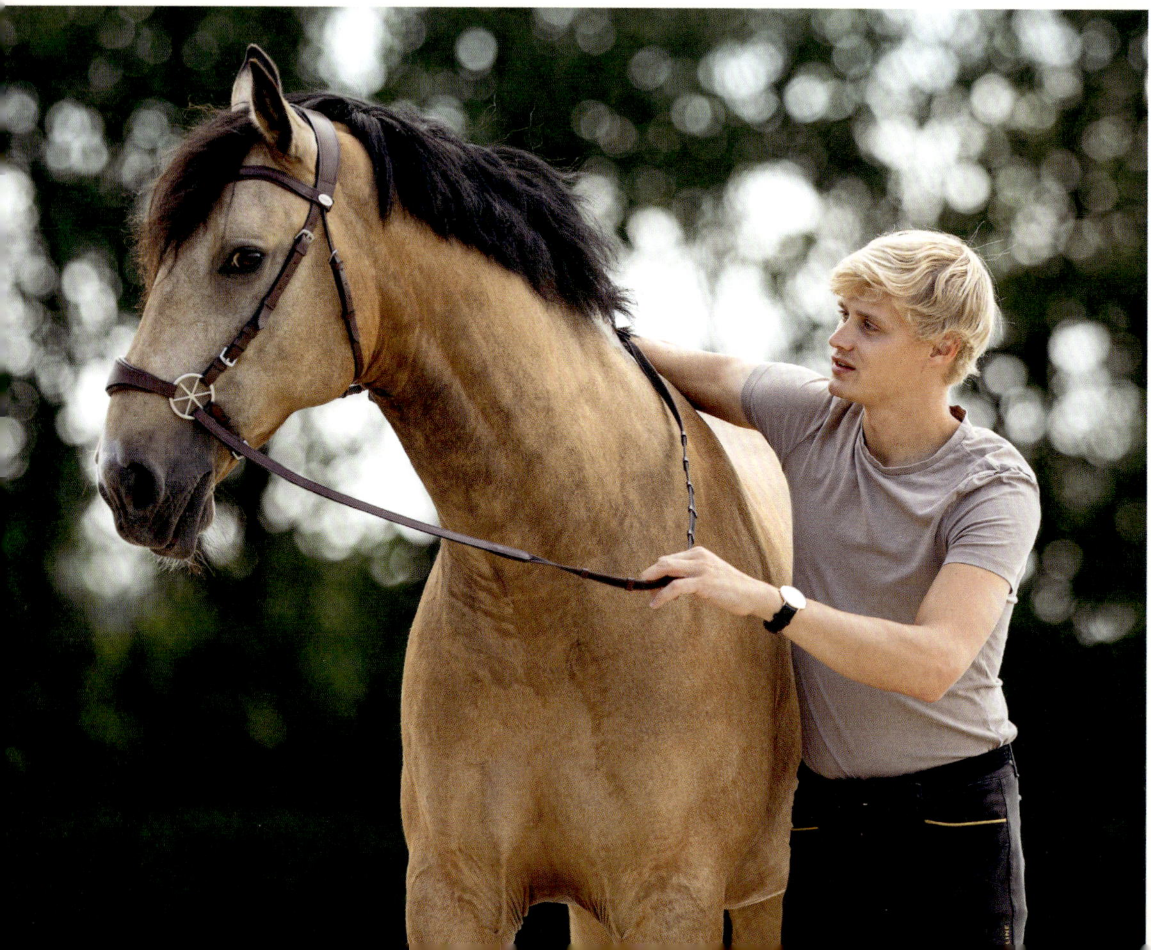

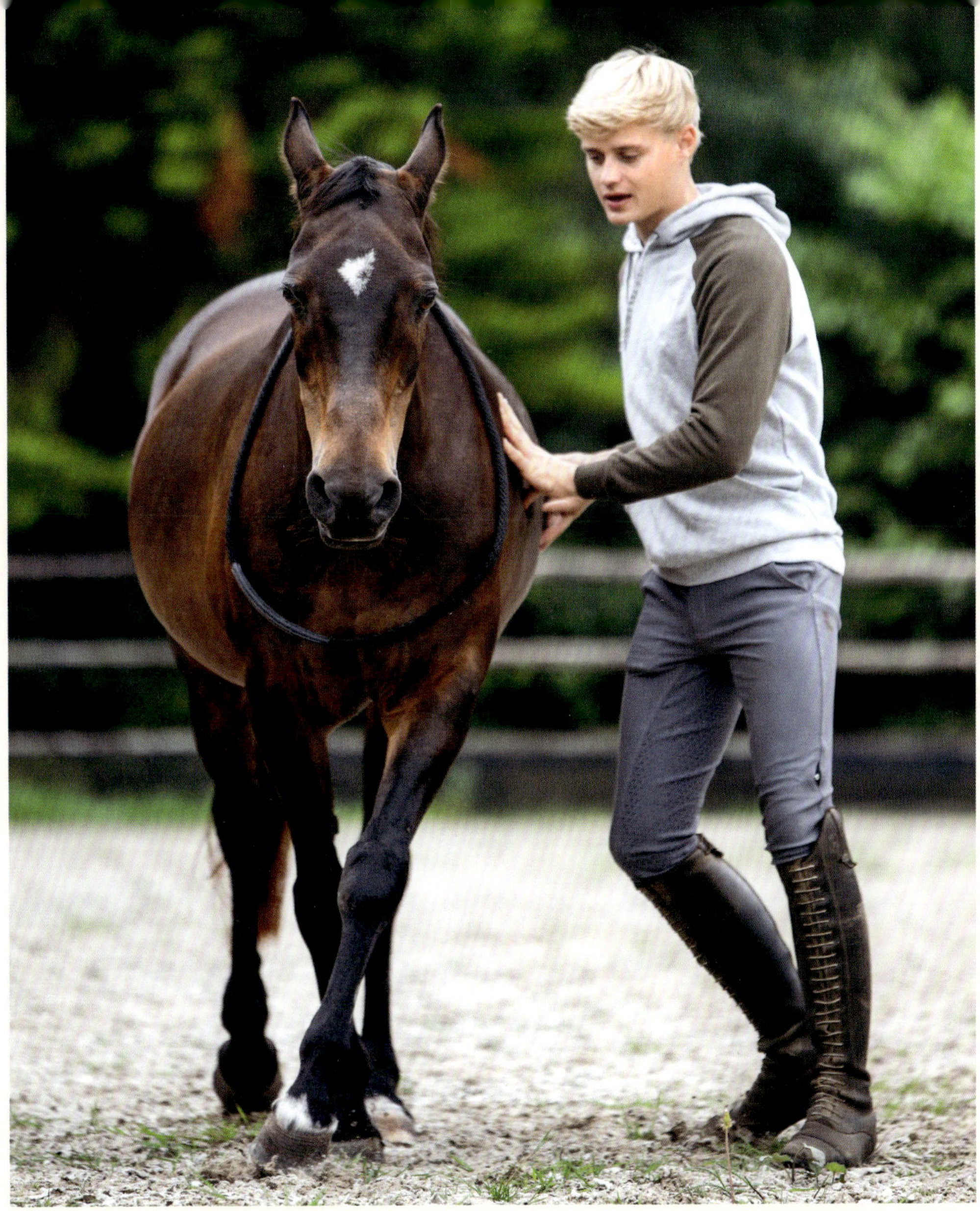

Die Hilfen beibringen

Die Hilfen sind für ein Pferd nicht unbedingt logisch, da sein natürlicher Reflex ist, Druck zu erwidern. Deshalb musst du ihm beibringen, was du meinst, damit ihr euch versteht. Du übst Druck aus, um etwas von deinem Pferd zu verlangen. Mache diese Hilfe so klein wie möglich, egal, ob du deine Hand, dein Bein oder deine Gerte (die nur zum Verdeutlichen dient und nicht dazu, das Pferd zu schlagen) einsetzt. Wenn du deine Hilfen zu groß und stark machst, kommt es dem Pferd eher wie eine Attacke vor. Außerdem möchtest du ja, dass dein Pferd auf feine Hilfen reagiert.

Sobald dein Pferd wie gewünscht reagiert, fällt die Hilfe weg, was an sich schon eine Belohnung ist. Du kannst das auch mit deiner Stimme, einem Tätscheln oder einem Lecker-

chen verstärken. Das kann besonders nützlich sein, wenn dein Pferd etwas Neues lernt, da es so schneller begreift und mehr Spaß an der Sache hat.
Das Ziel ist, dass dein Pferd auf feinere Hilfen reagiert und ihr am Ende eine harmonische Einheit bildet. Ihr werdet euch schneller verstehen, bis ihr das Stadium erreicht habt, in dem du nur noch an etwas denken musst und dein Pferd führt es aus. Diese Feinheit braucht Zeit, ist aber letztendlich so wertvoll!

Immer eine Reaktion

Dein Pferd sollte beim Reiten immer auf das reagieren, was du tust. Wenn du dieselbe Hilfe hundert Mal gibst, ohne eine Reaktion zu erhalten, stumpfst du das Pferd dadurch nur ab. Es ist besser, so klar wie möglich zu sein, damit dein Pferd dich versteht, und dann sofort nachzugeben, wenn es das Verlangte tut. Natürlich musst du dich dabei immer wie ein Coach verhalten – das heißt, du musst klar erklären, was du möchtest und niemals aus Frustration heraus agieren.
So erhältst du dir die Aufmerksamkeit deines Pferdes. Ansonsten läufst du Gefahr, dass dein Pferd dich weniger beachtet und seine Konzentration verliert. Du musst versuchen, interessanter als alle Ablenkungen zu sein, sodass du mit deinem Pferd kommunizieren kannst, wann immer es notwendig ist.

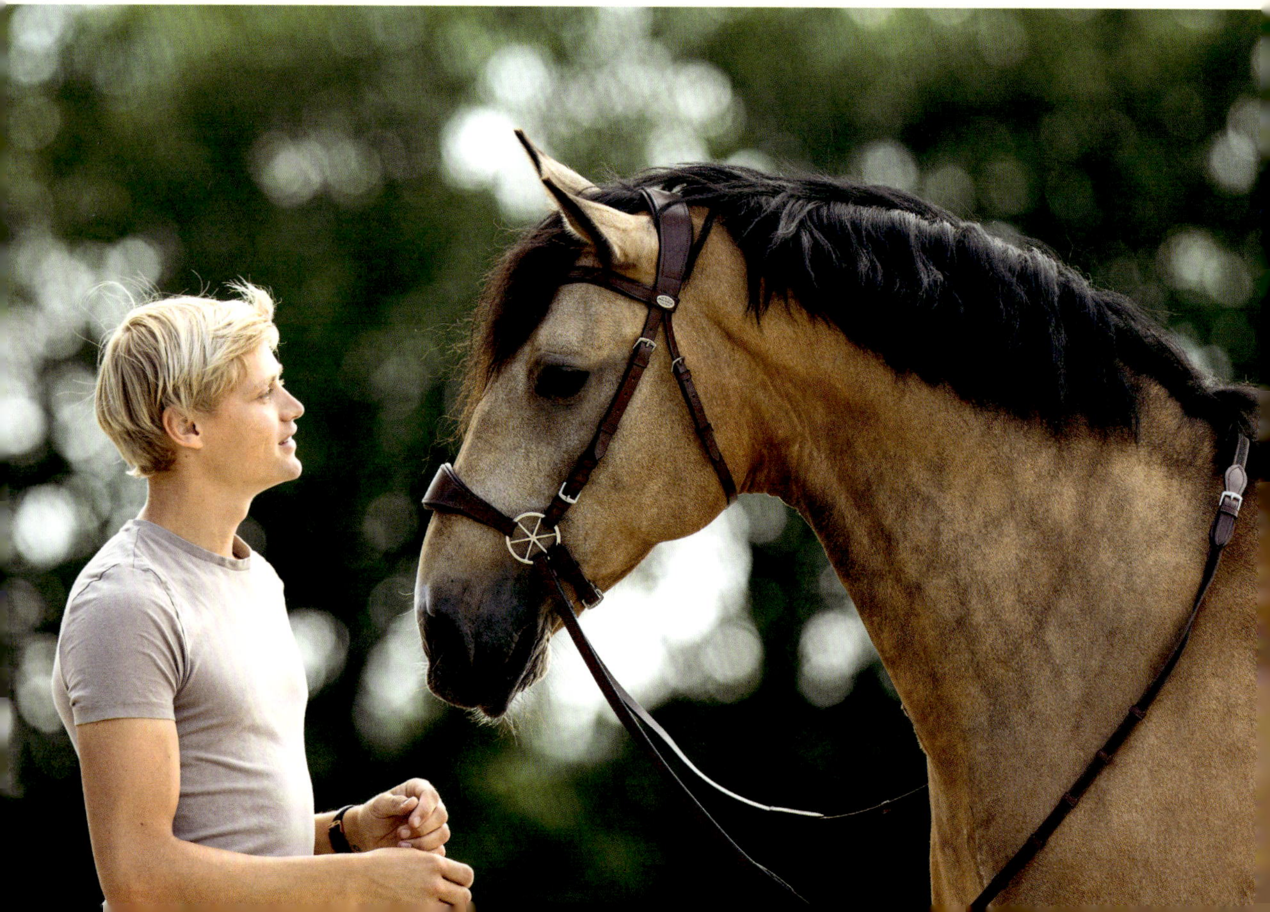

Wenn dein Pferd beispielsweise beim Reiten ständig ausbricht, nicht anhält, nicht seitwärtsgeht oder dem Schenkel weicht, dann solltest du nicht halbherzig gegenhalten und das Pferd am Ende einfach mit seinem unerwünschten Verhalten durchkommen lassen. Es wird dadurch nur schlimmer werden. Während du am Anfang vielleicht nur ein bisschen an den Zügeln ziehen musst, wirst du an einen Punkt kommen, an dem du deine ganze Kraft aufwenden musst, um überhaupt eine Reaktion zu erhalten. Du kannst das verhindern, indem du sofort reagierst, wenn dein Pferd deine Hilfen ignoriert. Bei einem Pferd, das schon seit Langem auf keine Hilfen reagiert oder das nie die Chance hatte, sie ganz zu verstehen, musst du vielleicht nachdrücklicher werden und zum Beispiel auch deine Stimme einsetzen, um klar zu ihm durchzukommen. Sobald es dich verstanden hat, kannst du wieder zu kleineren, weicheren Hilfen zurückkehren.

Beginne nie mit einer starken Hilfe – fang immer sanft an und erhöhe den Druck nur, wenn es notwendig ist. Wenn du die Hilfe das nächste Mal einsetzt, fängst du wieder sanft an. Dadurch erhält das Pferd die Gelegenheit, auch die kleinsten Hilfen zu verstehen und darauf zu reagieren.

Es ist wichtig, dass du in deinen Erwartungen fair bleibst. Wenn dein Pferd nicht reagiert, frag dich zuerst, ob es überhaupt in der Lage ist, positiv zu reagieren.

- Versteht es die Hilfe? Falls nicht, musst du versuchen, ihm zu helfen, indem du die Hilfe nochmal besser erklärst – wenn nötig, vom Boden aus. Wenn du selbst etwas nicht verstehst, brauchst du wahrscheinlich zusätzlichen Unterricht. Dasselbe gilt für dein Pferd …
- Ist es bereit für diese Übung? Wenn nicht, dann geh ein paar Schritte zurück und arbeite dich langsam zum Ziel vor. Es ist nicht fair, Wunder von deinem Pferd zu erwarten.
- Möchte dein Pferd nicht kooperieren? Geh zu etwas zurück, das es gerne macht, um wieder eine positive Stimmung herzustellen. Gehe dann unauffällig wieder zu schwierigeren Dingen über. Sobald das Pferd dir gibt, was du verlangst: nachgeben, entspannen und belohnen.

Die Grundregel lautet: Es ist besser, etwas einmal klar zu verlangen als hundertmal vage.

Es ist ganz wichtig, dass du dein Pferd immer auf dieselbe Weise trainierst. Wenn du deine Hilfen ständig änderst, verwirrst du es nur – also achte darauf, konsequent zu bleiben. Wenn dein Pferd Hilfen und Übungen verwechselt, darfst du nicht einfach davon ausgehen, dass es den Unterschied nicht verstehen kann – sondern nimm dir die Zeit, diesen noch einmal zu erklären. Du wolltest deinem Pferd vielleicht nur eine Lektion beibringen, aber mit der zusätzlichen Erklärung lernt es gleich zwei.

Für das Pferd ist das ein gutes Gefühl, weil es so weiß, woran es ist. Es kann sich entspannen, weil es weiß, dass es dir vertrauen kann.

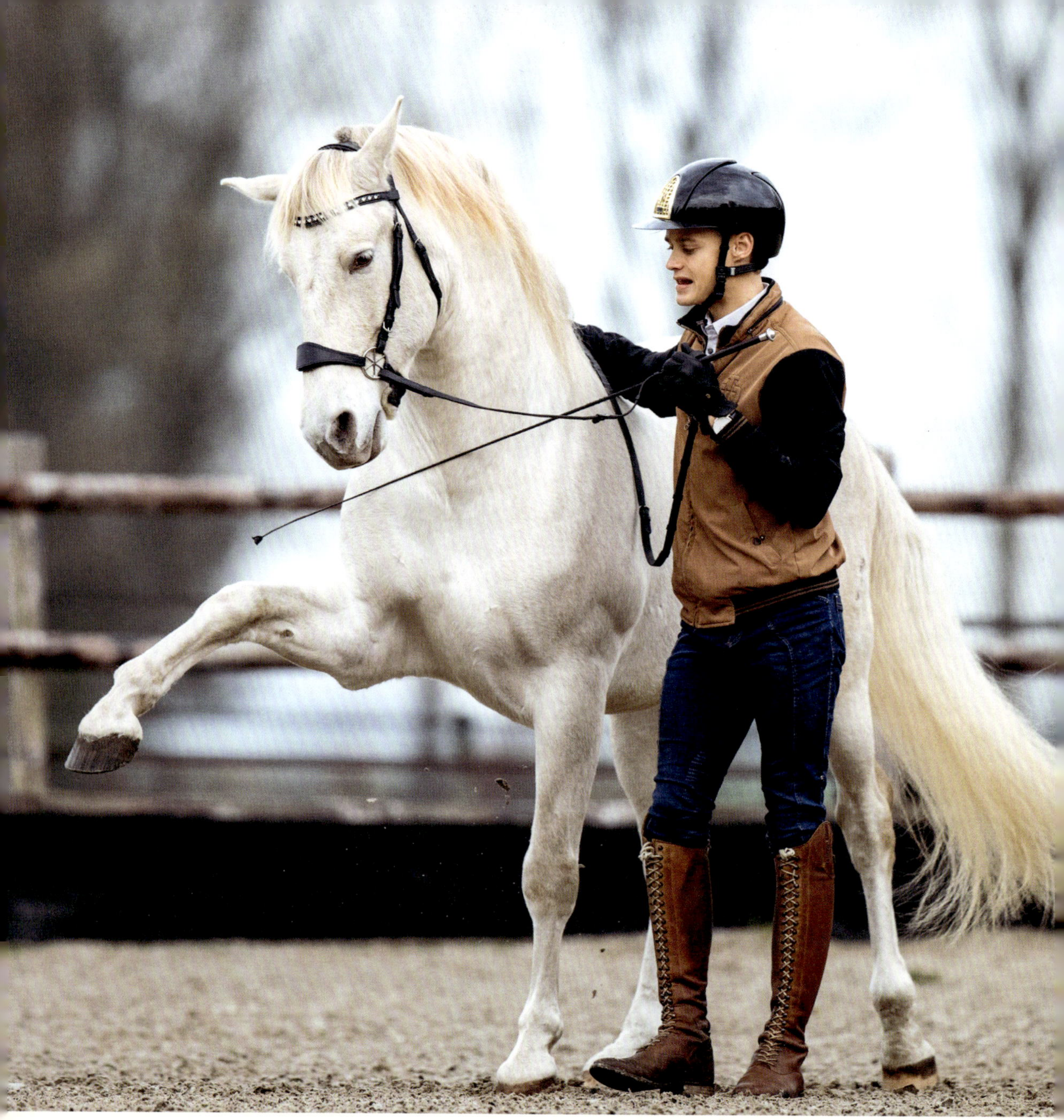

Der Einsatz deiner Stimme während des Trainings trägt ebenfalls dazu bei, die Hilfen zu verdeutlichen und dein Pferd zu motivieren und zu unterstützen. An deiner Stimme kann es ganz schnell erkennen, ob es auf dem richtigen Weg ist oder nicht.
Vergiss nie, dein Pferd zu belohnen. Sieh nie etwas als selbstverständlich an. Du kannst eine gute Reaktion deines Pferdes belohnen, indem du den Druck wegnimmst, aber du kannst es auch loben. Wenn du dabei konsequent bleibst, wird dem Pferd die Arbeit mit dir zunehmend Spaß machen. Es wird aufmerksamer auf deine Hilfen achten und seine Motivation wird steigen.

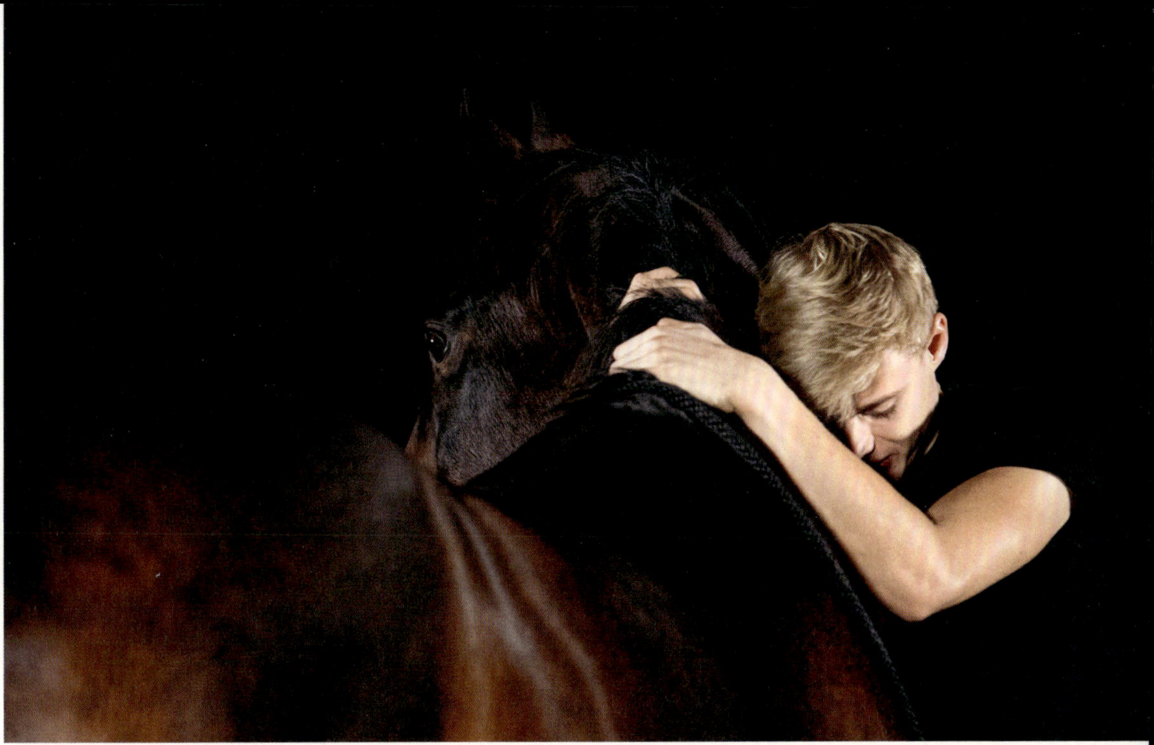

Klarheit

Dass Pferde Klarheit brauchen, ist unbestritten. Auch zwischen Pferden herrscht Klarheit. Wenn ein Pferd zum Beispiel nicht von einem anderen Pferd zur Seite geschubst werden will, wird es jedes Mal darauf reagieren – so lange, bis das nicht mehr vorkommt.
Deshalb ist es entscheidend, dass du in deiner Rolle als Coach die Dinge immer auf die gleiche Weise verlangst und dass das Pferd nach der richtigen Lösung suchen darf. Natürlich wird es die Übung nicht sofort fehlerfrei ausführen, aber das ist nicht wichtig. Es soll nur sein Bestes versuchen und herausfinden wollen, was du von ihm verlangst.

Deshalb ist es auch so wichtig, dass du dir selbst darüber im Klaren bist, was du willst und was du nicht willst. Das ist entscheidend für einen klaren, fairen Umgang mit deinem Pferd. Menschen neigen viel eher dazu, etwas zum Beispiel sechs Mal zu akzeptieren und dann beim siebten Mal zu sagen: „Nein! Das will ich nicht!“ Für ein Pferd ist dieses Verhalten unverständlich und demotivierend. Es kann die Regeln so nicht verstehen.

Wenn dein Pferd also nicht einmal ansatzweise macht, was du verlangst, darfst du niemals so tun, als ob alles in Ordnung wäre. Wenn du aufhörst, es zu probieren, belohnst du dein Pferd, obwohl es nichts gemacht hat, um das zu verdienen. Du versuchst vielleicht nur, sanft und gütig zu sein, aber in Wirklichkeit verwirrst du das Pferd.
Natürlich darfst du niemals böse werden, aber du solltest so lange weitermachen, bis du eine positive Reaktion erhältst. So kannst du viel mehr erreichen. Wenn du also zu nett zu deinem Pferd bist, kann das dazu führen, dass es völlig aus den Augen verliert, was du eigentlich willst. Freundlichkeit ist zwar die Grundlage, aber sie sollte niemals auf Kosten der Klarheit gehen.

Andorra hat mir beigebracht, dass sie Schwierigkeiten hat, zu verstehen, was ich meine, wenn ich nur nett und kuschelig bin. Das hat sie gestresst.

Natürlich solltest du dein Pferd nie schlagen, um dich durchzusetzen, da dies nur zu Unverständnis und Vertrauensverlust führen würde. Es ist außerdem komplett unnötig. Wenn du klar mit deinem Pferd kommunizierst, reicht ein kleines Signal aus. Es ist immerhin nur natürlich für ein Pferd, winzige Signale zu bemerken – zum Beispiel, wenn ein anderes Herdenmitglied die Ohren anlegt.

Sobald dein Pferd merkt, dass es belohnt wird, wenn es sich anstrengt, wird es anfangen, mitzudenken, und ihr werdet gemeinsam zu einem positiven Ablauf finden. Das bedeutet nicht, dass du von Anfang an riesige Fortschritte machen musst. Ein kleiner Schritt in die richtige Richtung ist auch in Ordnung und verdient Lob. Die großen Schritte kommen dann später.

Wenn du selbst müde bist und keine Lust auf Schwieriges hast, verlangst du besser nichts Neues von deinem Pferd, sondern machst die Dinge, von denen du weißt, dass sie schon gut laufen. Denn wenn du mit etwas Neuem anfängst, solltest du es bis zum Ende durchziehen.

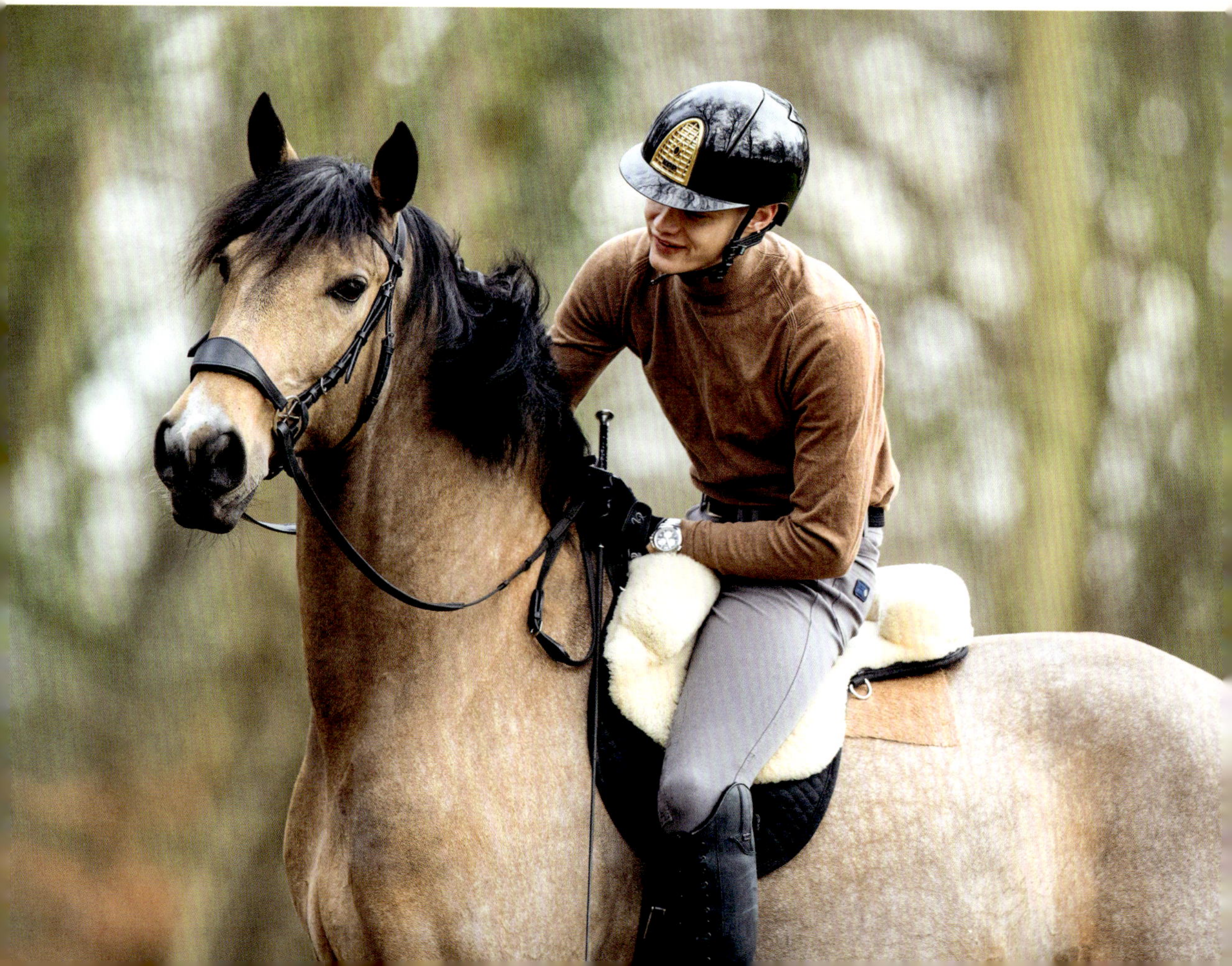

Ein Pferd, das mit Klarheit behandelt wird, weiß, woran es ist, und kann sich deshalb entspannen. Wenn es erst einmal verstanden hat, was du meinst, und das auch ausführen kann, wird sein Selbstvertrauen wachsen. Dann könnt ihr alles gemeinsam meistern – weil ihr beide positiv und selbstbewusst gestimmt seid.

Absicht und Körpersprache

Die Absicht, mit der du dein Pferd zu etwas aufforderst, ist immens wichtig. Du kannst nicht einfach deine Gerte an die Brust des Pferdes halten und erwarten, dass es rückwärtsgeht, nur weil das die Hilfe ist, die du gelernt hast. Dein Pferd ist kein Roboter, der auf Knopfdruck reagiert. Stattdessen musst du dein Pferd dazu bringen, rückwärtszugehen. Dabei musst du dich hundertprozentig auf deine Absicht konzentrieren und mit deiner Körpersprache ausstrahlen, was du willst. Deine Körperhaltung und deine Gedanken spielen eine wichtige Rolle bei der Übertragung deiner Wünsche. Du kannst deine Gerte zwar auf unterschiedliche Weise einsetzen – zum Beispiel, indem du das Pferd damit abstreichst oder ihm signalisierst, dass es sich rückwärtsbewegen soll – aber im Endeffekt ist es die Veränderung deiner Körperhaltung, die dem Pferd deine Absicht mitteilt.

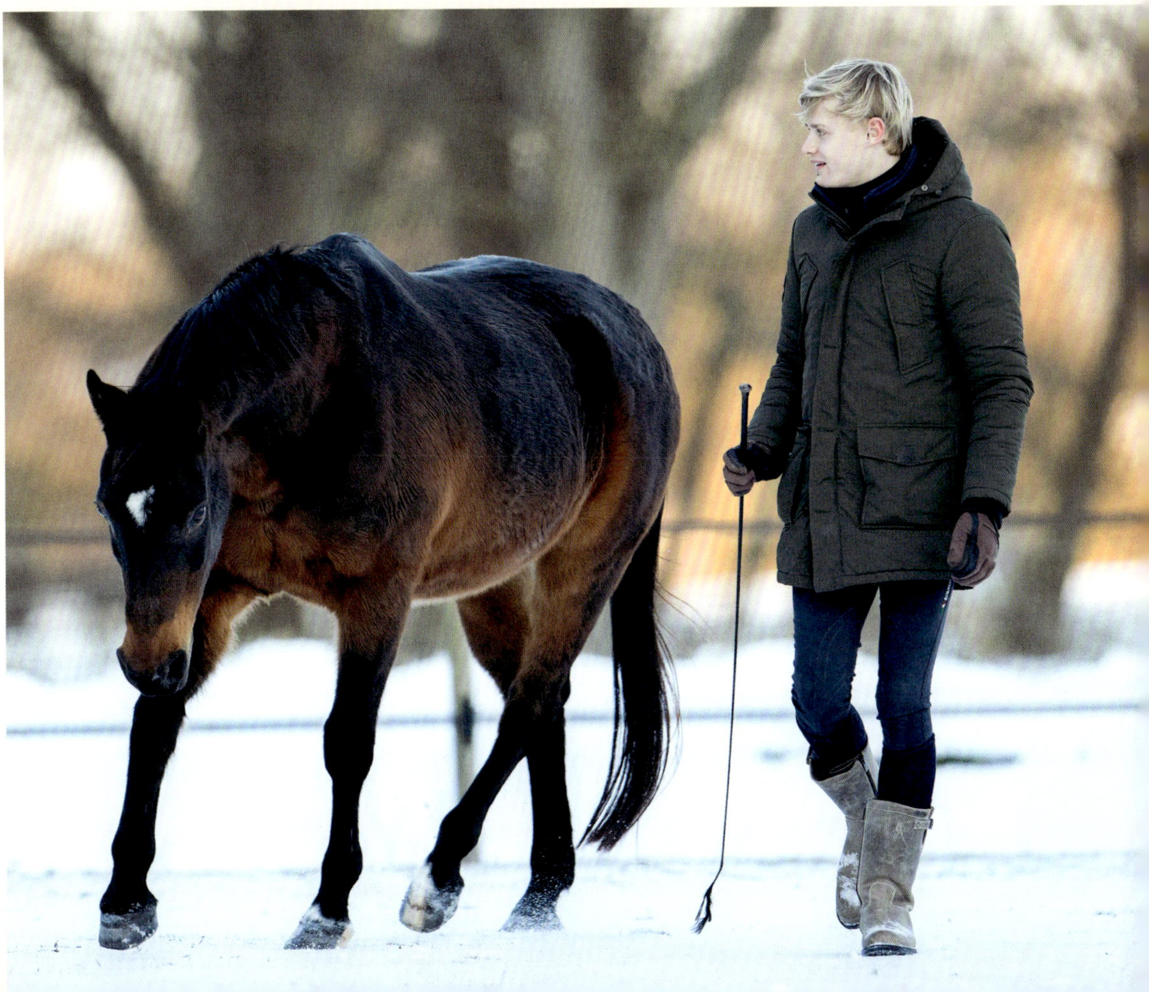

Entspannung

So wichtig es ist, klar zu sein, mindestens genauso wichtig ist es, deinem Pferd auch immer wieder die Möglichkeit zur Entspannung zu bieten. Achte darauf, dass dein Pferd bei allem, was ihr macht, entspannt bleibt. Übereile nichts. Geh einen Schritt zurück, wenn dein Pferd sich verspannt, und mache eine Übung, die es bereits gut kann und gerne macht. Von diesem Punkt aus kannst du dann in Ruhe weiter aufbauen. Das bedeutet nicht, dass du aufhören musst, sobald dein Pferd etwas schwierig findet. Wenn du sicher bist, dass du bei der Vorbereitung nichts übersprungen hast, kannst du von deinem Pferd ruhig weiterhin verlangen, dass es sich auf ein höheres Niveau begibt. Weitermachen, wenn das Pferd etwas schwierig findet, ist nicht dasselbe wie weitermachen, wenn das Pferd bereits total gestresst ist.

Es ist sinnlos, unter Stress weiterzuarbeiten, da das Pferd dann keine Informationen mehr aufnehmen kann. Deshalb ist es so wichtig, dass du immer ruhig und gütig bleibst. Wenn du dich ärgerst, kann das Pferd nichts mehr lernen, weil es sich dadurch verspannt. Es würde dann nur verwirrt und der ganze Lernprozess wäre eine negative Erfahrung. Dabei soll es doch gerne mit dir zusammenarbeiten.

Dein Pferd kann mitdenken

Bestrafung ist sinnlos. Wenn dein Pferd etwas nicht versteht, wird Gewalt nicht dazu führen, dass der Groschen plötzlich fällt. Stell dir vor, du wärst in der Schule und würdest jedes Mal bestraft werden, wenn du eine falsche Antwort gibst. Das würde dich wohl kaum dazu motivieren, noch weitere Fragen zu beantworten. Die Angst vor Fehlern verhindert alle weiteren Versuche. Es ist so schade, wenn Pferde dichtmachen, weil sie zu viel Angst vor Bestrafung haben, um sich mitzuteilen.
Ich erkenne immer besser – auch während des Unterrichts –, wie einem Pferd geholfen werden kann, wenn es Schwierigkeiten hat, etwas zu lernen. Viele Leute neigen dazu, aufzugeben, wenn ihr Pferd ihre Hilfe nicht versteht. Sie hören auf, obwohl sie weiter versuchen sollten, eine erfolgreiche Kommunikation herzustellen. Wenn du mit deinem Pferd zusammenarbeitest, könnt ihr gemeinsam weiterkommen.

Lass dein Pferd wissen, dass sein Mitmachen willkommen ist. Das kann manchmal schwierig sein, weil es vielleicht Dinge anbietet, die du wirklich nicht haben willst. Diese Dinge belohnst du also nicht, sondern du forderst das Pferd ruhig weiter auf – und freust dich darüber, dass es überhaupt etwas anbietet. Schau, ob du dich besser verständlich machen kannst, oder wiederhole deine Bitte, bis du eine Reaktion in die richtige Richtung bekommst.
Sobald Pferde begreifen, dass ihr auf diese Weise zusammenarbeitet, werden sie sich öffnen und beginnen mitzudenken.

Lass dich von einem oder zwei fehlgeschlagenen Versuchen nicht entmutigen. Wenn du sicher bist, dass deine Hilfen gestimmt haben, kannst du deine Bitte gerne wiederholen.

Stelle nur sicher, dass du dabei ruhig bleibst. Dein Pferd wird nach und nach verstehen, dass es nur durch Fehler lernen kann, was du meinst.

Wenn wir einem Pferd beispielsweise in der Freiheitsdressur das Plié beibringen wollen, müssen wir darauf achten, dass nur die Vorderbeine nach vorne gehen. Wenn dein Pferd auch seine Hinterbeine bewegt, teilst du ihm ruhig mit, dass du das nicht möchtest. Mach aber kein großes Ding daraus. Versuche es einfach noch einmal. Sobald dein Pferd die Übung so ausführt, wie du es willst, löst du die Hilfe sofort auf und belohnst es deutlich. Das hilft ihm, die Übung zu verstehen. Auch in dieser Situation lautet deine Botschaft also: „Nein, das meine ich nicht, ich meine dies hier." So behältst du immer einen positiven Ton bei und zeigst die nötige Richtung auf.

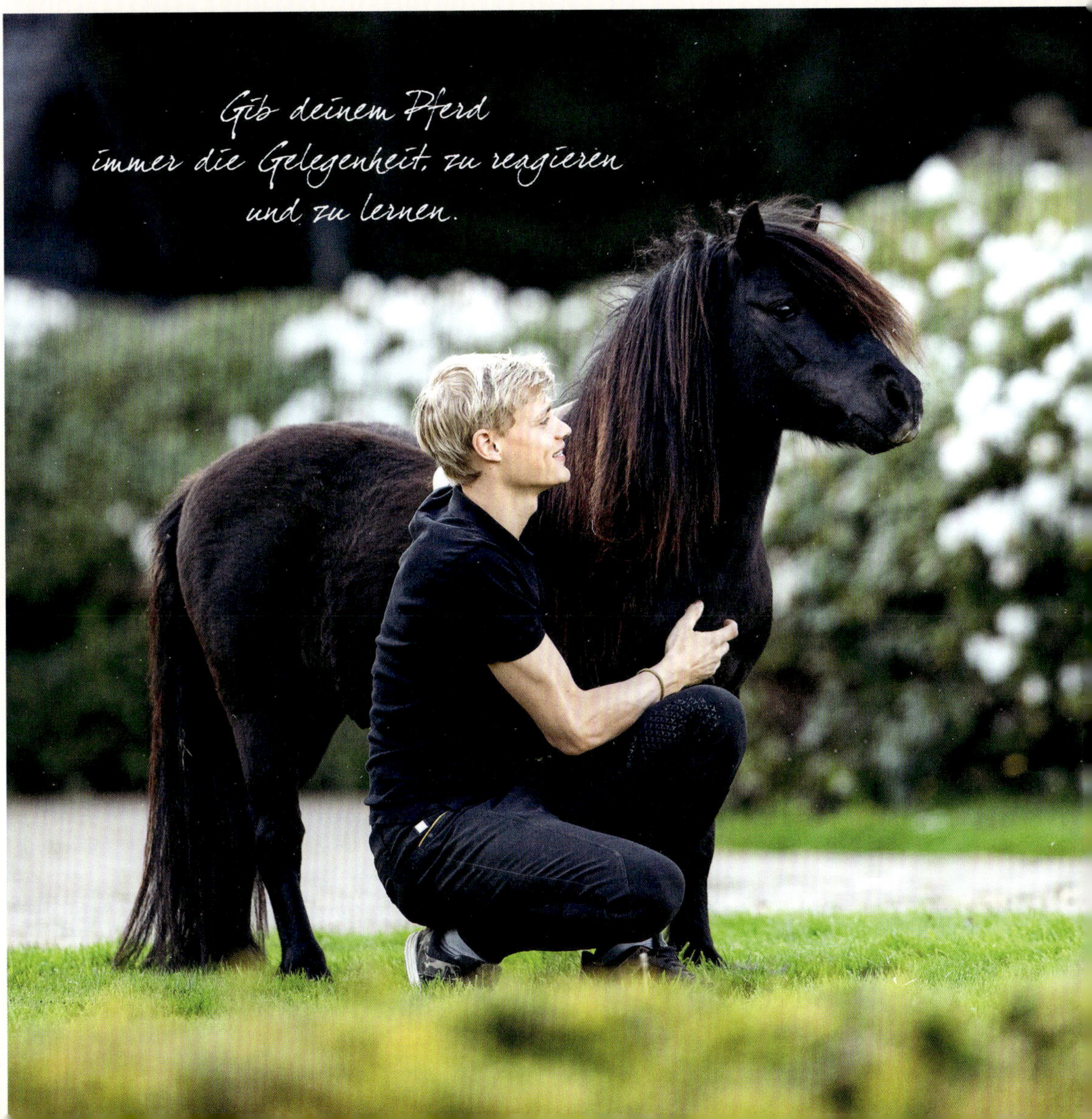

Unterschiedliche Pferde, unterschiedliche Reaktionen

Jedes Pferd ist anders. Das wird deutlich, wenn man beginnt, mit einem Pferd zu arbeiten und ihm neue Dinge beizubringen. Manchmal wirkt es so, als ob das Pferd nicht verstehen könnte oder wollte, oder es wird aufsässig.
Ich bin zu dem Schluss gekommen, dass es fünf Pferdetypen gibt. Jeder Typ lernt auf eine bestimmte Weise. Du kannst dir viel Verwirrung ersparen, wenn du herausfindest, welcher Typ dein Pferd ist.

Die fünf Pferdetypen:

- Pferde, die dichtmachen, wenn sie mit schwierigen und neuen Dingen konfrontiert werden. Bei diesem Pferdetyp ist es gut, ihn so lange weiter aufzufordern, bis du eine Reaktion erhältst. Du leitest ihn in diesem Prozess an, ohne dich zu ärgern. Dieser Typ Pferd braucht so viel Motivation wie nur möglich. Jeder kleinste Schritt in die richtige Richtung sollte begeistert belohnt werden, sodass dein Pferd lernt, dass Fehler nichts ausmachen. Du bist schon froh, wenn es sich bemüht. Und natürlich musst du deine Begeisterung deutlich zeigen, wenn es die Lösung für deine Aufgabenstellung findet.
- Pferde, die sich leicht ablenken lassen und stark auf äußere Reize reagieren. Oje, ein Baum! Bei diesem Pferdetyp musst du immer wieder nachfragen. Nicht streng, sondern ruhig … was nervig sein kann – als ob dir ständig jemand auf die Schulter klopfen würde. Und sobald das Pferd reagiert, belohnst du es. Das Pferd wird merken, dass es angenehmer ist, wenn es positiv denkt. Indem du so mit ihm arbeitest, bringst du ihm eine positive Einstellung bei. Und das wird sich in der Zukunft bezahlt machen, da dein Pferd sich nun bei dir sicher fühlt und weniger schnell in Panik verfällt.
- Pferde, die zornig werden, wenn sie mit etwas Schwierigem und Neuem konfrontiert werden. Diese Reaktion kann aus Frustration über ihr eigenes Nichtverstehen kommen. Schenke ihrem Zorn so wenig Aufmerksamkeit wie möglich. Wenn ein Pferd wirklich aufsässig wird, korrigierst du es kurz und machst dann sofort mit der Übung weiter, die du begonnen hattest. Ermuntere dein Pferd dazu, herauszufinden, was du willst. Das Pferd wird natürlich ein bisschen irritiert sein, dass sein Ärger ignoriert wird, aber das wird ihm zu einer positiveren Einstellung verhelfen. Gib ihm für jede kleine Bewegung in die richtige Richtung eine positive Rückmeldung. Dadurch wird es lernen, die Arbeit mit dir zu genießen und die Angst vor dem Nichtverstehen verlieren. Mit Pferden dieses Typs macht man langsame Fortschritte. Dein Hauptziel muss sein, seinen Zorn durch positive Motivation zu ersetzen. Ermuntere das Pferd dazu, es noch einmal zu versuchen und lobe es überschwänglich, wenn es das Verlangte richtig hinbekommt. Dadurch lernt es, dass Zorn gar nicht nötig ist und wie es besser damit umgehen kann.
  Antares wurde früher sehr wütend, wenn er etwas nicht verstand, er wollte dann gar nichts mehr, war in seiner Wut gefangen, schlug aus und biss. Ich machte einfach ruhig weiter, obwohl das manchmal schon eine Herausforderung war. So lange, bis er tat, was ich verlangt hatte. Und dann wurde er natürlich belohnt.

Er hat sich heute endgültig von seiner Wut befreit und denkt mit, wenn wir etwas Neues ausprobieren.

- Pferde, die explodieren. Dieses Verhalten ist oft aus Angst geboren, weshalb du solchen Pferden zeigen musst, dass sie keine Angst vor Fehlern haben müssen und dass ihr Beitrag zählt. Es geht darum, ganz ruhig zu bleiben und das Pferd zu beruhigen. Aber höre niemals mit der Übung auf, die du ihm beibringen willst, da das Pferd sonst den Eindruck bekommen könnte, dass eine explosive Reaktion ein guter Ausweg ist. Mach weiter, bis das Pferd etwas in Richtung des Verlangten anbietet. Daraufhin belohnst du es und beendest das Training. Das Bedürfnis nach Stabilität ist bei diesem Pferdetyp noch größer als bei den anderen.
- Pferde, die alles ausprobieren, wenn sie neue und schwierige Dinge lernen. Dieser Pferdetyp probiert alles, um herauszufinden, was du meinst und das ist sehr gut so! Versuche, diesem Pferd Ruhe zu vermitteln – aber ohne, dass du aufhörst zu verlangen, was du dir ursprünglich vorgenommen hattest. Denn sonst könnte es den Eindruck bekommen, dass Nichtstun das Ziel war. Schenke seinen Experimenten nicht allzu viel Aufmerksamkeit, sondern leite es so gut wie möglich an. Gehe einen Schritt zurück, wenn es sich zu sehr aufregt, aber hake immer wieder nach – bis dein Pferd eine Vorstellung davon hat, wohin du willst. Sobald es beginnt, sich so zu bewegen, wie du das möchtest, beendest du das Training für diesen Tag. Für diesen Pferdetyp ist es wichtig, dass das Training dann auch wirklich zu Ende ist und es sich ausruhen und entspannen kann. Zwinge es nicht, noch eine halbe Stunde weiterzuarbeiten. Achte so wenig wie möglich auf die Sperenzchen und konzentriere dich auf das, was du möchtest.

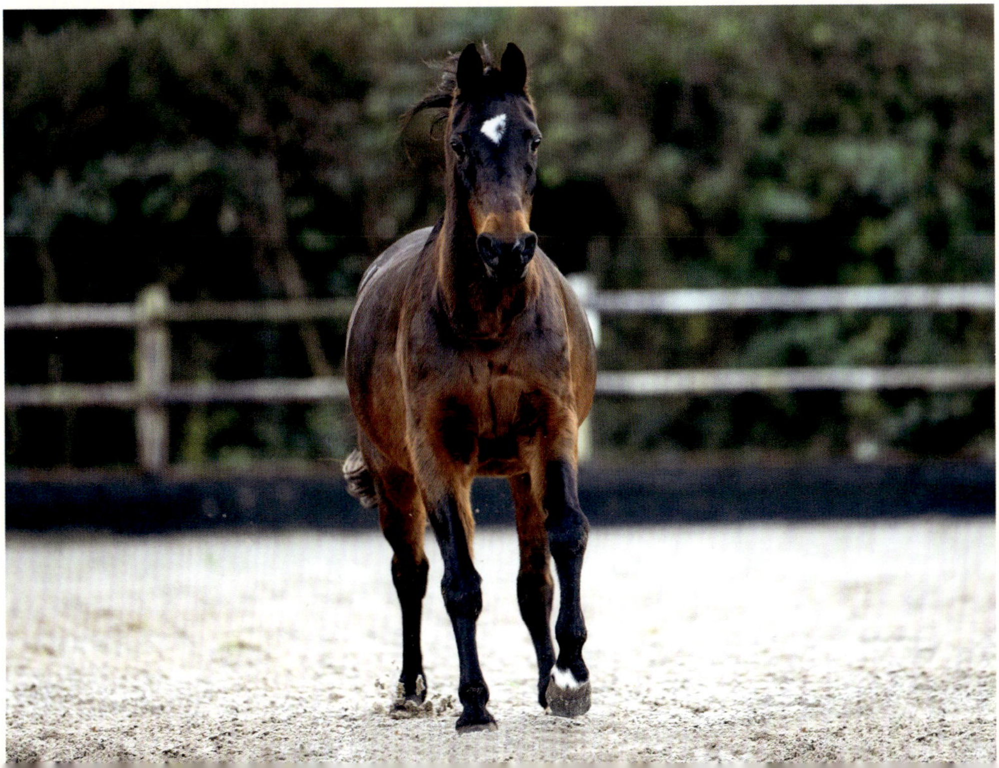

Schritt für Schritt

Gehe Schritt für Schritt vor, wenn du deinem Pferd etwas beibringst.
Zunächst einmal musst du sicherstellen, dass das, was du ihm beibringen willst, fair ist und im Rahmen seiner Möglichkeiten liegt. Dann muss das Pferd die Chance bekommen, das Gelernte zu verarbeiten, und das braucht Zeit. Es ist oft schwer, die nötige Geduld aufzubringen, aber du musst dem Pferd die nötige Zeit und den Raum für seine Entwicklung geben. Manchmal sieht man direkt, wie ein Pferd über eine Situation nachdenkt, bis dann der Groschen plötzlich fällt.

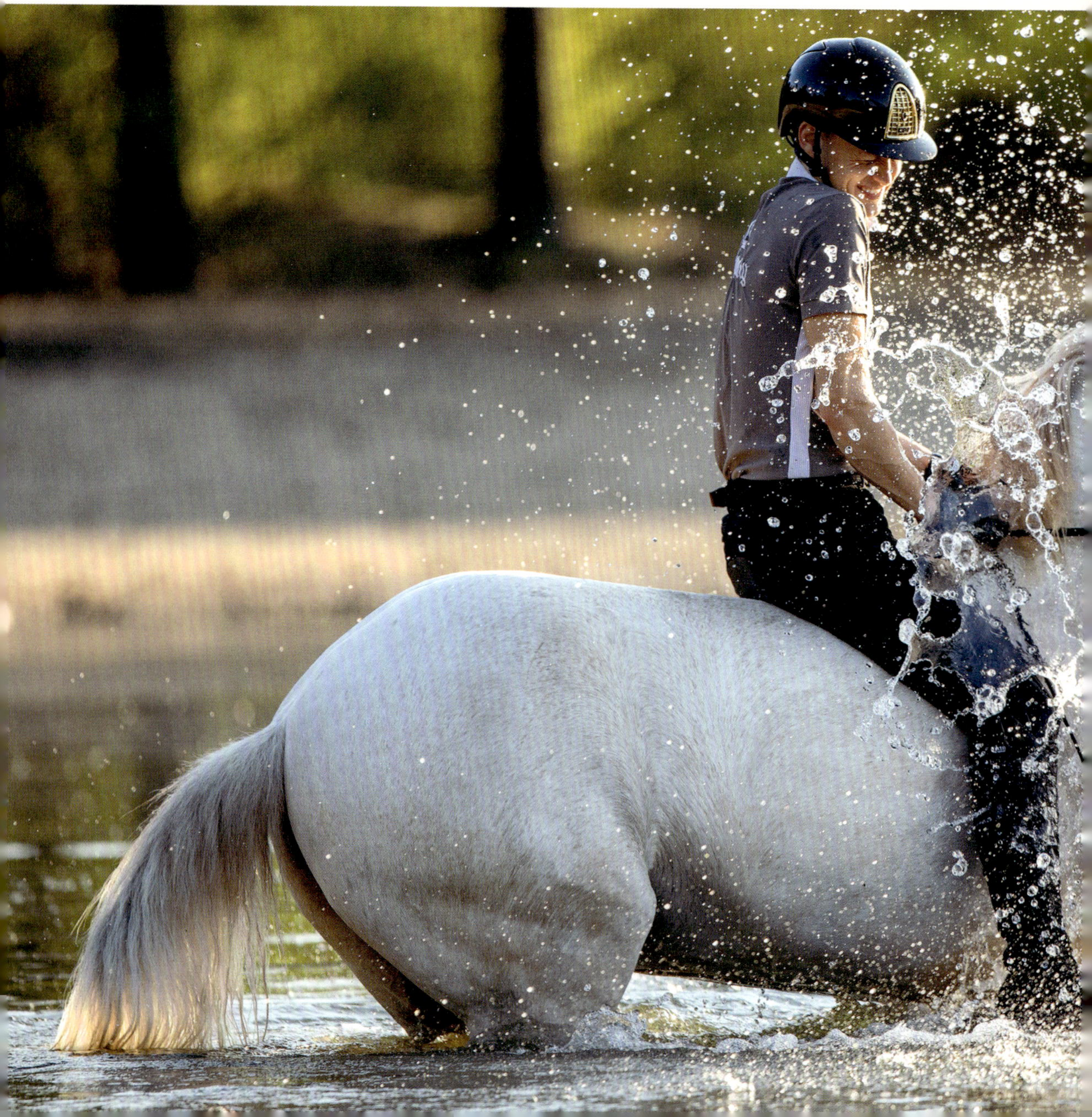

Oder manchmal machst du mit einer Lektion am nächsten Tag weiter und plötzlich geht es viel besser. Ich finde es wichtig, den Pferden hin und wieder einen Tag freizugeben oder einfach gemeinsam Spaß mit ihnen zu haben. Strebe eine allmähliche Verbesserung an und übereile nichts. Am Ende des Tages ist das die beste Art, um sich an schwierigere Lektionen heranzutasten. Du weißt genau, was du willst, und für jeden kleinen Schritt, den dein Pferd in diese Richtung macht, belohnst du es.
Wenn du ihm zum Beispiel beibringst, sich seitwärtszubewegen, fängst du zunächst vom Boden aus an: Bring deinem Pferd bei, einen kleinen Schritt zur Seite zu machen, indem du

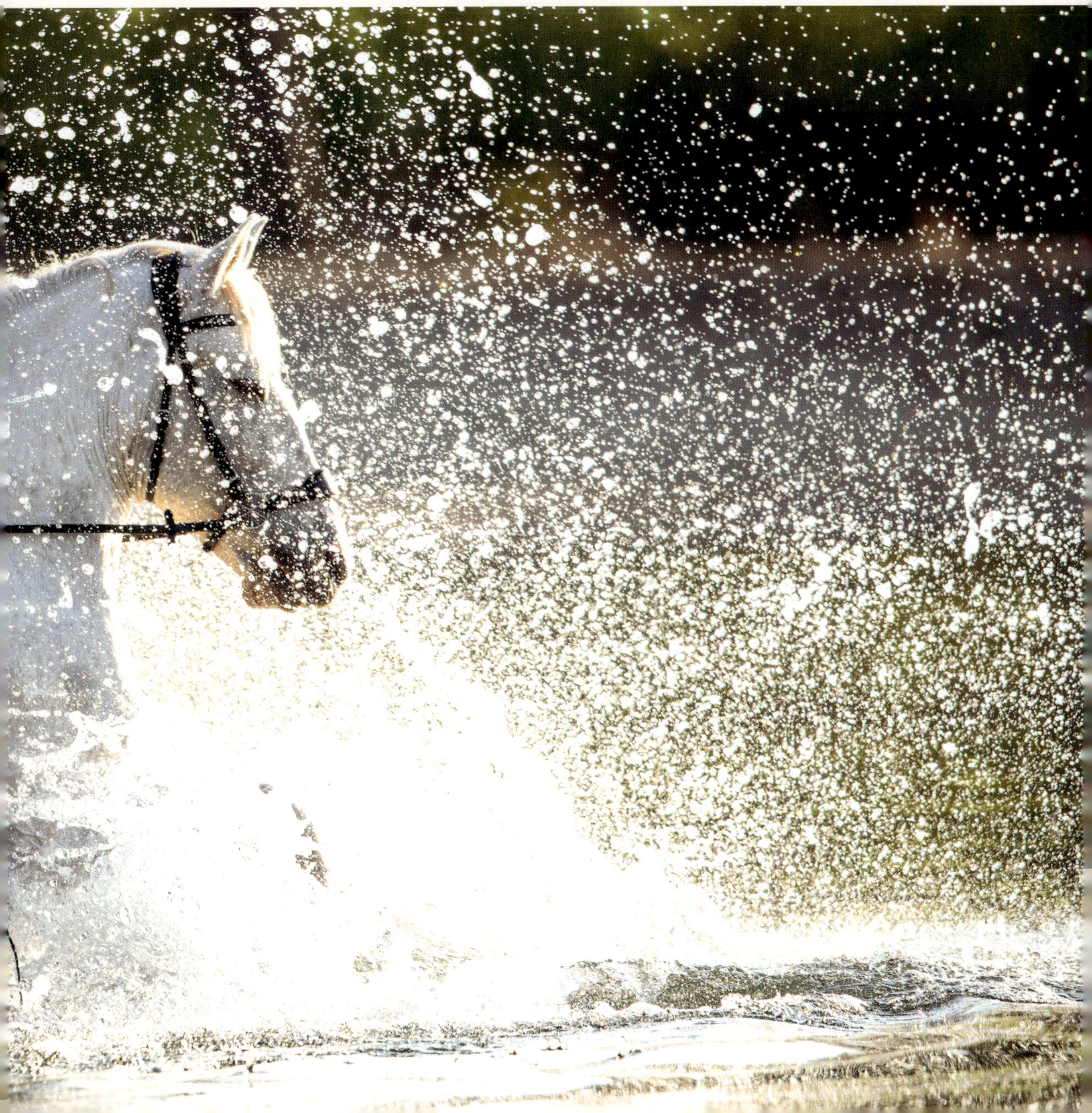

Druck auf seinen Bauch ausübst. Dann baust du darauf auf, bis es mehrere Schritte zur Seite macht. Danach probierst du dasselbe beim Reiten – anfangs vielleicht mit einer zweiten Person, die die Hilfe nochmal vom Boden aus gibt, während du dasselbe aus deiner Position im Sattel machst. Dadurch wird es dem Pferd leichtfallen, die Verbindung zwischen deiner Hilfe und ihrer Bedeutung herzustellen. Und natürlich musst du sofort nachgeben und belohnen, wenn das Pferd so reagiert, wie du möchtest. Zuerst nur ein Schritt, dann weitere. Wenn du so allmählich vorgehst, besteht keine Gefahr von Verwirrung oder Verspannung und die Lektion wird leichtfallen.

Wenn du dein Pferd gut kennst – auch auf emotionaler Ebene –, dann habt ihr ein viel besseres Gespür füreinander und du weißt, wann es bereit ist, den nächsten Schritt in seinem Training zu machen. Du musst ein wirklich gutes Gefühl bei den bisherigen Lektionen haben, bevor du zur nächsten Stufe übergehst. Das kann nach einem Tag der Fall sein – es kann sogar vorkommen, dass du an einem Tag drei neue Schritte mit deinem Pferd erreichst. Jedoch kann es manchmal auch mehrere Tage dauern, bis du zu etwas Neuem übergehen kannst. Höre aktiv auf dein inneres Gefühl, selbst wenn andere Menschen dir sagen, dass du schon zum nächsten Schritt übergehen kannst. Traue deiner Intuition. Du kennst dein Pferd am besten.

Du musst dir sicher sein, dass sowohl du als auch dein Pferd bereit sind, ein neues Level zu erreichen, wie zum Beispiel Galopp mit Halsring. Vielleicht hast du lange gedacht, das machen wir lieber noch nicht, aber irgendwann kommt der Moment, in dem du weißt, dass du den Galopp jetzt ausprobieren kannst und er gut funktionieren wird. Natürlich gibt es Menschen, die Angst davor haben, zu etwas Neuem überzugehen, und die dazu neigen, in ihrer Komfortzone zu bleiben. Wenn du weißt, dass du so jemand bist, kann es hilfreich sein, wenn du mit jemandem sprichst, der dir dahingehend Mut macht.

Lerne dein Pferd und dich selbst kennen

Es besteht immer das Risiko, dass dir beim Reiten zu viel durch den Kopf geht. Du kannst feststellen, ob alles in Ordnung ist, indem du deine Atmung und die Atmung deines Pferdes überprüfst. Wenn ihr beide langsam und entspannt atmet, weißt du, dass du einen Schritt weiter gehen kannst. Achte darauf, dass deine Schultern entspannt sind – auch das ist aussagekräftig. Zudem überträgt sich jede Anspannung in deinem Körper auf dein Pferd.

Wenn du mit deinem Pferd etwas erreichen willst, musst du sowohl dich selbst als auch dein Pferd und eure Partnerschaft sehr gut kennenlernen. Sobald du deine eigenen Reaktionen und die Reaktionen deines Pferdes erkennen und verstehen kannst, weißt du auch, wann du im Training bereit für ein neues Level bist.
Manchmal wird dein Blick auf dein Pferd von einem Bild beeinflusst, das du nicht loslassen kannst. Aber du musst offen für Veränderungen sein. Diese Erfahrung habe ich mit Antares

gemacht. Am Anfang hatten seine Wut und Aggressivität einen ziemlichen Eindruck auf mich gemacht und ich konnte das Bild seines alten „Ichs“ einfach nicht aus meinem Kopf bekommen. Wir mussten einen neuen, frischen Anfang machen und das fiel mir schwer. Er traute sich jetzt zwar, mir zu vertrauen – aber ich musste erst lernen, ihm zu vertrauen.

Nervenaufreibend?

Vielleicht stellt es dich vor eine Herausforderung, deinem Pferd etwas Neues beizubringen. Fange einfach langsam an und mache kleine Schritte. Es ist wichtig, dass du deinem Pferd gegenüber selbstsicher auftrittst. Denn so glaubt es dir, dass du der Coach bist und dass du weißt, was du tust – andernfalls könnte es versuchen, selbst die Führungsrolle zu übernehmen.

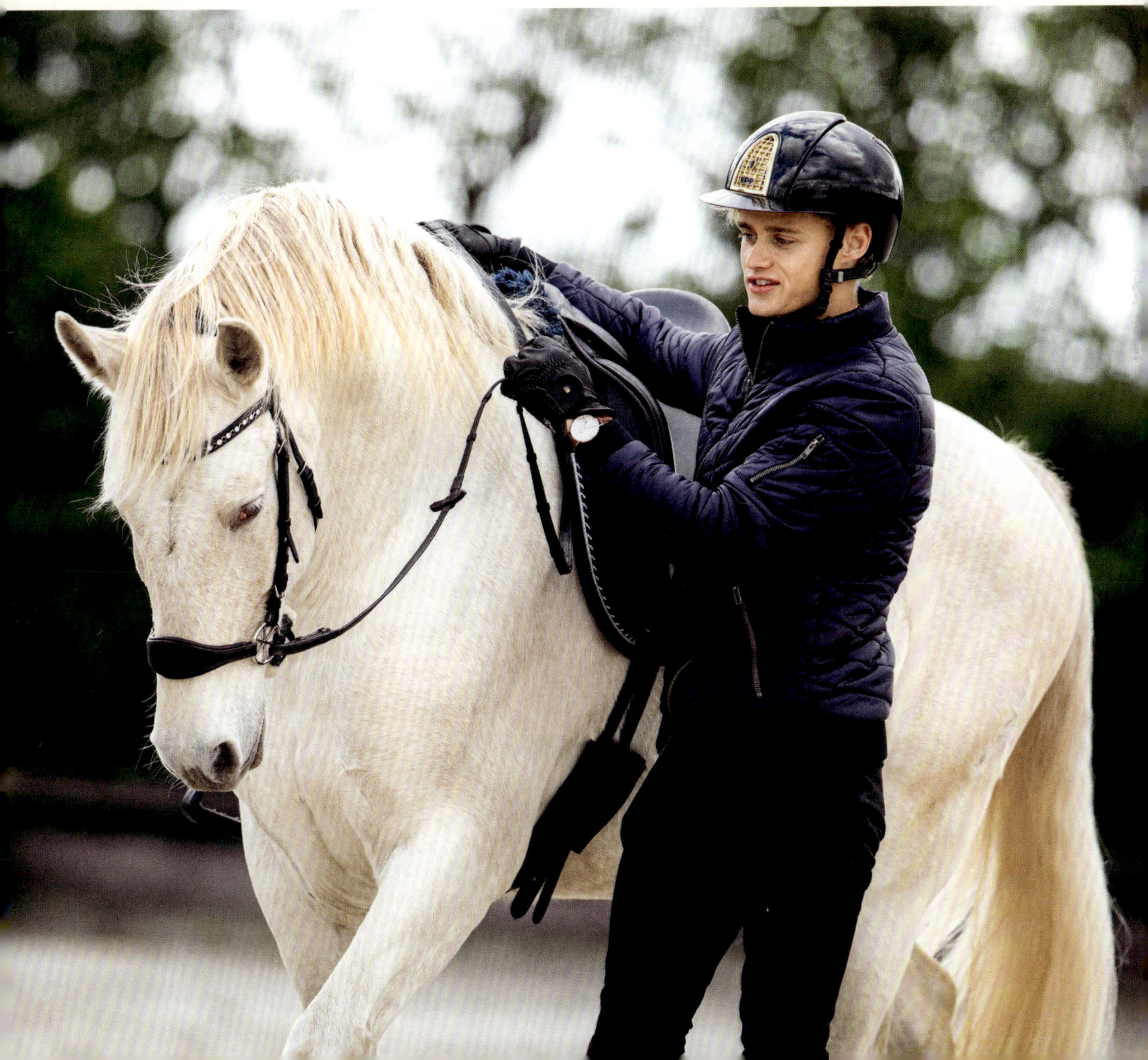

Fange mit Bodenarbeit an und gehe allmählich zur Arbeit an der Longe über. Bitte vielleicht jemanden, dir zu helfen, wenn du mit dem Reiten beginnst, sodass dein Pferd die Hilfen wiedererkennt und du dein Ziel nicht aus dem Blick verlierst.

Du darfst niemals über deine eigenen Grenzen hinausgehen. Sei dir deiner Grenzen bewusst, wenn du dir selbst Herausforderungen stellst. Du wirst es wissen, wenn es an der Zeit ist, einen Schritt weiterzugehen. Folge deinem Gefühl.

Kurze Einheiten

Viele Leute denken, dass sie immer eine Stunde lang reiten müssen. Ich finde nicht, dass das notwendig ist. Manchmal ist es sogar besser, wenn du weniger Zeit im Sattel verbringst. Natürlich musst du am Anfang der Einheit genügend aufwärmen, damit dein Pferd bereit für die Lektionen ist, die du mit ihm üben willst. Und du musst auch lang genug reiten, um die notwendige Muskulatur bei dir und deinem Pferd aufzubauen.

Während des Reitens musst du voll konzentriert sein. Wenn du weißt, dass du meistens nach einer halben Stunde die Konzentration verlierst, ist es besser, an diesem Punkt aufzuhören. Du willst ja keine Fehler machen. Dein Pferd sucht ständig nach der Bestätigung, dass seine Reaktionen richtig sind. Wenn du nicht mehr scharf aufpasst und zum Beispiel vergisst nachzugeben, verwirrst du es nur.

Es geht nicht um die Länge der Trainingseinheit, sondern darum, so gut wie möglich mit deinem Pferd zu arbeiten. Mach es nicht zu lang. Wenn es gut war, war es gut.

Die Hilfen verfeinern

Sei dir deiner Hilfen bewusst. Dein Pferd kann viele verschiedene Hilfen lernen, aber am Anfang kann es passieren, dass es die Hilfen verwechselt und eine ganz andere Lektion anbietet, als du eigentlich wolltest. Das ist gar nicht schlimm, sondern ein Zeichen, dass dein Pferd mitdenkt und versucht, zu verstehen, was du meinst. Wenn du sicher bist, dass du ihm eine andere Hilfe gegeben hast als die, auf die es reagiert, musst du ihm die Hilfe noch einmal ganz deutlich geben. Leite dein Pferd zu der Bewegung an, die du gerne möchtest. Du kannst deine Stimme zur Ermunterung einsetzen, sodass es merkt, wann es in die richtige Richtung geht.

Es ist also wirklich kein Problem, wenn dein Pferd anfangs etwas durcheinanderbringt. Sobald du ihm erklärt hast, was du meinst, wird deine Kommunikation mit ihm feiner werden.
Hilfen, die zwischen dir und deinem Pferd bereits gefestigt sind, können feiner werden – bis zu dem Punkt, an dem du gefühlt nur noch an eine Lektion denken musst und das Pferd führt sie schon aus. Du verschmilzt förmlich mit deinem Pferd.

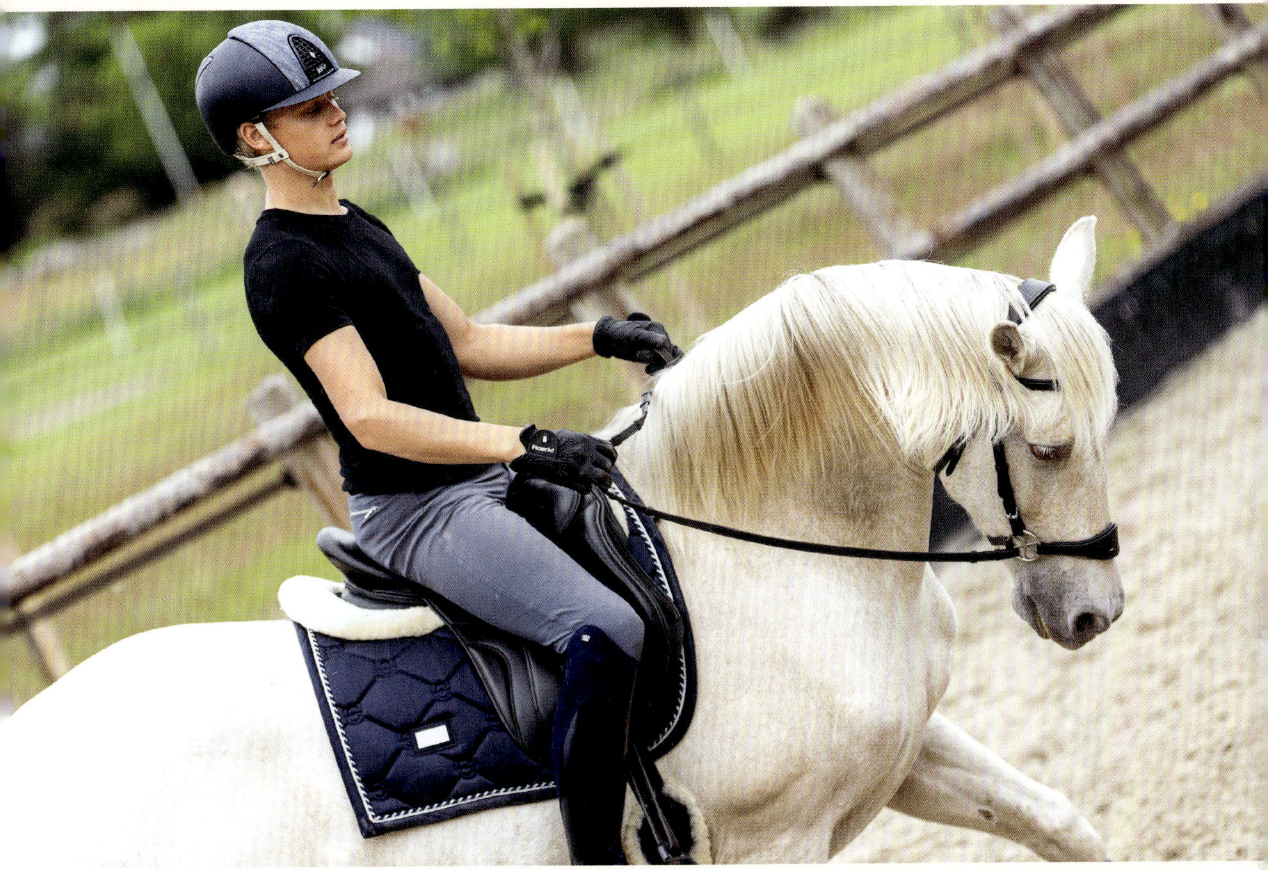

Glaube daran

Es geht darum, Dinge erklären zu wollen und nicht alles auf einmal zu erwarten. Manchmal befindest du dich in einem positiven Flow mit deinem Pferd und in diesen Augenblicken scheint alles ganz leicht zu gehen. Aber es wird auch Zeiten geben, in denen du feststeckst und du geduldig sein musst, um wieder Fortschritte zu machen. Das ist wirklich nicht schlimm und kein Grund zur Frustration. Wenn du es einfach in Ruhe weiter versuchst und deinem Pferd gegenüber ganz klar kommunizierst, werdet ihr bald wieder Fortschritte machen. Oft können gerade schwierige Phasen wie diese die feine Kommunikation zwischen euch verbessern. Glaube also weiter daran, auch wenn die Dinge gerade nicht so laufen, wie du es dir wünschst. Solange du eine feste Vorstellung davon hast, was du erreichen willst, und es im Rahmen der Möglichkeiten deines Pferdes liegt, wirst du es am Ende auch schaffen. Übung macht den Meister, alles ist eine Entwicklung.

Lass deine Erwartungen los

Es ist zwar gut, Ziele zu haben, aber Erwartungen können auch ein Hindernis sein. Du erwartest, dass dein Pferd dieselbe Übung schafft wie am Tag zuvor, aber sie gelingt nicht.

Du erwartest, dass dein Pferd auch heute wieder Fortschritte macht, aber eigentlich scheint es heute schlechter zu laufen. All diese Erwartungen können dazu führen, dass du dein Pferd unter Druck setzt und frustriert wirst, wenn die Dinge nicht so laufen, wie du erwartest. Und ehe du dich versiehst, bist du in einer negativen Abwärtsspirale gefangen.
Lass also deine Erwartungen los, und du wirst sehen, dass die wundervollsten Dinge passieren!

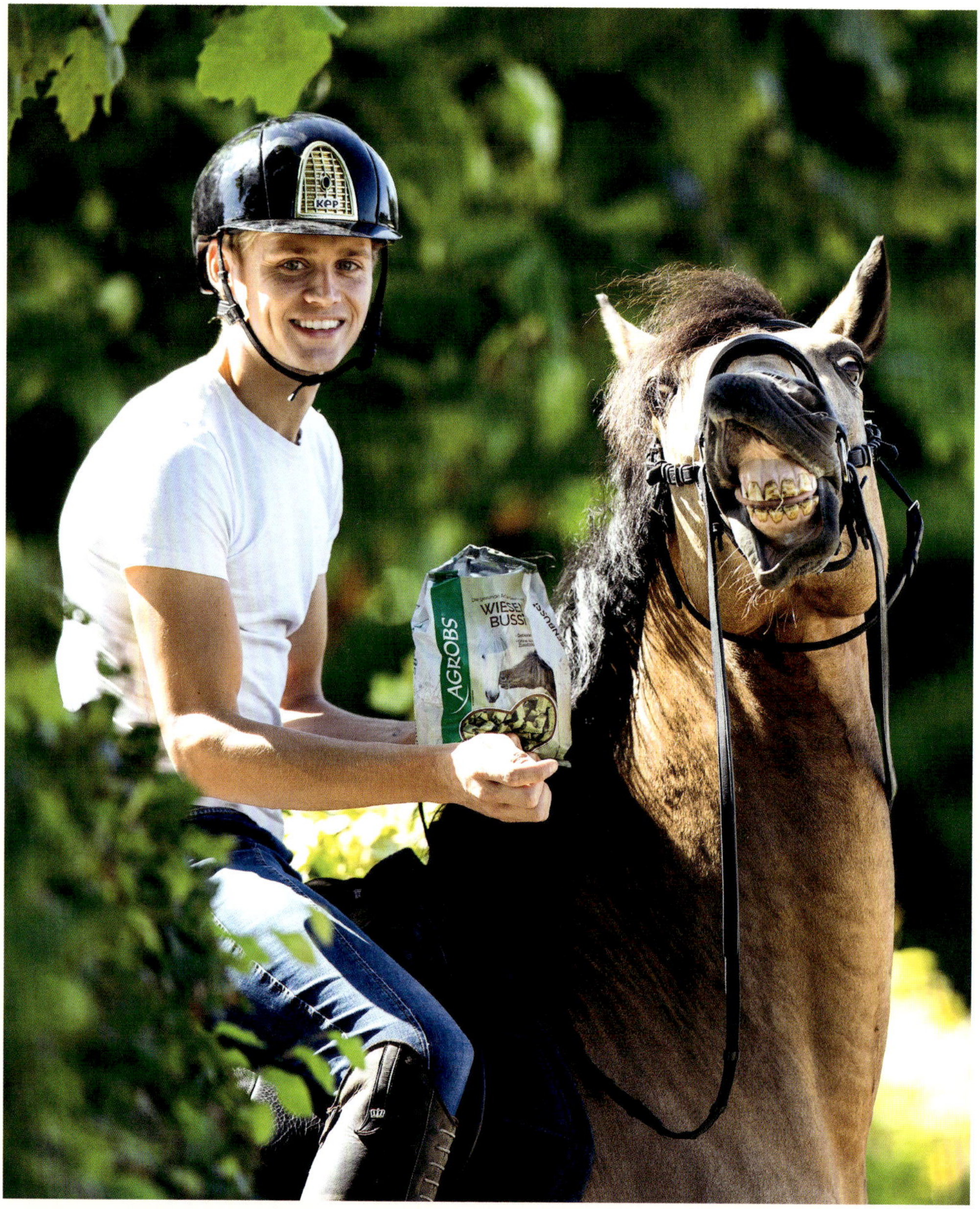

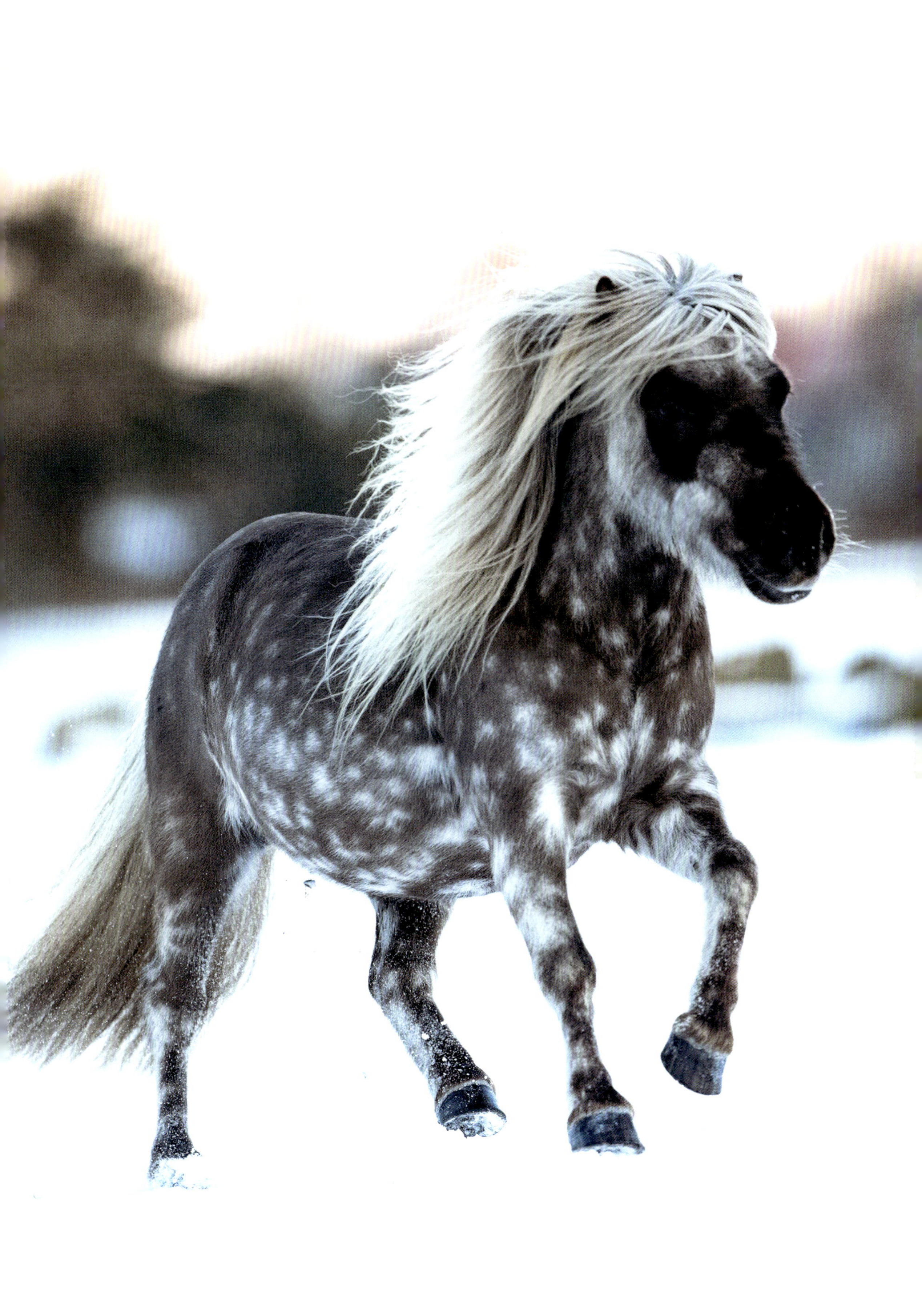

Alizée Froment

GRAND-PRIX- UND SHOWREITERIN

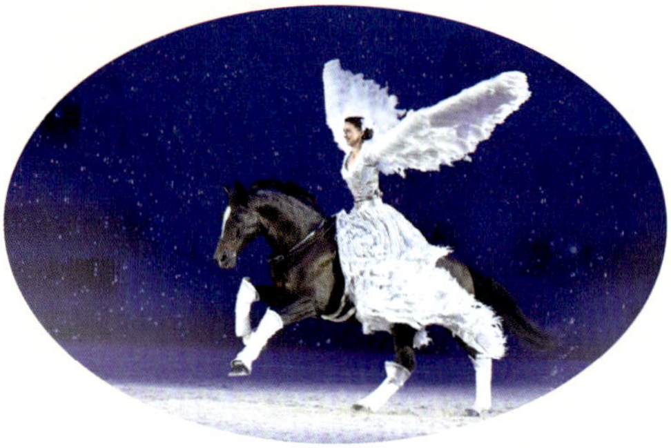

Das Reiten ohne Gebiss ist aus vielen Gründen interessant. Genauso wie das Reiten mit Gebiss. Mich fasziniert die Kombination aus beidem, denn beide Methoden haben Vor- und Nachteile. Und wie so oft findet man den richtigen Weg irgendwo in der Mitte.

Turnierteilnahme ohne Gebiss

Ich bin der Meinung, dass Reiterinnen und Reiter, die an Turnieren teilnehmen, die Wahl haben sollten, ob sie mit oder ohne Gebiss reiten wollen. Das wäre eine große Veränderung, und es ist schwer zu sagen, ob das bald passieren wird. Die Niederlande sind in dieser Hinsicht schon sehr weit, denn dort ist das gebisslose Reiten in bestimmten Turnierdisziplinen erlaubt. Für die Richter ist das natürlich problematisch, aber letztendlich ist es ihre Aufgabe zu beurteilen, wie die Hilfengebung erfolgt – ob mit oder ohne Trense oder auch mit Kandare.

Warum gebisslos?

Über die Vorteile des gebisslosen Reitens könnte man ein ganzes Buch schreiben. Es ist ein Schritt in Richtung Vertrauen und könnte die angenehmsten Zäumung für dein Pferd werden, allerdings unter der Voraussetzung einer korrekten Selbsthaltung. Das ist wichtig, denn es ist viel schlimmer, mit harter Hand gebisslos zu reiten als mit Gebiss und weicher Hand.

Es gibt ganz viele Gründe, ohne Gebiss zu reiten. Es gibt sogar Pferde, deren Maul von Natur aus nicht für ein Gebiss geeignet ist. Wie bei allen Aspekten der Reiterei muss man sich selbst gegenüber objektiv sein, immer nach Lösungen suchen und für alle Ideen offenbleiben.

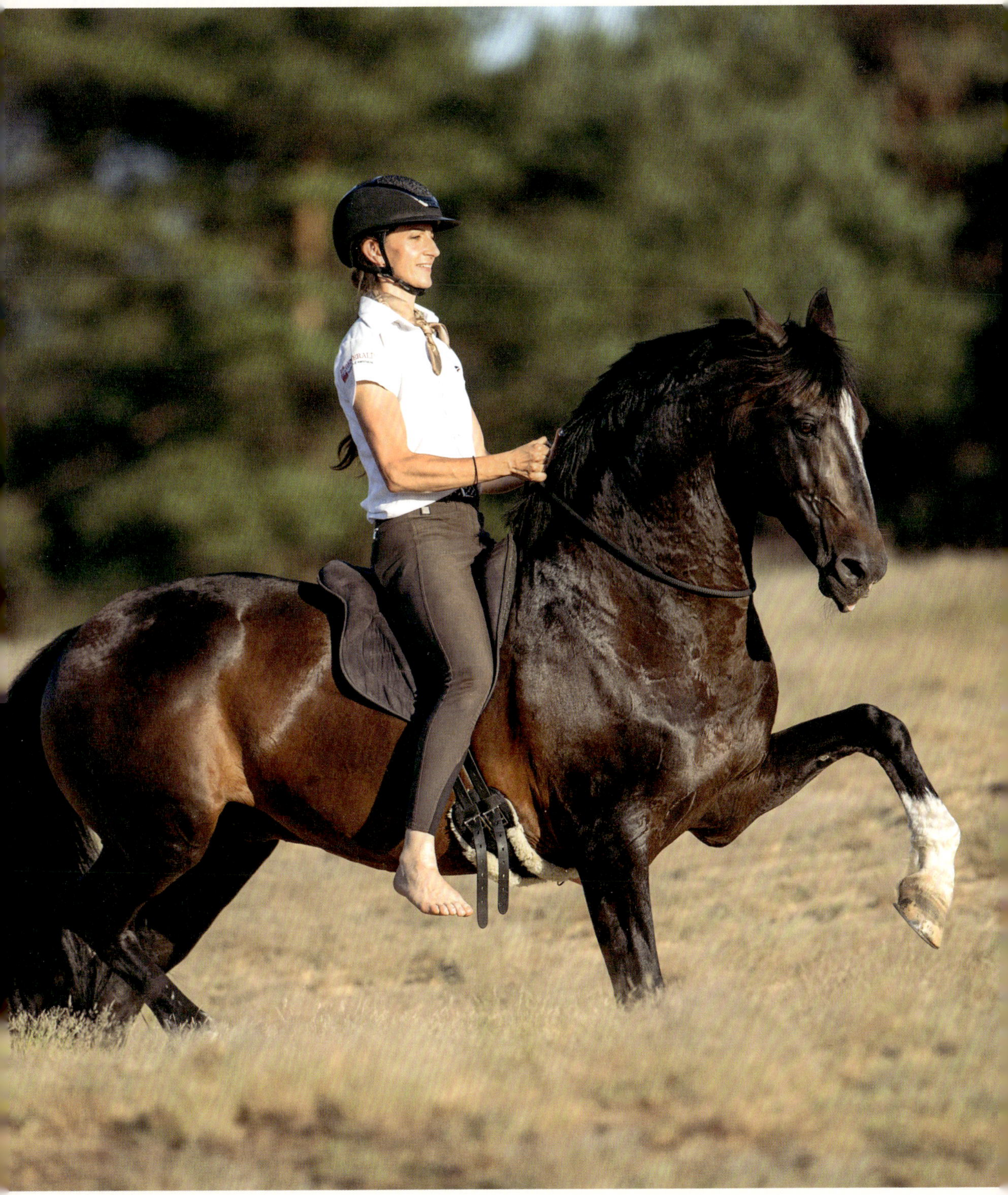

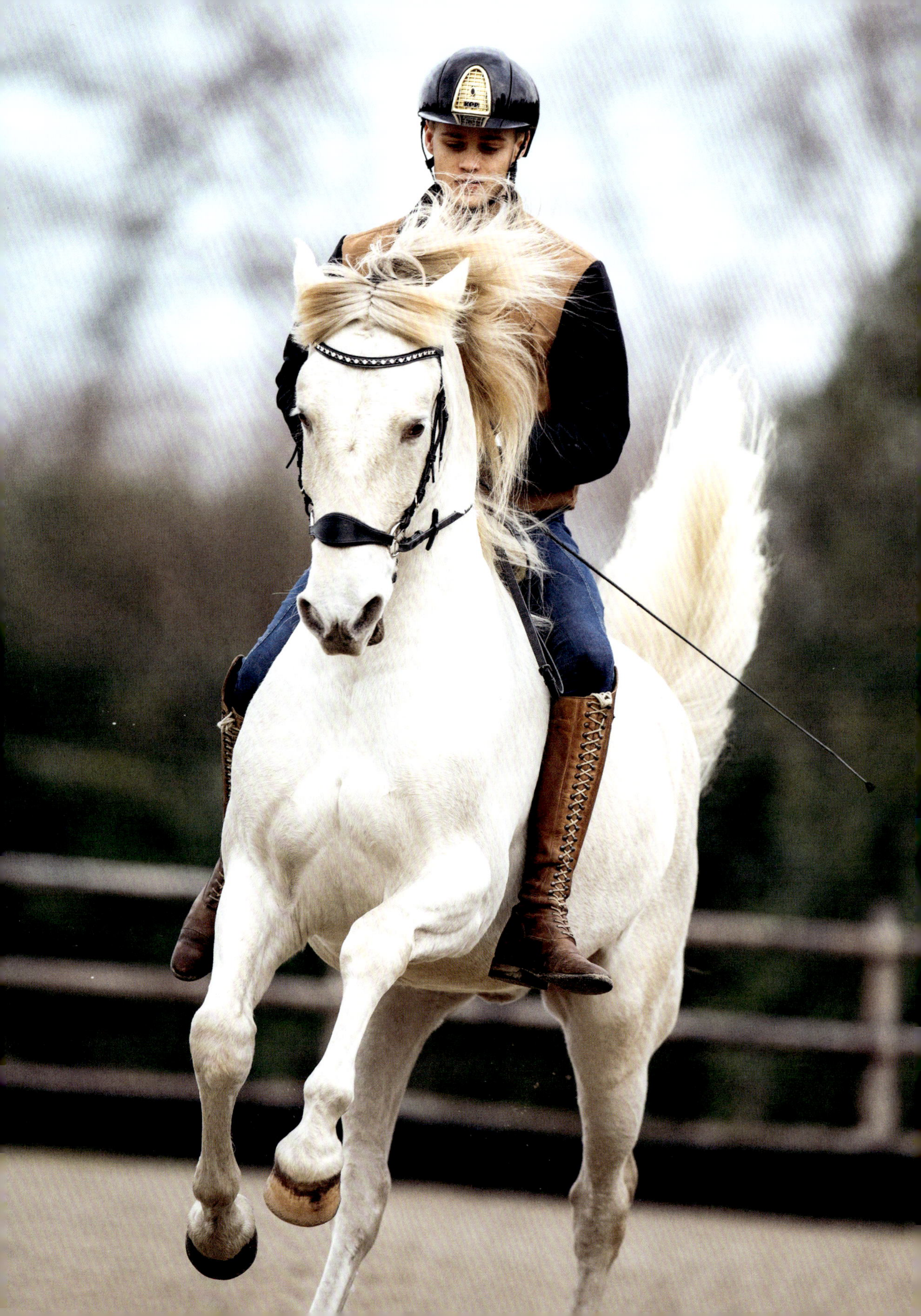

Basiswissen gebisslos reiten

Versuche, dich in dein Pferd hineinzuversetzen.

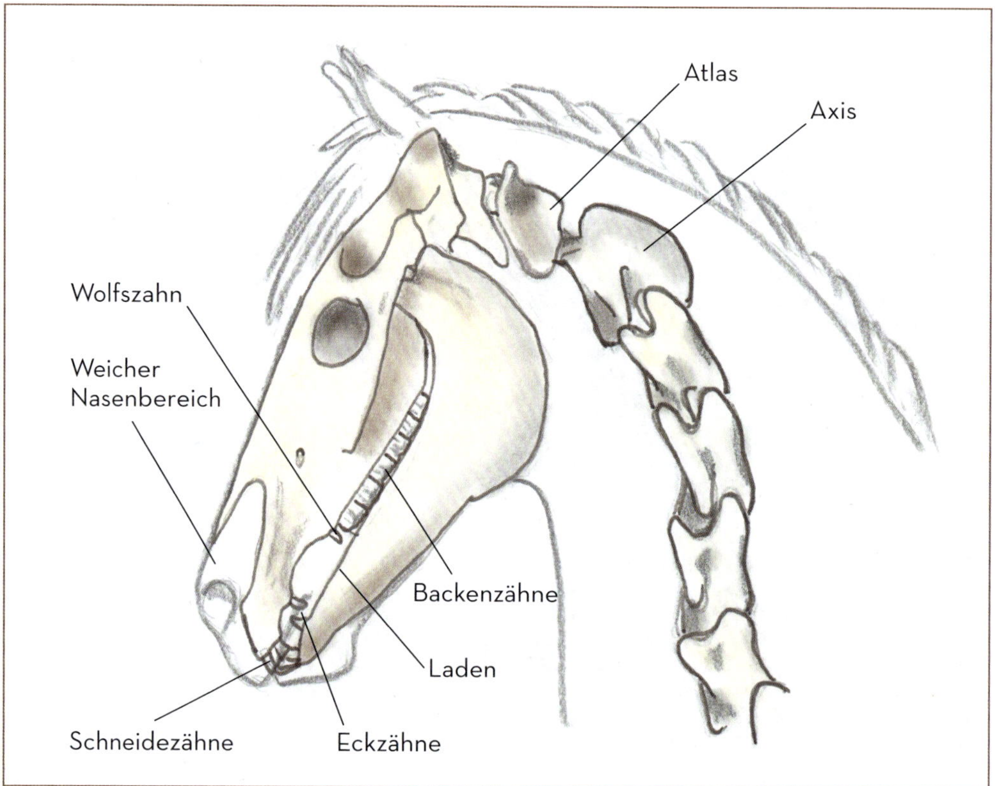

In dieser Abbildung siehst du die Knochen im Kopf- und Halsbereich des Pferdes.

Bevor du das Reiten ohne Gebiss ausprobierst, solltest du wissen, wie sich das Zaumzeug für ein Pferd anfühlt. Was spürt das Pferd? Wo kann es drücken?

ANATOMIE DES PFERDES

Die Bewegung des Pferdekopfes kommt aus den Halswirbeln. Der erste Wirbel wird Atlas genannt, der zweite ist der Axis. Sie ermöglichen Dreh- und Beugebewegungen des Kopfes. Der Teil des Mauls, in dem sich keine Schneide- oder Backenzähne befinden, heißt Lade. Sie besteht aus dem Kieferknochen, der wiederum vom Pereosteum – einer dicken Bindegewebsschicht – sowie dem Zahnfleisch umhüllt ist.

Das Gebiss liegt hinter den Schneidezähnen, aber normalerweise nicht direkt auf der Lade, sondern auf der ziemlich dicken Zunge. Die Maulwinkel reichen nicht bis zu den Backenzähnen, sodass das Gebiss diese nicht berühren kann. Manche Pferde bekommen Wolfszähne – das sind kleine Zähne, die dicht vor den Backenzähnen wachsen. Diese kommen oft mit dem Gebiss in Berührung und werden deshalb normalerweise entfernt. Den meisten Hengsten, Wallachen und einigen Stuten wachsen zudem Eckzähne, die meistens nicht mit

dem Gebiss in Berührung kommen und nicht entfernt werden müssen. Es ist auch nicht gut, sie abzurunden, da dies zu schlimmen Zahnschmerzen führen kann.
Pferde haben einen langen Kiefer. Ein zu enger Nasenriemen verhindert, dass das Pferd diesen noch bewegen kann. Ein zu tief sitzender Nasenriemen geht über die weiche Nasenpartie. Ist er zu eng verschnallt, kann das Pferd seine Nüstern bei Anstrengung nicht mehr richtig weiten. Da Pferde nur durch die Nase atmen, bekommen sie dann nicht mehr genug Luft. Auch Kauen und Lecken werden dadurch erschwert. Deshalb solltest du immer darauf achten, dass der Nasenriemen nicht zu eng sitzt.

Eine gebisslose Zäumung übt Druck auf die Nase, Teile der Nase und/oder andere Teile des Kopfes aus, je nach Art der Zäumung. Das Nasenbein ist nur oben am Schädel befestigt, sodass der untere Teil quasi „frei schwebt“. Das bedeutet, dass er relativ leicht brechen kann, wenn zu viel Druck auf den unteren Teil des Knochens ausgeübt wird. Deshalb ist es so wichtig, dass ein gebissloser Zaum korrekt sitzt – der Nasenriemen muss hoch genug liegen und es sollten zwei Finger Abstand direkt unter dem Jochbein bleiben. Auch ein zu hoch verschnallter Nasenriemen führt zu Problemen, da er dann am empfindlichen Foramen Infraorbitale aufliegt – das ist eine Öffnung im Schädelknochen, durch die die Nerven zur Nase und Oberlippe verlaufen. Liegt der Nasenriemen zu hoch, kann er auf diese Nerven drücken.

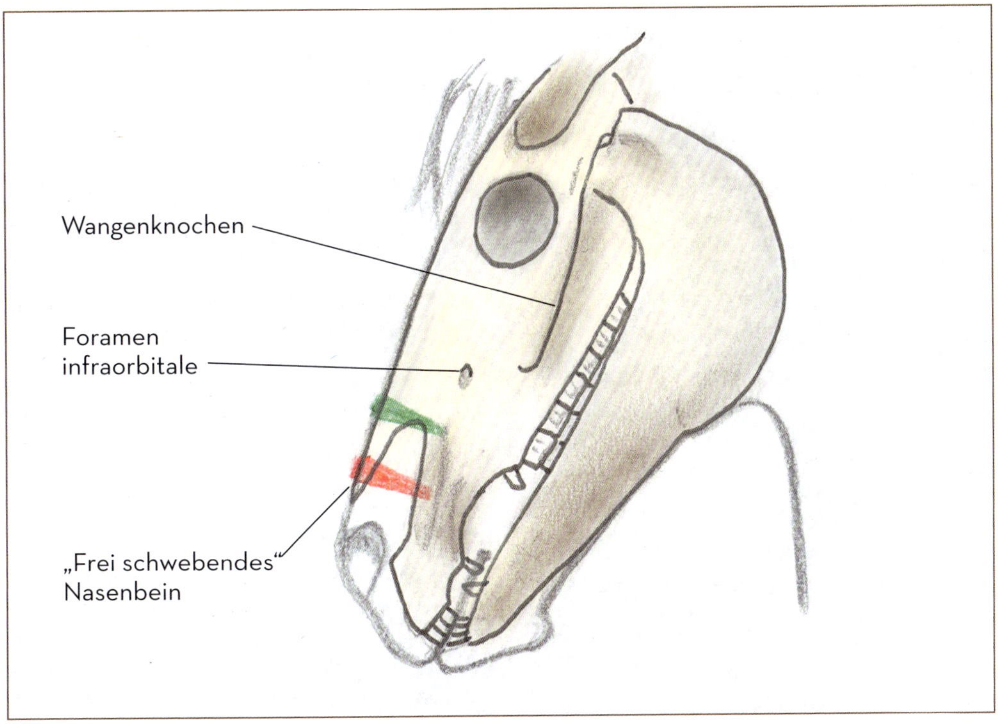

Der grüne Streifen zeigt die korrekte Positionierung des Nasenriemens; rot ist zu tief.

Hohe Empfindlichkeit

Pferde sind im Maul, an den Nüstern und an der Oberlippe sehr empfindlich. Das ist nur logisch, denn mit diesen Partien sortieren sie ihr Futter aus. Ein Pferd kann selektiv um sehr kleine Pflanzen herum fressen und winzige Dinge, die ihm nicht schmecken – wie zum Beispiel Pillen – wieder aus dem Maul befördern.

Auch die Laden sind empfindlich, weil der Kieferknochen dicht unter dem Zahnfleisch liegt. Das ist mit unserem Schienbein vergleichbar, wo der Knochen ebenfalls sehr nah unter der Haut liegt. Das Gebiss sollte normalerweise auf der Zunge aufliegen, wenn man aber fest am Zügel zieht oder mit den Händen riegelt, kann es die empfindlichen Laden berühren und dort Schmerzen verursachen. Zudem heilen Schürfwunden an der Lade nur langsam ab.
Du kannst leicht überprüfen, ob dein Pferd empfindliche Stellen im Maul hat, indem du mit deinem Finger zwischen die Lippen und über die Lade oder den unteren Teil der Nase fährst. Vor allem junge Pferde können darauf heftig reagieren. Ältere Pferde, die es gewohnt sind, ein Gebiss zu tragen, reagieren in der Regel weniger stark.

Das Nasenbein liegt dicht unter der Haut und ist daher ebenfalls ein empfindlicher Teil des Pferdekopfes. Zusammen mit dem Unterkiefer ist dies der Bereich, auf den gebisslose Zäumungen drücken. Trotzdem sind diese Partien sehr viel weniger empfindlich als das Maul und die Lippen, da es hier viel weniger Nervenenden gibt und diese Partien keine Rolle für die Futterselektion spielen.

Einen gebisslosen Zaum korrekt anpassen

Eine gebisslose Zäumung muss gut passen und bequem für das Pferd sein. Es sollte kein Druck ausgeübt werden, wenn der Reiter kein Signal gibt. Sie darf nicht zu eng und somit schmerzhaft sein. Auch bei einer Haltparade sollte sie nicht verrutschen. Achte auf Folgendes, wenn du deine Zäumung anpasst:

- Das Wichtigste ist, dass der Nasenriemen weder zu tief noch zu hoch sitzt. Liegt er zu hoch, drückt er auf die Nerven im Infraorbitalbereich. Außerdem reibt er dann am Jochbein und kann hier Irritationen verursachen. Sitzt er zu tief, drückt er auf das empfindliche Ende des Nasenbeins, das im Extremfall sogar brechen kann. Schau dir die Zeichnung auf Seite 93 an.
- Nasenriemen und Kehlriemen dürfen nicht zu eng verschnallt sein, da das Pferd dann seinen Kiefer nicht mehr öffnen kann, was unangenehm ist. Ein zu enges Zaumzeug verursacht Schmerzen und Verspannungen, aber wenn die Riemen zu locker sitzen, kann der Zaum bei einseitigem Zügelanzug verrutschen. Deshalb lautet die Goldene Regel: Es sollten zwei Finger zwischen Nasenriemen und Pferdenase passen.
- Vermeide Zügel mit schweren Schnallen, da diese durch ihr Gewicht einen unnötigen Druck verursachen.

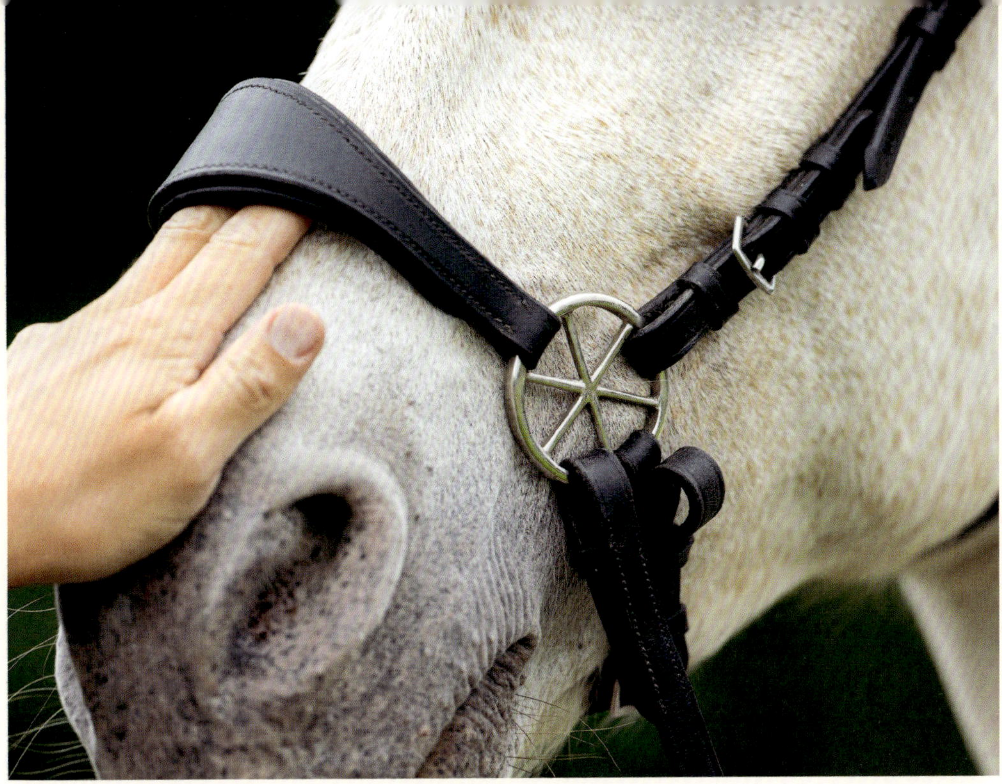

Stelle sicher, dass zwei Finger unter den Nasenriemen passen.

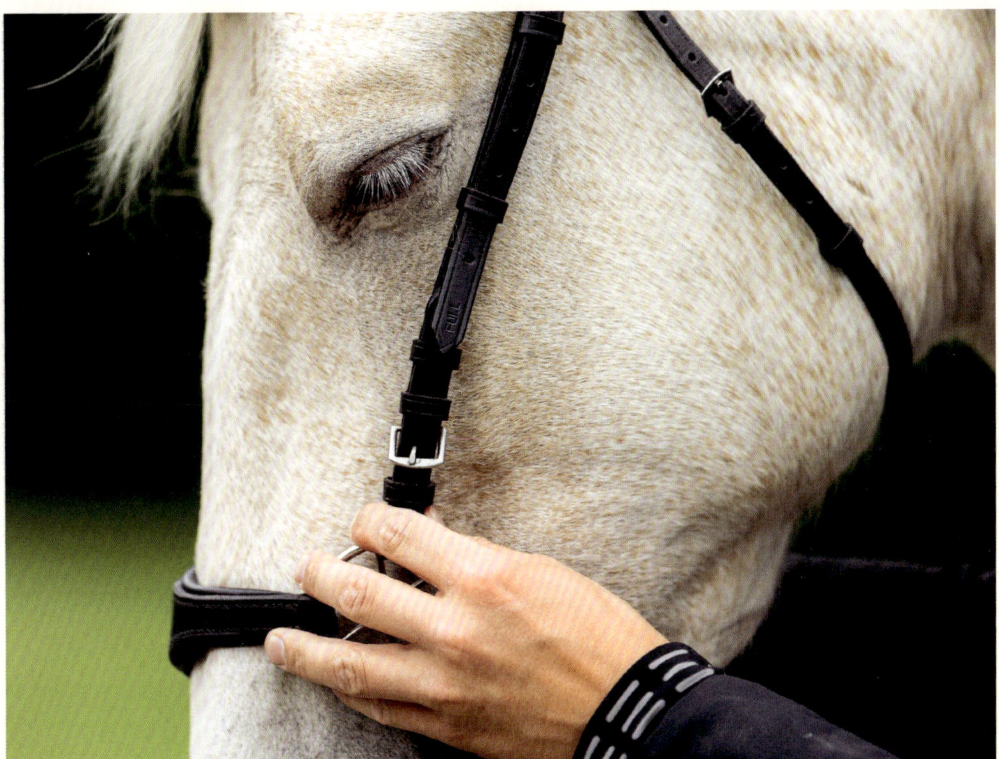

Hier liegt das Backenstück zu nah am Auge des Pferdes.

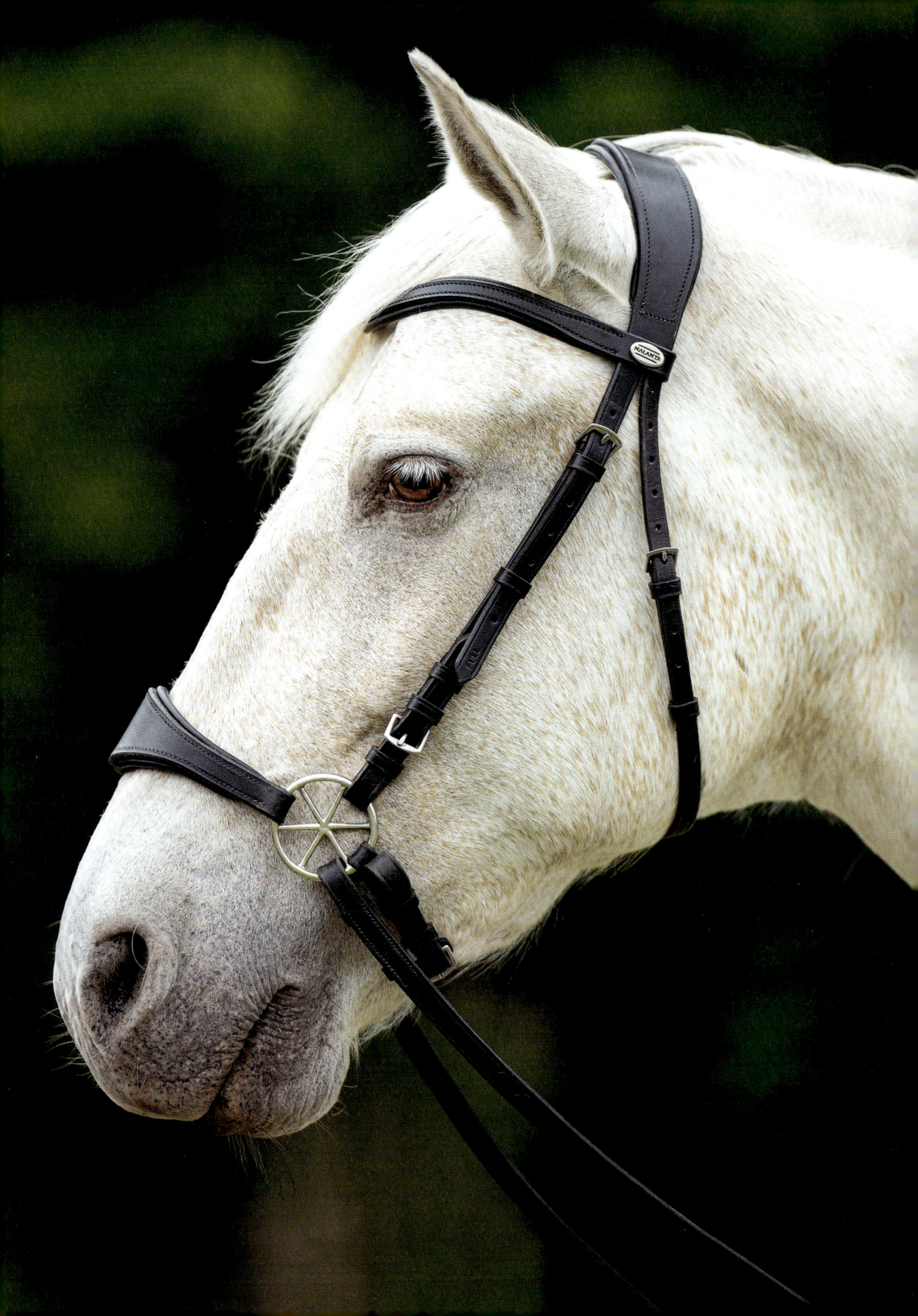
NALANTA

- Die Backenstücke dürfen nicht zu dicht an den Augen des Pferdes liegen, damit sie diese bei einem leichten Verrutschen nicht berühren.
- Das Genickstück darf nicht gegen die Ohren drücken – stelle also sicher, dass der Stirnriemen nicht zu kurz ist.

Breite und Steifheit des Nasenriemens

Manche gebisslosen Zäumungen mit schicken schmalen Riemen sehen wundervoll aus und vermitteln den Eindruck, dass das Pferd kaum etwas auf dem Kopf trägt. Allerdings sind diese Zäumungen beim Reiten nicht unbedingt die angenehmsten, da schmale Riemen einen starken, ungleichmäßigen Druck ausüben. Beim gebisslosen Reiten wird immer Druck auf die Nase ausgeübt. Bei einigen Systemen, wie dem Hackamore, wird der Druck über Nase, Kinn und Hals verteilt, aber der Nasenriemen spielt immer noch eine große Rolle. Der Druck pro Quadratzentimeter ist bei einem schmalen Nasenriemen viel größer als bei einem breiten.

Meiner Meinung nach ist es besser, einen weichen, gepolsterten Nasenriemen von mindestens drei Zentimetern Breite zu wählen. Die Polsterung sorgt für zusätzlichen Komfort, der mit einem flachen Lederriemen nicht möglich ist. Es gibt auch rundgenähte Nasenriemen auf dem Markt. Auch diese haben eine eher harte und scharfe Einwirkung, da der Teil, der auf der Pferdenase aufliegt, immer dünn ist – selbst wenn der Riemen insgesamt dick ist.

Achte darauf, aus welchem Material der Nasenriemen besteht. Bei geflochtenem Leder können Haare eingezwickt werden. Würde ich so einen Riemen bei Andorra verwenden, hätte sie in kürzester Zeit eine kahle Nase. Du kannst den Nasenriemen auf deinem eigenen nackten Schienbein ausprobieren, wenn du einen Eindruck haben möchtest, wie er sich für dein Pferd anfühlt. Da sowohl das Nasenbein des Pferdes als auch dein Schienbein eine sehr dünne „Polsterung“ haben, kannst du deinem Pferd so gut nachfühlen.

Der Kehlriemen

Viele gebisslose Zäume haben einen ziemlich schmalen Kehlriemen. Wenn es sich um ein Modell handelt, das nur Druck auf die Nase ausübt, ist das kein Problem. Wenn es sich jedoch um ein Hebelsystem handelt, wie bei einem Hackamore- oder LG-Zaum/Glücksrad, dann entsteht Druck auf den Kehlriemen. Du kannst ihn weicher machen, indem du einen Schonbezug oder eine Polsterung anbringst.
Zäume mit gekreuzten Kehlriemen haben oft sehr schmale Riemen, die nicht umwickelt werden können, um sie weicher zu machen – denn dies würde die gleitende Nachgebefunktion beim Lockerlassen des Zügels behindern (siehe Seite 116). Die beste Wahl ist also eine Zäumung mit einem breiten, weichen Kehlriemen. Ich persönlich würde mich nie für eine Kinnkette entscheiden, aber wenn du das möchtest, solltest du sicherstellen, dass sie zumindest weich unterlegt ist.

Druck nur, wenn notwendig

Das Zaumzeug sollte nur dann Druck ausüben oder eine Wirkung entfalten, wenn du ein Signal gibst. In dem Augenblick, in dem du ein Signal gibst, weiß das Pferd, dass du etwas verlangst. Das Zaumzeug sollte nie zu eng sitzen – zwei Fingerbreit Platz zwischen Nase und Nasenriemen müssen unbedingt sein. Es darf aber auch nie zu locker sitzen und verrutschen, da es sonst auch dann Druck ausübt, wenn du es gar nicht beabsichtigst. Dasselbe gilt für zu schwere Zügel.

Das Nachgeben

Wenn dein Pferd gut auf den Zügeldruck reagiert, solltest du es sofort belohnen, indem du den Druck wegnimmst. Das nennt man Nachgeben. Je schneller das passiert, desto besser und klarer für das Pferd. Mit einem Gebiss spürt das Pferd das Nachgeben sofort, wenn du den Druck vom Zügel wegnimmst. Bei gebisslosen Zäumen mit gekreuzten Kinn- oder Kehlriemen kann das Nachgeben verzögert ankommen, da die Riemen zuerst durch einen Ring gleiten müssen. Bei manchen Zaumzeugen muss das Pferd dafür sogar sein Maul öffnen oder der Reiter sich nach vorne lehnen und den Zügel wieder durch den Ring

Erst kommt der Einsatz der Zügelhilfe …

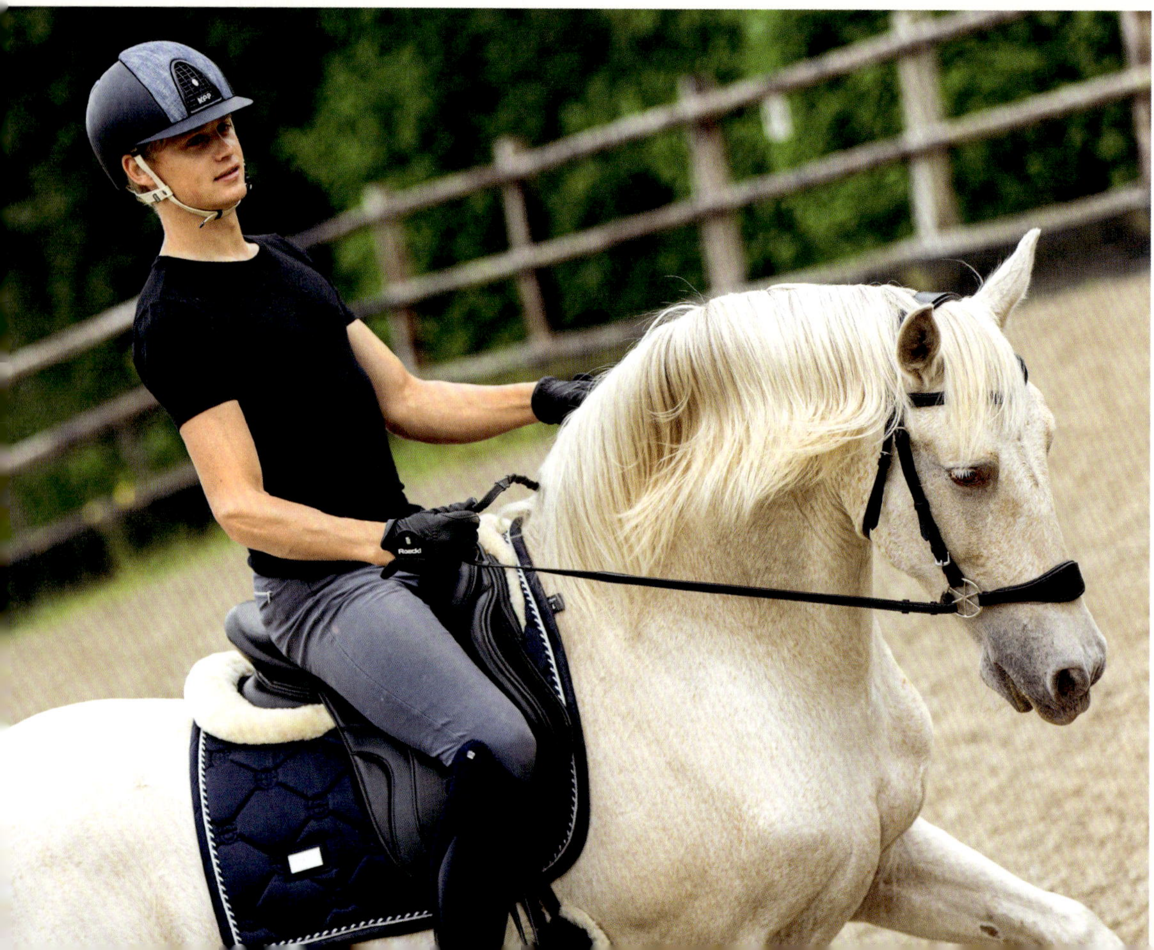

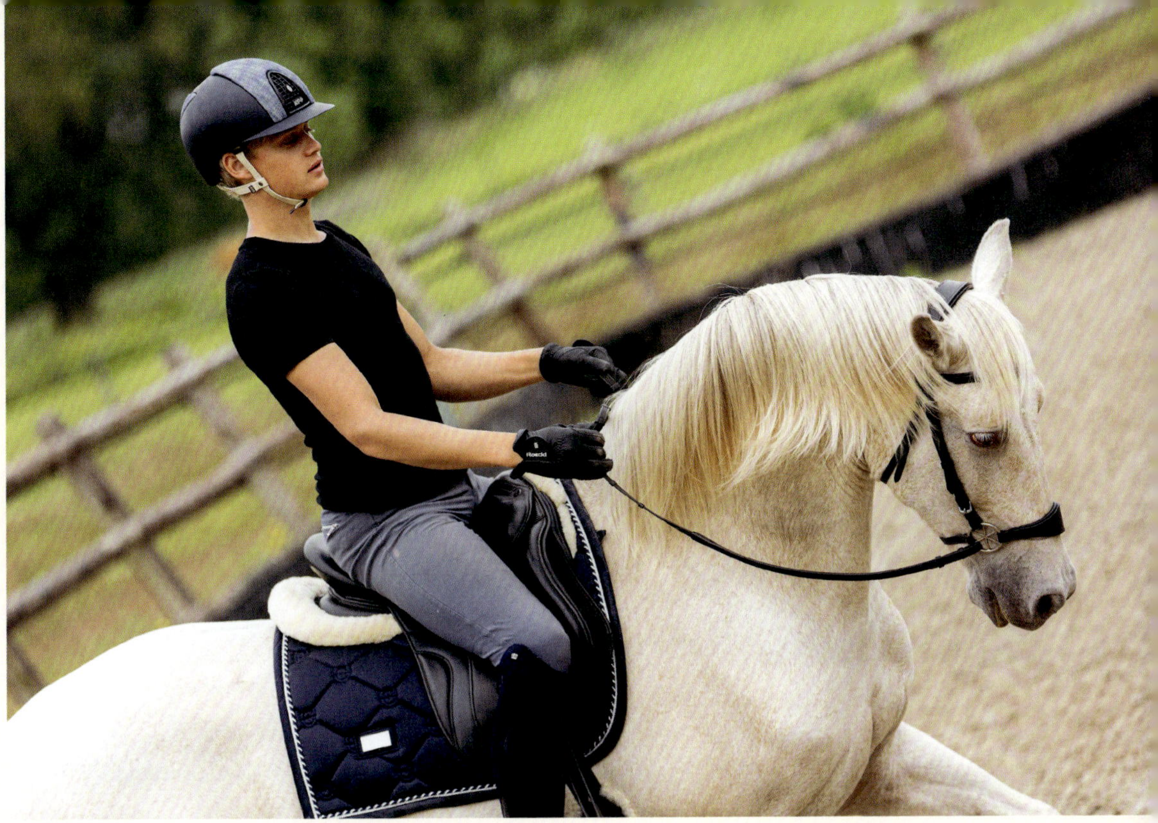

… dann folgt das Nachgeben.

drücken. Mit einem derartigen Zaumzeug erfolgt das Nachgeben deshalb viel weniger direkt.

Die Größe und Positionierung der Ringe sowie die Riemenbreite entscheiden darüber, wie leicht die Riemen durch die Ringe gleiten. Ein rundgenähter Riemen gleitet besser, ist jedoch schärfer in der Einwirkung.

All dies sind Punkte, die du bedenken solltest, wenn du gebisslos reiten willst. Denn diese Faktoren können einen großen Einfluss auf die Reaktionen deines Pferdes haben.

Schäumen und Lecken

Es kann ein gutes Zeichen sein, wenn dein Pferd beim Reiten aus dem Maul schäumt. Schaum ist aufgeschäumter Speichel. Pferde produzieren beim Fressen Speichel – also nur, wenn sie entspannt sind. Logisch, wenn man bedenkt, dass ein angespanntes Pferd fluchtbereit ist und wahrscheinlich keine Lust auf Fressen hat.

Man nimmt an, dass Pferde Schaum produzieren, wenn sie etwas im Maul haben, zum Beispiel Futter oder ein Gebiss. Man sieht aber auch Pferde, die ohne Gebiss im Maul Schaum produzieren. Man könnte daraus schließen, dass es eine Frage der Assoziation ist: Das Zaumzeug erinnert an ein Gebiss, also wird Speichel produziert. Ich kenne Pferde, die von Anfang an gebisslos geritten wurden und trotzdem Schaum vor dem Maul haben.

In jedem Fall zeigt das Schäumen, dass das Pferd entspannt ist, und ist deshalb ein positives Zeichen. Man sieht auch Pferde ohne Gebiss, die sich das Maul lecken. Das ist ein noch deutlicheres Zeichen der Entspannung.

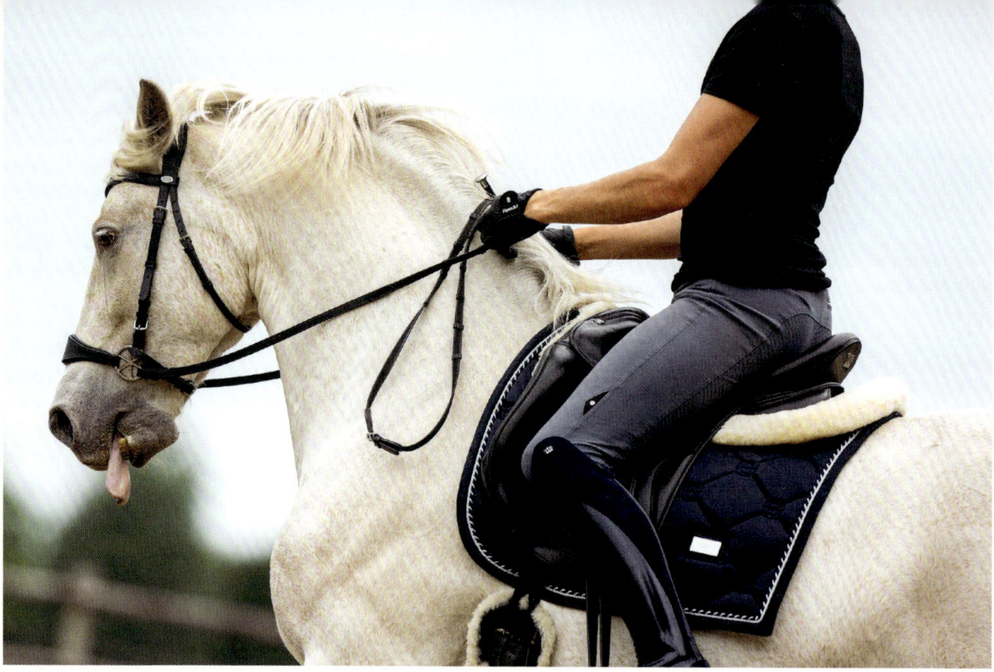

Ohne ein Gebiss kann das Pferd sein Maul besser lecken. Ein Gebiss fixiert die Zunge, weshalb Lecken nicht gelingt. Antares ist ein gutes Beispiel für ein Pferd, das viel leckt, wenn es zufrieden und entspannt ist.

Losgelassenheit

Egal, was du mit deinem Pferd machen willst – es soll sich dabei gut bewegen. Aber wann bewegt sich ein Pferd gut und wann nicht? Bei dieser Frage muss man immer bedenken, dass jedes Pferd anders gebaut ist. Man kann nicht alle Pferde in den gleichen Rahmen pressen. Das Wichtigste ist, dass dein Pferd entspannt, locker und körperlich losgelassen ist. Wie kannst du das erreichen?

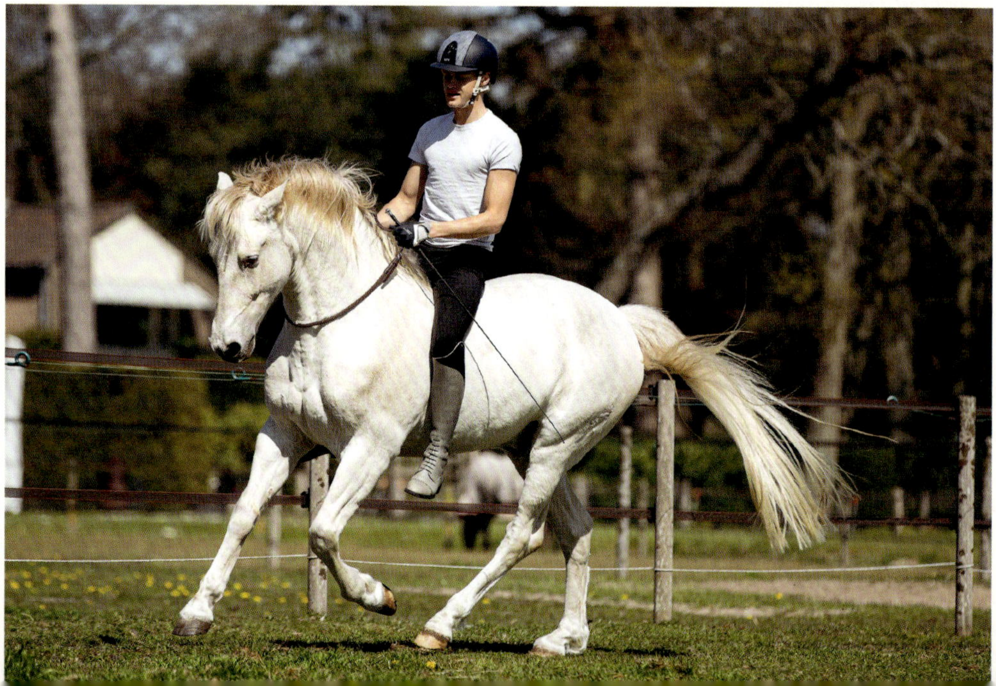

- Als Erstes musst du sicherstellen, dass du dein Pferd nicht behinderst. Arbeite an einem unabhängigen Sitz und einem guten Gleichgewicht mit ruhigen Händen, sodass du keine unbeabsichtigten Hilfen gibst.
- Das Sattelzeug muss gut passen und darf nirgends drücken.
- Achte darauf, dein Pferd vor jeder Übung aufzuwärmen. Der Sinn des Aufwärmens ist es, die Muskeln des Pferdes von eventuell vorhandenen Verspannungen zu befreien. Lockere Muskeln sind besser durchblutet, was gut für ihr Wachstum ist. Erlaube deinem Pferd, sich in alle Richtungen zu dehnen, bevor du seine Muskeln intensiv beanspruchst.
- Dein Pferd muss seine Hinterhand gut einsetzen. Es sollte sich aus der Hinterhand heraus bewegen, da dort der Antrieb sitzt. Vorne sollte das Pferd leicht in der Hand sein. Wenn es sich schwer in der Hand anfühlt, bedeutet das, dass es zu viel Gewicht auf der Vorhand hat und dass die Hinterhand nicht genügend Schub erzeugt.
- Es sollte auch seinen Rücken gut einsetzen, und zwar so, dass dieser eine Art Aufwärtskurve in seiner Oberlinie bildet. Man kann das mit einer Brücke vergleichen: Eine Hängebrücke kann weniger Gewicht aufnehmen als eine Bogenbrücke. Um sich so tragen zu können, braucht das Pferd Muskulatur und Kondition, und die musst du allmählich aufbauen. Ein Pferd mit einer konvexen Oberlinie kann das Gewicht des Reiters leichter tragen.
- Dein Pferd gibt dem Zügel nach. Ich verlange gerne unterschiedliche Kopf- und Halshaltungen, wobei ich Kopfhöhe und Halslänge immer wieder variiere. Auch wechsle ich gerne im Tempo ab und reite unterschiedliche Lektionen. Abwechslung verhindert auch eine Übersäuerung der Muskeln – diese kann entstehen, wenn dein Pferd gleiche Aufgaben in derselben Haltung macht.

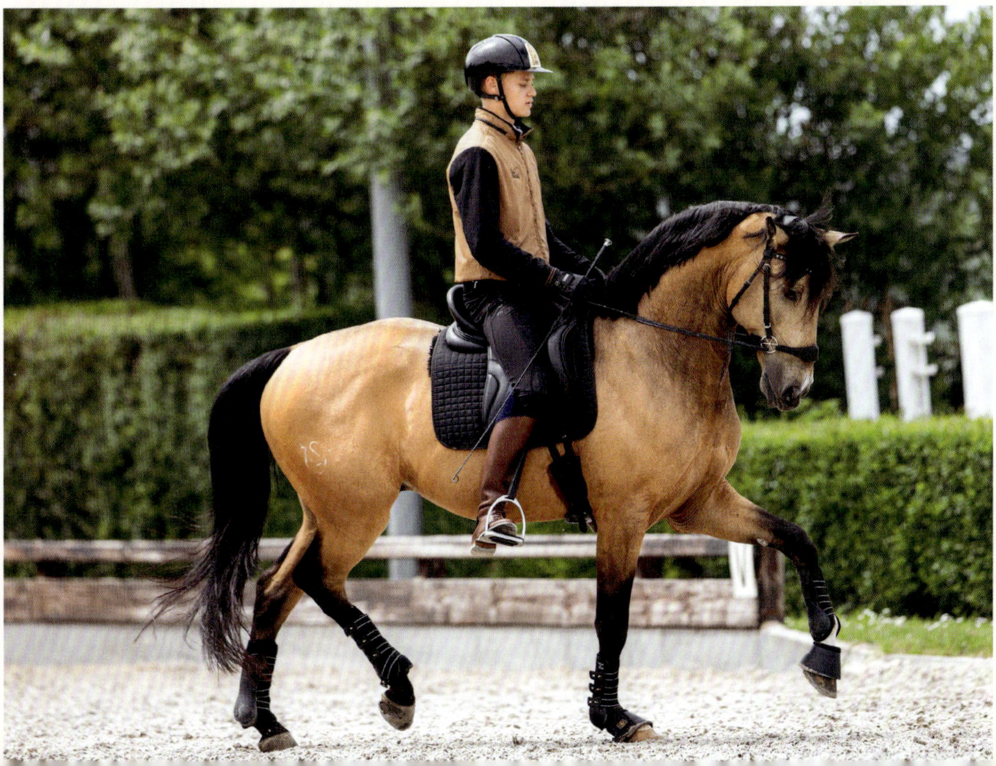

Ist es besser, mit Gebiss anzufangen?

Es ist eine weit verbreitete Theorie, dass nur gebisslos reiten kann, wer sein Pferd bereits komplett unter Kontrolle hat – das heißt, man sollte das Pferd zuerst mit Gebiss ausbilden und dieses erst später weglassen. Ich stimme dem nicht zu. Ein rohes Pferd kann sogar leichter ohne Gebiss angeritten werden.

Es gibt Pferde mit einer starken Vorwärtstendenz. Aber wenn es unmöglich ist, ein Pferd zu bremsen, dann liegt das Problem woanders und sollte zuerst gelöst werden – ob mit oder ohne Gebiss. Du kannst zum Beispiel Bodenarbeit probieren, um die Kommunikation zwischen dir und deinem Pferd zu verbessern und das Vertrauen zwischen euch zu stärken. Ein Gebiss würde das Problem nicht lösen, sondern nur verschleiern. Dennoch finden es viele Leute seltsam, wenn man ein temperamentvolles Pferd ohne Gebiss reitet.

Natürlich ist es nicht ratsam, sich auf ein fremdes Pferd sofort ohne Gebiss zu setzen. Zuerst brauchst du eine Strategie. Alle Pferde müssen sich daran gewöhnen, gebisslos geritten zu werden, egal, ob sie bereits an ein Gebiss gewöhnt sind oder nicht.

Mit oder ohne Sattel?

Es kommt dir vielleicht logisch vor, dass man auch ohne Sattel reiten sollte, wenn man ohne Gebiss reitet. Aber in Wirklichkeit haben die beiden Dinge überhaupt nichts miteinander zu tun. Es ist eine reine Frage der persönlichen Präferenz und hängt stark vom Pferd ab. Nicht alle Pferde fühlen sich ohne Sattel gleich wohl.

Ich persönlich reite gern komplett ohne Sattel oder nur mit einem Sattelpad, damit ich das Pferd gut spüren kann und damit das Pferd meine Hilfen klar spürt. So sind wir in ganz engem Kontakt. Du solltest aber nur dann ohne Sattel reiten, wenn du bereits ein sehr gutes Gleichgewicht hast und nicht mit deinen Beinen klemmen musst, um oben zu bleiben. Sonst gibst du deinem Pferd ständig unbeabsichtigte Hilfen, die es nicht nachvollziehen kann.

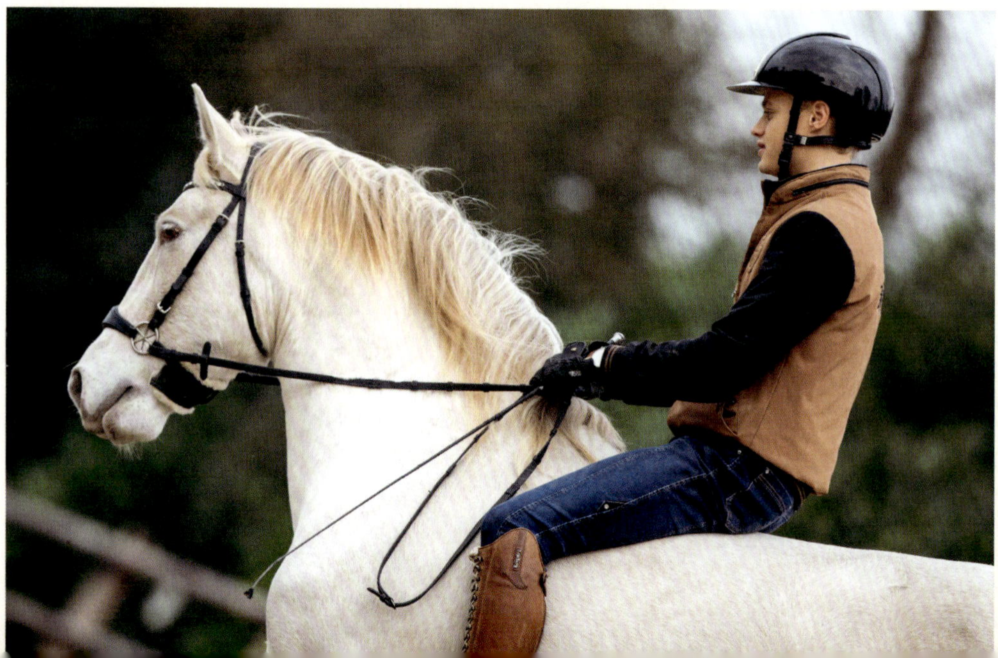

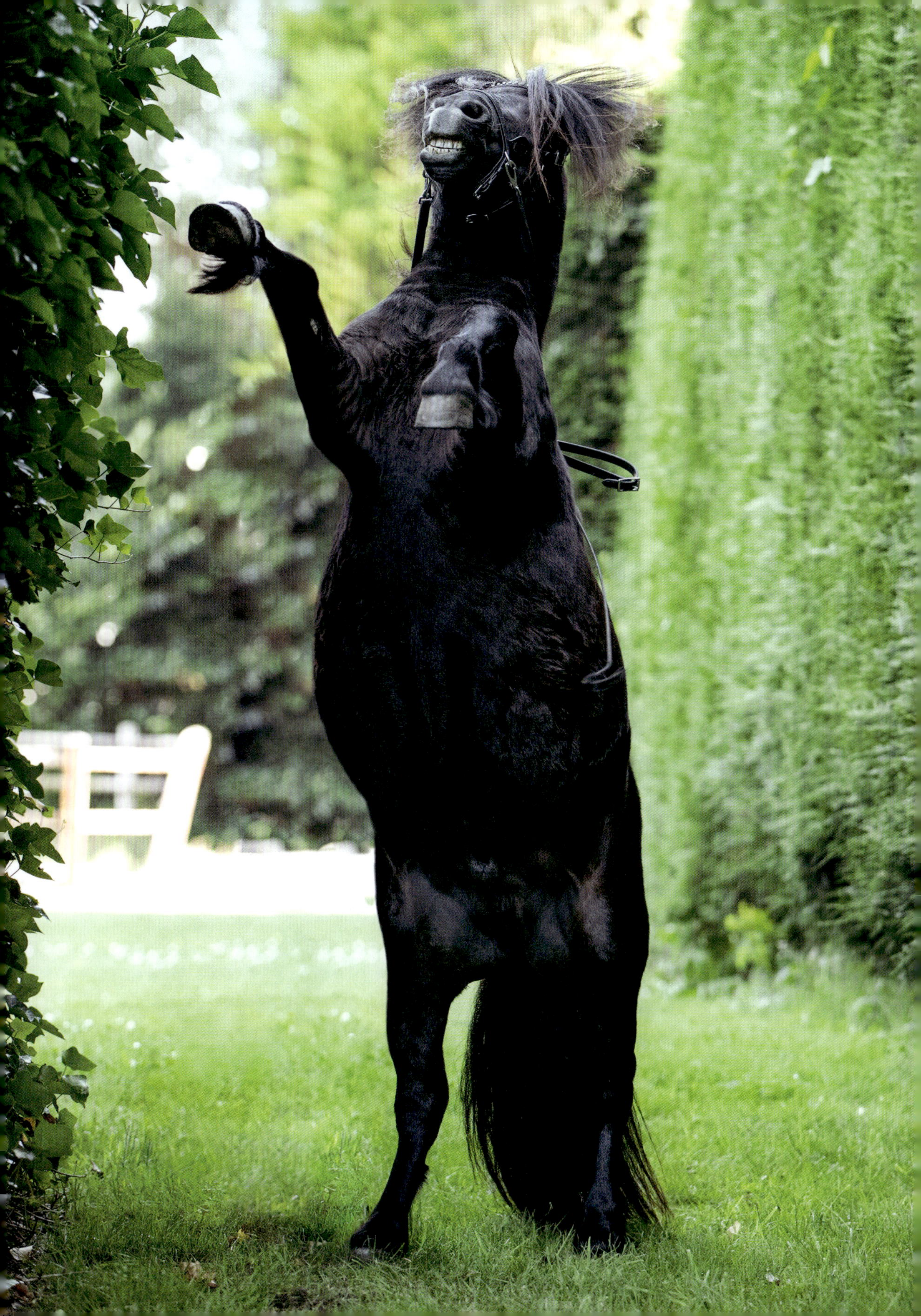

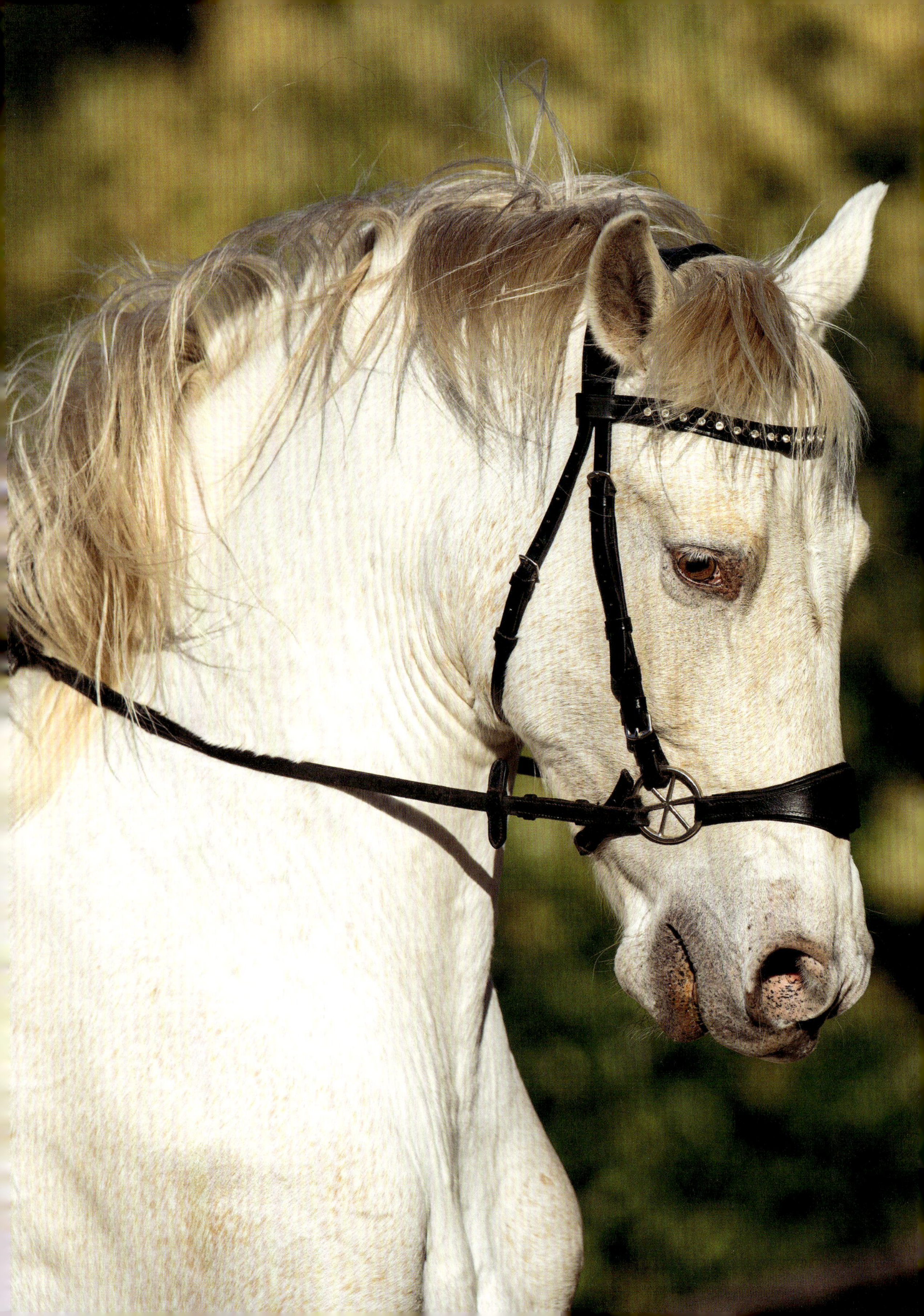

Gebisslose Zäumungen

Manchmal muss man das richtige gebisslose Zaumzeug
erst finden – aber es gibt eines für jedes Pferd.

Es gibt viele verschiedene gebisslose Zaumzeuge und es kann schwierig sein, sich für eine Variante zu entscheiden, wenn man noch nie ohne Gebiss geritten ist. Denn jede Zäumung wirkt unterschiedlich auf den Kopf des Pferdes ein. In diesem Kapitel findest du eine Zusammenfassung und eine Beschreibung der am häufigsten verwendeten Arten von gebisslosen Zäumen.
In den Niederlanden sind manche gebisslosen Zäumungen bei Turnieren erlaubt. Informiere dich genau, was in deiner Wunschsparte erlaubt ist und was nicht. Zum Zeitpunkt des Verfassens dieses Buches ist es in den meisten Ländern noch nicht erlaubt, gebisslos bei Turnieren zu starten. Ich hoffe, dass sich dies bald ändern wird.

Gebisslose Zäumungen funktionieren nach einem der folgenden Prinzipien:

Sidepull-Effekt

Bei einem Sidepull sind die Zügel seitlich am Kopf angebracht – vergleichbar mit Zügeln, die an einem Halfter angebracht werden. Ein gutes Sidepull wirkt jedoch viel sanfter auf den Kopf des Pferdes ein, da es einen breiteren Nasenriemen hat, der im Idealfall auch noch gepolstert ist. Ein weiterer Vorteil ist, dass es im Gegensatz zu einem Halfter nicht verrutscht. Mit einem Sidepull kann man genauso reiten wie mit einem Gebiss. Wenn man die Zügel mit beiden Händen annimmt, spürt das Pferd den Druck nur auf der Nase. Er wird nicht auf verschiedene Kopfbereiche verteilt wie bei anderen Arten von gebisslosen Zäumen. Einseitige Hilfen spürt das Pferd auf der einen Seite an der Nase und an der anderen Seite am Kopf. Wenn du also eine Hilfe mit deinem rechten Zügel gibst, spürt das Pferd diese auf der linken Seite seines Kopfes. Mit einem Sidepull lenkst du das Pferd wie in der Dressur: mit so viel Sitzeinwirkung wie möglich. Um dein Pferd zu stellen, kannst du den inneren Zügel leicht verkürzen und deine Hand nach innen führen, während dein anderer Zügel das Pferd außen begrenzt.

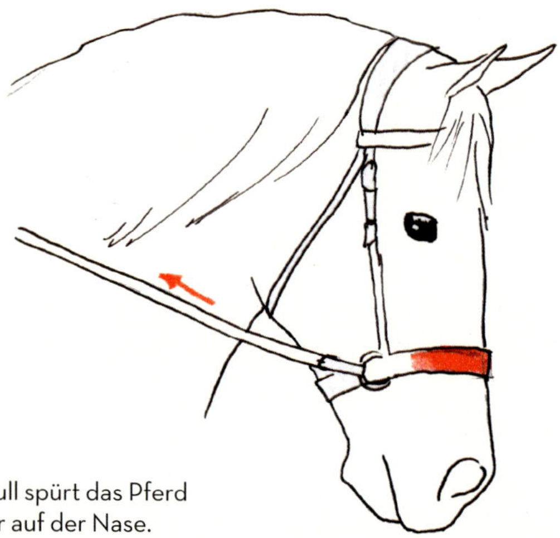

Bei einem Sidepull spürt das Pferd die Zügelhilfe nur auf der Nase.

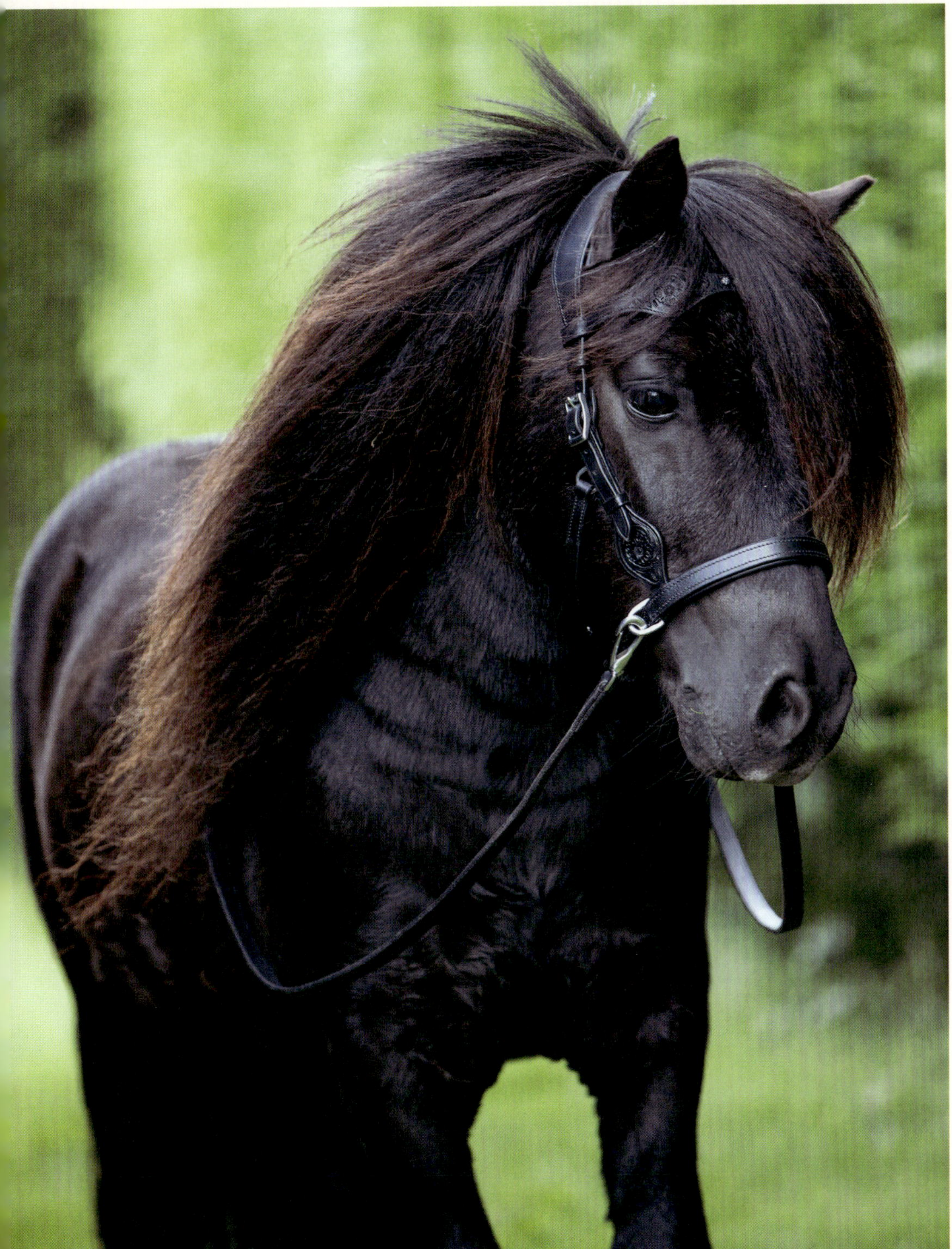

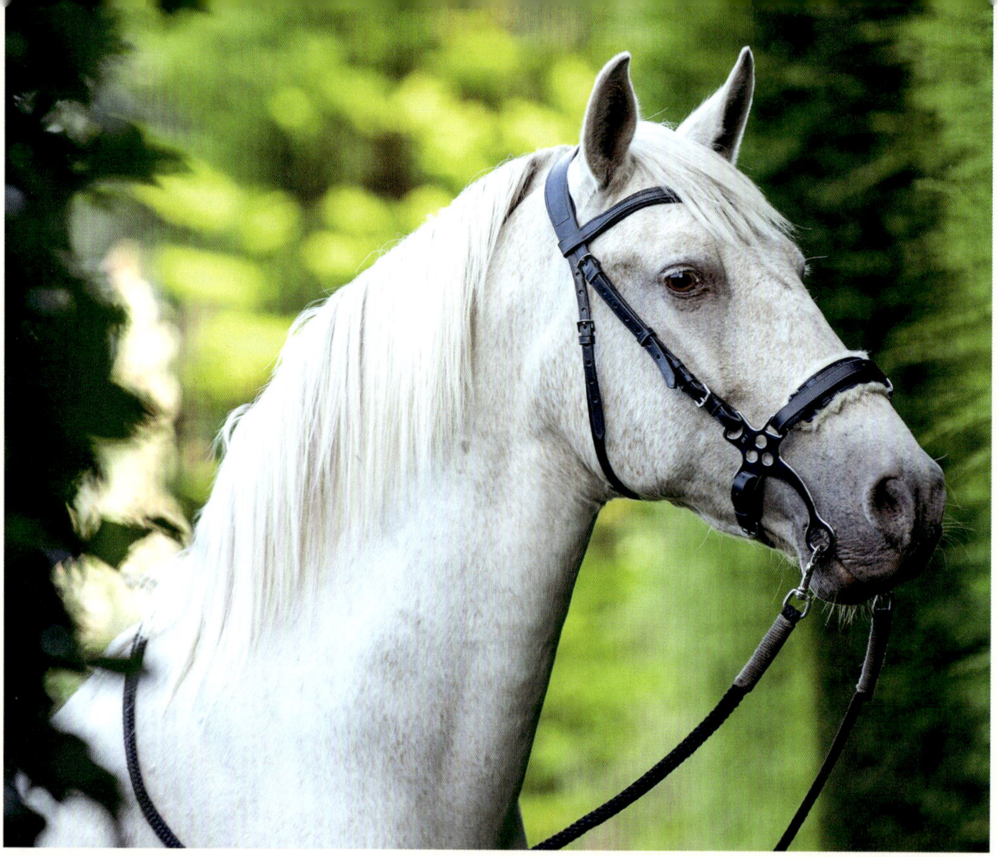

Hebelwirkung

Eine Hebelwirkung kann auf unterschiedliche Weise erzielt werden. Ein mechanisches Hackamore hat Anzüge, auch „Shanks“ genannt, an denen unten die Zügel angebracht sind. Diese Anzüge verstärken die Kraft, mit der du an den Zügeln ziehst. Das nennt man Hebelwirkung. Je länger die Anzüge, desto größer der Druck, der auf den Kopf des Pferdes einwirkt. Das Pferd spürt den Druck auf der Nase, unter dem Kinn und hinter den Ohren. Da sich das Hackamore mitdreht und abkippt, bewirkt die Zügelhilfe ein Zusammenziehen des ganzen Zaumzeugs, wodurch der Druck auf verschiedene Bereiche verteilt wird.

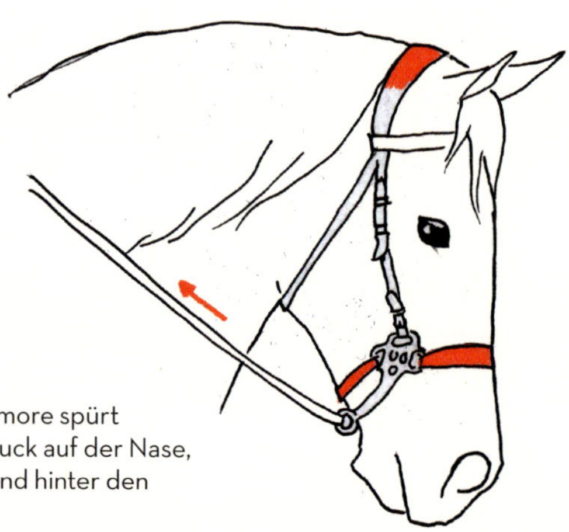

Bei einem Hackamore spürt das Pferd den Druck auf der Nase, unter dem Kinn und hinter den Ohren.

Manche Zäume haben zwar keine Anzüge, verwenden aber ein anderes Kippsystem, das durch den Zügelanzug aktiviert wird. Derartige Zaumzeuge setzen auf eine mildere Hebelwirkung, um den Druck der Hilfen auf verschiedene Bereiche des Kopfes zu verteilen.

Zuzieh-Effekt

Manche Arten von gebisslosen Zäumen haben Riemen an beiden Seiten des Kopfes, die durch Ringe gefädelt und mit den Zügeln verbunden sind. Beim Einsatz der Zügel zieht sich ein Teil des Zaums – oder manchmal auch das gesamte Zaumzeug – um den Kopf zusammen. Die bekanntesten darunter sind Zaumzeuge mit gekreuzten Kehl- oder Kinnriemen, aber es gibt auch welche mit einem lockeren Kinn- oder Nasenriemen. Weil sich der Zaum (teilweise) zuzieht, wird der Druck der Zügelhilfen über den gesamten Kopf verteilt.

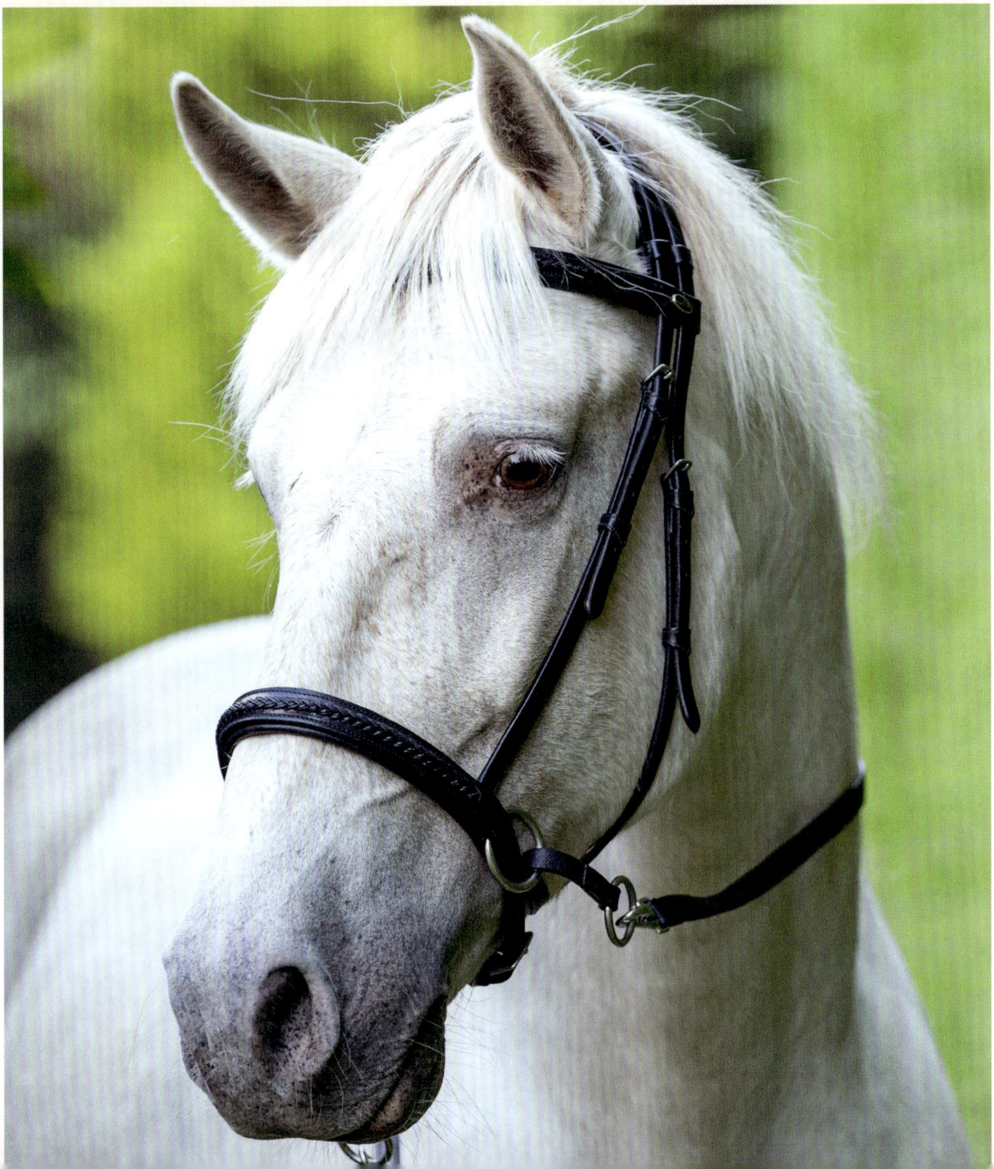

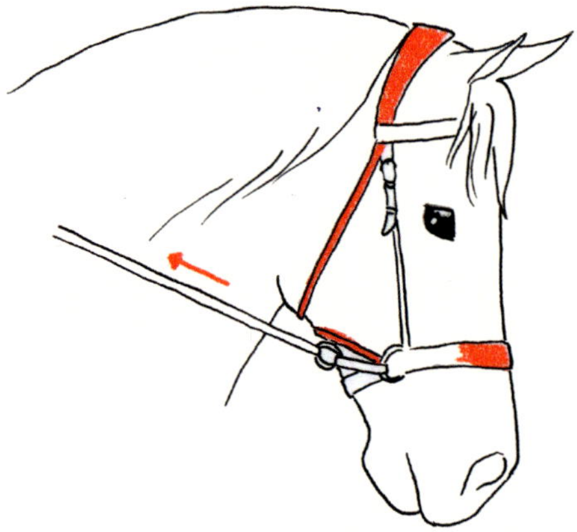

Bei gekreuzten Kinnriemen spürt das Pferd die Zügelhilfe auf der Nase, unter dem Kinn und hinter den Ohren.

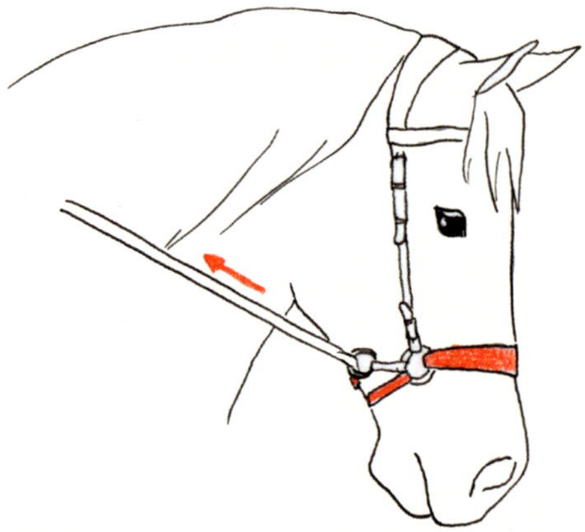

Bei gekreuzten Kinnriemen spürt das Pferd die Zügelhilfe an der Nase und unter dem Kinn.

Dieses System hat allerdings oft den Nachteil, dass der Nachgebemechanismus nicht perfekt funktioniert, da seine Wirkung davon abhängt, wie leicht die Riemen durch die Ringe gleiten. Bei diesem Mechanismus ist es schwer oder sogar unmöglich, den Druck sofort wegzunehmen, wenn das Pferd wie gewünscht reagiert. Das kann zu Verwirrung und bei manchen Pferden zu zusätzlichem Stress führen. Man kann die Bedeutung eines schnellen Nachgebemechanismus gar nicht hoch genug einschätzen.

Bosal-System

Bei diesem System sind die Zügel unter dem Kinn anstatt an den Seiten befestigt. Bei einer Zügelhilfe hebt sich das Bosal hinten ein wenig an, was dazu führt, dass der Nasenriemen ein wenig hinunterrutscht. Zügelhilfen, die das Pferd nach rechts oder links führen sollen, sind nicht eindeutig und müssen durch ein Anlegen der Zügel am Hals verdeutlicht werden. Wird der Zügel gegen die linke Seite des Halses gelegt, bewegt sich das Pferd nach rechts. Bei ganzen Paraden oder Paraden zum Langsamerwerden spürt das Pferd den gesamten Druck auf der Nase. Es ist nicht einfach, mit einem Bosal zu reiten, da sich diese Reitweise stark vom klassischen Stil unterscheidet. Deshalb ist es wichtig, die Technik zuerst zu erlernen.

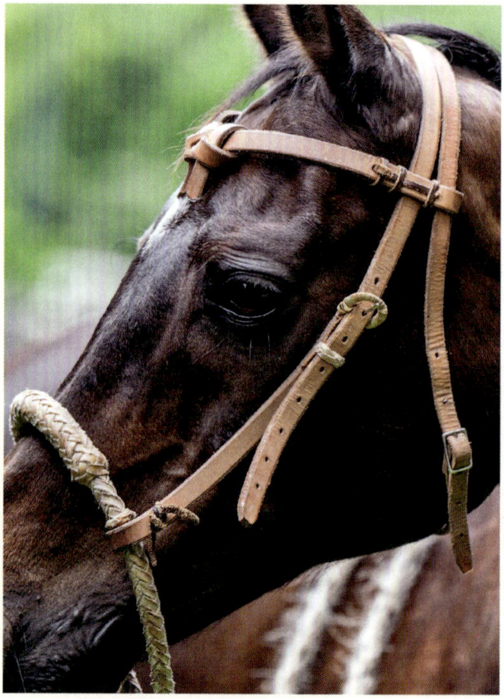

Gebisslose Zäumungen im Überblick

SIDEPULL-ZAUMZEUGE

Knotenhalfter

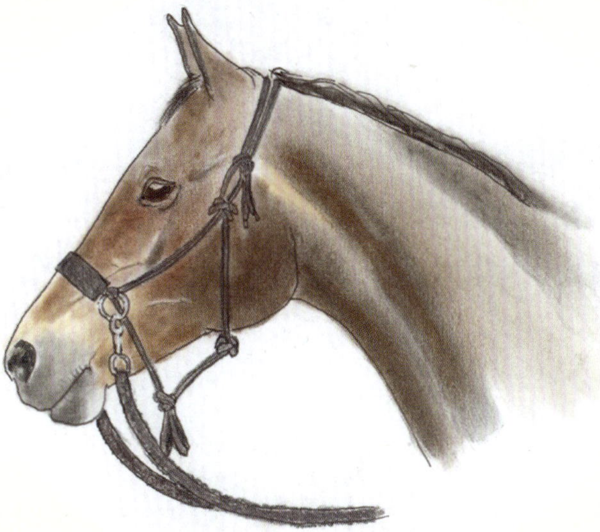

Prinzip
Es gibt zwei Arten von Knotenhalftern:

- Einfache Knotenhalfter, bei denen die Zügel an zwei Schlaufen unter dem Kinn befestigt werden. Hier reitest du nach der Bosal-Methode. Das Pferd spürt den Zügeldruck nur auf der Nase. Das Pferd lernt zu wenden, indem es dem seitlichen Druck des Halfters in Kombination mit den an den Hals angelegten Zügeln weicht. Im Englischen nennt man das auch „Cross Rope Bridle“.
- Knotenhalfter mit seitlichen Ringen, an denen die Zügel eingehängt werden können. Dadurch funktioniert diese Variante wie ein Sidepull. Viele Knotenhalfter mit seitlichen Ringen haben zusätzlich eine Schlaufe unter dem Kopf. Ein dünnes Knotenhalfter sieht sehr hübsch aus, aber es schneidet in die Nase ein. Deshalb verwende ich immer einen zusätzlichen Schonbezug um den Nasenriemen.

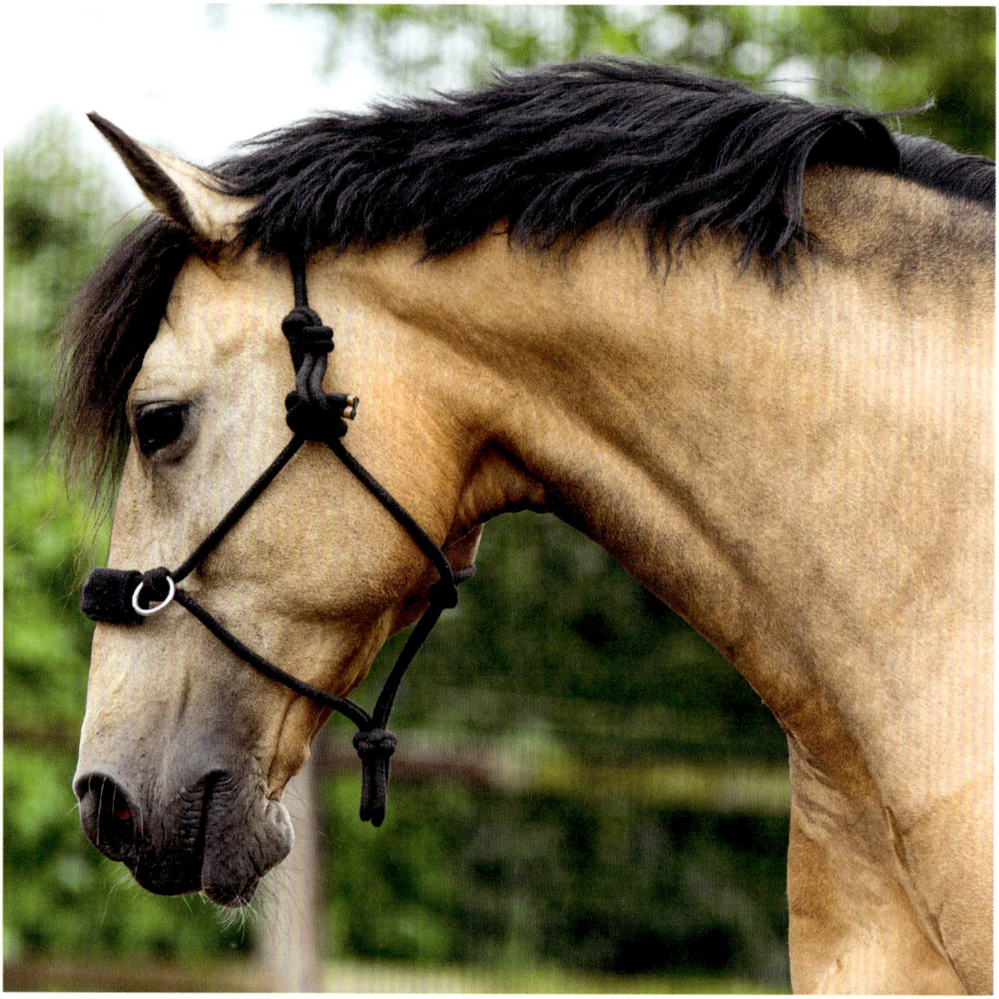

Anwendung

Wie ein Knotenhalfter eingesetzt werden sollte, hängt davon ab, wo die Zügel eingehängt werden: seitlich oder unter dem Kinn.

- Wenn die Zügel in die Schlaufen unter dem Kinn des Pferdes eingehängt werden, ist es schwierig, mit der englischen Reittechnik zu lenken. So musst du deinem Pferd beibringen, dem Druck des Kopfstücks und der an den Hals angelegten Zügel in Kombination mit Gewichtshilfen zu weichen, damit du es wenden kannst. Ich habe das bei Andorra geschafft, obwohl sie sich erst daran gewöhnen musste, dem seitlichen Zügeldruck zu weichen. Um das aufzubauen, wandte ich dieselbe Methode wie immer an – ich übte sanften Druck aus, den ich sofort wegnahm, sobald Andorra wie gewünscht reagierte. Diese Technik ist ganz anders als die Reitweise, die die meisten Leute bei uns gewohnt sind.

- Wenn die Zügel seitlich am Kopf befestigt werden, kann man wie mit einem Sidepull reiten und die klassische Reittechnik anwenden.

Da das Seil dieser Halfter ein wenig nachgibt, sind die Hilfen für das Pferd nicht sehr deutlich. Die Halfter sitzen oft locker am Pferdekopf und rutschen herum, was feines Reiten erschwert.
Ich verwende Knotenhalfter eigentlich nur für die Bodenarbeit oder wenn ich mich nur kurz auf das Pferd setzen möchte, nachdem ich etwas anderes gemacht habe. In diesem Fall verwende ich ein Halfter mit seitlichen Ringen und einem guten Nasenschoner.

Vorteile

- Ein Knotenhalfter gibt sofort nach: Sobald der Zügel locker wird, lässt auch der Druck auf die Pferdenase nach.
- Da es locker am Kopf sitzt, fühlt das Pferd sich frei – jedoch hat diese lockere Passform auch Nachteile.
- Ein Knotenhalfter ist günstig und hat wenig Gewicht.
- Man kann es auch als Halfter für die Führ- und Bodenarbeit einsetzen.

Nachteile

- Sie mögen hübsch und nett aussehen, aber besonders dünne Knotenhalfter können ziemlich scharf einwirken. Je dünner das Seil, desto schärfer die Einwirkung – es ist also Vorsicht geboten. Es gibt auch Knotenhalfter mit einem Nasenschoner zu kaufen.
- Knotenhalfter können leicht verrutschen, da sie so locker am Kopf sitzen. Wenn man zum Beispiel den Zügel auf einer Seite annimmt, kann das Halfter auf der anderen Seite ins Auge rutschen. Bei Pferden, die den Kopf in die Höhe nehmen, kann das Halfter auch nach oben hin verrutschen.
- Wenn du die Zügel unter dem Kinn einhängen willst, musst du dir der anderen Reittechnik bewusst sein und deinem Pferd beibringen, dem Druck des an den Hals angelegten Zügels zu weichen.
- Bei einer ganzen Parade zum Halten wird der gesamte Druck auf die Nase des Pferdes ausgeübt.

Worauf muss ich achten?

- Statte das Knotenhalfter mit einem Nasenschoner aus – ganz gleich, ob du es für die Bodenarbeit oder zum Reiten verwendest.
- Ein Knotenhalfter muss richtig sitzen: Der Nasenriemen muss korrekt positioniert sein (weder zu hoch noch zu tief) und es darf nicht zu locker sitzen. Mindestens zwei Finger müssen zwischen die Pferdenase und das Halfter passen.
- Achte darauf, dass das Halfter beim Reiten nicht verrutscht.

SIDEPULL-ZAUMZEUGE

Sidepull-Zaumzeug

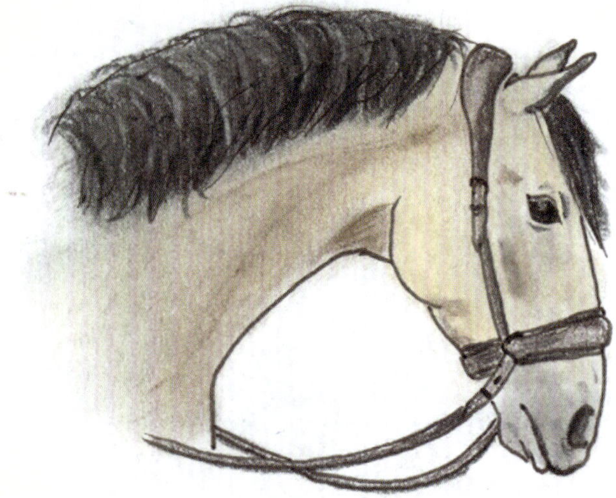

Prinzip
Ein Sidepull liegt eng am Pferdekopf an. Es hat einen hoch sitzenden Nasenriemen mit Ringen an beiden Seiten, an denen die Zügel eingehängt werden. Mit dieser Art Zaum kannst du Dressur reiten. Der Zaum wirkt hauptsächlich auf die Nase ein und, bei einseitigen Hilfen, auf die andere Kopfseite.

Anwendung
Mit einem Sidepull kannst du dieselbe Reittechnik anwenden wie beim Reiten mit Gebiss. Für die Seitengänge muss das Pferd allerdings lernen, dem Druck auf der anderen Kopfseite zu weichen. Es sollte dem Zügel folgen und nicht gegen den Druck gehen. Nimm dir Zeit, um deinem Pferd das beizubringen – nimm den Druck aber sofort weg, wenn es wie gewünscht reagiert, um es zu belohnen. Wenn dein Pferd es gewöhnt ist, mit einem Gebiss geritten zu werden, kannst du nicht erwarten, dass es mit dem Sidepull sofort genauso läuft. Es muss zuerst lernen, wie die Hilfen damit funktionieren, und verstehen, was du von ihm willst.

Vorteile
- Diese Art von Zaumzeug gibt sofort nach.
- Bei richtiger Anwendung ist es weich und bequem für das Pferd.

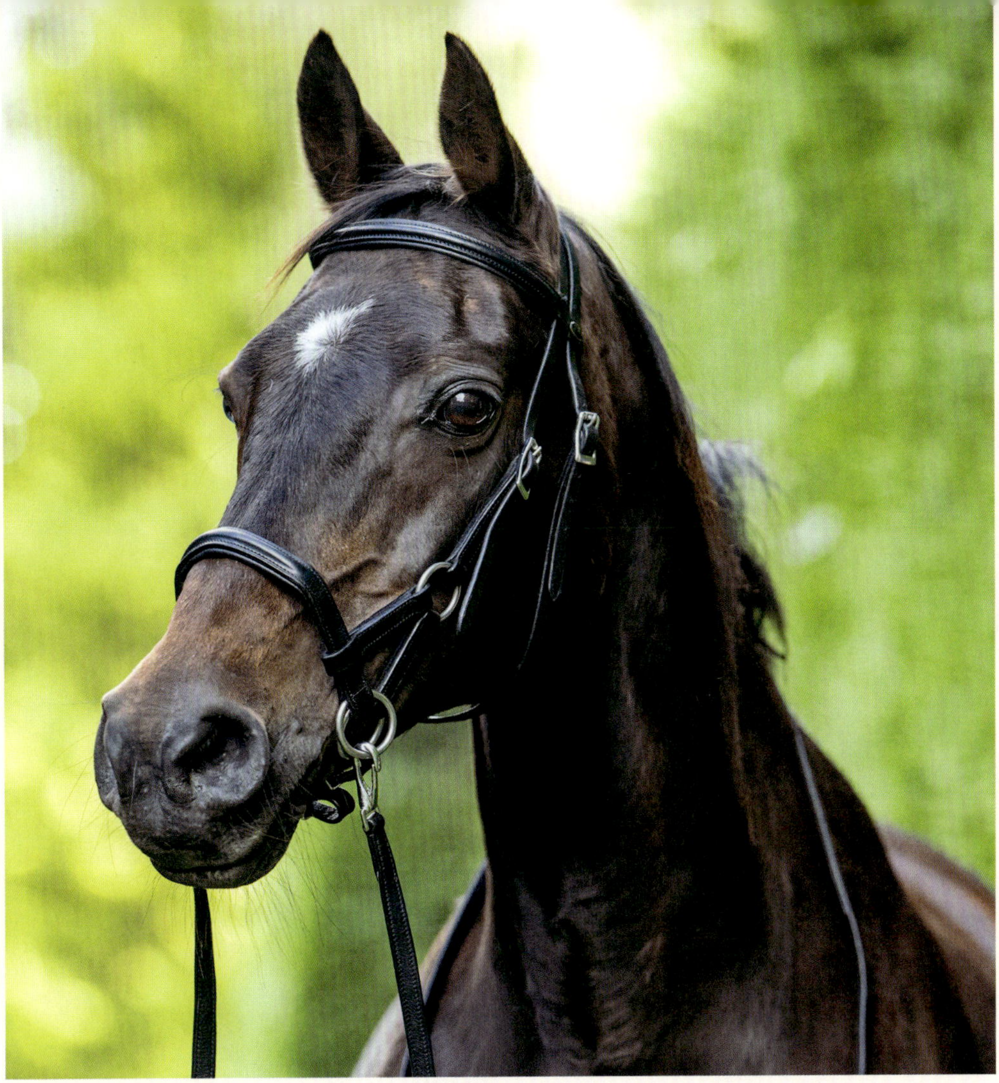

Nachteile

- Manche Pferde haben eine Tendenz, gegen Druck zu gehen. Dadurch kann es zum Beispiel passieren, dass sie sich bei einer seitlichen Hilfe auf die falsche Seite biegen.
- Nicht alle Sidepulls sind gleich gut. Manche Modelle haben einen harten, schmalen Nasenriemen. Diese sind zu scharf und schmerzhaft für das Pferd. Der Nasenriemen sollte immer mindestens 3 cm breit sein.
- Der gesamte Zügeldruck wirkt auf die Nase ein. Für ein Pferd mit einer empfindlichen Nase kann das ein Problem sein.

Worauf muss ich achten?

- Der Nasenriemen muss breit und weich sein. Wichtig ist, dass er aus einem weichen Material besteht.
- Achte darauf, dass der Nasenriemen weder zu hoch noch zu tief liegt.
- Am Nasenrücken müssen zwei Finger unter den Nasenriemen passen.
- Das Zaumzeug muss eng anliegen und darf beim Reiten nicht verrutschen.

ZUZIEH-ZAUMZEUGE

Zaumzeug mit gekreuzten Kinnriemen

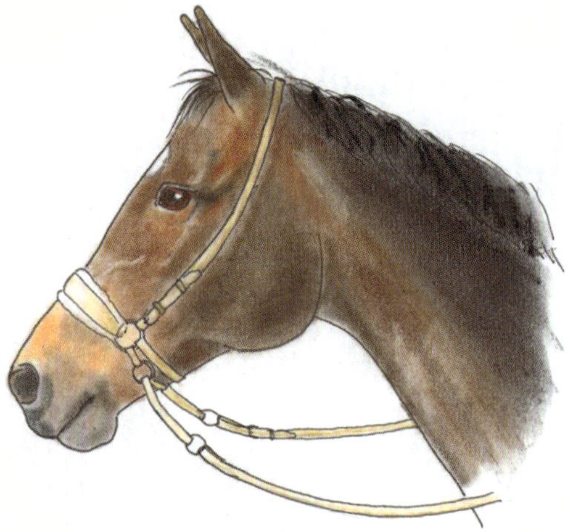

Prinzip

Diese Art von Zaum funktioniert anhand von gekreuzten Kinnriemen. Die zwei Riemen kreuzen sich unter dem Kinn, gleiten dann durch einen Ring auf der anderen Seite des Kopfes und sind schlussendlich mit den Zügeln verbunden. Bei einem Zügelanzug spürt das Pferd den Druck nicht nur auf der Nase, sondern auch auf der Unterseite des Kopfes. Sowohl der Nasen- als auch die Kinnriemen ziehen sich zu, wenn der Reiter den Zügel annimmt. Bei einseitigen Hilfen wird der Kopf des Pferdes zur Seite gezogen, weil der rechte Zügel durch den Ring an der linken Seite des Kopfes gefädelt ist. Bei derartigen Zäumen ist es ganz wichtig, dass der Nachgebemechanismus so gut wie möglich funktioniert, was aber angesichts der gekreuzten und durch Ringe laufenden Riemen immer ein Problem ist.

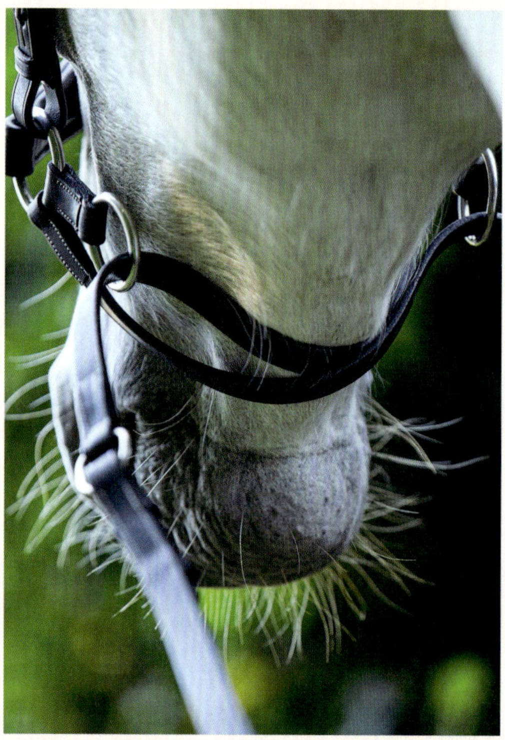

Deshalb sind hier unbedingt ein paar Punkte zu beachten:

- Die gekreuzten Riemen müssen so glatt wie möglich sein (sei dir bewusst, dass schmale Riemen scharf einwirken).
- Die Ringe müssen groß genug sein, sodass die Riemen gut durchgleiten können.
- Die Ringe dürfen nicht zu weit vorne am Pferdekopf liegen, da die durchgefädelten Riemen sonst fast doppelt abgeknickt werden, was die Nachgebefunktion behindert.
- Manche Zaumzeuge haben ein sogenanntes „Direct Release System“: Dabei handelt es sich um eine Feder im Nasenriemen, die ihn breiter macht. Aufgrund der Feder springt der Nasenriemen nach einer Zügelhilfe sofort wieder in seine Originalposition zurück, was eine ziemlich direkte Hilfenübertragung bedeutet.

Kinngekreuztes Zaumzeug mit Feder für eine bessere nachgebende Funktion

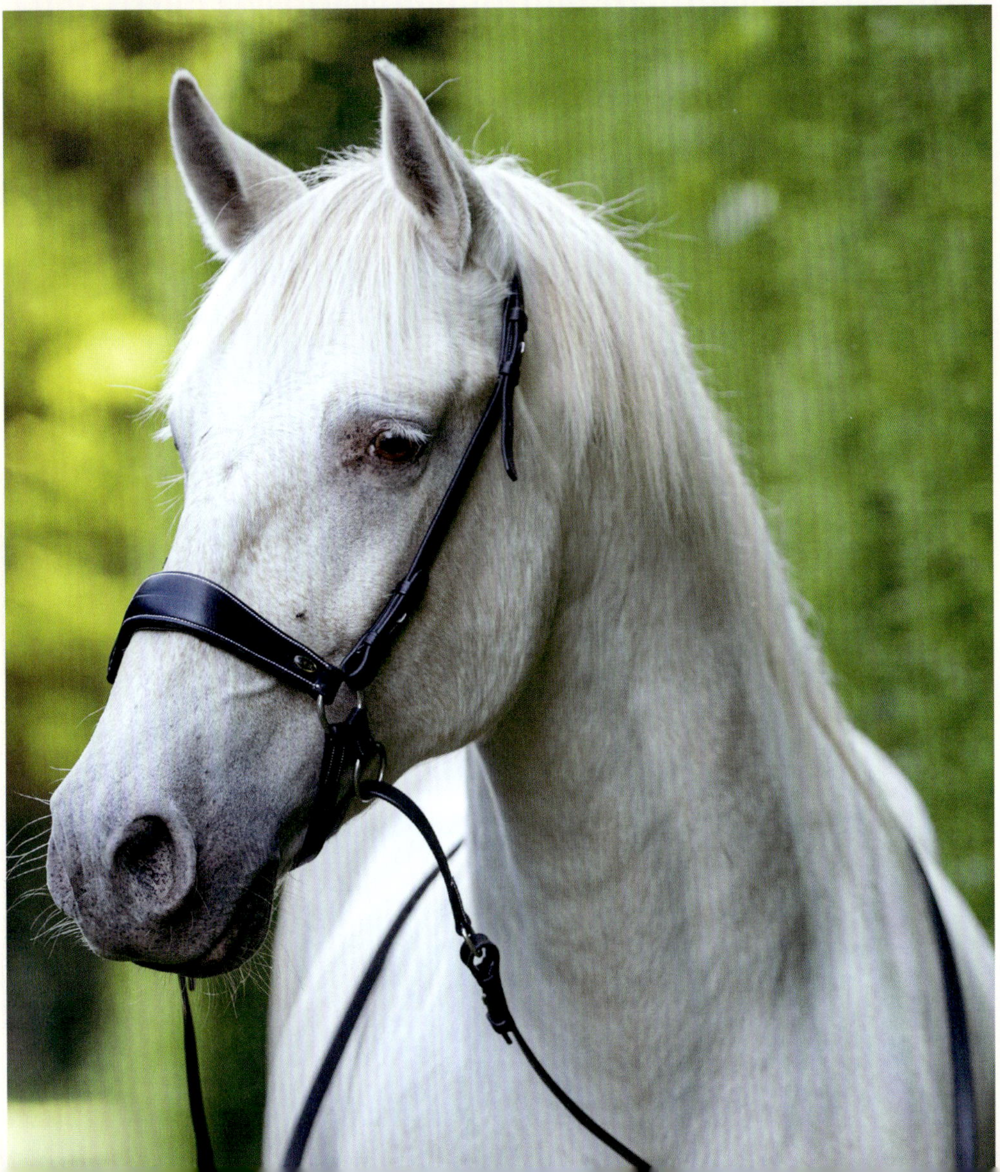

Anwendung

Weil es sich zuzieht, wirkt das kinngekreuzte Zaumzeug schärfer als ein Sidepull. Es wirkt auch schärfer als ein Sidepull mit gekreuzten Kehlriemen, da letzteres den Druck über den gesamten Kopf verteilt.

Wenn du mit dieser Art Zaumzeug reiten willst, solltest du dir unbedingt die Zeit nehmen, deinem Pferd die Zügelhilfen zu erklären. Denn diese sind bei Weitem nicht selbsterklärend. Dennoch kann dies ein passendes Zaumzeug für Pferde sein, die es gut annehmen.

Vorteile

- Bei einer Zügelhilfe verteilt sich der Druck über die Nase und das Kinn des Pferdes.

Nachteile

- Da die mit dem Zügel verbundenen Riemen durch einen Ring gleiten müssen, ist die Nachgebefunktion bei diesem Zaumzeug nicht sehr eindeutig.
- Manche Pferde mögen es nicht, wenn sich der Nasenriemen bei einer Zügelhilfe zuzieht.

Worauf muss ich achten?

- Die Ringe müssen so groß sein, dass die gekreuzten Riemen leicht hindurchgleiten können.
- Die Ringe dürfen nicht zu weit vorne liegen.
- Die gekreuzten Riemen müssen so glatt sein, dass sie leicht durch die Ringe hindurchgleiten und so eine gute Nachgebefunktion gewährleisten. Andererseits dürfen sie nicht zu schmal sein, da ihre Einwirkung sonst zu scharf wird.
- Die Zügel dürfen nicht zu schwer sein, da die Kreuzriemen sich sonst schon zuziehen, bevor du überhaupt eine Hilfe gegeben hast.
- Der Nasenriemen darf nicht zu tief sitzen und auf dem empfindlichen Ende des Nasenbeins aufliegen, wo er die Atmung des Pferdes behindern kann. Jedoch sollte er auch nicht zu hoch liegen, da er dann am Jochbein reiben kann.

ZUZIEH-ZAUMZEUGE

Zaumzeug mit gekreuzten Kehlriemen

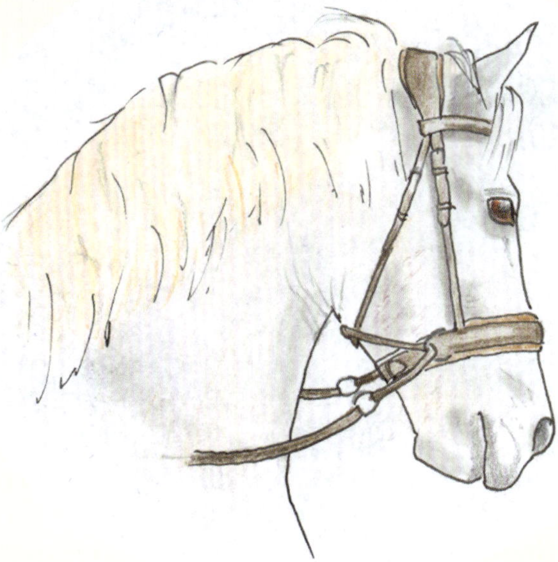

Prinzip

Dieses Zaumzeug funktioniert im Prinzip wie der Kinnkreuzzaum, nur dass die gekreuzten Riemen höher angebracht sind. Sie werden am Backenstück in Höhe des Stirnriemens befestigt, manchmal anstelle des Kehlriemens und manchmal direkt darunter. Von hier aus kreuzen sich die Riemen unter dem Kopf des Pferdes und führen durch einen Ring auf der anderen Seite, der wiederum zu den Zügeln führt. Die Riemen kreuzen sich unter dem Kiefer des Pferdes.

Hier spürt das Pferd den Zügeldruck nicht nur auf der Nase, sondern auch unter dem Kieferknochen und hinter den Ohren. Das gesamte Zaumzeug zieht sich zusammen. Weil dieser Zaum mehrere Druckpunkte hat, hat der Reiter mehr „Kontrolle" – oder man könnte sagen: Das Zaumzeug schneidet stärker ein. Die gekreuzten Kieferriemen üben Druck hinter den Ohren aus und drücken den Kopf des Pferdes in die gewünschte Richtung. Manche Pferde kommen mit diesem Druck nicht gut zurecht, also sei vorsichtig.
Bei einseitigen Hilfen spürt das Pferd einen leichten Druck im gesamten Kopfstück, da dieses sich zuzieht. Aber durch die gekreuzten Kehlriemen wird der Kopf quasi in die richtige Richtung gedrückt.

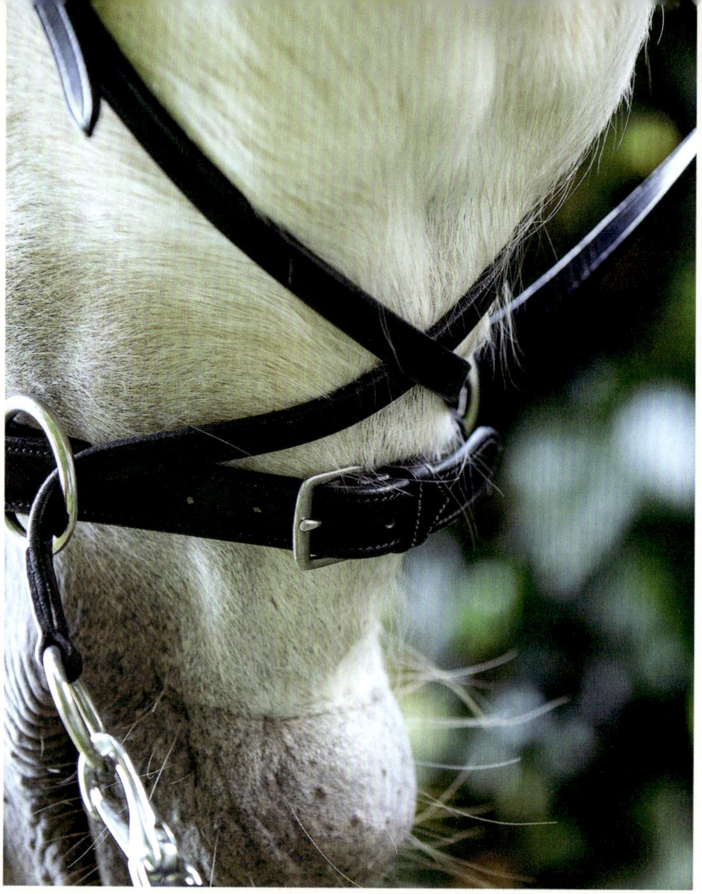

Auch bei diesem Zaumzeug ist eine gute Nachgebefunktion ganz wichtig. Achte besonders auf die folgenden Punkte:

- Die Kreuzriemen müssen so glatt wie möglich sein (aber nicht zu dünn, da sonst der Druck zu scharf wird).
- Die Ringe müssen so groß sein, dass die Riemen leicht hindurchgleiten können.
- Die Ringe dürfen nicht zu weit vorne am Kopf liegen, da die Riemen sonst fast doppelt abknicken, was die Nachgebefunktion behindert.
- Es gibt Zaumzeuge mit einem sogenannten „Direct Release System" zu kaufen: Dabei handelt es sich um eine Feder im Nasenriemen, die diesen weiter macht. Durch die Feder springt der Nasenriemen nach einer Zügelhilfe wieder in seine Ursprungsposition, wodurch der Druck sofort nachlässt.

Anwendung

Manche Reiter, die vom Reiten mit Gebiss zum gebisslosen Reiten wechseln, mögen diese Art von Zäumung, weil sie damit mehr Kontrolle haben und sich sicherer fühlen. Doch genau das ist die Gefahr bei dieser Zäumung: Sie kann stark auf den Kopf des Pferdes einwirken, wodurch sich manche Pferde eingeengt fühlen. Da der Druck über das gesamte Kopfstück verteilt wird, ist die Hilfengebung weniger eindeutig. Selbst wenn du anfangs versuchst, deinem Pferd die Hilfen klar und eindeutig beizubringen, kann das System verwirrend sein.

Wenn du dir diese Art Zaumzeug zulegen möchtest, solltest du unbedingt auf ein gutes Nachgebesystem achten. Für mich persönlich wäre es nicht das Zaumzeug der Wahl, wenn ich das Reiten ohne Gebiss zum ersten Mal ausprobieren wollte oder wenn ich ein junges Pferd hätte – dafür ist die Hilfengebung bei diesem Modell einfach zu schwammig.

Vorteile

- Der Druck verteilt sich über den gesamten Pferdekopf, was bedeutet, dass das Pferd weniger Druck pro Quadratzentimeter erfährt.

Nachteile

- Da die mit den Zügeln verbundenen Riemen durch einen Ring gefädelt sind, ist es schwerer, deutlich mit dem Zügel nachzugeben.
- Bei einer Zügelhilfe zieht sich das gesamte Zaumzeug zusammen und schneidet in den Kopf des Pferdes ein. Es gibt keine Begrenzung, wie weit sich das Kopfstück zusammenziehen kann – je fester der Reiter am Zügel zieht, desto enger wird es.
- Ein Verkürzen der Zügel übt auch Druck hinter den Ohren aus, was für das Pferd sehr unangenehm sein kann – besonders, wenn das Kopfstück aus einem harten Material besteht.
- Manche Pferde hassen das einengende Gefühl dieses Zaumzeugs.
- Die gekreuzten Lederriemen können sich verformen, wodurch sich das Zaumzeug automatisch zuzieht und jedes Nachgeben unmöglich wird.
- Die einseitigen Hilfen sind undeutlich, da sich ein so großer Teil des Kopfstücks zusammenzieht.

Worauf muss ich achten?

- Die Ringe müssen so groß sein, dass die Riemen leicht hindurchgleiten können.
- Die Ringe dürfen nicht zu weit vorne am Kopf liegen.
- Die Kreuzriemen müssen so glatt wie möglich sein, damit sie leicht durch die Ringe gleiten und eine gute Nachgebefunktion gewährleisten – aber nicht zu schmal, da sie dann Schmerzen verursachen können.
- Die Zügel dürfen nicht zu schwer sein, da sich die Kreuzriemen sonst schon zuziehen, bevor du überhaupt eine Hilfe gegeben hast.
- Der Nasenriemen darf weder zu hoch noch zu tief liegen.
- Das Kopfstück muss korrekt hinter den Ohren des Pferdes sitzen, ohne diese einzuklemmen. Das ist bei jedem Zaumzeug wichtig, aber bei diesem aufgrund der Zuziehfunktion ganz besonders.

ZUZIEH-ZAUMZEUGE

Lockerer Kinnriemen: Das Scawbrig

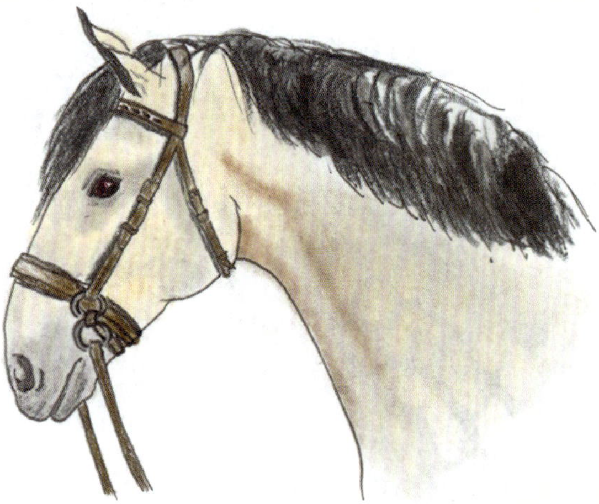

Prinzip
Das Scawbrig hat einen doppelten Kinnriemen, wobei der untere Riemen locker durchhängt und auf beiden Seiten durch einen Ring gleitet. Das Ende des Riemens läuft durch die beiden seitlichen Ringe zu den Zügeln. Auch dieses Zaumzeug funktioniert nach dem Zuziehprinzip.
Bei einer einseitigen Hilfe wird der Kopf des Pferdes quasi zur Seite gezogen. Das Pferd spürt den Druck auch auf der anderen Kopfseite. Wenn man am rechten Zügel zieht, wird der Ring des lockeren Kinnriemens gegen die linke Seite des Kopfes gedrückt, sodass das Pferd den Druck links spürt. Sowohl der Nasenriemen als auch der Kinnriemen spannen sich bei Zügelanzug an.

Anwendung
Dieses System funktioniert ein bisschen direkter als das Kreuzsystem, aber der Effekt ist sehr ähnlich wie bei Zaumzeugen mit gekreuzten Kinnriemen. Mir ist aufgefallen, dass meine Pferde diesen Zaum als zu undeutlich empfanden. Da er komfortabel ist, reagierten sie zunächst gut darauf, aber nach einer Weile begann der Zuziehmechanismus sie zu irritieren.
Beim Reiten mit Gebiss ist die Wirkung direkt: Rechts ist rechts und links ist links. Das gilt nicht für diesen Zaum, wobei andere Zäume wie das Sidepull oder der LG-Zaum/Glücksrad diesen direkten Kontakt sehr wohl liefern.

Vorteile

- Bei angenommenem Zügel wird der Druck über die Nase und das Kinn des Pferdes verteilt.

Nachteile

- Die Nachgebefunktion kann niemals hundertprozentig verlässlich funktionieren, da der Kinnriemen durch Ringe geführt wird. Es ist auch nur eine Frage der Zeit, bevor das Leder der Riemen sich verformt und so ein automatischer Zuzieheffekt entsteht.
- Nicht alle Pferde nehmen ein Zaumzeug an, das sich um ihren Kopf zuzieht.

Worauf muss ich achten?

- Die Zügel dürfen nicht zu schwer sein, da sich der Kinnriemen sonst auch dann zuzieht, wenn es gar nicht beabsichtigt ist.
- Die Ringe müssen so groß sein, dass die Riemen leicht hindurchgleiten können.
- Der Nasenriemen darf weder zu hoch noch zu tief liegen und muss weich sein.

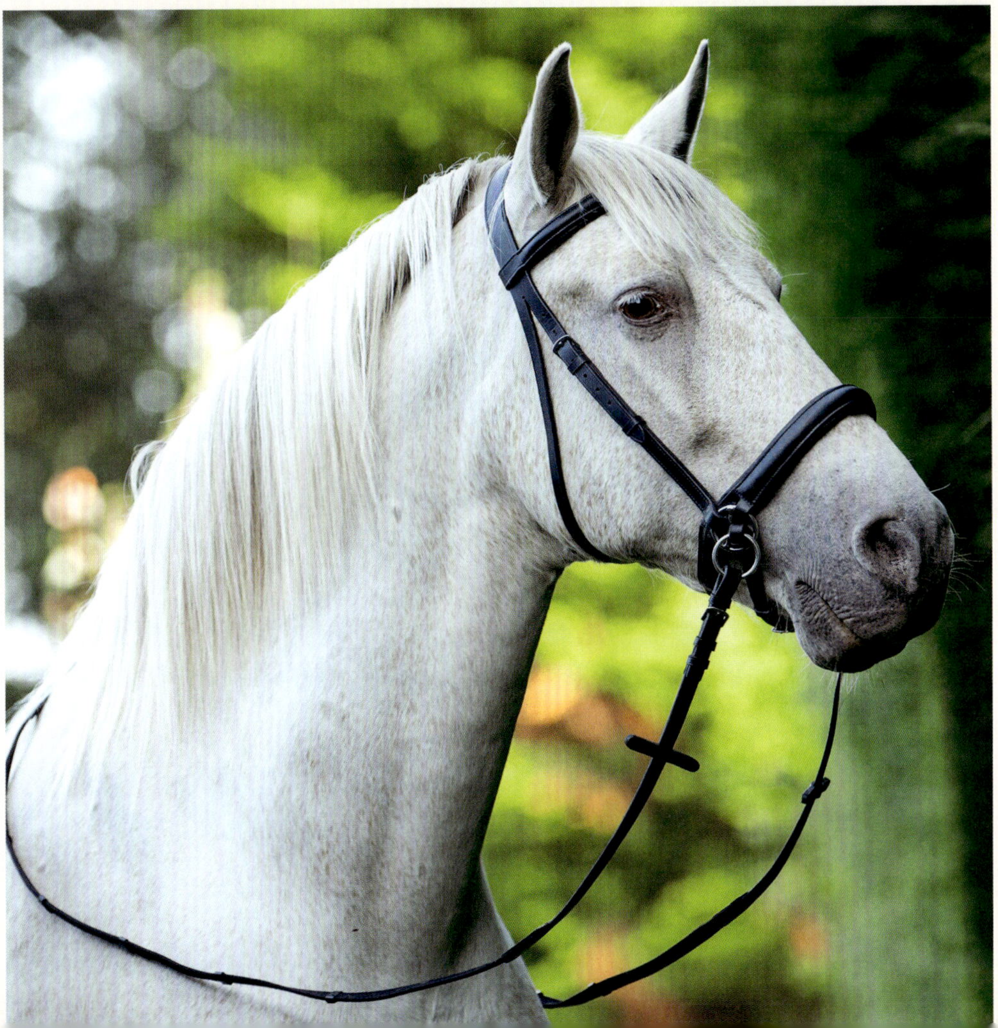

ZUZIEH-ZAUMZEUGE

Dually-Halfter

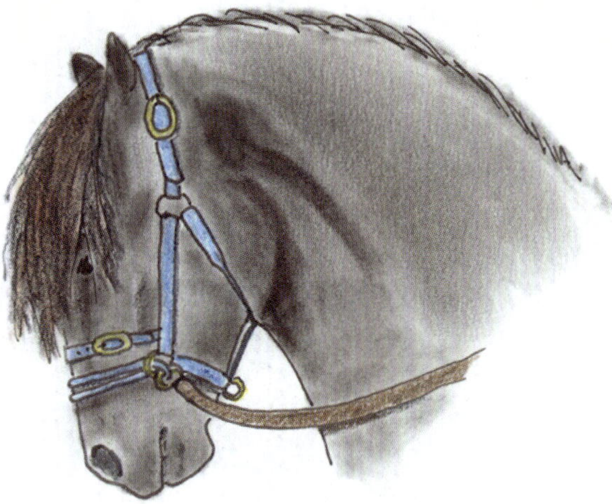

Prinzip
Das Dually-Halfter hat einen doppelten Nasenriemen, wobei der untere Riemen locker ist und an beiden Enden einen Ring hat. Das Ende des Riemens läuft durch zwei Ösen an jeder Seite des Kopfes und kann anhand der Ringe mit den Zügeln verbunden werden. Es ähnelt eigentlich dem Scawbrig. Auch dieser Zaum funktioniert nach dem Zuziehprinzip.
Der Unterschied im Vergleich zu dem System mit lockerem Kinnriemen ist, dass der lockere Nasenriemen vom Dually direkt und ohne Umwege mit den Zügeln verbunden ist. Dadurch ist ein besseres Nachgeben möglich – wobei es natürlich immer davon abhängt, aus welchem Material die Riemen bestehen und wie leicht sie durch die Ringe gleiten. Die Zügelhilfen werden vom Pferd hauptsächlich auf der Nase gespürt.
Diese Art von Zaum wurde für die Arbeit mit Wildpferden entwickelt. Er zwingt die Pferde zur Kooperation. Sollte ein Pferd versuchen, sich zu wehren oder durchzugehen, dann ist die Wirkung sehr scharf, während das Pferd überhaupt keinen Druck spürt, wenn es nur still dasteht.

Anwendung
Dieses Halfter eignet sich sowohl für die Bodenarbeit als auch zum Reiten. Sollte ein Pferd versuchen, sich bei der Bodenarbeit loszureißen, verengt sich das Halfter um Nase und Kinn, wodurch der Ausbilder eine starke Einwirkung hat.
Beim Reiten hat das Dually die gleiche Wirkung wie ein Sidepull, wenn sich die Reiterhand in gerader Linie rückwärtsbewegt. Der Zuziehmechanismus setzt erst ein, wenn sich die

Reiterhand zur Seite bewegt. Ich würde dieses Halfter nicht verwenden, da es sehr scharf auf die Nase des Pferdes einwirkt.

Vorteile

- Die Enden des Nasenriemens laufen direkt durch die seitlichen Ösen am Pferdekopf, sodass dieses System im Vergleich zu den anderen besser nachgibt.

Nachteile

- Der obere Nasenriemen (der sich nicht zuzieht) sitzt so hoch, dass er am Jochbein reibt. Das kann das Pferd stören und auch die Nerven vor dem Jochbein reizen – besonders, wenn der Nasenriemen eng verschnallt ist.
- Der Zügeldruck wird nur auf dem Nasenbein des Pferdes gespürt.
- Der Nasenriemen, mit dem die Zügel verbunden sind, besteht normalerweise nur aus zwei dünnen Seilen, die einschneiden können.
- Dieser Zaum wurde eigentlich nicht fürs Reiten entwickelt.

Worauf muss ich achten?

- Wenn der Nasenriemen aus zwei dünnen Seilen besteht, solltest du ihn am besten mit einem Nasenschoner versehen – wie beim Knotenhalfter.
- Der obere Nasenriemen darf nicht zu eng verschnallt werden.
- Das Halfter muss gut passen, damit es nicht am Kopf herumrutscht. Natürlich sollte aber auch dieser Zaum nie zu eng verschnallt werden: Achte immer darauf, dass noch Platz für mindestens zwei Finger zwischen der Pferdenase und dem Nasenriemen ist.

HEBELWIRKUNGS-ZAUMZEUG

Hackamore

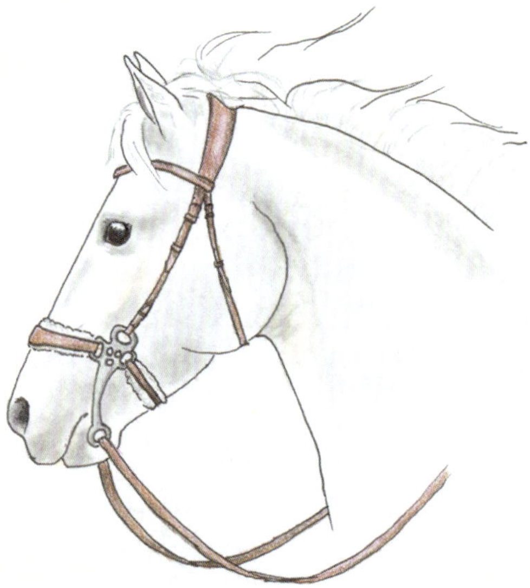

Prinzip

Das mechanische Hackamore hat seitlich jeweils einen Anzug auf Höhe des Nasenriemens, wodurch eine Hebelwirkung entsteht. Nasenriemen, Backenriemen und Kinnriemen sind mit dem Hackamore verbunden. Bei angenommenem Zügel kippen die Anzüge des Hackamores nach hinten, wodurch sich Nasenriemen, Kinnriemen und Kopfstück straffen. Aufgrund dieser Hebelwirkung kann man beim Hackamore viel Druck aufbauen. Je länger die Anzüge, desto stärker die Krafteinwirkung.

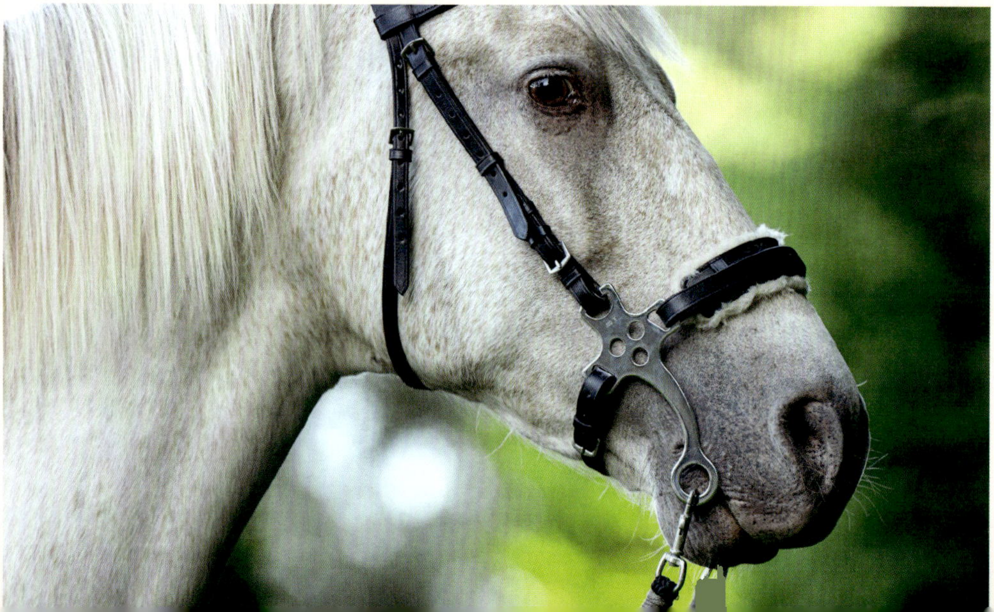

Anwendung

Mit einem Hackamore kann man nicht in ständiger leichter Anlehnung reiten. Ich würde es nicht für die Dressurarbeit verwenden, da es schwierig ist, damit feine Hilfen zu geben. Das Hackamore ist für kurze, impulsartige Hilfen bei ansonsten losem Zügel gedacht. Die potenzielle Schärfe des Hackamores macht es für Anfänger oder Reiter mit schlechtem Gleichgewicht ungeeignet. Ein Hackamore sollte nie als Problemlösung eingesetzt werden, nur weil die Hilfen dermaßen stark vermittelt werden können.

Vorteile

- Bei diesem Zaumzeug ist ein sofortiges Nachgeben möglich.
- Der Druck verteilt sich über den gesamten Kopf.

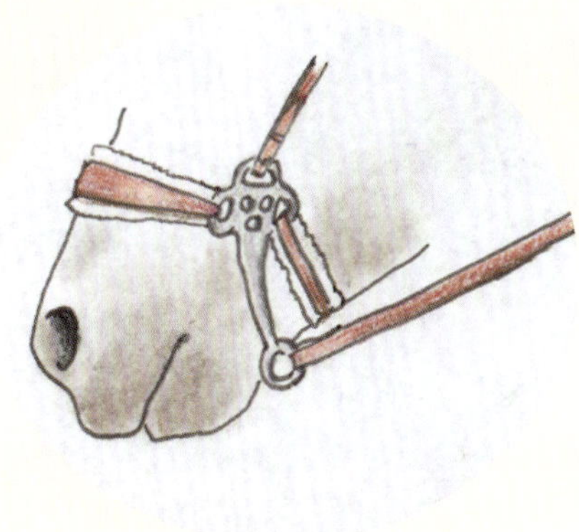

Bei Zügeldruck kippt das Hackamore ab, wodurch sich das gesamte Zaumzeug zuzieht.

Nachteile

- Aufgrund der Hebelwirkung kann der Reiter eine hohe Krafteinwirkung auf den Pferdekopf entfalten. In den Händen eines unerfahrenen oder groben Reiters kann dies zu einem Folterinstrument werden.
- Manche Pferde mögen den Zuzieheffekt des Hackamores überhaupt nicht – bei Zügelanzug verengt sich nämlich das gesamte Zaumzeug.
- Es ist ungeeignet, um in ständiger Anlehnung zu reiten.

Worauf muss ich achten?

- Das gesamte Zaumzeug zieht sich zu, sobald die Zügel angenommen werden: Nasenriemen, Kinnriemen und Genickstück. Stelle sicher, dass diese Riemen alle breit, weich und gut passend sind.
- Der Nasenriemen muss perfekt sitzen. Es ist ganz wichtig, dass er nicht zu tief liegt, da die Hebelwirkung das Nasenbein des Pferdes brechen könnte.

Kein Ausrüstungsgegenstand sollte jemals als Lösung für ein zugrunde liegendes Problem eingesetzt werden.

MULTIFUNKTIONALE ZAUMZEUGE

Zaumzeuge mit Rad

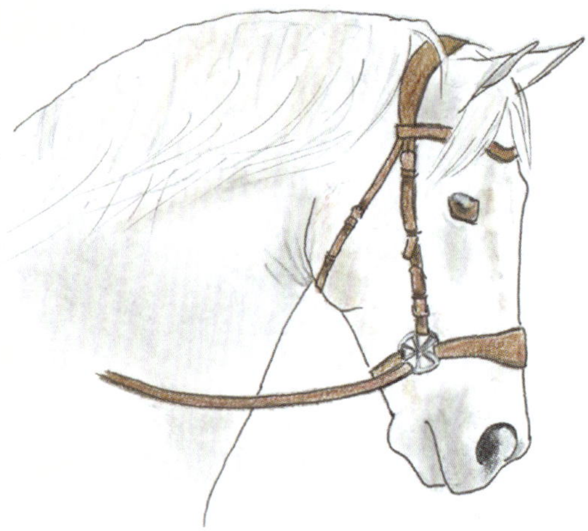

Das Speichenrad wird auch „Glücksrad“, „Glücksstern“ oder „LG-Zaum“ genannt. Auch der Nalanta-Zaum hat ein Rad.

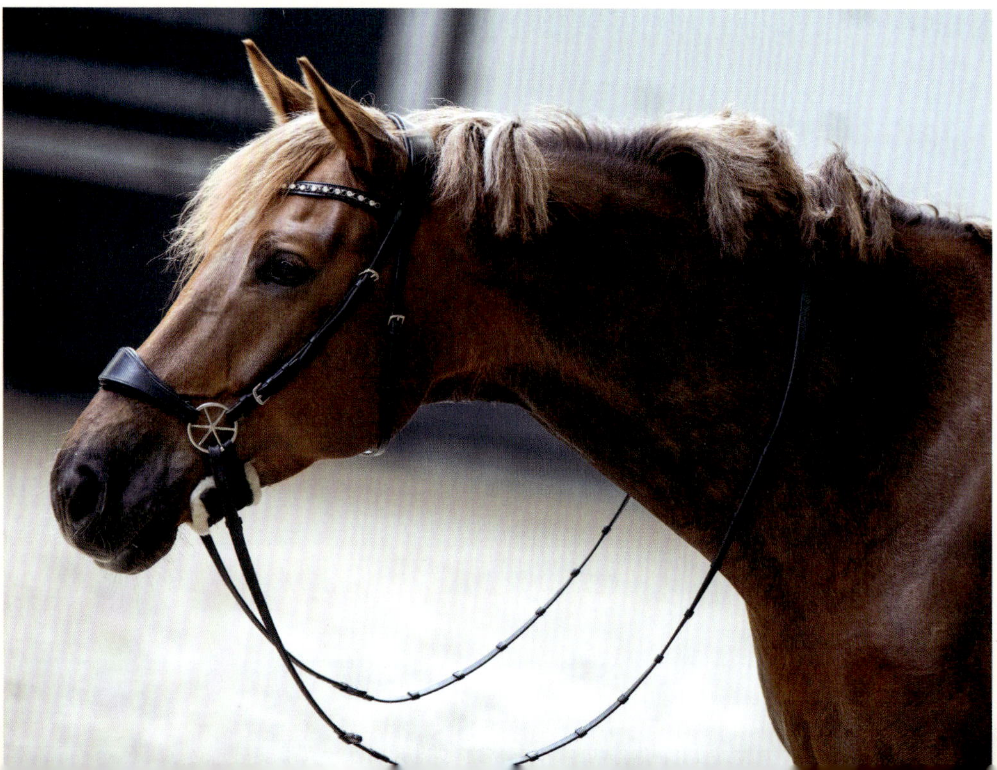

Prinzip

Diese Zäumungsart kann wie ein Sidepull oder mit einer leichten Hebelwirkung eingesetzt werden, wobei sich die Hilfen über den gesamten Kopf verteilen. Die Hebelwirkung ist hier viel schwächer als bei einem Zaum mit Anzügen, da letztere die Krafteinwirkung der Hilfe exponentiell vergrößern.

An beiden Seiten des Zaums befindet sich eine Metallscheibe mit sechs Abschnitten, an denen das Backenstück, der Nasenriemen und der Kinnriemen befestigt werden können. Du kannst die Druckpunktverteilung ändern, je nachdem, welche Abschnitte du wählst. Wird der Zügel genau gegenüber dem Nasenriemen angebracht, funktioniert diese Zäumung wie ein Sidepull: Das Pferd spürt den Zügeldruck auf der Nase. Werden die Zügel ein Stück weiter vorne angebracht, entsteht eine leichte Hebelwirkung, die vor allem dafür sorgt, dass der Druck über den ganzen Kopf verteilt wird. Bei einer Zügelhilfe dreht sich die Scheibe ein wenig, sodass das Pferd den Druck am Nasenrücken, unter dem Kinn und hinter den Ohren spürt.

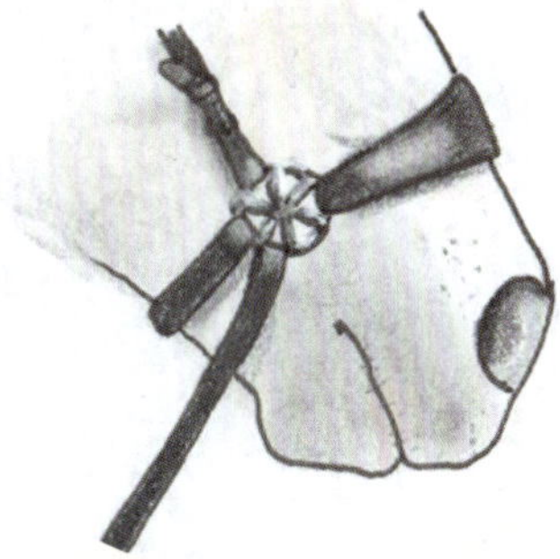

So ist das Kopfstück mit dem Rädchen ideal verbunden.

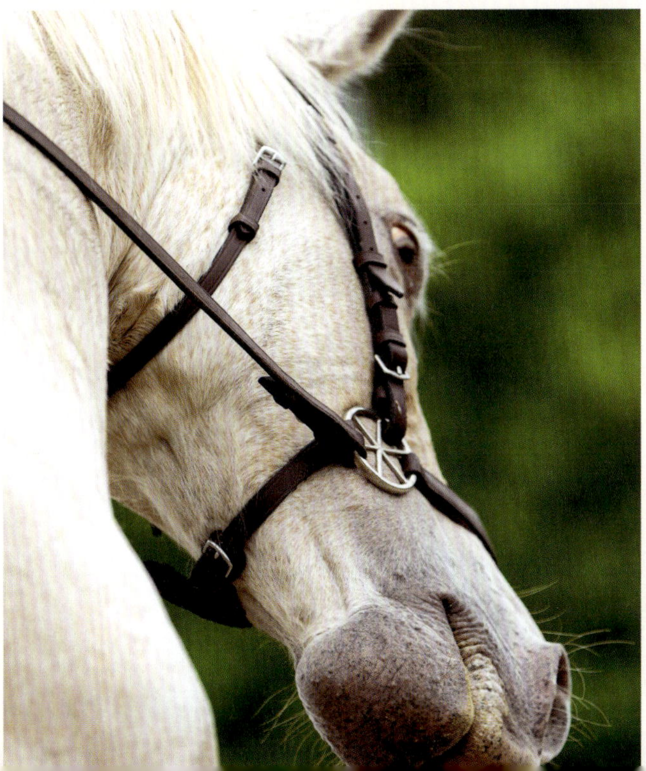

Das sogenannte „Blumen"- oder „Rosen"-Hackamore besteht aus einem Rad, das wiederum aus sechs im Kreis angeordneten Ringen aufgebaut ist. Hiervon gibt es zwei Arten:

- Die erste Variante besteht nur aus der Scheibe mit sechs Ringen und funktioniert genauso wie das Nalanta-Zaumzeug oder der LG-Zaum.
- Die zweite Variante hat einen zusätzlichen Ring außerhalb des Kreises. Schnallt man die Zügel in diesen Ring ein, wird die Hebelwirkung verstärkt und der Effekt ähnelt dann einem konventionellen Hackamore mit kurzen Anzügen. Es gibt einen zusätzlichen Verbindungsriemen, der die Wirkung wieder abschwächt.

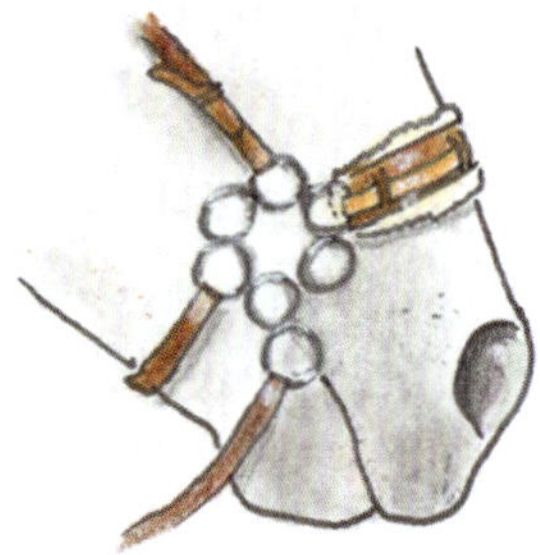

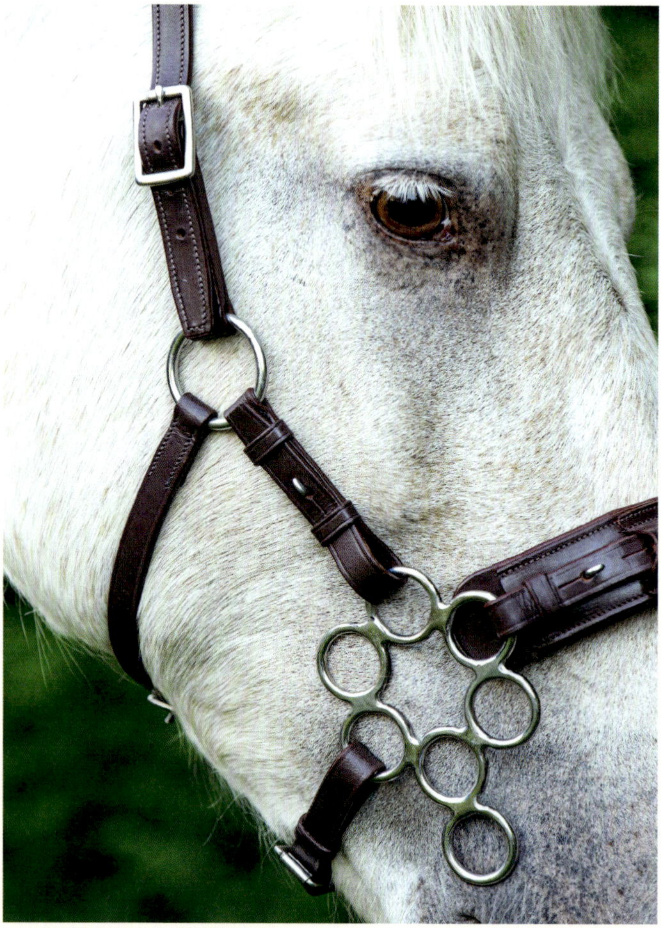

Anwendung
Mit diesem Zaumzeug kannst du dressurmäßig reiten und feine Hilfen geben. Wenn es wie ein sanftes Hackamore eingesetzt wird, kommen die Hilfen deutlicher beim Pferd an. Natürlich muss das Pferd zunächst lernen, wie dieser Zaum funktioniert. Wenn du dich für das Rosen-Hackamore mit zusätzlichem Ring entscheidest, solltest du am lockeren Zügel mit kurzen, impulsartigen Zügelhilfen reiten.

Vorteile
- Dieser Zaum gibt sofort nach.
- Mit der Rose (ohne zusätzlichen Ring) ist eine feine Hilfengebung möglich.
- Die Hebelwirkung verteilt den Druck der Hilfen über den gesamten Kopf.
- Das Zaumzeug lässt sich leicht für mehr oder weniger Hebelwirkung anpassen, indem man die Zügel einfach an einem anderen Abschnitt des Rads einhängt.
- Dies ist ein ideales Zaumzeug, wenn du vom Reiten mit Gebiss zu gebisslosem Reiten übergehen möchtest. Denn die Hilfen, um das Pferd zu lenken und zu bremsen, sind ganz ähnlich wie die Hilfen, die du mit Gebiss einsetzen würdest – klar und ohne Zuzieh-Effekt.
- Diese Punkte gelten nicht für das Rosen-Hackamore mit zusätzlichem Ring, obwohl auch dieses System prompt nachgibt.

Nachteile
- Das Rosen-Hackamore mit zusätzlichem Ring ist für eine ständige Anlehnung wie beim Dressurreiten nicht geeignet.

Worauf muss ich achten?
- Der Nasenriemen muss weich und in der Mitte mindestens drei Zentimeter breit sein.
- Auch der Kinnriemen darf nicht zu steif oder eng sein.
- Das Genickstück muss weich sein und weit genug hinter den Ohren liegen, da auch hier Druck ausgeübt wird.
- Der Nasenriemen darf weder zu hoch noch zu tief liegen.
- Das Zaumzeug muss eng sitzen und darf beim Reiten nicht verrutschen.
- Das Rad oder die Rose dürfen weder das Jochbein berühren noch an anderen Stellen reiben.

Nalanta-Zaumzeug
Ich habe ein eigenes gebissloses Zaumzeug entwickelt: das Nalanta-Zaumzeug.
Mein Ziel war es, einen Zaum zu entwickeln, der von jedem Reiter verwendet werden kann, egal für welche Disziplin – ob Dressur, Ausreiten oder Springen. Er sollte universell einsetzbar sein, in jeder Situation gut funktionieren und die gleiche Reittechnik erfordern wie eine Zäumung mit Gebiss.

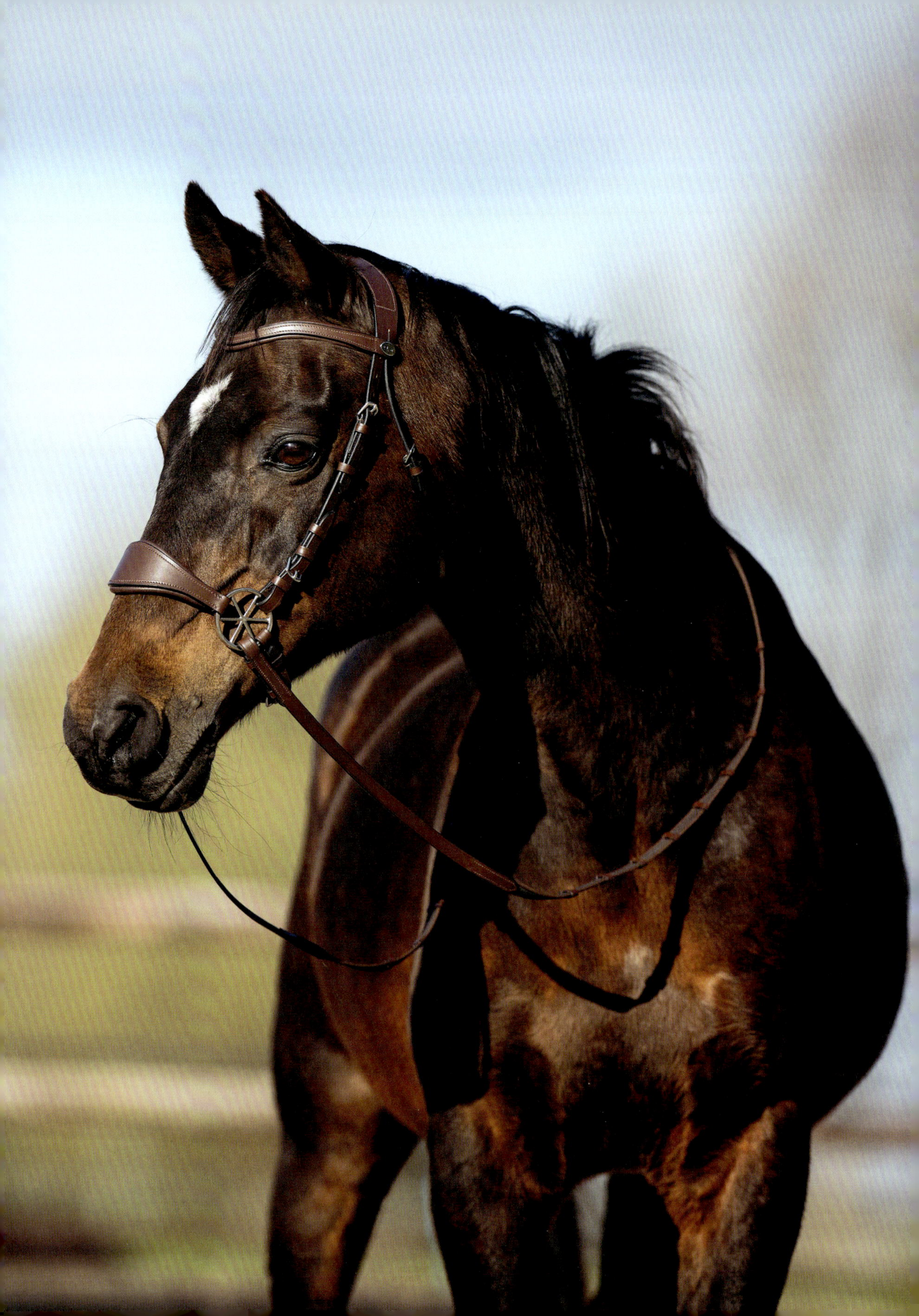

Das Nalanta-Zaumzeug funktioniert nach dem Glücksrad-Prinzip, damit deine Hilfengebung genauso fein sein kann wie mit einem Gebiss. Der Zügelkontakt ist direkt und wenn du eine stärkere Einwirkung willst, kannst du die Zügel weiter unten am Rad einschnallen, wodurch eine leichte Hebelwirkung entsteht.
Meine Priorität war es, einen Zaum mit einer guten Passform zu entwerfen. Mir war aufgefallen, dass viele der gebisslosen Zäume, die ich ausprobiert hatte, nicht gut saßen, zum Beispiel, weil die Backenstücke zu nah an den Augen waren oder der Nasenriemen schlecht saß oder meiner Meinung nach zu dünn war.
Die grundsätzliche Überlegung war, dass das Zaumzeug für das Pferd bequem sein muss. Im Hinblick auf Pferde wie Andorra, die sehr dünnes Fell auf der Nase haben, habe ich den Nasenriemen extrabreit und weich gemacht. Das Genickstück ist ebenfalls breit, weich und anatomisch geformt, sodass es sicher hinter den Ohren liegt. Die Backenstücke kommen nicht in die Nähe der Augen.

Das Zaumzeug gibt sofort nach: Sobald der Reiter am Zügel nachgibt, lässt der Druck am Kopfstück ebenfalls nach. Aber es ist ebenso möglich, mit einer ständigen leichten Anlehnung zu reiten. Das funktioniert am besten, wenn der Zügel in die Speiche des Rads geschnallt wird, die deiner Hand am nächsten ist. Dann funktioniert dieser Zaum wie ein Sidepull. Das Pferd traut sich, die Anlehnung an die Hand zu suchen, und fühlt sich in dieser Haltung auch wohl. Wenn du den Zügel weiter unten am Rad befestigst, wirkt der Zaum wie ein sanftes Hackamore. Du solltest dann am lockeren Zügel und ohne beständige Anlehnung reiten. Dein Pferd sollte sich nicht auf den Zügel legen. Wenn das passiert, solltest du den Fehler durch deine Reittechnik beheben. Du kannst eine deutlichere Hilfengebung auch erzielen, indem du die Zügel weiter unten am Rad befestigst, aber dann musst du darauf achten, sanfte Hilfen zu geben und sofort nachzugeben, wenn das Pferd wie gewünscht reagiert. Die Reittechnik bei dieser Methode unterscheidet sich von der klassischen Dressur. Bei einem tiefer eingeschnallten Zügel verteilt sich der Druck stärker über den Kopf des Pferdes. Aufgrund der Hebelwirkung spürt das Pferd das Verkürzen des rechten Zügels nicht nur auf der Nase und an der linken Wange wie bei einem Sidepull, sondern auch hinter den Ohren und unter dem Kinn. Die Krafteinwirkung der Reiterhand verteilt sich.

Ich habe auch auf ein paar andere Dinge geachtet:
Früher war es ganz normal, eine Kinnkette zu benutzen, aber zum Glück ist das ohne Schonbezug nicht mehr erlaubt. Ketten dieser Art wirken sehr scharf ein. Das Nalanta-Zaumzeug hat einen einfachen, nicht zu breiten Kinnriemen aus Leder. Bei besonders sensiblen Pferden ziehe ich noch gerne einen Schonbezug über, der sowohl schützt als auch den Druck stärker verteilt. Die Deutlichkeit der Hilfen wird dadurch jedoch verringert, weshalb es wichtig ist, dass dein Pferd die Hilfen schon gut versteht.

MULTIFUNKTIONALE ZAUMZEUGE

Micklem und andere multifunktionale Zäume

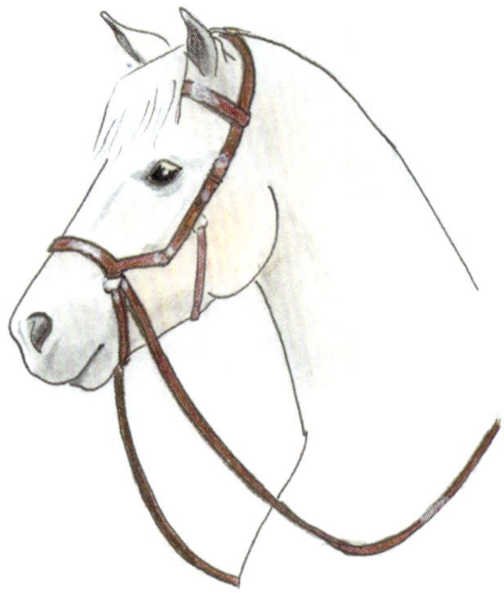

Prinzip

Manche Zaumzeuge haben seitlich am Kopf Ringe, wodurch sie als Sidepull verwendet werden können – aber zusätzlich haben sie noch gekreuzte Kinnriemen, einen losen Kinnriemen oder gekreuzte Kehlriemen.

Das bekannteste dieser Modelle ist das Micklem, das sogar mit Gebiss verwendet werden kann. Das Micklem sieht anders aus als gewöhnliche Zäume, da es eigens entworfen wurde, um Druckstellen an den sensibelsten Partien des Pferdekopfes zu vermeiden. Einige andere Allzweckzäume sehen so ähnlich wie das Micklem aus, während wieder andere traditioneller geformt sind. Die meisten können nicht zusammen mit einem Gebiss verwendet werden und sind deshalb ausschließlich für das gebisslose Reiten geeignet.

Ein Multifunktionszaumzeug kann sinnvoll sein, wenn du noch herausfinden willst, welcher gebisslose Zaum am besten zu deinem Pferd passt. Am Ende wirst du dich für ein System entscheiden, das alle anderen Funktionen überflüssig macht.

Anwendung

Da das Micklem mit oder ohne Gebiss verwendet werden kann, ist es ein nützliches Übergangszaumzeug für Pferde, die vom Reiten mit Gebiss aufs gebisslose Reiten umgestellt werden sollen. Du kannst zum Beispiel mit vier Zügeln reiten, wobei einer auf jeder Seite am Gebiss eingeschnallt ist und der andere am Sidepull. Dadurch siehst du, wie dein Pferd reagiert, und kannst ihm die Lenkung und andere Hilfen in der neuen Situation besser erklären. Achte darauf, dass alles reibungslos gleitet und dass sich keine Teile ineinander verhaken, denn der gebisslose Zügel läuft über den Gebissring und den am Gebiss befestigten Zügel.

Wenn du zusätzliche Riemen anbringst, kannst du das Micklem auch mit gekreuzten Kinn- oder Kehlriemen verwenden. Allerdings sind die Ringe, durch die die Kreuzriemen geführt werden, ziemlich klein und weit vorne angebracht, sodass die Nachgebefunktion dieses Kreuzsystems sehr schlecht ist. Die Riemen gleiten kaum durch die kleinen Ringe und die Ringposition weit vorne macht es noch schlimmer, da die Riemen dadurch abknicken. Andere multifunktionale Zäume haben größere und weiter hinten angebrachte Ringe, die sich besser für die Verwendung von gekreuzten Kinn- oder Kehlriemen eignen.

Vorteile

- Du kannst ein einziges Zaumzeug für verschiedene Reitweisen verwenden, was praktisch ist, wenn du noch nicht sicher bist, welches Modell am besten zu dir und deinem Pferd passt. Du hast hier sogar die Möglichkeit, es während der Übergangszeit mit einem Gebiss zu verwenden.
- Das Micklem wurde entworfen, um Druckstellen an den empfindlichsten Kopfpartien zu vermeiden, sodass es für das Pferd sehr angenehm zu tragen ist. Es gibt noch ein paar andere Zaumzeugmodelle mit einer ähnlichen Form.
- Du kannst mit vier Zügeln reiten, wobei ein Zügelpaar am Gebiss eingeschnallt ist und eins am Trensenhalfter. Außerdem wird das Zaumzeug mit Clips geliefert, um das Gebiss am Nasenriemen zu befestigen.

Nachteile

- Die Positionierung des Nasenriemens ist beim Micklem in Ordnung, aber der Riemen ist ziemlich schmal.
- Die Ringe, an denen die Zügel beim gebisslosen Reiten eingeschnallt werden, sind weit vorne positioniert. Das ist ein riesiger Nachteil, wenn du mit einem lockeren Kinnriemen oder gekreuzten Kehlriemen reiten willst. Außerdem sind die Ringe ziemlich klein, was eine gute Nachgebefunktion verhindert.
- Das Zaumzeug kann viele verschiedene Funktionen erfüllen, was im Umkehrschluss bedeutet, dass es für keine dieser Funktionen perfektioniert wurde.

Worauf muss ich achten?

- Die Ringe, durch die die Kreuzriemen laufen, müssen groß genug sein, um eine gute Nachgebefunktion zu gewährleisten.
- Diese Ringe sollten auch nicht zu weit vorne am Kopf sitzen.
- Die Riemen sollten so glatt sein, dass sie leicht durch die Ringe gleiten, aber nicht so schmal, dass sie in Kinn oder Kehle einschneiden können.
- Wenn du mit vier Zügeln reitest, musst du darauf achten, dass sie nirgendwo hängen bleiben können.
- Stelle sicher, dass der Nasenriemen richtig positioniert ist. Er darf nicht zu tief liegen. Wenn er zu dünn und steif ist, kannst du einen weichen Nasenschoner benutzen.

BOSAL-ZAUMZEUG

Bosal

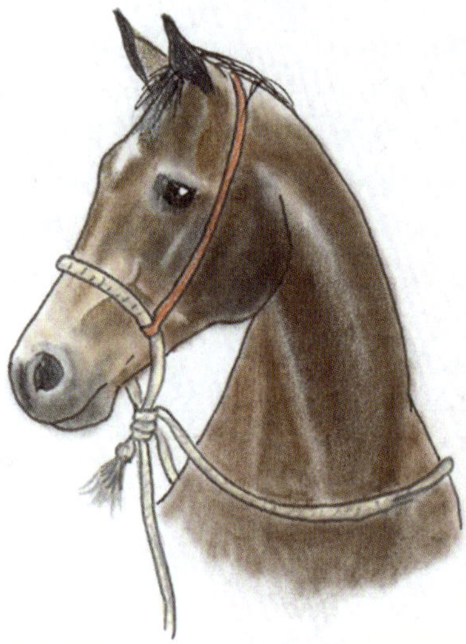

Prinzip

Das Bosal wird auf der ganzen Welt verwendet und ist vor allem bei Westernreitern beliebt. Dieses Reithalfter besteht aus einer Schlaufe aus geflochtener Rohhaut, die um einen Lederkern gewickelt ist, wodurch es hart und rund und damit schwer ist. Du musst damit sehr gefühlvoll reiten. Eigentlich ist das Bosal nur der Nasenriemen dieses Zaums. Das ganze Zaumzeug wird Hackamore genannt, aber es unterscheidet sich von den mechanischen Hackamores, die in diesem Kapitel bereits beschrieben wurden.

Bosal-Nasenriemen sind in unterschiedlicher Stärke erhältlich. Sie sind wenig biegsam. Die Zügel werden unter dem Kinn verknotet und damit kannst du die Passform des Nasenriemens anpassen. Das Bosal hängt an einem dünnen Lederriemen, der hinter den Pferdeohren um den Kopf führt. Die Bosalzügel (Mecate) werden traditionell aus Rosshaar geflochten, das aus Schweif und Mähne stammt. Sie sind ziemlich rau, sodass das Pferd ihnen gerne ausweichen will, wenn sie gegen den Hals gelegt werden. Es gibt auch weichere Mecates aus Mohair- oder Alpacawolle, aber die sind weniger langlebig. Heutzutage werden Mecates auch oft aus synthetischen Materialien gefertigt.

Anwendung

Der harte Bosalnasenriemen kann tief einschneiden, weshalb es wichtig ist, mit einer weichen Hand zu reiten. Ziehe den Pferdekopf nie gewaltsam auf eine Seite, sondern bringe deinem Pferd bei, auf feine Signale zu reagieren. Das ist deshalb möglich, weil der hintere Teil des Bosals bei Zügelanzug angehoben wird und das Pferd so weiß, dass nun etwas von ihm erwartet wird.

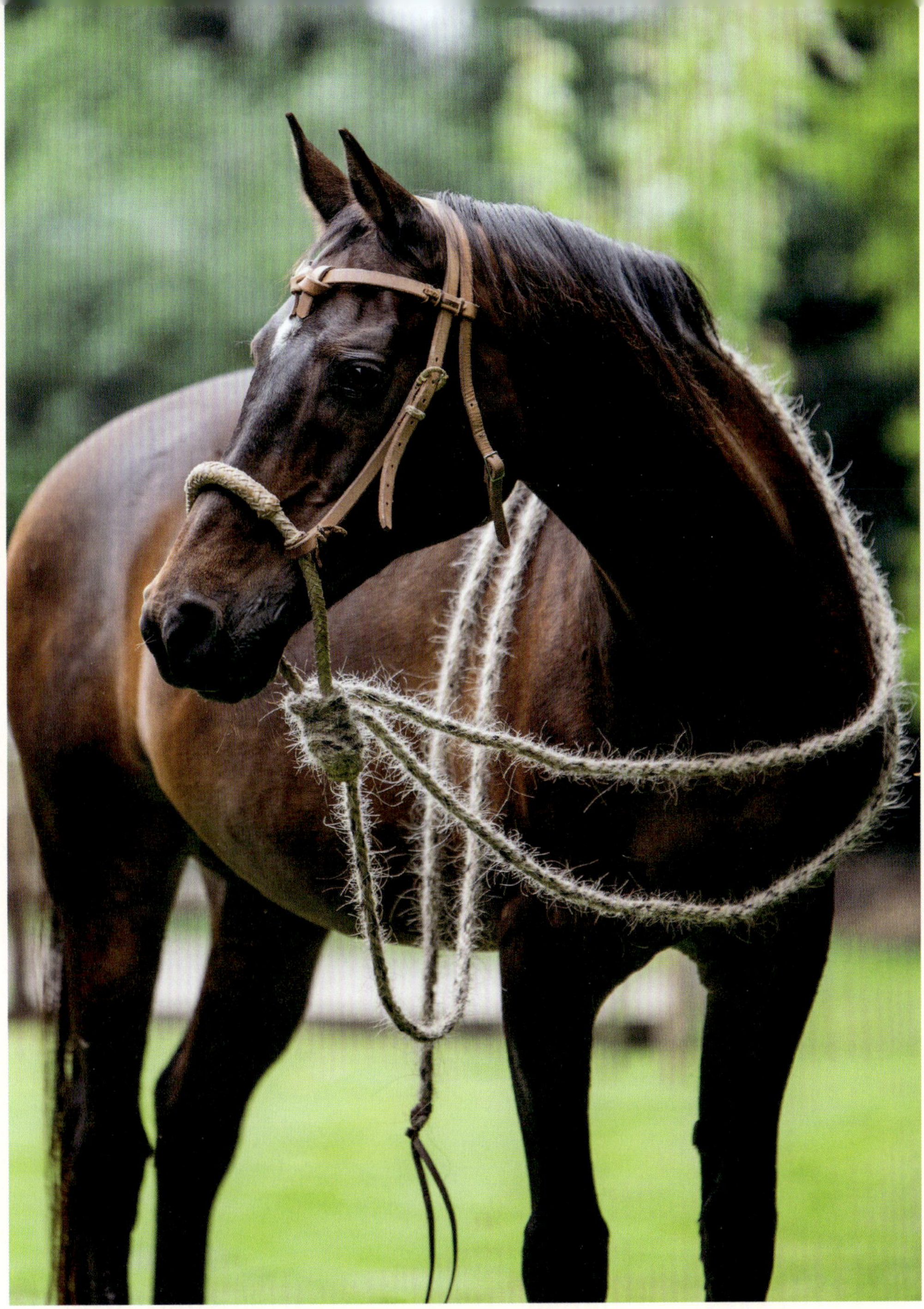

Beim Reiten mit Bosal müssen die Pferde lernen, dem Druck zu weichen. Einseitige Hilfen üben Druck auf die gegenüberliegende Kopfseite aus. Wenn das Pferd diesem weicht, bewegt es seinen Kopf in die gewünschte Richtung. Am Anfang kann der Reiter die hilfengebende Hand vom Hals wegbewegen. Seitliche Hilfen werden durch den äußeren Zügel unterstützt, der dafür gegen den Hals gelegt wird. Das Pferd bewegt sich auch von diesem Druck weg. Es ist unmöglich, mit einem Bosal im englischen Stil zu reiten.

Vorteile

- Das Bosal gibt sofort nach.
- Ein guter, erfahrener Reiter kann mit einem Bosal eine feine Hilfengebung anwenden.

Nachteile

- Das Bosal wirkt hart auf die Pferdenase.
- Die Reitweise mit Bosal unterscheidet sich stark von anderen Techniken, weshalb es nichts ist, was man mal eben so zwischendurch ausprobieren kann.

Worauf muss ich achten?

- Der Nasenriemen darf nicht zu eng sein. Es müssen noch zwei Finger zwischen den Nasenrücken des Pferdes und das Bosal passen.
- Achte darauf, dass der Nasenriemen weder zu hoch noch zu tief liegt.

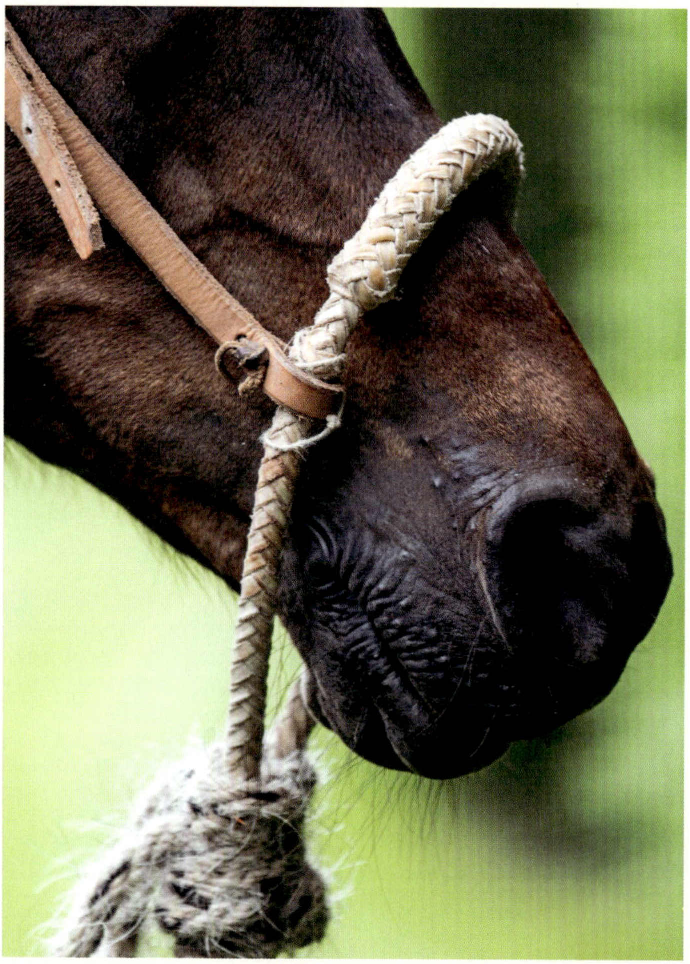

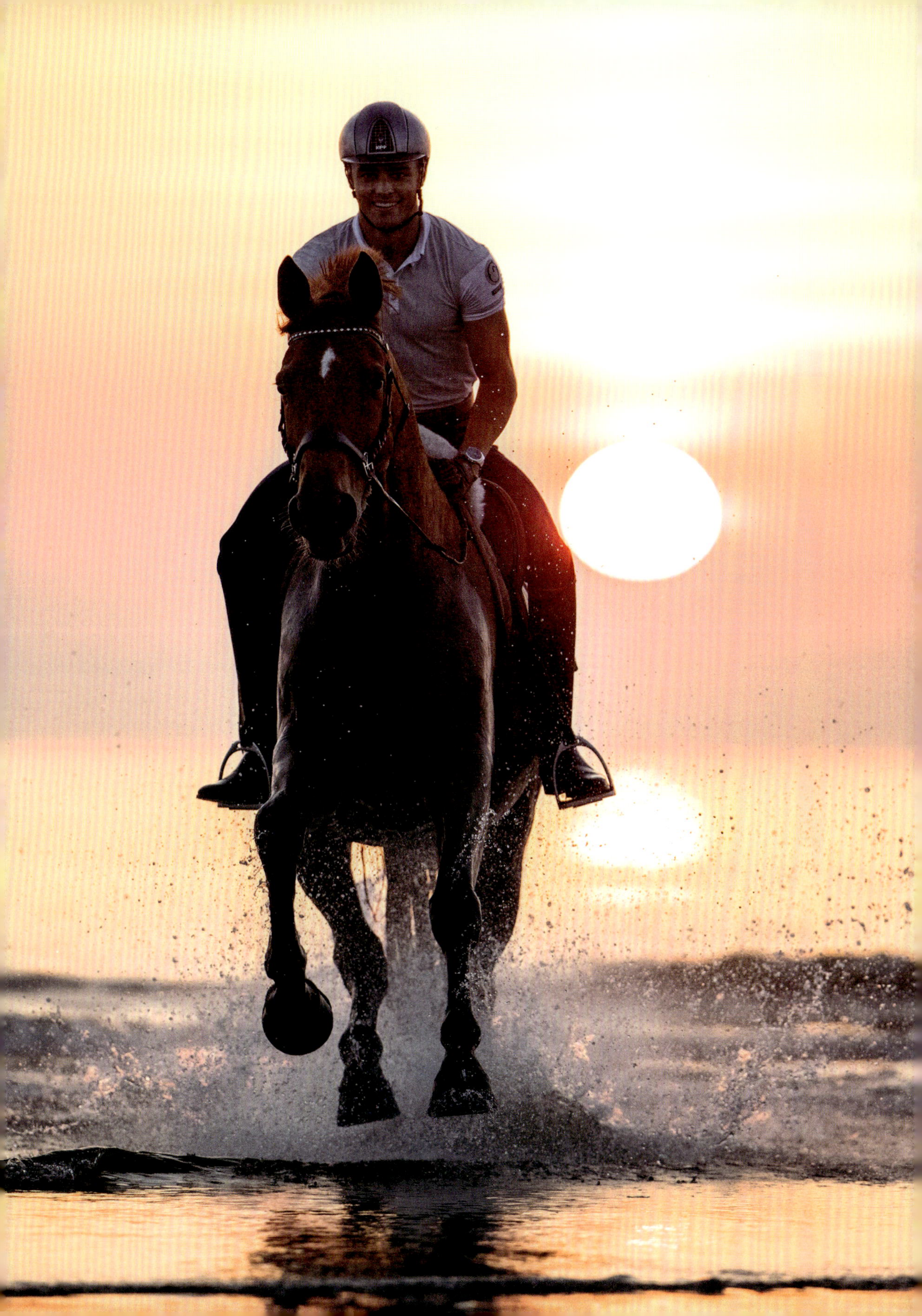

Yvet Blokesch

PFERDETRAINERIN UND INHABERIN VON FEATHER LIGHT HORSEMANSHIP

Mit Gebiss oder gebisslos?

Meiner Meinung nach kann jedes Pferd ohne Gebiss geritten werden. Das Pferd folgt dir aufgrund seiner Ausbildung und nicht aufgrund eines Zaumzeugs. Für mich macht es keinen großen Unterschied, ob ich mit oder ohne Gebiss arbeite. Wichtig ist, was ich dem Pferd beibringe, nicht, welche Hilfsmittel ich verwende.
Du musst sicherstellen, dass das Pferd eine Verbindung herstellen kann: zwischen dem, was verlangt wird, und dem, was es dir geben kann. Dafür muss man eine weiche Hand haben, die immer sofort nachgibt und dadurch Klarheit schafft. Motiviere dein Pferd dazu, selbst etwas herauszufinden.

Immer fein und leicht bleiben

Ich reite wahnsinnig gerne ohne Gebiss, aber ich sehe so viele Leute, die es falsch machen, und das schreckt mich ab. Ich hasse es, wenn ich Leute sehe, die ohne Gebiss reiten und glauben, dass sie es wirklich gut machen, wenn sie in Wirklichkeit einfach nur an der Nase des Pferdes reißen, anstatt an seinem Maul. Das ist viel schlimmer als jemand, der mit Gebiss reitet, aber eine leichte Hand hat. Die Art, wie man reitet, ist viel wichtiger als die Tatsache, ob man mit oder ohne Gebiss reitet. Solange man gut und fein reitet, ist die Ausrüstung unwichtig. Es ist besser, wenn man Pferden beibringt, in Selbsthaltung zu gehen, anstatt eine Wirkung durch ein Zaumzeug zu erzwingen. Das gebisslose Reiten ist nicht unbedingt sanfter: Es hängt ganz vom Reiter oder der Reiterin ab. Man muss immer gut reiten und sich überlegen, was man tut, egal, ob das Pferd ein Gebiss im Maul hat oder nicht. Das Pferd muss lernen, sich unabhängig zu bewegen. Ich möchte meine Pferde immer mit dem Gefühl reiten, dass ich das gesamte Sattelzeug auch weglassen könnte, ohne dass sich etwas verändern würde. Natürlich braucht man manchmal einen Zügelkontakt, um eine Hilfe zu geben, aber das sind immer nur kurze Augenblicke, nach denen ich sofort wieder nachgebe. Egal, ob mit oder ohne Gebiss: Diese Leichtigkeit ist alles, was zählt.

Gebisslos mit Mella

Ich bin auf meiner Stute Mella das erste Mal gebisslos geritten. Nachdem ich sie gekauft hatte, wollte ich sie anreiten. Ich musste eine Wahl treffen: Was wollte ich? Ich nahm damals Stunden bei einem Freund von mir, Raymond. Er ritt immer mit Halfter oder Bosal. Ich fand, dass das fantastisch aussah, und dachte mir: „Warum nicht auch Mella nur mit Halfter anreiten?“ Später kaufte ich ein Bosal. Ich hatte einfach das Gefühl, dass das gebisslose Reiten das Richtige für uns wäre und angenehm für Mella. Besser als ein Gebiss in ihrem Maul, wovon ich kaum etwas verstand.

Ich reite am liebsten ganz ohne Sattelzeug, nicht einmal mit einem Halsring. Dann benutze ich so etwas wie eine kleine Gerte, um Signale zu geben. Was genau ich mache, hängt davon ab, in welchem Stadium sich das Pferd befindet. Ich reite junge Pferde am liebsten nur mit Halfter oder gar nichts an, aber wenn ich ihnen die Lenkung beibringen will, benutze ich gerne ein Gebiss – auch weil die meisten Leute, denen ich mit ihren Pferden helfe, mit einem Gebiss weiterreiten werden. Für sie trainiere ich also mit einem Gebiss.

Abwechslung

Mir persönlich ist Abwechslung am liebsten – ich verwende ganz unterschiedliche Zäumungen und manchmal auch gar keine. Auf diese Weise sind meine Pferde vielseitig und verstehen die Bedeutung meiner Hilfen, egal, was ich verwende. Ich überlege mir auch, was für das jeweilige Pferd am besten ist: Ein Pferd geht vielleicht besser mit Gebiss, während ein anderes besser ohne dran ist. Ich wähle das Zaumzeug, auf das das jeweilige Pferd am besten reagiert und mit dem es fein zu reiten ist.

Ich persönlich finde, dass das Bosal ein großartiger gebissloser Zaum ist. Viele andere gebisslose Zäume verfügen über keine sehr gute Nachgebefunktion, aber das ist das Erste, worauf ich achte, wenn ich ein Zaumzeug aussuche. Ich habe das Gefühl, dass Pferde das Bosal sehr schnell verstehen, weil das Nachgeben so klar funktioniert.

Mein Rat ist, zu schauen, was am besten zu deinem Pferd passt und womit es am besten läuft.

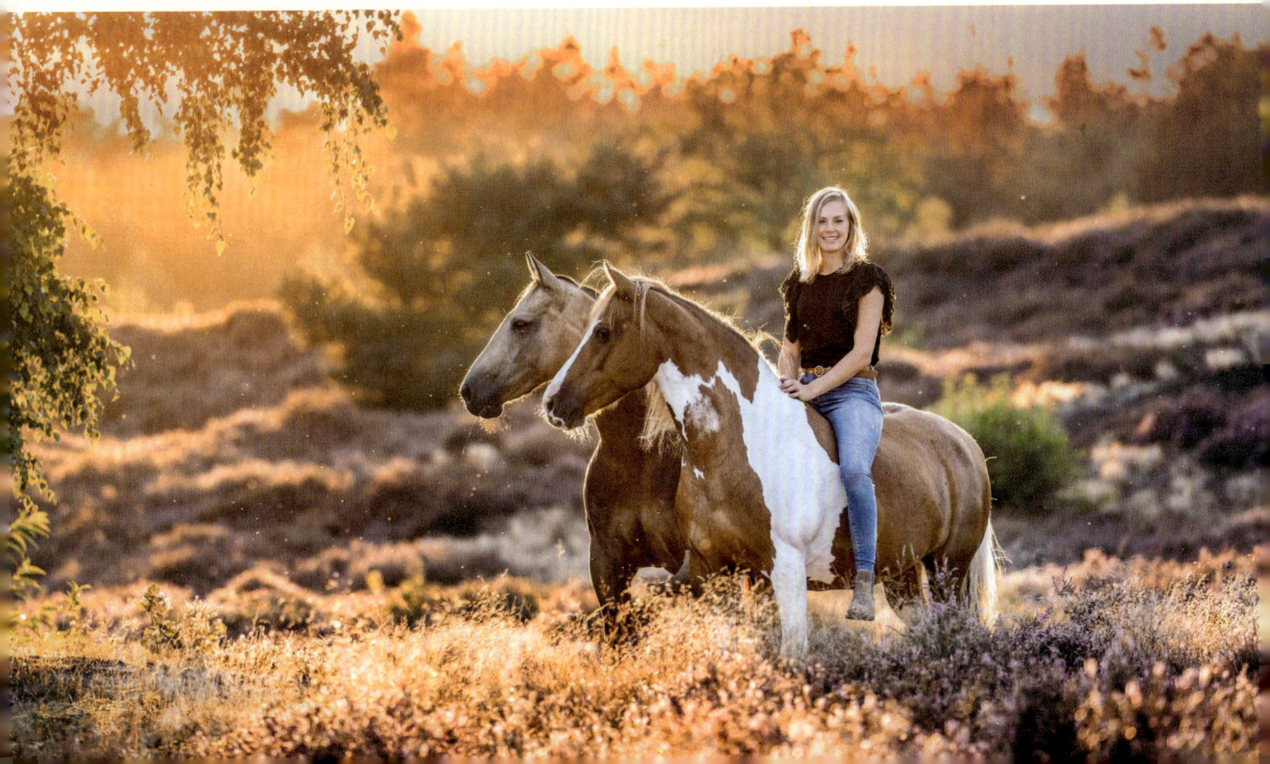

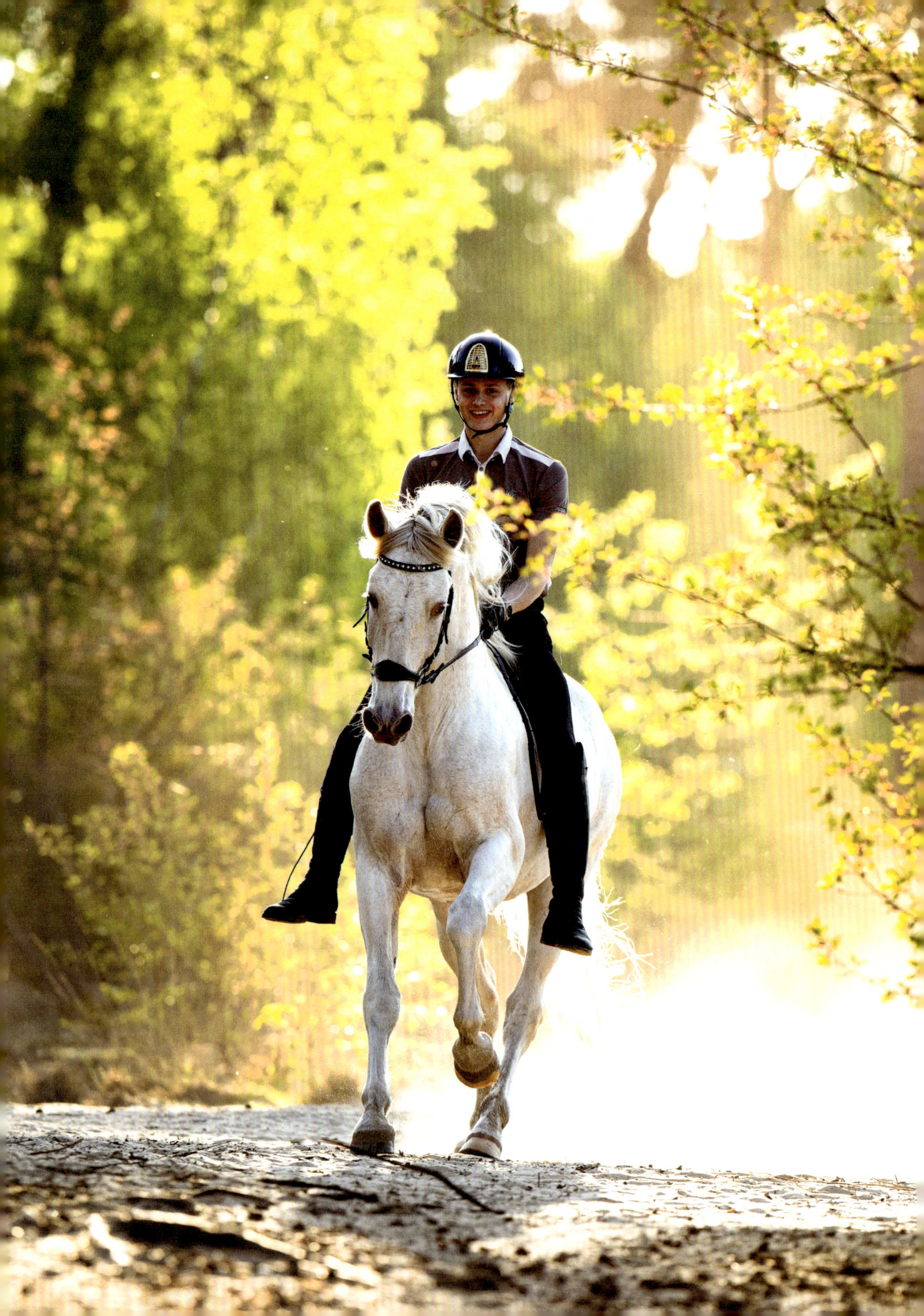

Gebisslos reiten: So geht's

Nimm dir immer die Zeit, deinem Pferd zu erklären,
was du meinst.

Mit vielen der verfügbaren gebisslosen Zäume ist das Reiten ähnlich wie das Reiten mit Gebiss. Das Reiten ohne Gebiss hat auf jeden Fall Vorteile, die für dein Pferd sehr hilfreich sein können, aber es ist auch kein Wunderwerkzeug, das alle Probleme löst. Das hängt im Endeffekt vom reiterlichen Können und der Ausbildung des Pferdes ab. Egal, ob mit oder ohne Gebiss – am Ende geht es um eine feine Verbindung und darum, dass du als Reiter dein Pferd mit leichten Hilfen führst.

Welches Zaumzeug solltest du nehmen?

Die Art der verwendeten Zäumung entscheidet über deinen gebisslosen Reitstil. Wir haben das bereits im vorhergehenden Kapitel behandelt. Zum Beispiel musst du mit einem Hackamore ganz anders reiten als mit einem Zaumzeug mit gekreuzten Kehlriemen, was sich wiederum in der Anwendung stark von einem Bosal oder Sidepull unterscheidet. Ein weiterer wichtiger Faktor ist, was du mit deinem Pferd machen willst. Distanzreiten unterscheidet sich vom Dressurreiten und es liegen Welten zwischen Spring- und Westernreiten.

Beim gebisslosen Reiten musst du dir bewusst sein, was du tust. Informiere dich gut über die Funktionsweise eines bestimmten Zaumzeugtyps und sei dir der Gründe bewusst, warum du dieses Zaumzeug auswählst. Ein Zaum sollte nie deshalb ausgewählt werden, weil er hübsch aussieht, sondern aufgrund seiner Funktionsweise. Überlege dir deshalb genau, wie du reiten möchtest, wie hoch dein eigenes Können ist und was für Unterrichtsmöglichkeiten du hast. Welches Zaumzeug passt am besten zu dir?
Sei dir dessen bewusst, dass schmale, steife Nasenriemen und lange Anzüge sehr scharf einwirken können. Achte darauf, dass das Zaumzeug eng, aber nicht zu eng sitzt, und dass der Nasenriemen weder zu hoch noch zu tief liegt.

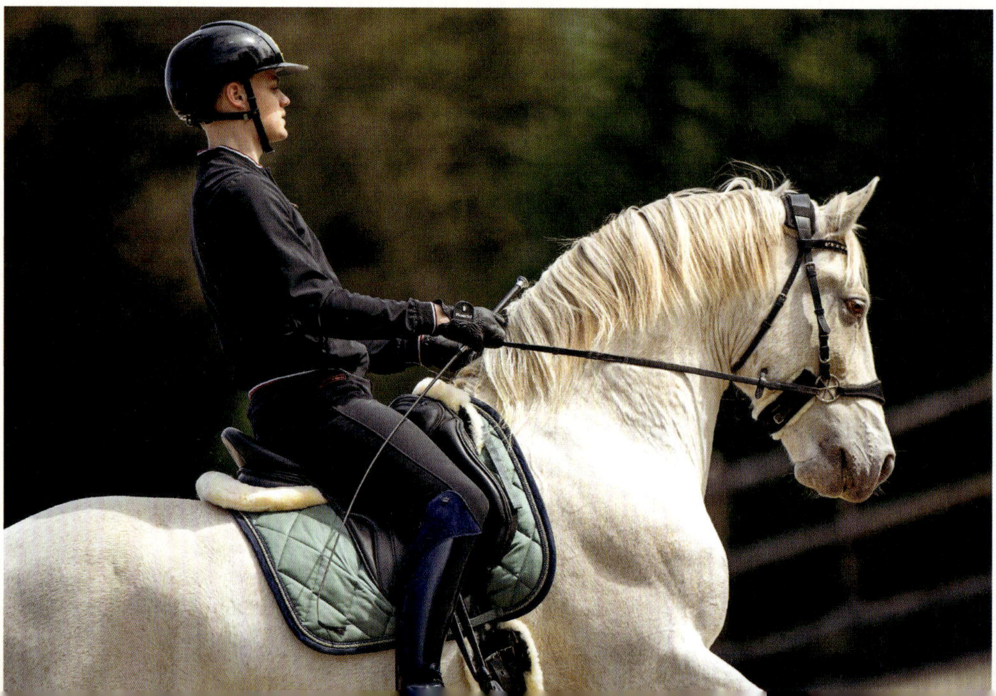

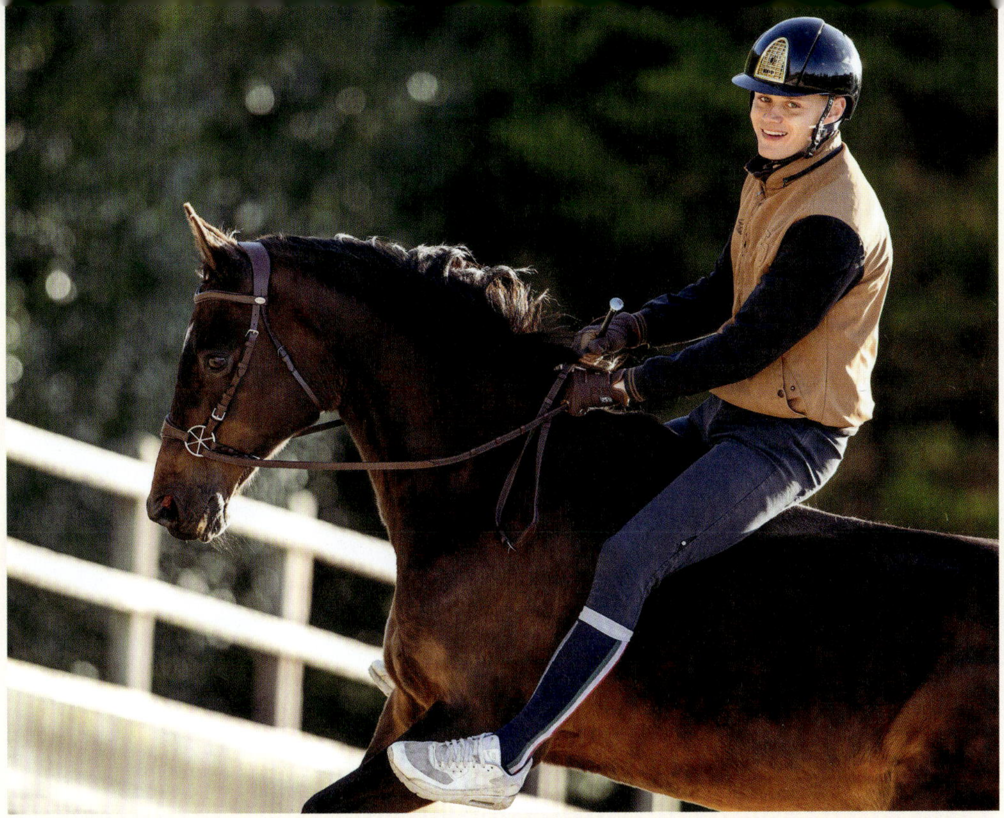

Lass dein Pferd wählen

Jedes Pferd ist anders. Während das eine einen zarten, hochsensiblen Kopf hat, ist ein anderes vielleicht kräftiger gebaut und lässt sich weniger leicht aus der Ruhe bringen. Der Kiefer kann schmal oder breit sein, der Hals geschmeidig oder steif. Ganz zu schweigen von den enormen Unterschieden im Charakter.
Es ist also logisch, dass nicht jede gebisslose Zäumung für jedes Pferd geeignet ist. Versuche herauszufinden, womit sich dein Pferd am wohlsten fühlt – du könntest dir zum Beispiel verschiedene Zaumzeugtypen von Bekannten ausleihen.

Nimm dir genügend Zeit, um einen gebisslosen Zaum auszuprobieren. Bau das Training damit langsam auf und gib nicht gleich nach zehn Minuten auf. Es kann eine Weile dauern, bis dein Pferd das Zaumzeug versteht. Normalerweise solltest du nach drei Reiteinheiten mit einem Zaumzeug wissen, ob es gut funktioniert oder nicht. Aber natürlich kannst du nicht erwarten, dass alles sofort perfekt funktioniert.
Nur weil ein bestimmter gebissloser Zaum nicht gut zu dir und deinem Pferd zu passen scheint, heißt das nicht, dass du nicht einen anderen Zaum finden wirst, der gut für euch funktioniert. Die Systeme sind derart unterschiedlich, dass jeder Zaumzeugtyp ein anderes Reiterlebnis bedeutet.
Ich reite mit meinen Pferden hauptsächlich Dressur, weshalb ich am liebsten mit Sidepull oder einem Zaumzeug mit Glücksrad reite – und zwar beides mit einem breiten, weichen Nasenriemen. Was die Reittechnik angeht, so kommen beide Zaumzeuge einem Trensenzaum sehr nahe.

Nachgeben

Das Grundprinzip beim Einsatz von Hilfen und Belohnungen lautet: Verlange etwas und gib sofort nach, wenn dein Pferd wie gewünscht reagiert. Das kommt in deinem Training immer wieder vor. Wenn du deinen Schenkel zumachst, um den Trab zu verlangen, und das Pferd trabt an, musst du dein Bein sofort wieder entspannen.

Das Reiten ohne Gebiss fühlt sich anders an als das Reiten mit Gebiss. Auf einem Gebiss kaut das Pferd herum, und wenn es die Trense loslässt, spürt der Reiter das sofort. Manchmal sieht man Reiter mit gebissloser Zäumung, die es nicht merken, wenn das Pferd nachgegeben hat, und zu lange gegenhalten, ohne ihrerseits nachzugeben. Ohne Gebiss ist es schwieriger, den Moment zu erfühlen, an dem man loslassen muss, aber beim gebisslosen Reiten ist es genauso wichtig, dies sofort zu tun. Denn nur so kann das Pferd lernen, was du von ihm willst und womit du zufrieden bist. Von dieser Basis aus kann es seine Selbsthaltung entwickeln.

Meiner Meinung nach sollte man generell mit so wenig Druck wie möglich reiten, egal, ob mit oder ohne Gebiss. Wenn du immer Zug am Gebiss oder am gebisslosen Zaumzeug hast, zeigt das, dass dem Pferd deine Hilfen nicht klar sind. Du musst dich darauf konzentrieren, das zu verbessern, da es genau der Moment des Nachgebens ist, der dem Pferd mitteilt, dass seine Reaktion richtig war. Wenn du nicht zum richtigen Zeitpunkt nachgibst, wird das Pferd schon bald aufhören, auf die Hilfen zu reagieren.

Ich habe ein Zügelspannungsmessgerät benutzt, um den Druckunterschied beim Reiten mit und ohne Gebiss festzustellen. Es stellte sich heraus, dass die Zügelspannung bei beiden Methoden mehr oder weniger gleich war. Der Unterschied war die breitere Druckverteilung bei der gebisslosen Zäumung.

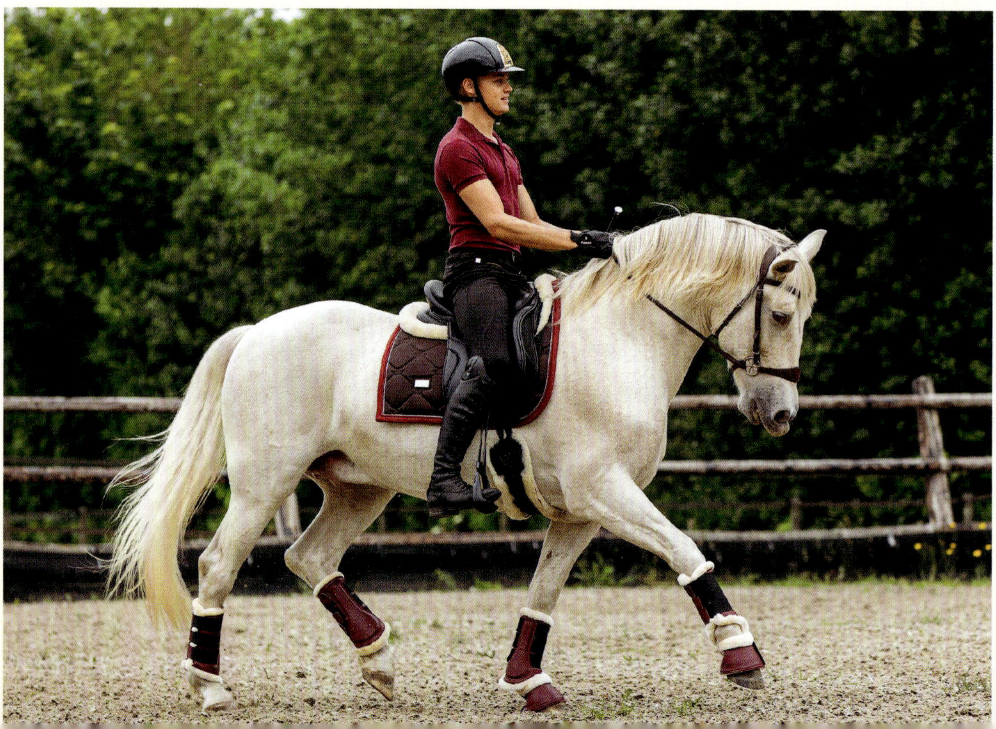

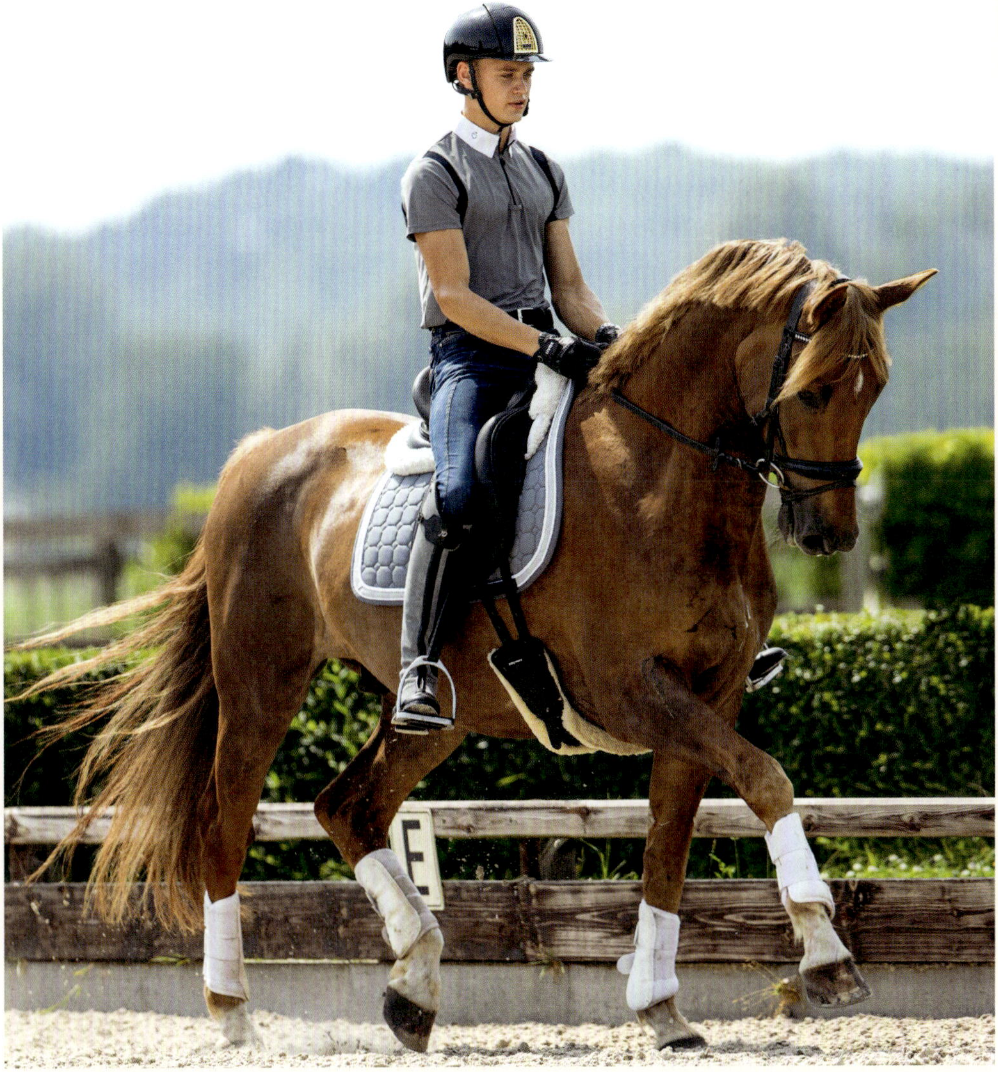

Muss ich mich entscheiden?

Es wirkt jetzt vielleicht so, als ob das gebisslose Reiten eine ganz andere Methode wäre, von der es kein Zurück mehr gibt. Aber eigentlich ist das Reiten mit und ohne Gebiss sehr ähnlich. Wenn du gerne weiterhin mit Gebiss reiten möchtest, kannst du das gebisslose Reiten als Teil deines Trainings einsetzen: Ohne Gebiss ist es viel leichter, die korrekte Haltung deines Pferdes zu überprüfen und zu korrigieren. Du spürst Fehler eher ohne Gebiss, weil sie sich nicht so leicht maskieren lassen wie mit einem Gebiss. Wenn dein Pferd zum Beispiel sein Gewicht auf die Vorhand wirft, spürst du das stärker in den Händen. Sobald dein Pferd sich besser trägt, kannst du manchmal wieder mit Gebiss reiten – je nachdem, was deine Ziele mit deinem Pferd sind. Das gebisslose Reiten ist nicht so anders (je nachdem, welches Gebiss du bisher verwendet hast). Trotzdem musst du deinem Pferd als Erstes beibringen, wie es sich anfühlt, wenn du etwas ohne Gebiss verlangst. Sobald ihr euch beide daran gewöhnt habt, ist es gar kein Problem mehr, zwischen einer gebisslosen Zäumung und einer Zäumung mit Gebiss abzuwechseln.

Wann solltest du mit dem Reiten ohne Gebiss beginnen?

Es wird oft angenommen, dass man mit dem Reiten ohne Gebiss erst beginnen sollte, wenn man bereits mit minimalem Druck auf dem Gebiss reiten kann. Was bedeuten würde, dass man junge Pferde immer mit Gebiss anreiten sollte und erst später zu einer gebisslosen Zäumung übergehen kann. Ich stimme dieser Theorie überhaupt nicht zu. Natürlich kann man ein Pferd ohne Gebiss anreiten. Darüber kannst du mehr in Kapitel 8 auf Seite 174 erfahren.

Es stimmt, dass ein Pferd mit einer gewissen Grundausbildung beim ersten gebisslosen Reiten die Schenkel-, Gewichts- und Zügelhilfen bereits versteht, sodass du es mit den bereits bekannten Hilfen unterstützen kannst. Ein rohes Pferd hat diese Erfahrung noch nicht. Dennoch ist der Wechsel von einer Zäumung mit Gebiss zu einer gebisslosen Zäumung eine echte Veränderung, an die sich selbst erfahrene Pferde gewöhnen müssen. Es ist ähnlich wie die Gewöhnung an die Trense: Pferde brauchen ein bisschen, bis sie das verstehen. Sie müssen erst lernen, die Hilfen zu verstehen, und du musst dein Pferd dabei anleiten und ihm die Zeit geben, die es benötigt. Deshalb braucht auch ein erfahrenes Pferd dieselbe langsame Grundausbildung ohne Erwartungsdruck wie ein ganz junges Pferd.

ÜBERGANG VOM REITEN MIT GEBISS ZUM GEBISSLOSEN REITEN

Selbst ein Pferd, das mit Gebiss schon alles beherrscht, muss sich erst an die gebisslose Zäumung gewöhnen. Es muss verstehen, was deine Hilfen und der Druck auf seinen Kopf bedeuten. Nimm dir also Zeit, um dein Pferd an die neue Zäumung zu gewöhnen, und baue das Training langsam auf.

Lasse dich nicht entmutigen, wenn das gebisslose Reiten bei deinem Pferd nicht auf Anhieb klappt, und denke nicht, dass dein Pferd nicht ohne Gebiss geritten werden kann. Nimm dir mehr Zeit, um es deinem Pferd ruhig und sanft beizubringen. Es liegt an dir, ihm den Weg zu zeigen. Oft kommt die Belohnung, wenn dein Pferd beginnt, sich zu entspannen und seine Haltung zu verbessern.

Starte mit der Bodenarbeit

Die Umstellung auf gebissloses Reiten ist nicht kompliziert, wird aber am besten sanft begonnen. Obwohl normalerweise keine großen Probleme auftreten, ist es wichtig, dein Pferd vorzubereiten und dir deiner selbst so sicher zu sein, dass du ihm die Aufgaben gut erklären kannst.

Beginne immer in einer sicheren Umgebung, in der du die Reaktion deines Pferdes testen kannst. Immerhin ist das alles etwas Neues für das Pferd und du kannst nie ganz sicher sein, wie es reagieren wird. Manche Pferde haben den Dreh schnell heraus und vermitteln gleich ein sicheres Gefühl, während andere vielleicht mehr Zeit brauchen, weil sie verwirrt sind oder sogar panisch werden. Aber sie können nur lernen, wenn sie entspannt sind, weshalb

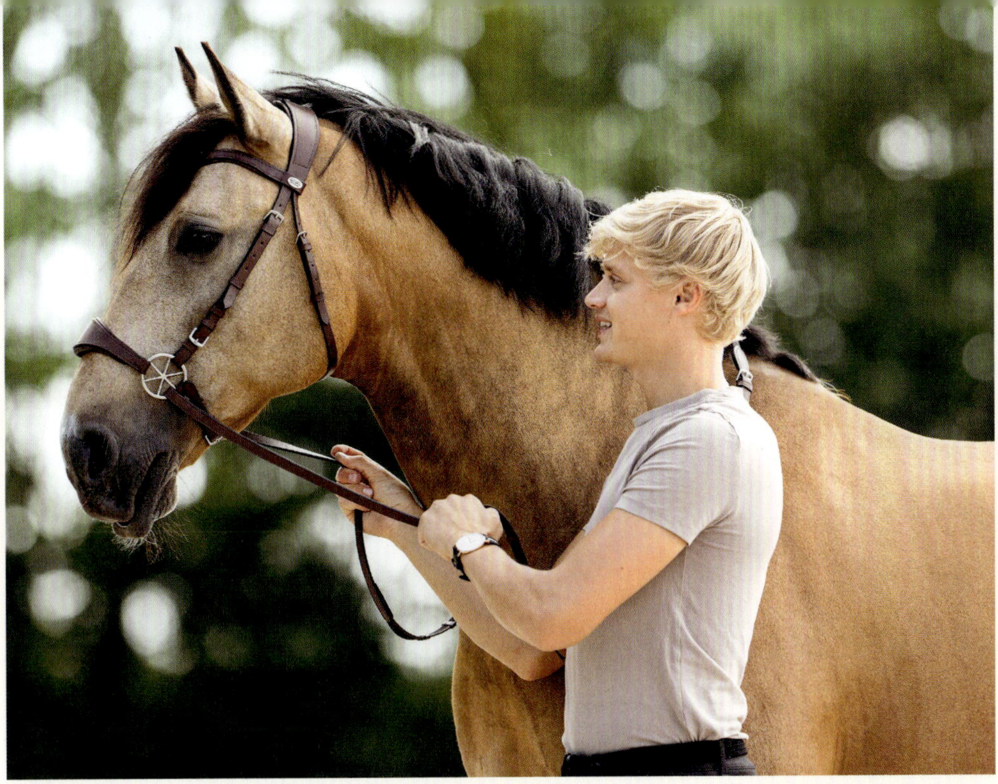

Beobachte, wie dein Pferd auf den Druck am Nasenriemen reagiert.

das dein Ziel sein sollte – deinem Pferd durch die Anspannung zu helfen. Sobald dein Pferd sich entspannen kann, wird es schnell verstehen, was du von ihm willst.

Beobachte, wie dein Pferd auf den Druck am Nasenriemen reagiert. Probiere zuerst vom Boden aus, wie es auf das gebisslose Zaumzeug reagiert. Dafür gehst du neben ihm her und führst die Zügel über den Hals, sodass du dieselben Hilfen wie beim Reiten geben kannst. Verlange von deinem Pferd, dass es anhält und ein paar Schritte rückwärts richtet. Auf diese Weise kann es sich an das Druckgefühl an seinem Kopf gewöhnen. Auch hier ist es wieder ganz wichtig, dass du den Druck sofort wegnimmst, wenn dein Pferd wie verlangt reagiert. Der Vorteil der Handarbeit ist, dass du vom Boden aus nicht nur spürst, was passiert, sondern es siehst. Von diesem Punkt aus kannst du von deinem Pferd auch verlangen, nach links und rechts zu wenden und sich seitwärtszubewegen.

Wenn dein Pferd das alles sofort versteht, weißt du, dass du vom Sattel aus weitermachen kannst. Wird dein Pferd jedoch nervös, solltest du noch länger an der Hand üben – so lange, bis es sich entspannt und gut auf die Hilfen reagiert.

Doppelte Zügelführung

Wenn du dein Pferd vom Reiten mit Gebiss auf das gebisslose Reiten umstellen willst, kannst du die Hilfen verwenden, mit denen es bereits vertraut ist: die Gebisshilfen. Dies kannst du erreichen, indem du ein Zaumzeug mit Gebiss mit einem gebisslosen Zaumzeug kombinierst. Es kann manchmal schwierig sein, beide Zaumzeuge übereinander anzulegen, und es ist wahrscheinlich eine gute Idee, wenn du den Nasenriemen vom Trensenzaum abnimmst. Du kannst auch ein gewöhnliches Halfter als Sidepull verwenden, wozu du die

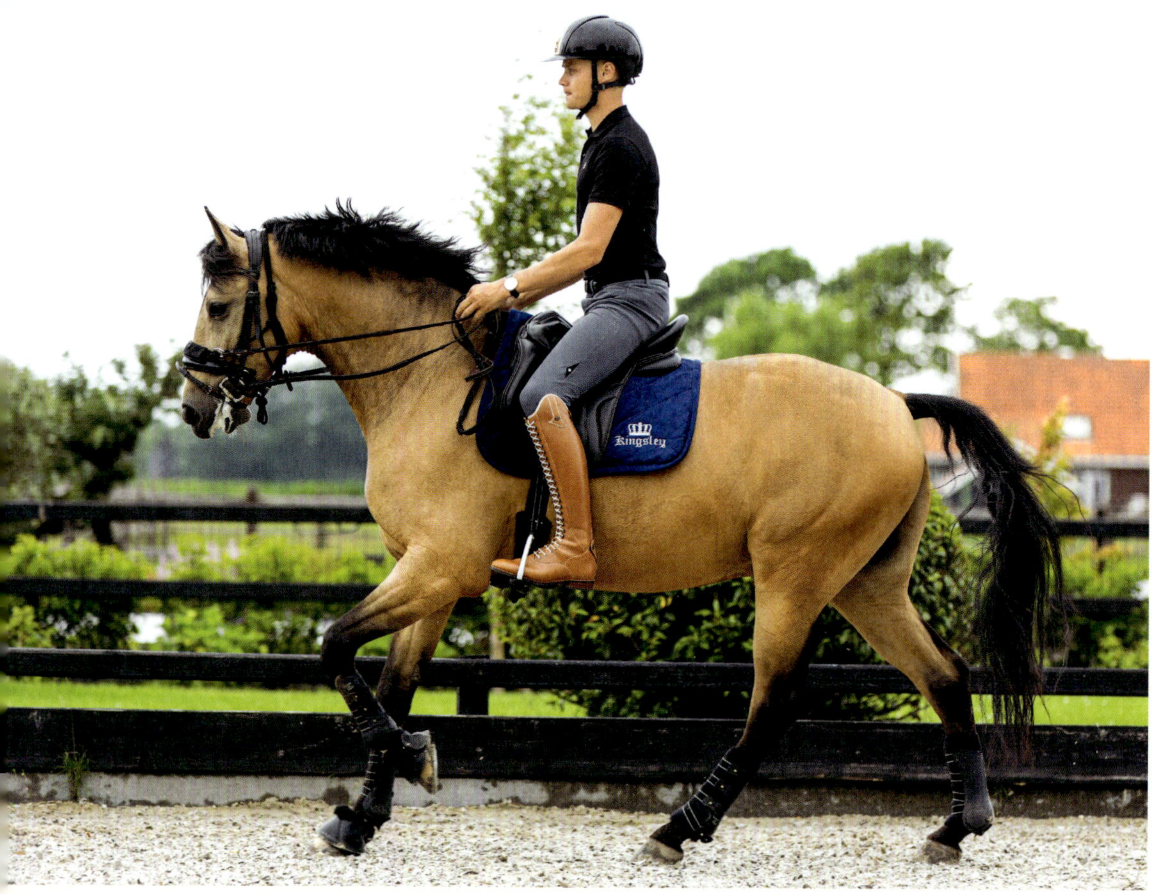

Hier verwende ich ein Knotenhalfter zusammen mit einem Trensenzaum.

Zügel seitlich einhängst. Auf jeden Fall musst du aber darauf achten, dass beide Zäume gut sitzen und nicht an den falschen Stellen drücken.

Jetzt kannst du mit doppelter Zügelführung reiten: Ein Zügel wird jeweils ins Gebiss eingehängt und einer ins gebisslose Zaumzeug oder Reithalfter. Wenn dein Pferd die Hilfen via Sidepull noch nicht versteht, kannst du sie nun mithilfe der Trense erklären. Versuche, so einfach wie möglich zu denken. Auch hier gilt die Goldene Regel: Wenn dein Pferd etwas nicht versteht, musst du es noch einmal erklären – und sofort nachgeben, sobald es einen Schritt in die richtige Richtung macht. Arbeite in dieser Weise weiter, bis es deinem Pferd leichter fällt, deinen Hilfen zu folgen, und das Gelernte fest verankert ist. Dann hast du ein sicheres, selbstbewusstes und zufriedenes Pferd.

Mit gebissloser Zäumung reiten

Wenn du nicht vierzügelig reiten willst, musst du einen anderen Weg finden, um deinem Pferd klarzumachen, was du meinst. Bodenarbeitselemente, die bereits fest verankert sind, bereiten es auf den nächsten Schritt vor. Achte darauf, kleine, aber besonders klare Hilfen zu geben, wenn du zum ersten Mal ohne Gebiss reitest. Wenn dein Pferd darauf nicht reagiert, kannst du die Hilfen verstärken, wobei sie aber immer lenkend bleiben sollten. Sobald dein Pferd wie gewünscht reagiert, gibst du nach – und zwar nicht nur, wenn du langsamer

werden willst, sondern auch, wenn du den Kopf deines Pferdes stellst. Gib sofort nach und belohne es, wenn es macht, was du verlangst. Das mag zunächst übertrieben erscheinen, aber mit der Zeit wirst du die Stärke deiner Hilfen reduzieren können, da dein Pferd auf immer leichtere Signale reagiert. Der Einsatz von Kraft ist nie richtig: Dein Ziel ist ein Pferd, das so stark wie möglich auf die leichtesten Hilfen reagiert. Denke daran, dass du dieselbe Leichtigkeit erreichen möchtest, die du beim Reiten mit Gebiss hattest.
Am Anfang ist es einfach nur wichtig, dass dein Pferd Spaß an der neuen Erfahrung hat, ohne Angst vor Fehlern haben zu müssen. Es sollte Vertrauen haben, dass ihr zwei das als Team meistern könnt. Wenn du dich daran hältst, wird das Training immer leichter werden und mehr Spaß machen.

Verlange von deinem Pferd zunächst, im Stehen seinen Kopf und Hals zur Seite zu biegen, gehe dann eine Weile Schritt und bleibe dann erneut stehen. Probiere, ein paar Schritte rückwärtszurichten, und schau, ob das funktioniert. Belohne dein Pferd jedes Mal, wenn es so reagiert, wie du das möchtest. Verlange von deinem Pferd, sich auf eine Zügelhilfe hin nach rechts und nach links zu biegen. Du musst deine Hilfen bewusst einsetzen und darfst auf keinen Fall im Zügel hängen. Manche Pferde fühlen sich anfangs mit einer gebisslosen Zäumung schwerer in der Hand an, was aber nicht bedeutet, dass du umgekehrt auch am Zügel ziehen solltest.

Du kannst dein Pferd anfangs noch mit deutlicheren Hilfen unterstützen.

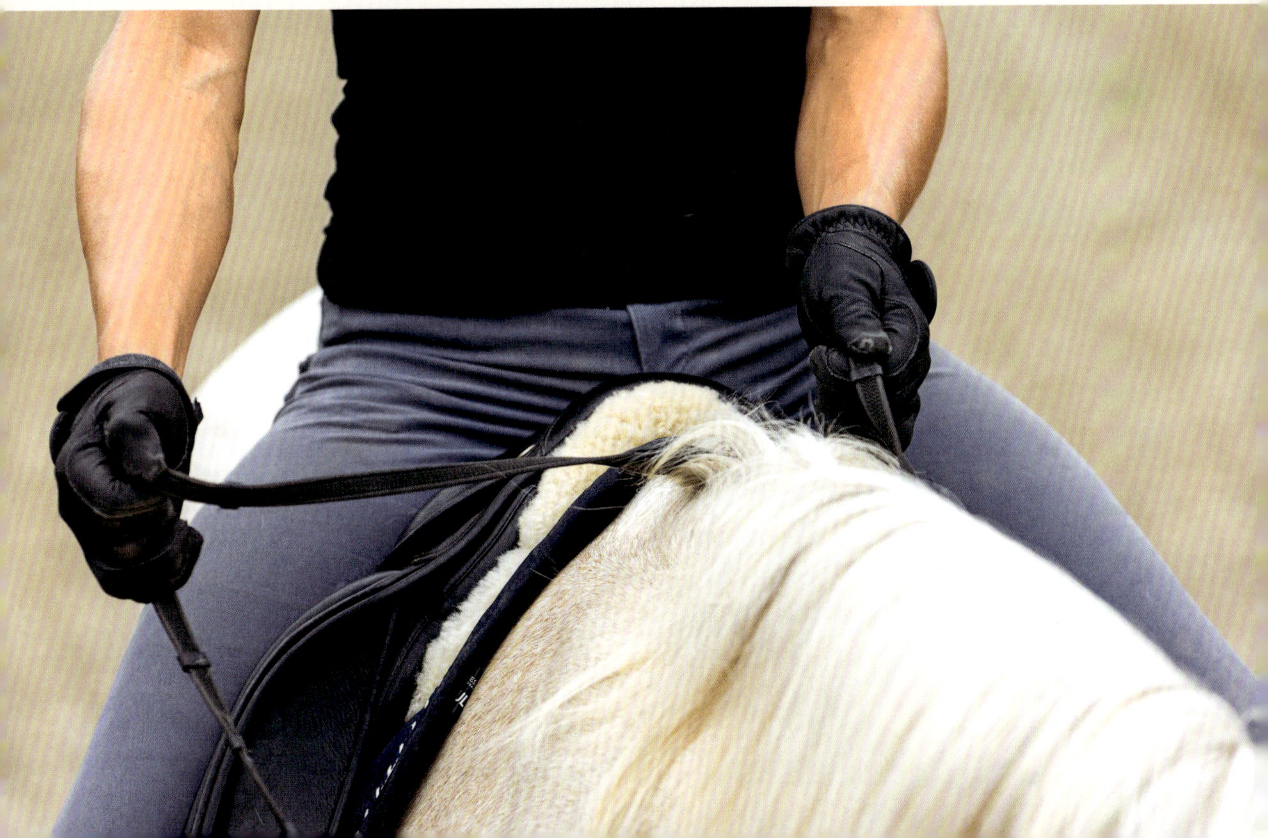

Bleibe im Schritt und beobachte, wie es läuft. Manchen Pferden fällt das Traben oder Galoppieren leichter als anderen. Erwarte nicht zu viel und schaue einfach mal, was passiert. Probiere am Anfang nichts Schwieriges aus. Auch wenn du sonst auf hohem Niveau reitest, solltest du dich zuerst mit einfachen Linien zufriedengeben. Reite einen Zirkel, verlangsame das Tempo und werde wieder schneller, und baue in der nächsten Stunde darauf auf. Mache langsam, aber reite trotzdem so normal wie möglich – es gibt keinen Grund, plötzlich ängstlich oder besonders streng zu werden. Wenn dein Pferd nicht so reagiert, wie es sollte, bedeutet das nicht, dass es für das gebisslose Reiten ungeeignet ist. Vielleicht musst du deine Hilfe anders und klarer geben – oder vielleicht braucht ihr mehr Zeit. Dein Pferd muss verstehen, was du von ihm willst, also nimm dir die Zeit, es gemeinsam mit ihm herauszufinden. Es wird der Zeitpunkt kommen, an dem du merkst, dass die Kommunikation zwischen euch nun genauso gut ist wie sie es mit Gebiss war, oder sogar noch besser!
Die Zeitspanne, die ein erfahrenes Pferd braucht, um sich an das gebisslose Reiten zu gewöhnen, variiert stark. Manche Pferde haben den Dreh eigentlich sofort heraus und genießen den gebisslosen Zaum vom ersten Ritt an, während andere Pferde zunächst verunsichert sind und ein paar Wochen brauchen, um sich wirklich daran zu gewöhnen. Natürlich ist es auch wichtig, dass du ein gebissloses Zaumzeug verwendest, das zu dir und deinem Pferd passt. Und vergiss nie, Spaß am Reiten zu haben und an dich zu glauben!
Was, wenn du auch nach drei Trainingseinheiten noch das Gefühl hast, keine Fortschritte zu machen? Ein Grund dafür könnte sein, dass dein Pferd sich mit dem von dir ausgewählten Zaumzeug nicht wohlfühlt. Probiere herauszufinden, was es unangenehm daran findet und wie du das lösen könntest. Oder gibt es ein anderes Zaumzeug, das du ausprobieren könntest: ... vielleicht kannst du dir eins ausborgen. Eventuell musst du aber auch etwas anders machen, damit dein Pferd versteht, was du meinst. Frage dich, ob dies vielleicht ein Problem ist, dass ihr zwei bereits zuvor hattet? Wenn das der Fall ist, musst du daran als Erstes arbeiten und mit Dingen abwechseln, die dein Pferd bereits gut kann.

Konzentration

Eine Sache, die ich sehr wichtig finde – die aber für mich persönlich auch schwierig ist – ist die Notwendigkeit, mich ganz darauf zu konzentrieren, was ich machen will. Egal, ob das eine Hilfe ist oder das Tempo oder die Zirkellinie oder eine andere Bahnfigur – ich muss mich voll darauf konzentrieren, was ich machen möchte. Denn nur so kann ich mein Pferd wirklich dabei unterstützen und es auch sofort spüren, wenn meine Hilfe nicht die gewünschte Reaktion erzielt. Weil ich mich voll auf mein Pferd konzentrieren möchte, arbeite ich manchmal in kurzen Einheiten mit einer Pause dazwischen. So kann ich mich immer voll konzentrieren und so klar wie möglich mit meinem Pferd kommunizieren.

Die Hilfen nicht übertreiben

Du solltest bestimmte Situationen oder Lektionen nie deshalb vermeiden, weil dein Pferd sie schwierig findet. Im Gegenteil, du musst ihm die Gelegenheit geben, denselben „Fehler“

noch einmal zu machen, damit es dazulernen kann. Wenn du zum Beispiel ein gleichmäßiges Tempo erhalten willst, dein Pferd aber ständig langsamer oder schneller wird, ist dein erster Impuls vielleicht, am Zügel zu hängen oder ständig mit den Schenkeln zu klopfen – aber dadurch bringst du deinem Pferd nichts bei. Zeige ihm stattdessen nur einmal, welches Tempo du verlangst und was dein Körper macht. Versuche dann, seine Aufmerksamkeit so lange zu halten, bis du etwas anderes verlangst. Warte ab, ob dein Pferd das auch wirklich macht. Wenn es von selbst eine unerwünschte Veränderung vornimmt – zum Beispiel, langsamer werden –, kannst du es daran erinnern, was du verlangt hattest, und wieder das ursprüngliche Tempo herstellen. Höre daraufhin sofort wieder auf, die Hilfe zu geben, und reite einfach locker weiter. Früher oder später wirst du feststellen, dass dein Pferd immer seltener Tempoänderungen auf Eigeninitiative vornimmt, bis es sein Tempo schließlich selbstständig hält. Wenn du Fehler immer umschiffst, wirst du die Probleme nie lösen. Es wird nicht leichter und dein Pferd kann nichts lernen. Das gilt für alle Pferdetypen, weshalb du dir dessen unbedingt bewusst sein musst. Auch wenn ich selbst es als Herausforderung empfinde.

Dokumentiere deine Fortschritte

Vielleicht hast du manchmal das Gefühl, dass du überhaupt keine Fortschritte machst – was oft eine subjektive Sichtweise ist. Wenn du sicher sein willst, dass dein Pferd und du euch stetig verbessert, kannst du dich in regelmäßigen Abständen beim Reiten von jemandem filmen lassen. Das wird dir helfen, deine eigenen Stärken und Schwächen besser im Blick zu haben. Wenn du dir diese Videos später noch einmal ansiehst, wirst du merken, dass du viel mehr Fortschritte gemacht hast, als du dachtest. Und wenn das nicht der Fall ist, ist es vielleicht an der Zeit, einen guten Reitlehrer zu finden, der dir und deinem Pferd aus dieser festgefahrenen Situation heraushelfen kann.

Probleme lösen

Manche Pferde laufen ohne Gebiss sofort gut, während andere länger brauchen, um sich umzustellen. Glücklicherweise fallen viele Pferde in die erste Kategorie, aber es kann durchaus sein, dass du und dein Pferd mit bestimmten Problemen konfrontiert seid.
Manchmal handelt es sich dabei um Probleme, die bereits vorher vorhanden waren. Manche davon können durch einen gebisslosen Zaum behoben werden, aber eine Zäumung ist kein Wundermittel. Die meisten Probleme, die ein Pferd beim Reiten mit Trense hatte, werden auch mit einer gebisslosen Zäumung wieder auftauchen. Deshalb ist es wichtig, dass du in deinen Erwartungen fair bleibst. Wenn ein Pferd noch keine Selbsthaltung mit Trense entwickelt hat, wird es diese nicht plötzlich zeigen, weil es nun ohne Gebiss geritten wird.

Bestehende Probleme

Es ist möglich, dass manche Probleme beim Reiten ohne Gebiss sogar deutlicher hervortreten als mit Gebiss. Das bedeutet nicht, dass dein Pferd weniger gut läuft, sondern einfach,

dass es schwieriger ist, Probleme ohne Gebiss zu maskieren. Zum Beispiel werden manche Pferde sehr schwer in der Hand – ein Problem, das von der Hinterhand kommt.
Dieses Problem löst du nicht, indem du fester an den Zügeln ziehst, sondern indem du Übungen reitest, die das Problem lösen. Dein Pferd muss immer leicht in der Hand sein.
Manche Probleme lassen sich jedoch sehr wohl durch eine gebisslose Zäumung beheben: Und zwar solche, die vom Gebiss stammen. Pferde, die beim Reiten mit Trense ihren Kopf schütteln, hören oft damit auf, wenn sie kein Gebiss mehr im Maul haben. Pferde mit einem sensiblen Maul fühlen sich ohne Gebiss wohler. Bei Pferden, die ihr Maul ständig aufreißen oder ihre Zunge über das Gebiss legen, ist ein gebissloses Zaumzeug definitiv eine Lösung. Der gebisslose Zaum löst das Problem im Pferdemaul zwar nicht, aber er umgeht es.

Neues Problem: Nachgeben

Vielleicht fällt dir auf, dass es nun schwieriger ist, dein Pferd zum Nachgeben zu bringen, während das mit Gebiss nie ein Problem war. Der Grund dafür könnte sein, dass Pferde von Natur aus dazu neigen, gegen Druck zu gehen. Man sieht es oft, wenn man beginnt, ohne Gebiss zu reiten: Es ist etwas Neues und das Pferd spürt eine andere Art von Druck als die, an die es gewöhnt war. Es wird vorwärtsgeritten, während es ständig einen leichten Druck auf der Nase hat. Das kann verwirrend sein. Wenn dein Pferd aufgrund dessen nicht nachgeben will oder unsicher wirkt, solltest du ihm besser noch keine Hilfen geben, die ein Nachgeben verlangen. Solchen Pferden kann man mit Übungen helfen, wie Zirkel oder Achterfiguren, Schenkelweichen und Schulterherein. So kann das Pferd lernen, was die Zügelhilfen bedeuten, und beginnen, sich zu entspannen und nachzugeben. Du solltest dich auch gar nicht auf deine Hände oder den Pferdehals fixieren. Die richtigen Übungen werden dir helfen, dein reiterliches Können zu verbessern.

Problemlösungen

Was tun, wenn du in der Übergangsphase zum gebisslosen Reiten auf Probleme triffst?

Überprüfe deine Grundlagen

Das ist der allerwichtigste Punkt. Als Erstes musst du dich selbst unter die Lupe nehmen. Stelle sicher, dass du einen unabhängigen Sitz hast und dass du weißt, wie man ein Pferd ausbildet. Abgesehen davon muss dein Pferd natürlich gesund und körperlich in der Lage sein, auszuführen, was du von ihm verlangst. Dein Pferd versteht die Hilfen: Vorwärts, Halt, Lenkung. Wenn du es versammeln willst, machst du das nicht, indem du die Zügel anspannst, sondern durch eine Aktivierung der Hinterhand. Dein Pferd muss durch seinen gesamten Körper arbeiten, und das kannst du nur schaffen, indem du die größte Betonung auf deinen Sitz und deine Schenkel legst. Die Schubkraft aus den Hinterbeinen ermöglicht es dem Pferd, seinen Rücken aufzuwölben und in Selbsthaltung zu kommen. Reite viele Lektionen, um die Losgelassenheit deines Pferdes zu verbessern. Es soll sich trauen, nachzugeben und loszulassen. Gehe erst dann zum nächsten Schritt über, wenn dein Pferd die

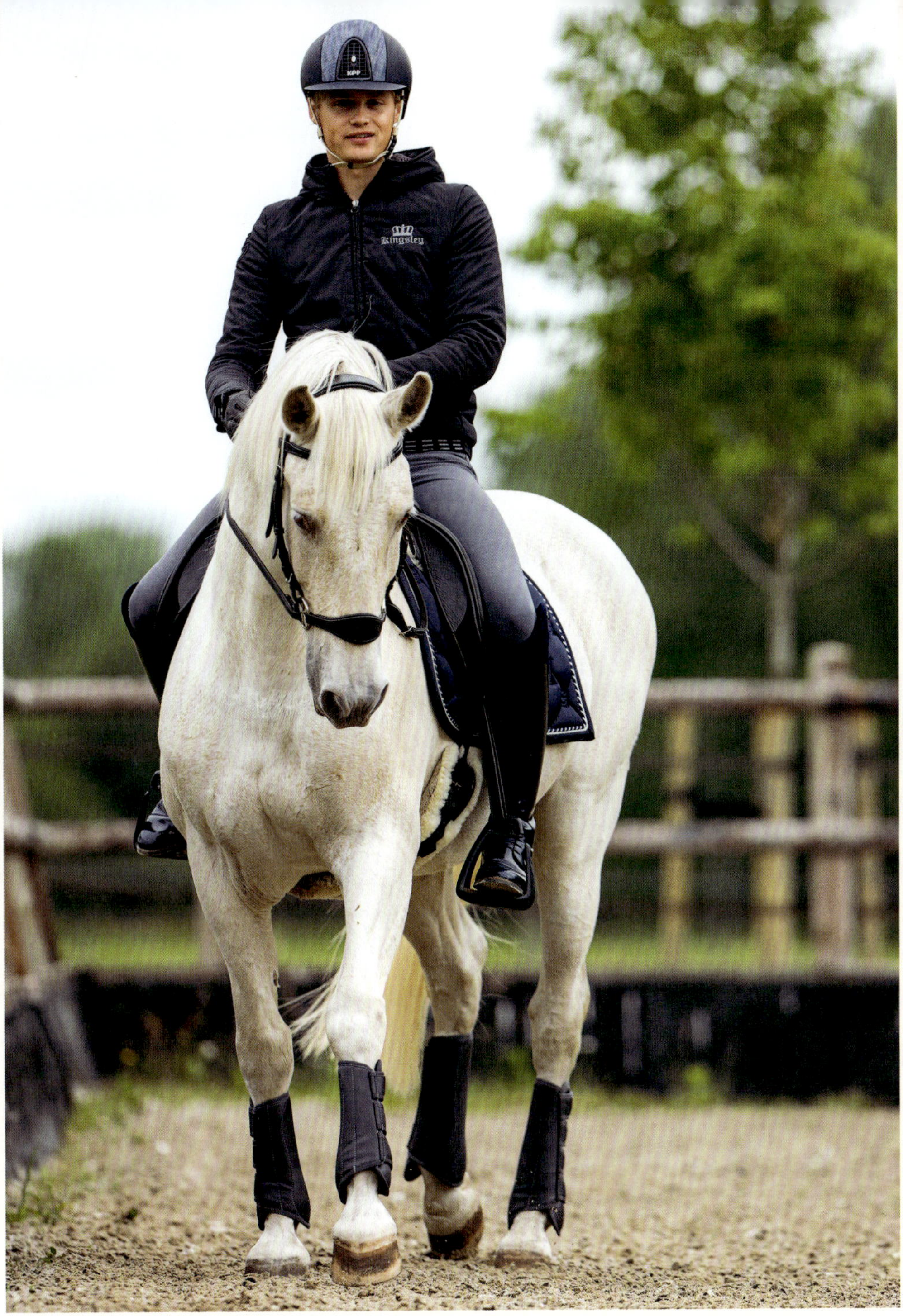

einfachen Übungen entspannt und sicher meistert. Wenn es seinen Körper in einer Übung nicht gut einsetzt, bedeutet das, dass es diese Übung nicht gerne macht. Setze deinen Sitz, deine Schenkel und deine Rückenmuskulatur in Kombination mit einem leichten Vibrieren der Hände ein, um kurze halbe Paraden zu geben. Hilf deinem Pferd, die Übung korrekt auszuführen und seinen Körper korrekt einzusetzen, was alles leichter macht.

Zu schwer auf der Hand

Es kann unterschiedliche Gründe geben, warum sich ein Pferd auf die Hand legt. Vielleicht liegt sein Gewicht auf der Vorhand, weil es nicht durch seinen gesamten Körper arbeitet – was wiederum bedeutet, dass es nicht vollkommen entspannt ist und seine Hinterhand nicht einsetzt, um für die nötige Schubkraft zu sorgen. Es ist auch möglich, dass es einfach nicht versteht, wie es auf dieses neue Zaumzeug reagieren soll, und deshalb gegen den Druck geht. Um dein Pferd an das ungewohnte Gefühl des neuen Zaumzeugs zu gewöhnen, machst du am besten bestimmte Übungen mit ihm: Halt, im Schritt anreiten, Halt, im Schritt anreiten. Es ist sehr wichtig, dass du nur die Reaktion erhältst, die du auch verlangst. Das Ziel einer ganzen Parade ist, dass das Pferd auch tatsächlich entspannt stehen bleibt. Es muss verstehen, was du von ihm willst. Du verkürzt die Zügel, das Pferd bleibt sofort stehen und du gibst sofort wieder am Zügel nach – so versteht dein Pferd, dass du genau das wolltest. Sollte es nicht sofort reagiert haben, darfst du es nicht korrigieren, indem du es ein paar Schritte rückwärtsschickst. Du würdest dein Pferd damit nur verwirren.

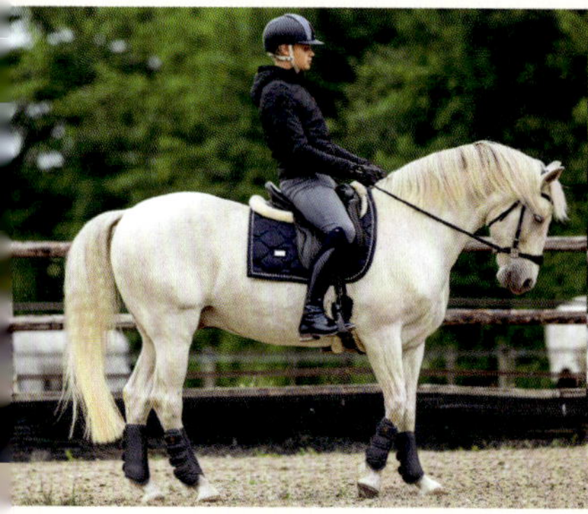

Antares geht mit dem Kopf gegen den Druck an.

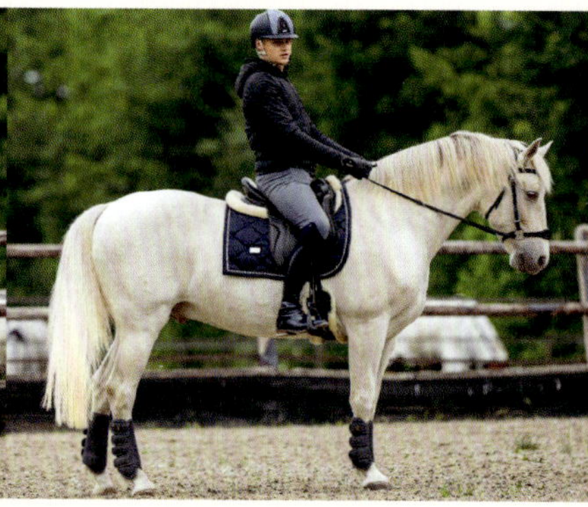

Hier gelingt Antares das Halten besser.

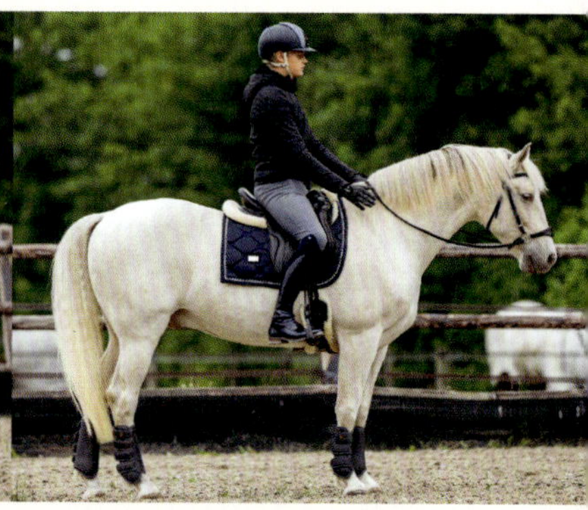

Sofort lasse ich die Zügel nach und lobe.

Wenn ein Pferd ständig gegen den Druck geht oder sich im Genick und Hals verwirft, solltest du so lange weitermachen, bis du die korrekte Reaktion erhältst. Belohne es daraufhin sofort.

Ein anderes Problem ist es, wenn das Pferd deshalb schwer in der Hand liegt, weil es auf der Vorhand läuft und die Hinterhand nicht genügend Last aufnimmt. Wenn es dir schwerfällt, die Haltung deines Pferdes zu erspüren, dann sieh es dir einmal genau beim Longieren an oder nimm ein Trainingsvideo auf. Pferde können Gewicht auf die Vorhand legen, ihren Hals strecken und trotzdem noch schwungvoll gehen. Die Kraft, mit der das Pferd sich vorwärtsbewegt, sollte von hinten kommen und den Widerrist anheben. Die Hinterbeine sollten dabei weit unter den Körper treten. Das Pferd sollte aussehen, als ob es bergauf läuft – nicht bergab. Das Pferd sollte also immer seinen Widerrist anheben. Versuche nicht, dies zu erreichen, indem du die Zügel hochnimmst und daran ziehst – das funktioniert nie.

Reite stattdessen korrekt und aktiviere die Hinterhand. Das hilft deinem Pferd, sich selbst zu tragen und seine Vorhand anzuheben. Kleine, kurze, halbe Paraden in Kombination mit Schenkelhilfen unterstützen es, die Körpermasse anzuheben. Du belohnst durch Nachgeben und durch den Einsatz deiner Stimme. Achte darauf, dass die Schubkraft wirklich aus der Hinterhand kommt. Dein Pferd sollte nicht den Kopf hochnehmen und seinen Rücken durchdrücken. Wenn du viele Übergänge reitest, wird dein Pferd allmählich immer besser auf die Hilfen reagieren: vom Schritt in den Trab in den Galopp und nach wenigen Sprüngen wieder zurück zu Trab und Schritt. Mit der Zeit wirst du Übergänge direkt vom Schritt in den Galopp reiten können. Dies ist eine sehr gute Methode, um die Hinterhand des Pferdes zu aktivieren – was wiederum dazu führt, dass es sich besser trägt und leichter in der Hand wird. Du wirst mit der Zeit auch in der Lage sein, diese Übergänge in andere Lektionen zu integrieren.

Vermeide es, die immergleichen Übungen zu lange oder zu oft zu reiten, da dein Pferd dann möglicherweise irgendwann genug davon hat. Auch wichtig: Gewöhne es dir nicht an, bei dem gebisslosen Zaumzeug zu viel Gewicht in den Händen zu haben. Wenn du zu viel Druck auf den Zügeln hast, wird dein Pferd nie lernen, sich selbst zu tragen, und du wirst niemals eine weiche und leichte Zügelverbindung erreichen.

Keine Stellung

Manche Pferde wollen sich in einer gebisslosen Zäumung nicht gern stellen lassen. Auch hier musst du dich fragen, ob dies etwas ist, was dein Pferd schon immer vermieden hat – oder ob es sich einfach noch nicht an das neue gebisslose Zaumzeug gewöhnt hat.

Wenn dein Pferd die Hilfen mit der gebisslosen Zäumung noch nicht versteht, dann musst du sie ihm beibringen – indem du ihm geduldig noch einmal erklärst, was du meinst, und sofort nachgibst, sobald es eine Bewegung in die richtige Richtung macht. Reite dein Pferd so weit wie möglich so, wie du es schon immer geritten hast. So kann es die Verknüpfung schneller herstellen. Reite viele Bahnfiguren, verlange ein Schenkelweichen nach innen, während du mit dem Außenzügel gegenhältst, reite viele Wendungen, verlange Biegung durch den Körper und gelegentlich auch eine stärkere Stellung – so lernt dein Pferd die Lenkung kennen. Und wann immer es richtig reagiert, musst auch du sofort nachgeben! Mit der Zeit wirst du mehr gerade Linien reiten können, aber am Anfang sind viele Wendungen ideal, um dein Pferd an das gebisslose Zaumzeug zu gewöhnen. Durch Tempoänderungen lernt es die verwahrenden Hilfen kennen. Reite dein Pferd immer von der Hinterhand her vorwärts, damit die Vorhand leicht wird. Probiere nie, ein Haltungs- problem durch eine starke Handeinwirkung zu beheben. Erwarte anfangs nicht zu viel von deinem Pferd und mache einfache Dinge mit ihm. Die Umstellung auf eine gebisslose Zäumung verlangt ihm viel Energie und Aufmerksamkeit ab.

Wenn ein Pferd sich nicht stellen lässt, bist möglicherweise du der Grund. Es ist wichtig, dass du einen gleichmäßigen Kontakt mit dem Pferdemaul hältst. Wenn du keinen ruhigen Sitz hast und/oder nicht in der Lage bist, den Bewegungen deines Pferdes zu folgen, dann

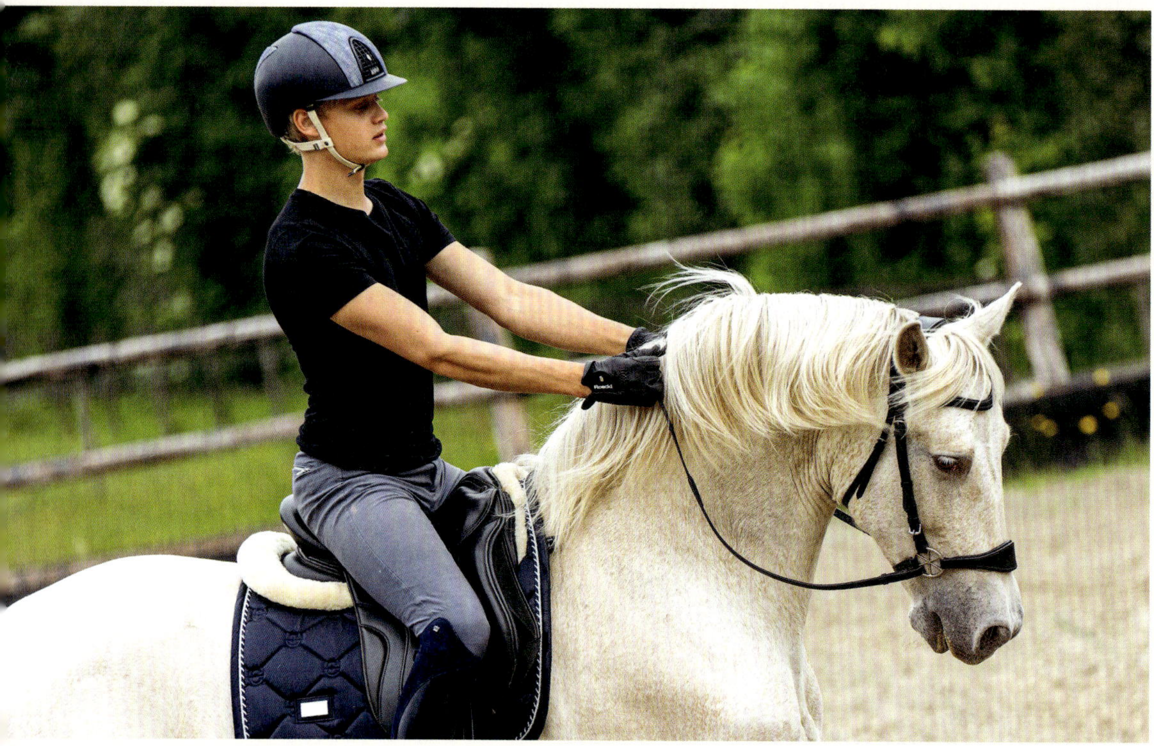

Löse den Zügeldruck von Zeit zu Zeit, ohne die Balance zu verlieren.

wird es sich nicht trauen, seinen Rücken loszulassen. Ergebnis: Es kann auch seinen Hals und seine Kiefermuskulatur nicht entspannen. Wenn dies der Fall ist, musst du als Erstes an dir selbst arbeiten und deinen Sitz verbessern.

Schwer zu lenken

Manche Pferde finden es sehr schwierig, den Lenkmechanismus einer gebisslosen Zäumung zu verstehen. Wenn dein Pferd die Lenkung mit Gebiss versteht, kehrst du am besten noch einmal zu den Grundlagen der Bodenarbeit zurück. Lass es auf dem Zirkel und auf Achterfiguren gehen und verlange eine übertriebene Stellung, indem du deine Hand weit zur Seite führst und dein Pferd folgen lässt. Belohne es daraufhin. Du kannst die Schenkelhilfen auch vom Boden aus üben, indem du mit einer Gerte an der Stelle touchierst, wo beim Reiten dein Bein wäre. Auf diese Weise kannst du das Erlernte später vom Sattel aus anwenden.

Wenn es am Boden schon gut funktioniert, kannst du es vorsichtig mit Reiten probieren. Übertreibe die Lenkhilfen am Anfang – bis dein Pferd ihnen folgt. Unterstütze die Zügelhilfen durch Gewichts- und Schenkelhilfen: Du drehst deine Schultern und dein Becken immer in Bewegungsrichtung mit. Insgesamt solltest du also alles tun, um deinem Pferd die Bedeutung der Hilfen klarzumachen. Sobald es das grundlegende Konzept verstanden hat,

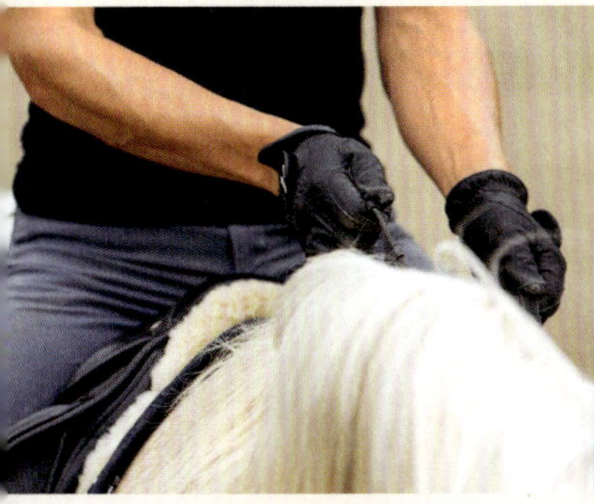

Kreuze mit deiner Hand nicht über den Widerrist.

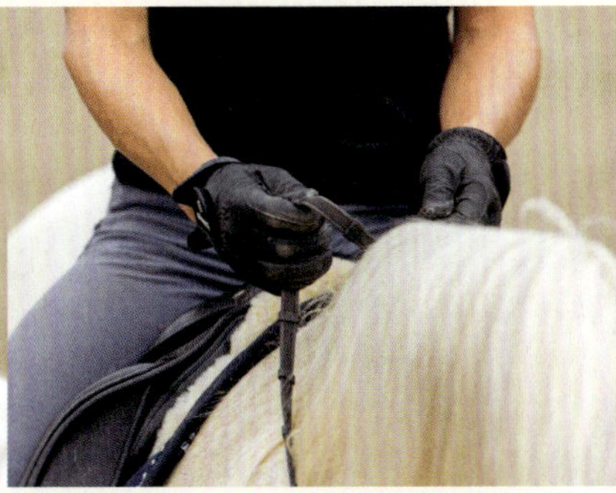

Grundposition der Zügelhände

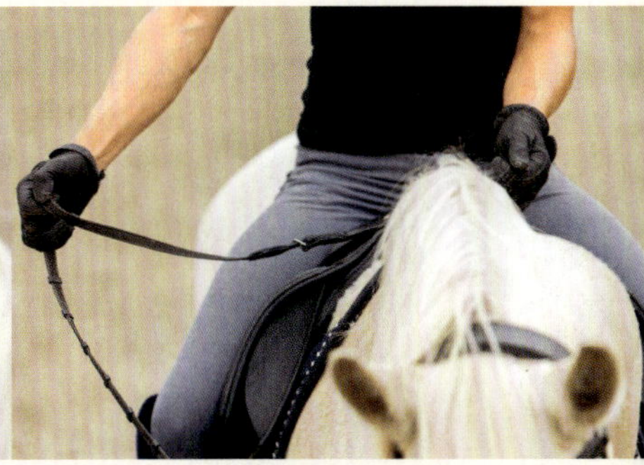

Der seitwärtsweisende Zügel wirkt unterstützend.

kannst du gelegentlich eine leichte Stellung verlangen und mehr gebogene Linien reiten, wie Zirkel, Achter und mehr.

Dein Pferd wird dadurch hoffentlich leichter in der Hand werden und sich leichter wenden lassen. Liegt es jedoch immer noch zu schwer auf der Hand, musst du überprüfen, ob du es auch aktiv aus der Hinterhand heraustreibst. Achte auf das Timing deiner Hilfengebung: Gibst du immer sofort nach, wenn dein Pferd gut reagiert? Dann sollte es mit der Zeit besser und schneller auf deine Hilfen reagieren.

Sollte das Problem noch immer nicht gelöst sein, könnte es an dem gebisslosen Zaumzeug liegen, das du verwendest. Hat es eine gute Nachgebefunktion? Zäume mit Zuziehfunktion (gekreuzte Kinn- und Kehlriemen) sind für manche Pferde ungeeignet, da sie den Zuziehmechanismus unangenehm finden. Mit einem Knotenhalfter, bei dem die Zügel unter dem Kopf verschnallt sind – oder auch mit einem Bosal –, funktioniert die Lenkung noch einmal ganz anders. Diese Zaumzeugtypen eignen sich weniger für dressurmäßiges Reiten.

Zu schnell oder zu langsam

Es ist eine gute Idee, die Geschwindigkeit deines Pferdes im Auge zu behalten – läuft es zu schnell oder zu langsam? Wenn es nicht schnell genug auf deinen Schenkel reagiert und nicht aktiv genug ist, wird es sich stärker auf den Zügel legen. Das kannst du verbessern, indem du ein Grundtempo herstellst. Prüfe, ob dein Pferd dieses Tempo halten kann, solange du nichts änderst und keinen Tempowechsel von ihm verlangst. Wird dein Pferd trotzdem immer schneller, kannst du versuchen, es mit deinem Sitz und deiner Stimme zu beruhigen. Du kannst auch jedes Mal eine kleine Bahnfigur einbauen, wenn es schneller wird. Wird es immer wieder langsamer, solltest du es jedes Mal an das Grundtempo erinnern, indem du deine Schenkel und deine Stimme einsetzt. Mach ihm klar, dass du wieder zu diesem Tempo zurückmöchtest. Sobald du dies erreicht hast, stellst du jegliche Hilfengebung ein. So kannst du deinem Pferd beibringen, das verlangte Tempo immer länger zu halten. Sobald es das verstanden und ein besseres Gleichgewicht entwickelt hat, kannst du Tempowechsel innerhalb der Gangarten einbauen, also innerhalb der Gangart schneller oder lang-

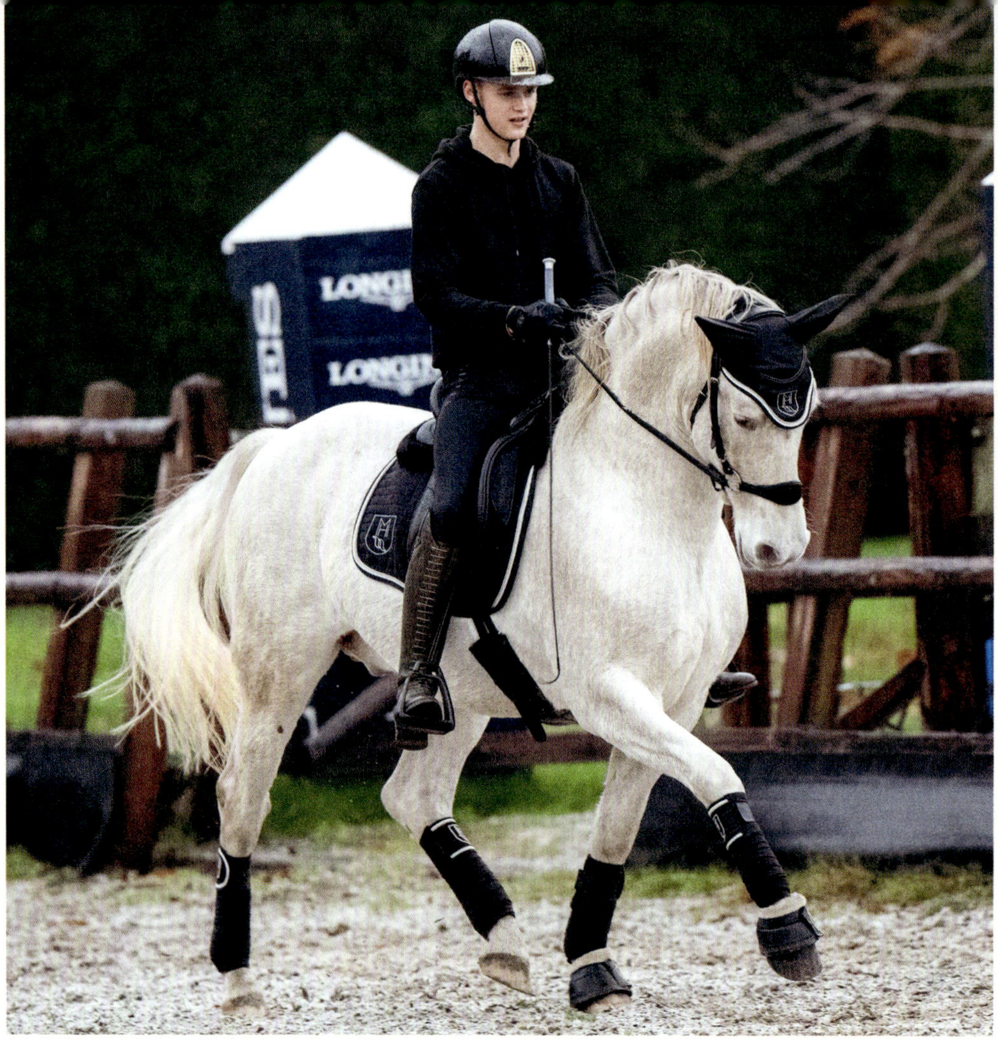

samer werden. Halte diese Wechsel kurz und stelle sicher, dass sie von dir kommen und nicht eigenständig vom Pferd. Vergiss nicht, hin und wieder zu überprüfen, ob dein Pferd sein Tempo selbstständig hält, ohne langsamer oder schneller zu werden. Es braucht ziemlich lange, einem Pferd das beizubringen, aber es lohnt sich auf jeden Fall sowohl für dein Pferd als auch dich, darauf zu achten.

Zu steif

Manche Pferde sind von Natur aus geschmeidiger als andere, und jedes Pferd hat mal einen schlechten Tag, an dem es steif ist oder einen Muskelkater hat. Deshalb ist es immer gut, an der Beweglichkeit des Pferdes zu arbeiten. Ich persönlich beginne immer mit der Dehnungshaltung und mit Übungen, die das Pferd aufwärmen und seine Losgelassenheit fördern. Natürlich muss man dies immer sanft und weich aufbauen. Gewalt und Krafteinwirkung führen zu keiner Muskelentspannung und sind schlecht für den Kreislauf – bringen also nie gute Ergebnisse. Ich mache diese Übungen am liebsten mit einem entspannten Pferd, das seinen Hals vorwärts-abwärts dehnt. Es ist wichtig, die Halshaltung immer wieder zu variieren, aber erst später, wenn das Pferd aufgewärmt ist. Fang mit angenehmen Dehnübungen an.

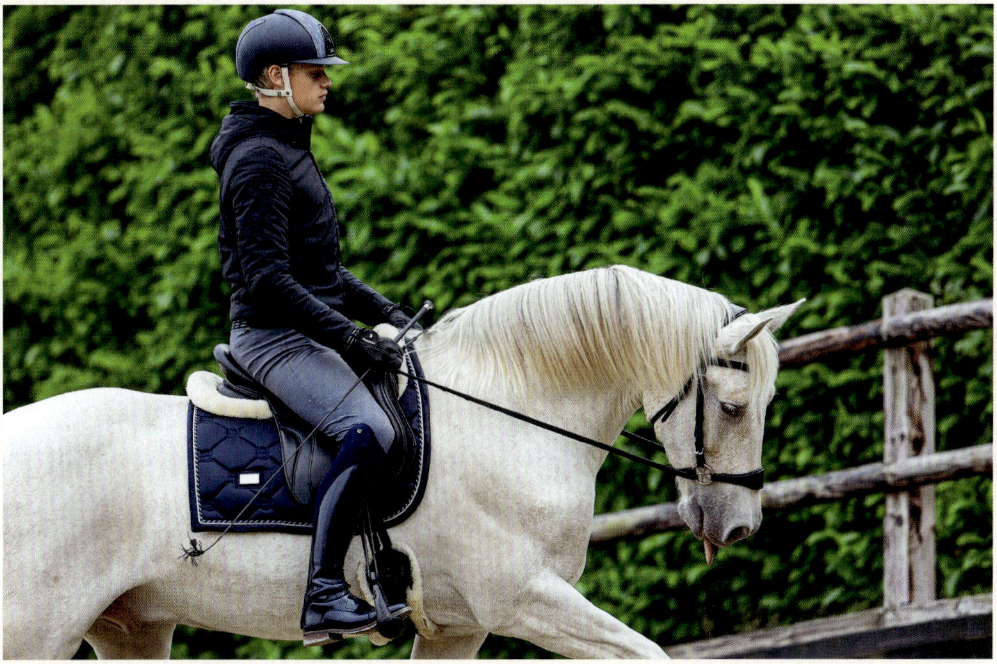

Eine schön entspannte Zügelverbindung.

Wichtig ist auch, dass du im Schritt anfängst. Im Schritt sind alle möglichen Übungen hilfreich, wie zum Beispiel Schenkelweichen und Tempowechsel, bei denen sich der Rahmen deines Pferdes verlängert und verkürzt. Du kannst auch mit ein paar kleinen und großen Zirkeln anfangen. Beim Vergrößern des Zirkels erhältst du die Biegung im Körper des Pferdes und setzt deinen Innenschenkel ein, um das Pferd nach außen und an den Außenzügel zu bringen. So lernt das Pferd spielerisch, seine Beine unter sich zu kreuzen, ohne dass zu viel von ihm verlangt wird.
Du kannst in diese Übungen dann einige Tempowechsel einbauen, damit das Pferd unterschiedliche Muskelgruppen verwendet und Schwung entwickelt. Andere Übungen, die du reiten kannst, sind Schlangenlinien, Vorhand- und Hinterhandwendungen in beide Richtungen, eventuell in Kombination mit Schenkelweichen. Der Kontergalopp kann eine sehr nützliche Übung sein, wenn dein Pferd schon bereit dafür ist.

Zu beweglich

Manche Pferde sind so beweglich, dass sie auf beide Seiten ausfallen und ihren Körper zu stark biegen. Dieser Pferdetyp neigt dazu, seinen Hals beim Annehmen des inneren Zügels weit nach innen zu biegen, während es über die Schulter nach außen driftet. Solche Pferde müssen vom Außenzügel begrenzt werden. Übe das Reiten gerader Linien in Kombination mit Schenkelweichen, sodass du dein Pferd gut korrigieren kannst. Achte darauf, den Innenzügel nicht zu stark einzusetzen.

Zu tief

Es gibt verschiedene Gründe, warum ein Pferd zu weit hinter die Senkrechte kommt. Es liegt wirklich nicht immer daran, dass der Reiter zu viel Zügeleinwirkung hat. In der Umstellungsphase zu einem gebisslosen Zaumzeug kann es passieren, dass das Pferd die neue Art von Kontakt nicht versteht – du musst ihm dabei helfen, indem du viele gebogene Linien und Übergänge reitest. Es ist auch möglich, dass der Zaum für das Pferd zu scharf ist. In dem Fall ist die einzige Lösung ein milderes Zaumzeug.

Wenn dein Pferd auch schon mit Gebiss die Tendenz hatte, hinter die Senkrechte zu kommen, dann liegt das Problem woanders. Es könnte an seinem Gleichgewicht, an fehlender Kraft oder an Ausbildungsfehlern liegen. Ist Letzteres der Fall, brauchst du viel Zeit und guten Reitunterricht, da dieses Problem schwer – aber nicht unmöglich – zu beheben ist. In einer derartigen Situation muss das Pferd unbedingt von hinten nach vorne geritten werden, damit es lernt, an die Hand heranzutreten. Es muss auch lernen, auf die Hilfen zu achten. Übe so wenig Druck wie möglich auf die Trense aus und reite dein Pferd mit dem Schenkel zur Hand hin. Manchmal kann man dem Pferd zusätzlich helfen, indem man ihm zeigt, was man mit der Hand erreichen möchte. Vermeide aber, das zu oft zu machen. Wenn dein Pferd mit dem Kopf leicht nach vorne geht und sich traut, deine Hand zu akzeptieren, kannst du stolz sein.

Gute Übungen sind schnelle und häufige Übergänge innerhalb einer Gangart. Konzentriere dich darauf, die Kraft deines Pferdes aufzubauen und eine schnelle Reaktion auf deine Hilfen zu erhalten. So bekommst du seinen Kopf in die Senkrechte oder vielleicht sogar ein bisschen davor. Mache dir keine Sorgen, wenn dein Pferd seine Nase erst mal in die Luft streckt und es nicht so hübsch aussieht das ist schon ein großer Schritt in die richtige Richtung. Vermeide es, sofort automatisch wieder die aufgerollte Halshaltung zu verlangen. Du kannst später immer noch daran arbeiten, sein Erscheinungsbild zu perfektionieren.

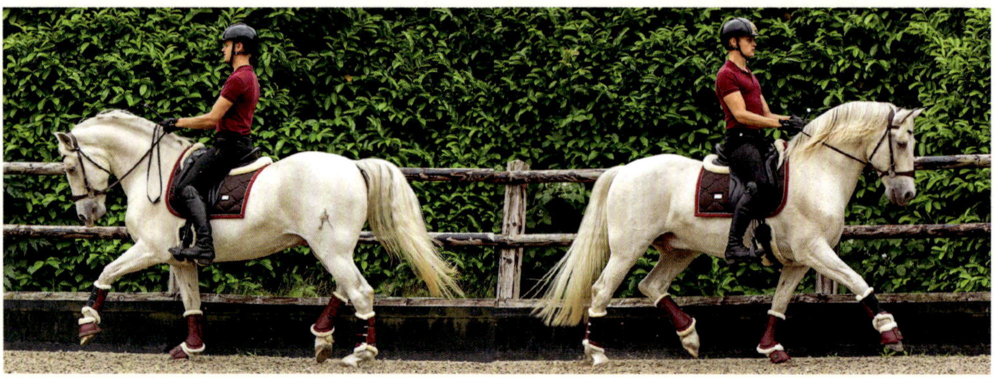

Der gesamte Körper zeigt, dass Antares zu tief kommt.

Hier hat sich Antares Körperhaltung verbessert.

Versuche, deinen Ritt zu genießen und dich auf andere Dinge zu konzentrieren – es kann manchmal hilfreich sein, sich auf etwas anderes zu fokussieren. Wenn du dich nur auf die Kopf-Hals-Partie deines Pferdes konzentrierst, ist die Wahrscheinlichkeit hoch, dass du seine Hinterhand vergisst. Und das wäre ein großer Fehler.

Rückschläge sind nicht weiter schlimm

Es ist ganz normal, dass es früher oder später auch Rückschläge gibt. Aber schwierige Phasen können auch eine großartige Chance sein, sich weiterzuentwickeln. Egal, wie schwierig es ist – versuche, auf eine ehrliche und gütige Weise mit deinen Rückschlägen umzugehen. Du und dein Pferd werdet am Ende beide von der Erfahrung profitieren. Denn dies ist eine Gelegenheit für euch beide, Fortschritte zu machen – im Rückblick wirst du das erkennen können. In der Situation kann es natürlich frustrierend sein, aber versuche trotzdem, nicht die Geduld zu verlieren. Am Ende wird alles gut werden und ihr werdet wieder Spaß zusammen haben!

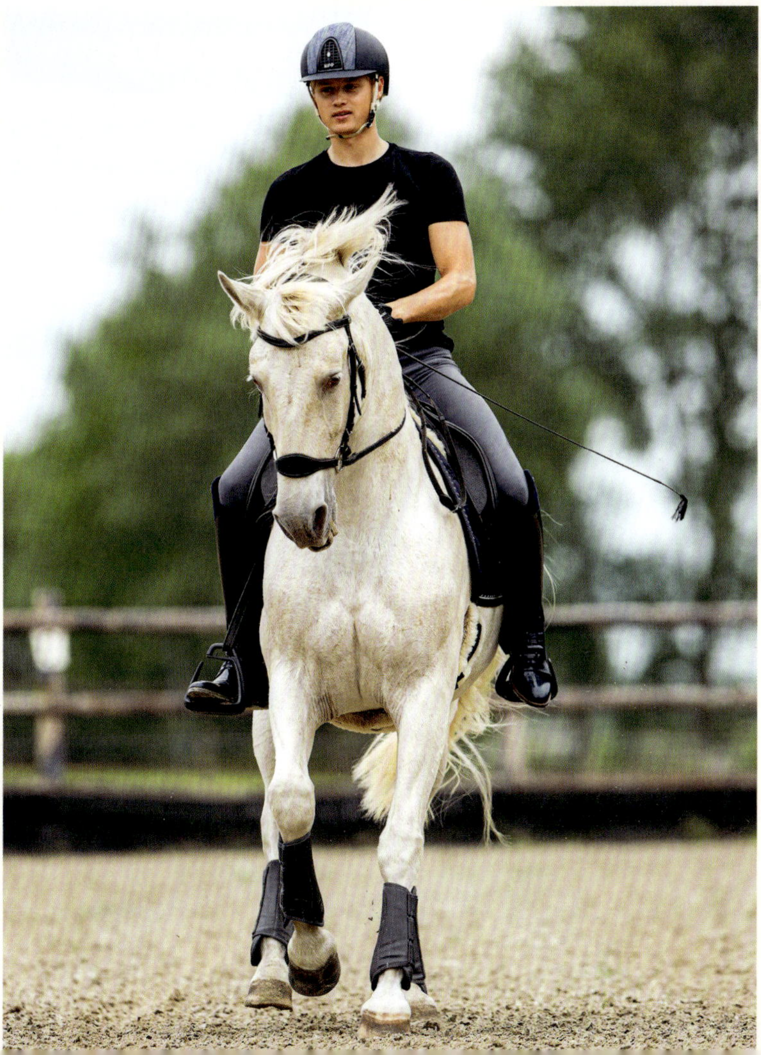

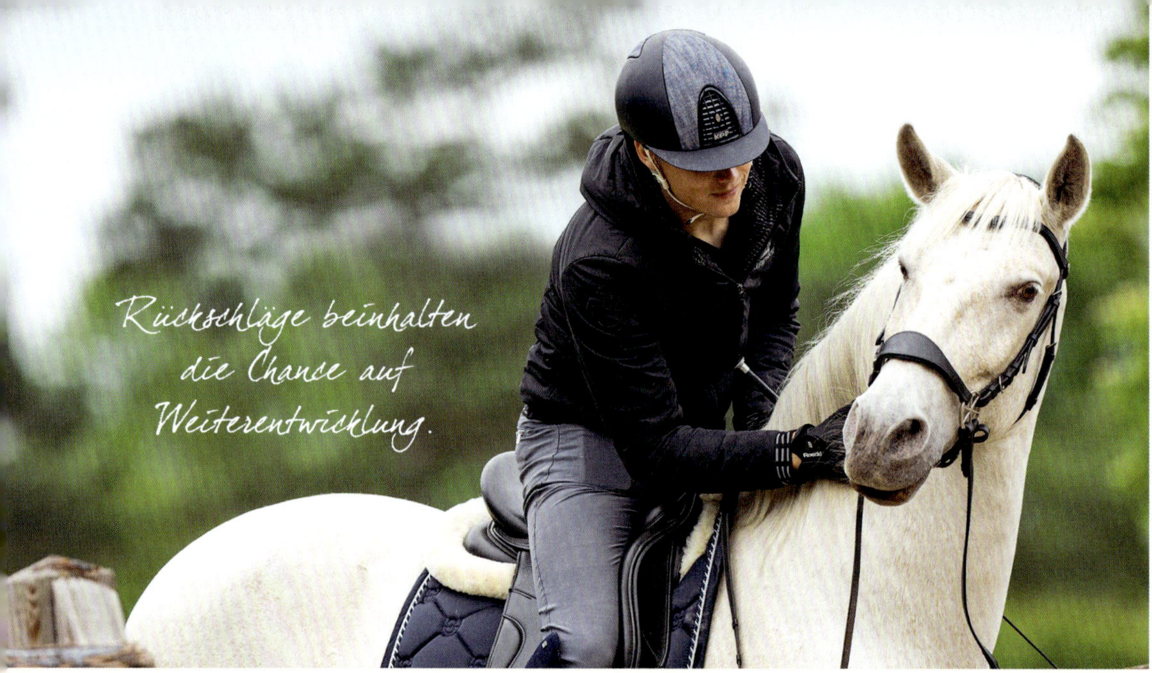

PFERDE REAGIEREN SEHR UNTERSCHIEDLICH

Pferde reagieren verschieden, wenn sie mit etwas Schwierigem oder Neuem konfrontiert werden – wie zum Beispiel, ohne Gebiss geritten zu werden. Ich habe festgestellt, dass man ihre Reaktionen in fünf Kategorien einteilen kann. Während das eine Pferd dichtmacht, wehrt ein anderes sich zunächst, wieder ein anderes probiert verschiedene Dinge aus oder wird sehr abgelenkt. Aber egal, um welchen Pferdetyp es sich handelt, zuallererst muss es sich entspannen. Ein Pferd, das verwirrt ist oder sich nur auf seine Schwierigkeiten konzentriert, kann nichts Neues lernen. Die meisten Pferde möchten gefallen, aber sie bringen es auf unterschiedliche Weise zum Ausdruck.

Das leichte, sensible Pferd

Pferde, die im Allgemeinen zu starken Reaktionen neigen, werden auch auf die Umstellung zum gebisslosen Reiten sensibel reagieren und einen Riesenwirbel machen. Nach dem Motto: „Hey, ich spüre da so einen komischen Druck auf meiner Nase, vielleicht sollte ich einfach mal durchdrehen". Für diesen Pferdetyp fühlen sich auch Kleinigkeiten schon sehr dramatisch an. Du darfst deshalb nie böse mit ihm werden, sondern musst ihm durch die Erfahrung hindurchhelfen. Sei in allen deinen Hilfen klar und belohne dein Pferd schon, wenn es nur ansatzweise das anbietet, was du von ihm willst. Dadurch lernt es, zu verstehen, was du meinst. Ein derart sensibles Pferd hat oft Angst davor, Fehler zu machen. Achte deshalb darauf, den psychologischen Druck so klein wie möglich zu halten und Stress zu vermeiden. Wenn ein sensibles Pferd überreagiert, musst du selbst ruhig bleiben und ihm Schritt für Schritt die richtige Richtung zeigen. Jedes Mal, wenn du seine Bemühungen belohnst, zeigst du ihm den Weg.

Mit einem derartigen Pferd musst du eigentlich gar nicht viel machen. Natürlich soll es sich an gewisse Hilfen gewöhnen und sich bei deren Einsatz nicht verspannen – aber du kannst die Hilfen allmählich einführen. Bei solch einem Pferd nützt es nichts, wenn man es ständig

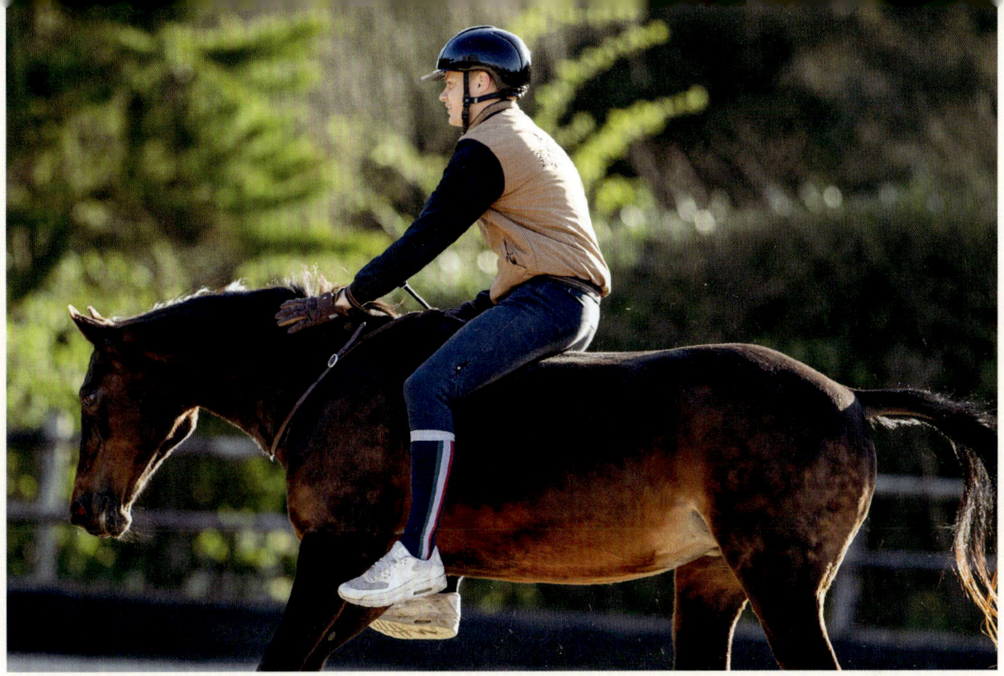

„malträtiert". Das Ziel ist ein Pferd, das leicht zu reiten ist – also mach dir seine Sensibilität zunutze und schau zu, dass es sie nicht verliert. Dein Pferd muss lernen, deine Hilfen gerne anzunehmen und ihnen eifrig zu folgen. Deine Hilfen sollten anfangs sehr klein ausfallen – wenn das schon genügt, wunderbar! Sollte dein Pferd falsch reagieren, weil es noch nicht versteht – zum Beispiel, gegen die Hilfe geht oder gar nicht reagiert, dann musst du die Hilfe noch einmal deutlicher geben. Steigere die Intensität deiner Hilfe so lange, bis dein Pferd versteht. Belohne es daraufhin! Gerade bei sensiblen Pferden ist die Belohnung wahnsinnig wichtig, da dieser Pferdetyp sich nur entspannen kann, wenn ihm die Dinge klar werden.

Letztendlich muss sich dein Pferd dank deiner Führung trauen, an deine Hand heranzutreten und sich zu entspannen. Du kannst es mit verschiedenen Übungen beschäftigen und ablenken, aber das Hauptziel ist Entspannung.

Der starke Typ

Es gibt auch den starken Pferdetyp, der auf feine Zügelhilfen erst mal nicht reagiert. Da kannst du ziehen, so viel du willst – dieser Charakter lässt sich nicht bremsen, sondern pflügt einfach durch den Druck hindurch. Es gibt unterschiedliche Gründe, warum dieses Pferd diese Gewohnheit hat. Vielleicht war es schon so, als es noch mit Trense geritten wurde, oder vielleicht verhält es sich nur mit dem gebisslosen Zaum so. Versuche herauszufinden, wo das Problem liegt. Wenn das Pferd deine Hilfe nicht versteht, musst du sie vielleicht noch einmal deutlicher erklären. Ein anderer möglicher Grund ist, dass du noch am Zügel hängst, nachdem dein Pferd bereits nachgegeben hat. So erfährt es keine Belohnung für sein Nachgeben und versteht nicht, ob die Reaktion nun richtig war oder nicht. Versuche, darauf ganz besonders zu achten und sofort nachzugeben, wenn dein Pferd nachgegeben hat. Auch die Unterstützung eines guten Reitlehrers kann hier hilfreich sein.

Was auch immer der Grund ist, bei diesem Pferdetyp ist es sinnlos, mehr Druck aufzubauen. Beginne wie immer mit leichtem Druck, den du verstärken kannst, wenn keine Reaktion erfolgt. Bleibt das Pferd nicht stehen, darfst du nicht so lange weiter am Zügel ziehen, bis es nachgibt – es würde den Druck nur mehr bekämpfen. Dein Pferd muss deine Absicht verstehen und braucht dafür deine Hilfe. Du kannst deine Hilfe also kurz einmal deutlicher machen, lass dich aber auf keinen Fall auf ein Tauziehen mit deinem Pferd ein.

Arbeite als Erstes daran, deinem Pferd das grundlegende Konzept beizubringen: Übe Haltparaden und halbe Paraden zuerst an der Hand, bis du bei ihm durchdringst. Du kannst diese Lektionen auch an der Longe üben und ihm so beibringen, auf deine Stimme zu reagieren.
Danach kannst du es wieder vom Sattel aus versuchen, aber mit einer Person, die dir vom Boden aus hilft. So kann dein Pferd wahrscheinlich die Verknüpfung herstellen und auf deine Hilfen wie gewünscht reagieren.
Bei einem starken Pferdetyp ist es extrem wichtig, klar und konsequent zu sein. Wenn das Pferd die Zügelhilfe hin und wieder nicht befolgt, kannst du ruhig etwas nachdrücklicher werden, aber dann muss auch die richtige Reaktion erfolgen. Vermeide es also, zu viel zu tun. Indem du fein und mit so wenig Zügel wie möglich reitest, hilfst du deinem Pferd, immer leichter in der Hand zu werden. Sei kreativ, wenn es darum geht, die Hilfen zu betonen, ohne dabei härter oder stärker einzuwirken. Du könntest zum Beispiel ein bestimmtes Geräusch machen oder ein Stimmkommando verwenden, das du auch bei der Arbeit an der Hand benutzt. Das wird deinem Pferd helfen, die Verknüpfung herzustellen. Vielleicht merkst du sogar, dass dein Pferd weicher wird, wenn du ihm mehr Zügel gibst, anstatt es zurückzuhalten. Während du bei einem sensiblen Pferd mit viel Anlehnung reiten musst, damit es lernt, mit Druck umzugehen, solltest du bei einem starken Pferd so wenige Hilfen wie möglich geben. Das Reiten von Übergängen ist eine gute Übung für diesen starken Pferdetyp, da er oft langsam reagiert und Übergänge seine Reaktion verbessern. Dieser Typ neigt auch manchmal dazu, sich dem Schenkeldruck zu widersetzen, und muss lernen, auf die Schenkelhilfen zu reagieren und vorwärtszugehen.

Das temperamentvolle Pferd

Was für jedes Training gilt, gilt bei einem temperamentvollen Pferd noch viel mehr: Beginne in einer sicheren Reitbahn mit seitlicher Begrenzung. Hitzige Pferde musst du beschäftigen. Du musst ihren Vorwärtsdrang sogar ignorieren, denn wenn du versuchst, sie zurückzuhalten, ziehen sie sich nur noch mehr auf. Versuche nicht, das Verhalten dieses Pferdetyps zu unterdrücken, sondern gib ihm stattdessen etwas anderes zu tun. Beschäftige es und reduziere das Tempo, indem du einen Zirkel reitest. Setze deine Stimme und deinen Sitz in Kombination mit kleinen Hilfen ein, um dein Pferd zu beruhigen. Achte darauf, dass deine Hilfen nicht ignoriert werden.

Bei diesem Pferdetyp geht es zunächst darum, die Anspannung zu lösen. Reite zu Beginn eher ruhige und einfache Lektionen. Vermeide zu viele aufputschende Übungen, die es aufregen könnten. Versuche, seinen Hals vorwärts-abwärts zu bekommen, sodass sein Rücken entspannt ist. Fordere es auf, sich bei gleich bleibendem Takt nach links und rechts zu stellen, und achte auf eine klare Hilfengebung. Nimm den Zügel an und gib wieder nach, ohne dabei eine konstante Spannung aufzubauen denn das würde seinen Stress nur verschlimmern.

Dasselbe gilt, wenn du diesen Pferdetyp ohne Gebiss reitest. Verlange die Lektionen auf ruhige Art, aber scheue dich nicht, deutliche Hilfen zu geben. Du solltest einen klaren Plan im Kopf haben und die Führungsrolle für dein Pferd übernehmen.

Versuche nicht, diesen Pferdetyp zu bremsen, wenn er vorwärtsgehen will, aber traue dich gleichzeitig, klare Hilfen zu geben.

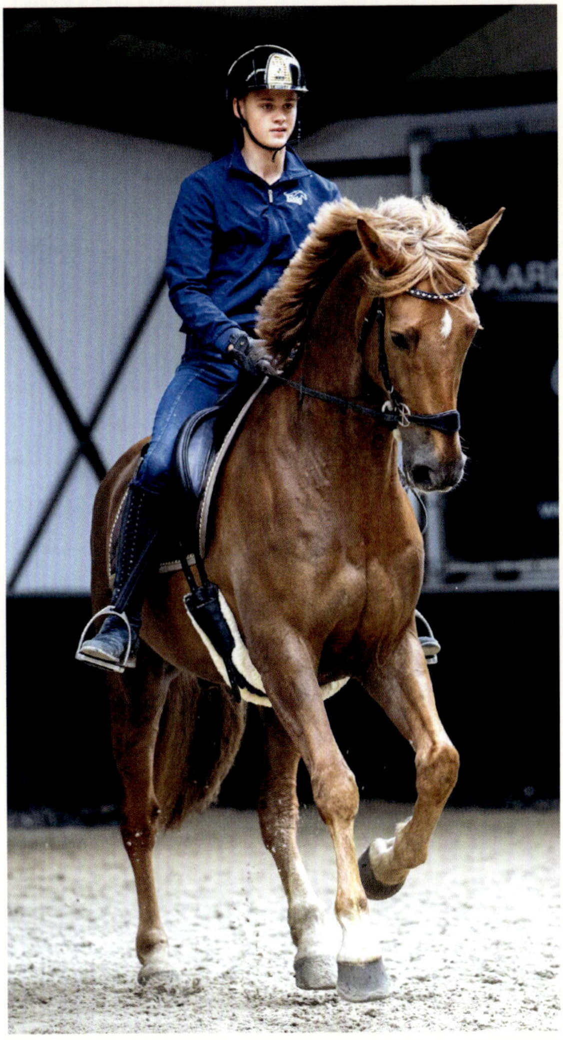

Wenn dein Pferd unter dir davoneilt und sich nicht mehr bremsen lässt, musst du die Ursache dafür herausfinden und eine Lösung suchen. Erklär deinem Pferd, dass es nicht rennen muss. Wende auf einen Zirkel ab, sobald es eilig wird und rede dabei beruhigend. Es ist sinnlos, an den Zügeln zu zerren. Nimm die Zügel stattdessen kurz an und gib wieder nach – nimm an und gib nach, während du auf dem Zirkel reitest. Natürlich kann es auch sein, dass dein Pferd durchgeht, weil es vor etwas erschrocken ist – aber wenn dies öfter passiert, dann hat das Verhalten einen anderen Hintergrund, den du herausfinden musst. Fang mit Bodenarbeit an, damit du besser erkennen kannst, warum dein Pferd scheut – ist es einfach eine Gewohnheit, echte Angst oder etwas anderes? Dabei ist es egal, ob du mit oder ohne Gebiss reitest. Vielleicht kannst du mit einem Gebiss etwas mehr Einfluss nehmen, aber bei den meisten Pferden macht es keinen Unterschied.

Bei diesem Pferdetyp ist es wichtig, dass du immer seine Aufmerksamkeit hast. Erreichen kannst du das, indem du ihm viele Übungen anbietest und Aufgaben stellst. Und indem du auf deinen Sitz achtest.
Das temperamentvolle Pferd ist nicht ungehorsam. Du solltest anders mit ihm umgehen als mit einem trägeren Pferd. Trotzdem musst du auch hier Zügelhilfen einsetzen, da solche Pferde manchmal noch mehr in Panik geraten, wenn der Reiter zu zögerlich ist. Sie brauchen Klarheit und sehr viel Unterstützung. Wenn du beispielsweise einen bestimmten Takt beim Leichttraben hältst, setzt du dadurch ein klares Signal, dass das Tempo nicht erhöht werden darf. Suche nach einem bestimmten Punkt oder einer bestimmten Übung, in der das Pferd sich entspannen kann. Verlange dann ein wenig zusätzliche Stellung und eine tiefere Halshaltung. Du kannst wieder an diesen Entspannungspunkt zurückkehren, sodass das Pferd lernt, loszulassen. Und genau wie bei allen anderen Pferden gilt: Ganz viel Lob, wenn es etwas richtig macht. Dadurch hilfst du ihm zu verstehen, was du meinst. Es wird lernen, mitzudenken und deine Hilfen abzuwarten.

Das zurückhaltende Pferd

Bei Pferden, die eher langsam reagieren und bei allem ein bisschen träge sind, ist es am besten, viele unterschiedliche Dinge in kurzer Abfolge hintereinander zu verlangen – wie zum Beispiel Übergänge. Denn so muss das Pferd aufmerksam bleiben. Das verlangt anfangs sehr viel Energie von deiner Seite, aber du wirst merken, dass dein Pferd mit der Zeit enthusiastischer wird. Es lohnt sich auch, herauszufinden, woher die Trägheit kommt: Fühlt dein Pferd sich nicht wohl, ist es müde oder ist das seine Persönlichkeit? Bei diesem Pferdetyp begeht man leicht den Fehler, ständig mit den Hilfen dran zu sein, weil es nicht reagiert. Zum Beispiel gibst du vielleicht eine Schenkelhilfe, um dein Pferd vorwärtszuschicken, und es reagiert nicht – woraufhin du ständig mit den Schenkeln klopfst. Ergebnis: Dein Pferd gewöhnt sich so sehr an das Gefühl, ständig vom Schenkel bearbeitet zu werden, dass es überhaupt nicht mehr darauf reagiert. Gewöhne dir an, so lange nichts zu tun, bis du wirklich eine Veränderung willst – und dann sollte eine sofortige Reaktion kommen. Unterziehe dich selbst einer gründlichen Überprüfung im Spiegel oder auf Video – wie setzt du deine Schenkel und deine Hände ein? Ist eine deiner Schultern höher als die andere oder sitzt du schief? Wenn das der Fall ist, gibst du ständig unbeabsichtigte Hilfen und dein Pferd hat gelernt, diese zu ignorieren.

Dieser Pferdetyp macht oft deshalb dicht, weil er nicht versteht, was von ihm verlangt wird. Es kann sein, dass er auch aufs gebisslose Reiten so reagiert. Was dieser Typ braucht, ist Klarheit. Gib klare Hilfen und mache so wenig wie möglich, damit dein Pferd versteht, wann du eine Hilfe gibst und wann nicht. Dadurch wirst du seine Aufmerksamkeit erhöhen und sein Verständnis der Hilfen verbessern. Sobald es versteht, was du meinst, wird es sicherer werden und sich öffnen. Versuche, derartige Pferde sehr fein zu reiten. Setze nicht plötzlich die Gerte ein, wenn sie faul sind, sondern lobe sie, wenn sie gut reagieren.

Sei immer sanft und werde nie wütend. Du möchtest keine negative Kommunikation mit deinem Pferd, weshalb du auf negative Dinge gar nicht reagieren solltest. Beschäftige es mit vielen verschiedenen Lektionen, sodass es aufpassen muss. Dann wird es beginnen, dich besser zu verstehen.

Das willige Pferd (potenziell jedes Pferd!)

Und dann gibt es die Pferde, die immer brav sind, die tun, was man von ihnen verlangt und die immer ihr Bestes geben. Bei diesem Pferdetyp musst du aufpassen, dass du ihm nicht zu viel zumutest. Er wird dir seine Grenzen nicht zeigen, was dazu führen kann, dass du zu weit gehst und zu viel verlangst. Solche Pferde müssen vor sich selbst geschützt werden. Auch bei ihnen musst du langsam aufbauen, denn sie würden auch bei fehlender Muskulatur und Kondition alles tun, was du von ihnen erwartest. Du kannst diesem Pferdetyp schaden, wenn du ihm Dinge abverlangst, für die er noch nicht bereit ist. Es ist deine Aufgabe, seine Grenzen im Auge zu behalten.

Bei diesem Pferdetyp kannst du immer positiv und freundlich sein. Wenn etwas nicht klappt, musst du versuchen zu verstehen, woher die Reaktion kommt.

Natürlich wünscht sich jeder ein williges Pferd, und viele Pferde haben es in sich, diesen Wunsch zu erfüllen. Aber jeder Mensch hat andere Vorlieben. Der eine freut sich über ein feuriges Pferd, das auf seine Art willig ist, während andere ein ruhiges Pferd viel lieber haben. Letztendlich geht es nur um Kommunikation und die daraus entstehende positive Einstellung von dir, deinem Pferd und euch beiden als Team.

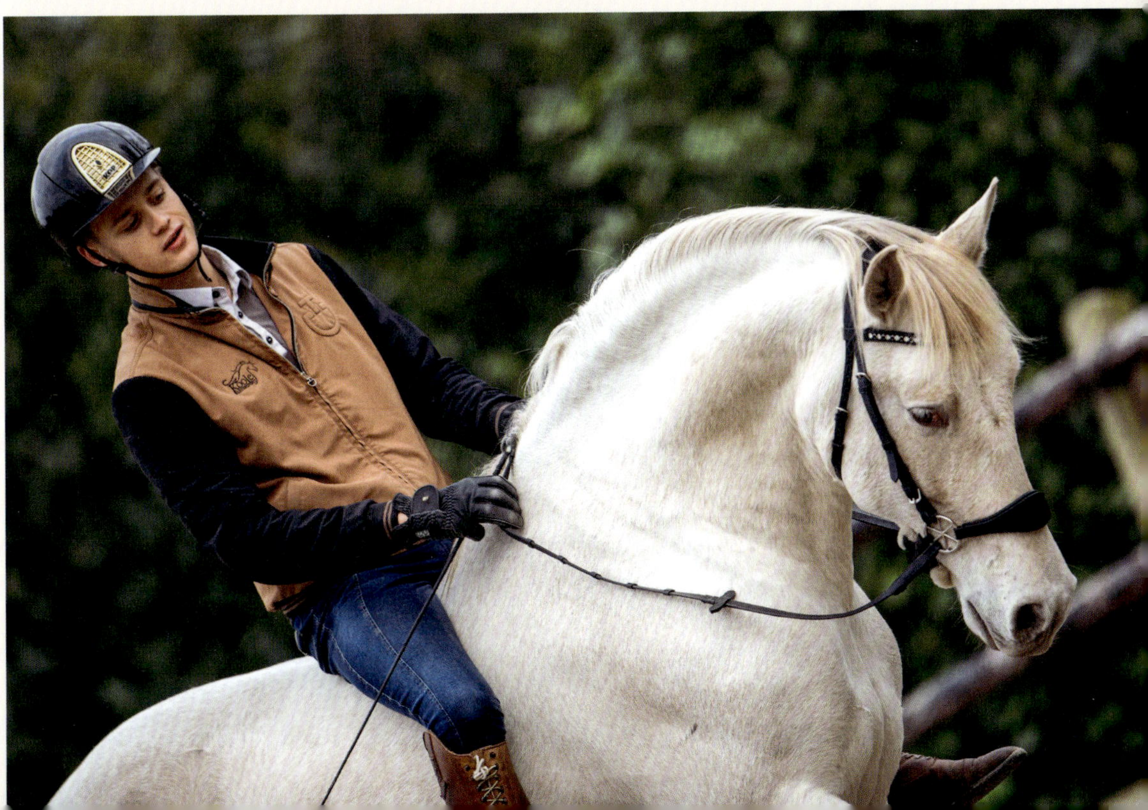

Höre deinem Pferd zu,
damit ihr eins werdet.

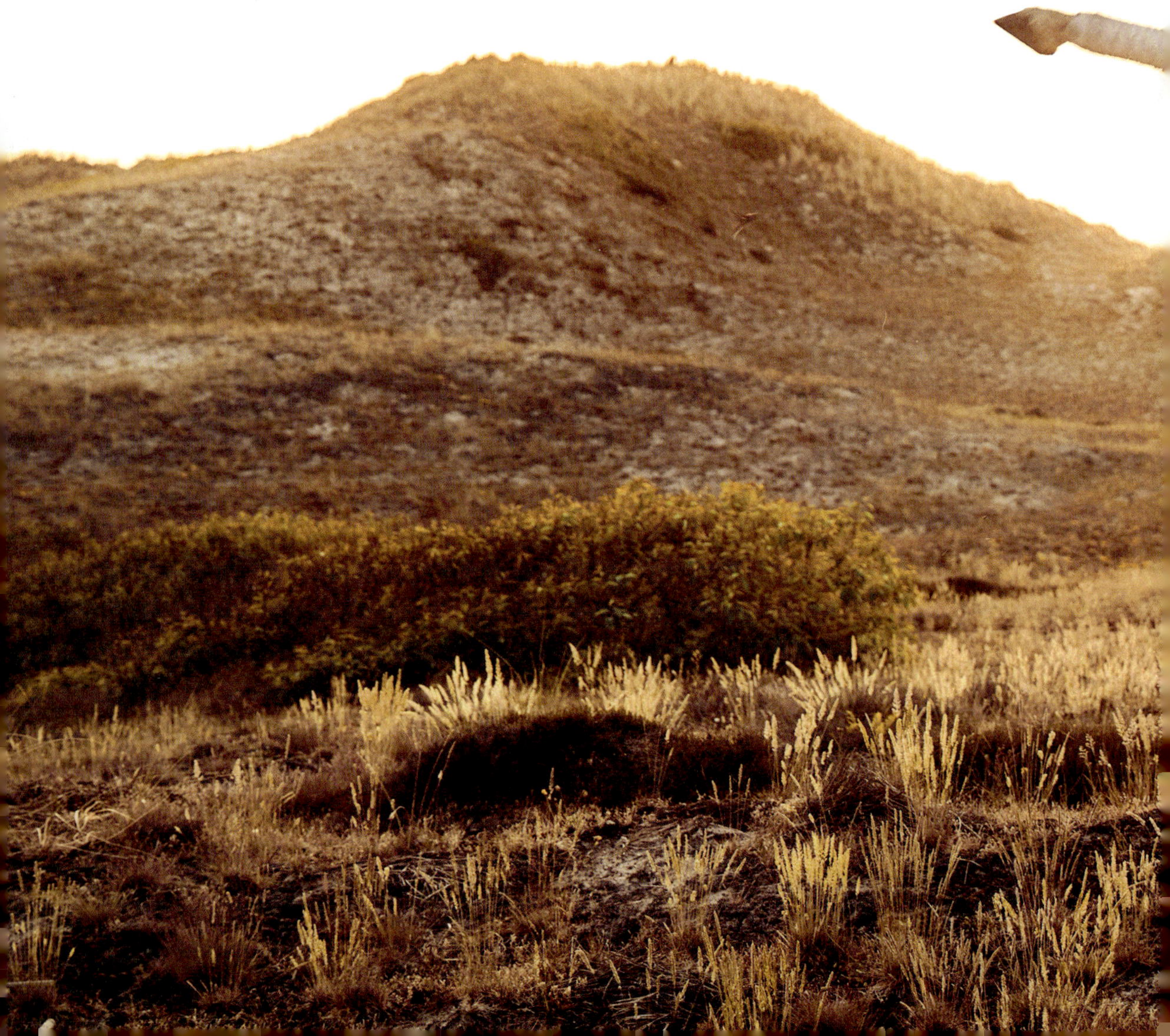

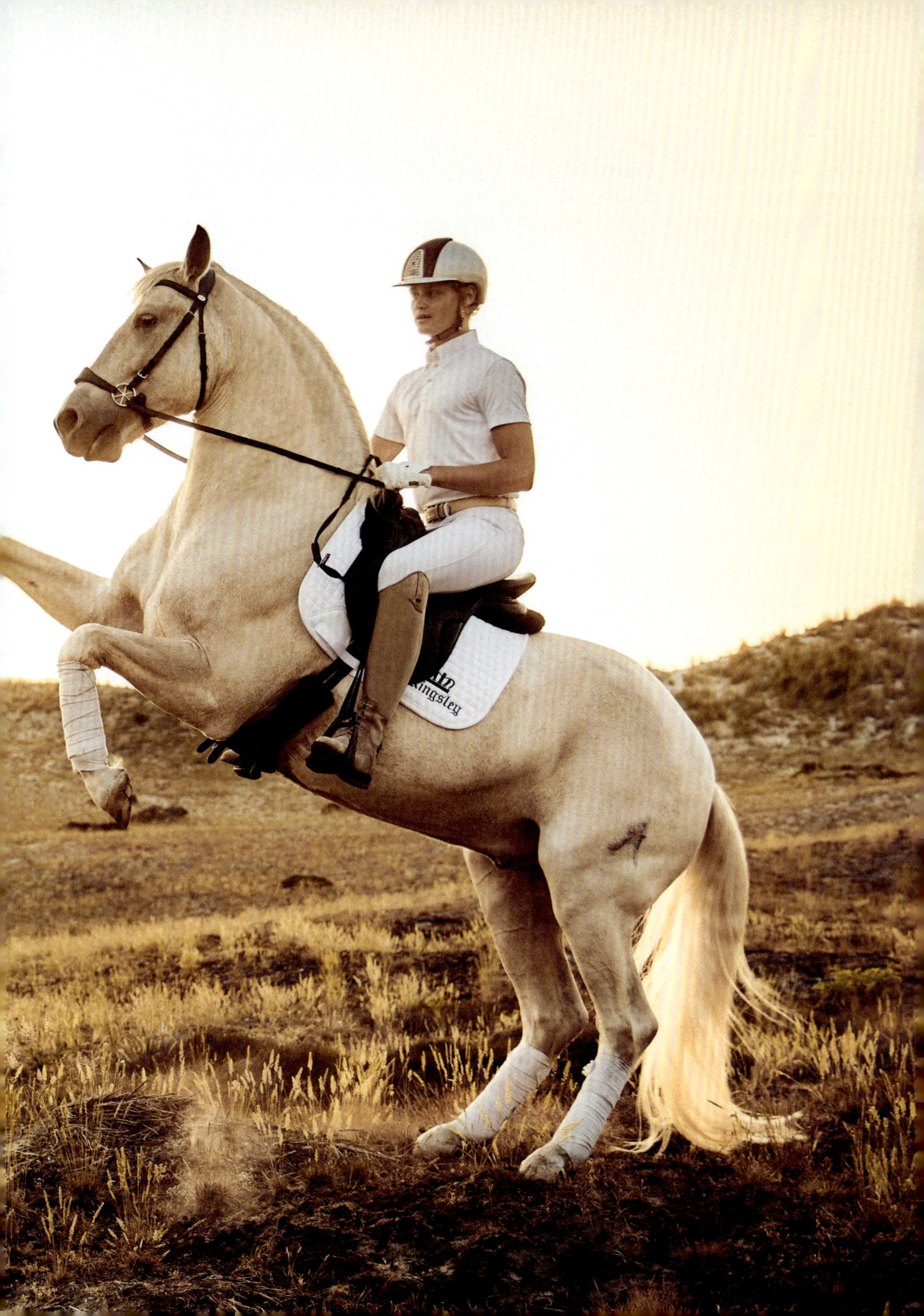

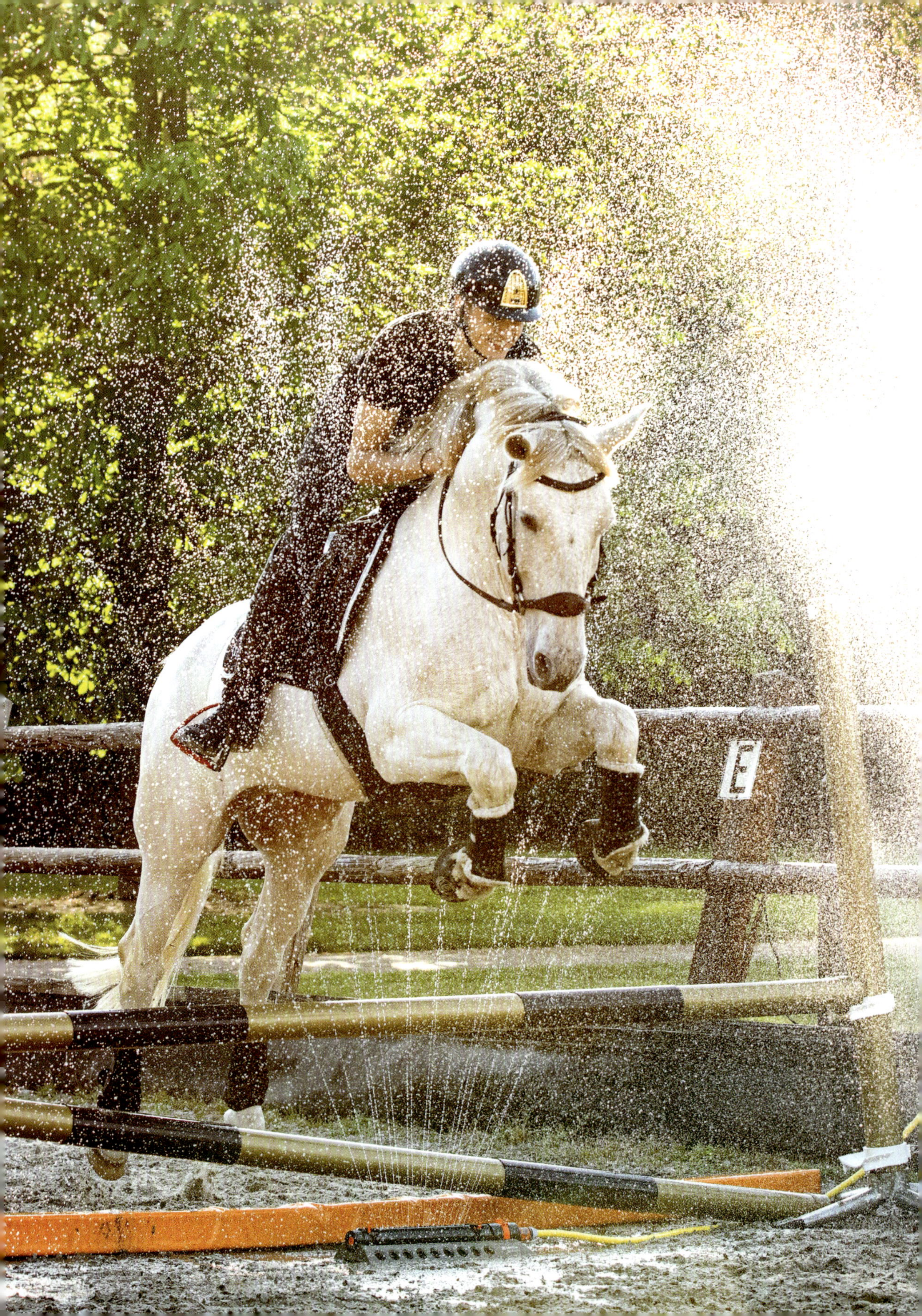
E

Ein Pferd gebisslos anreiten

Sorge dafür, dass dein Pferd dich als Freund ansieht – dann wird das gemeinsame Reiten zu einem Fest.

Wir können uns nicht einfach auf ein Pferd setzen und erwarten, dass es alles versteht. Zunächst müssen wir verstehen, was es für ein Pferd bedeutet, wenn jemand auf seinem Rücken sitzt. Pferde sind Beutetiere und haben deshalb den Reflex, vor einem Raubtier wegzulaufen, das plötzlich auf ihrem Rücken sitzt. Als Reiter werden wir dabei vom Pferd mitgenommen, was die Situation für ein verängstigtes Pferd noch bedrohlicher wirken lässt. Wenn das Pferd jedoch lernt, uns als eine Erweiterung seines Selbst oder als Freund zu sehen, dann können wir eine wunderschöne Zeit zusammen verbringen.

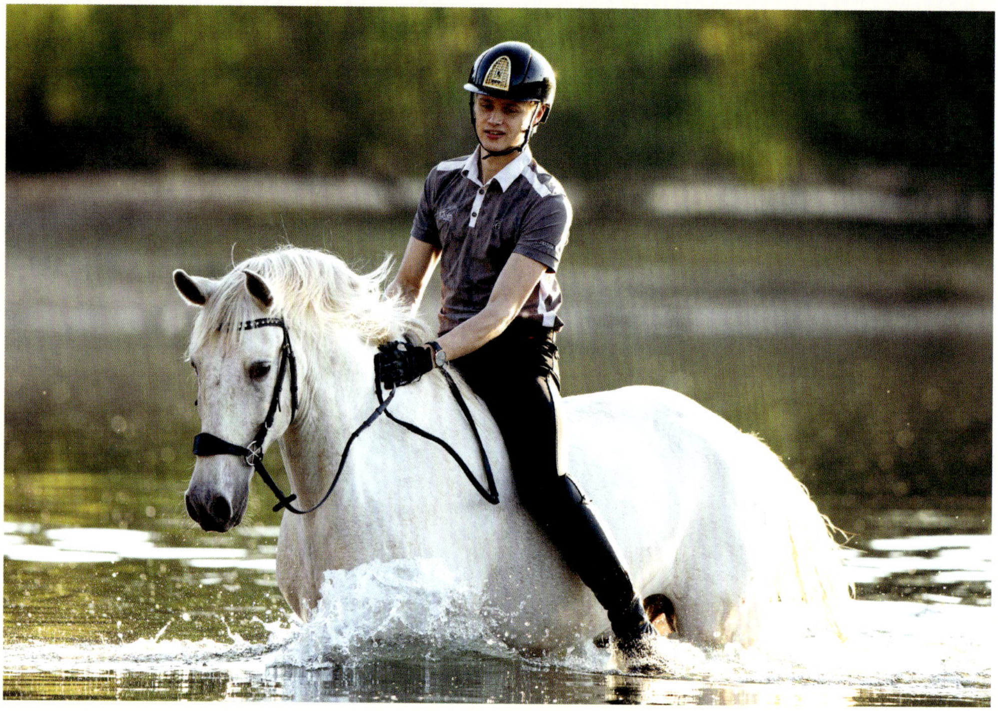

Bevor du beginnst

Wer entscheidet?

Beim Reiten trägt der Reiter die Verantwortung. Du teilst deinem Pferd genau mit, was du möchtest, aber natürlich auf kameradschaftliche Weise und ohne Zwang. Du übernimmst die Führungsrolle. Pferde sind daran gewöhnt. In einer Herde geben die höherrangigen Tiere den anderen vor, was sie dürfen und was sie nicht dürfen. Sie zeigen einem anderen Pferd an, wo es sich wie hinbewegen soll. Jedes Pferd in der Herde ist sich der Bedeutung eines schlagenden Schweifs oder angelegter Ohren bewusst. Das Überleben der Herde hängt davon ab: Die Herde muss sich als Ganzes bewegen und reagieren. Wenn es ein Leitpferd gibt, können sich die anderen Pferde entspannen. Es ist angenehm, zu wissen, wo man steht. Wenn die Regeln klar sind, befolgen Pferde sie gerne. Und diese Klarheit können wir durch eine aufrichtige, konsequente und freundliche Art erreichen.

Ist dein Pferd bereit?

Reiten ist eine Frage des Vertrauens. Dieses baust du auf, indem du klar und konsequent bist und dem Pferd durch Wiederholungen beibringst, deine Signale zu verstehen. Auf diese Weise kannst du dich langsam an das Reiten herantasten.
Der Zeitpunkt, zu dem Pferde bereit sind, geritten zu werden, variiert stark von Pferd zu Pferd. Als Reiter denkst du vielleicht: „Er ist jetzt drei und ich habe ihn als Reitpferd gekauft, also muss er jetzt bereit dafür sein.“ Aber solche Überlegungen haben nichts damit zu tun, wo das Pferd wirklich steht. Aufgrund unserer Zuchtauslese sind die Pferde heute im Vergleich zu früher viel toleranter, wenn es darum geht, sich reiten zu lassen. Trotzdem musst du dir darüber im Klaren sein, dass diese Aktivität den Instinkten eines Pferdes völlig zuwiderläuft. Wir wollen doch, dass unser Pferd die Erfahrung genauso genießt wie wir selbst. Achte also nicht nur auf das Alter des Pferdes, sondern auch auf seine körperliche und geistige Reife. Manche Pferde sind schon viel früher bereit als andere. Meiner Meinung nach ist ein Pferd mit drei Jahren noch zu jung, um angeritten zu werden. Ich finde es viel besser, die Kraft des Pferdes zunächst durch Bodenarbeit und Longieren aufzubauen und erst später aufzusteigen. Das Training sollte im ruhigen Schritt begonnen werden, ohne von einem jungen Pferd größere körperliche Anstrengung zu verlangen. Ein junges Pferd muss erst lernen, in Selbsthaltung zu gehen, und sein Rücken muss stärker werden. Jeder Reiter ist eine Belastung für das Pferd – ein weiterer Grund, warum du das Training langsam aufbauen solltest.

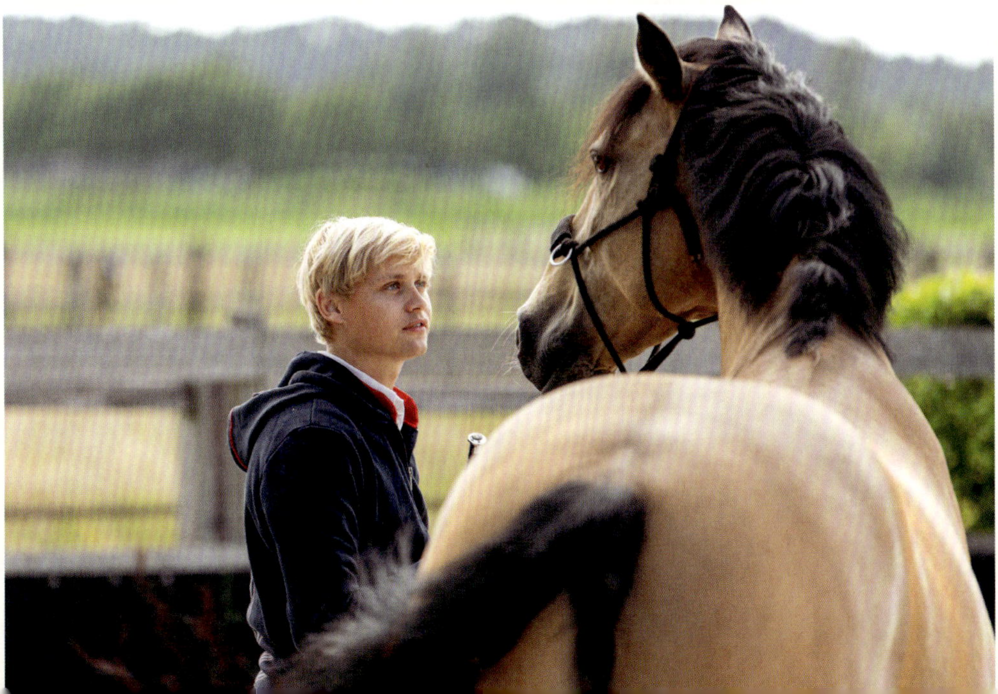

Als ich früher in der Schule die Treppen mit einem Rucksack voller Bücher hochsteigen musste, war ich oben fertig. Stell dir vor, wie sich ein junges Pferd fühlt, das auf einmal einen Reiter auf dem Rücken tragen muss!

Allmählicher Ausbildungsprozess

Es ist immer besser, mit kleinen Schritten anzufangen – selbst, wenn das Pferd schon fünf Jahre alt ist. Denn auch dann braucht es Zeit, um alles geistig zu verarbeiten und sich an die körperliche Anstrengung und das Gewicht des Reiters zu gewöhnen.
Ein Pferd, das bereits Muskeln aufgebaut hat, kann dich viel besser tragen als ein Pferd, das noch gar keine Ausbildung hatte. Deshalb ist es wichtig, vor den ersten Anreitversuchen viel Longen- und Bodenarbeit zu machen. Dies wird gleichzeitig eure Kommunikation und euer gegenseitiges Verstehen verbessern – was wiederum eine Voraussetzung fürs Anreiten ist.

Du wirst beim Reiten Dinge verlangen, die das Pferd bereits kennt, weil es sie bei der Bodenarbeit gelernt hat – aber du wirst sie aus einer anderen Position heraus verlangen, nämlich von seinem Rücken aus. Daran muss es sich erst einmal gewöhnen. Gib ihm genügend Zeit, alles zu verarbeiten und körperliche Kraft aufzubauen, bevor du viel mehr von ihm verlangst.

Überlege dir, was du von deinem Pferd erwartest

Alle Dressurreiter wünschen sich ein Vorzeigepferd mit kraftvoller Aktion, dessen Vorderbeine im Trab fast schon die Nase berühren. Natürlich präsentieren sich viele Pferde derart auf der Weide, aber das ist etwas ganz anderes.
Wir bringen den Pferden diese extreme Beinaktion bei, weil wir finden, dass das fantastisch aussieht. Das Pferd selbst hat gar keine Ahnung, dass es so gut aussieht. Es kann nur ein

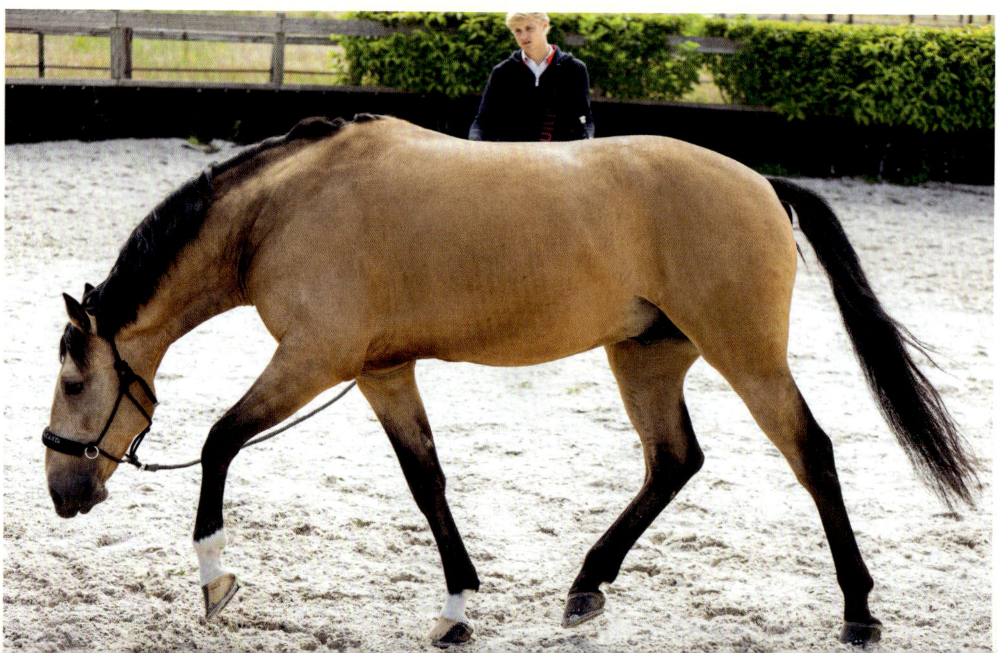

Gefühl dafür bekommen, wenn wir es für eine gute Leistung loben und belohnen. Und sicher nicht jedes Pferd hat das Talent oder den Körperbau, um eine derart spektakuläre Beinaktion zu zeigen. Ähnlich ist es beim Springreiten: Es gibt nicht viele Pferde, die über einen Sprung förmlich schweben können und gleichzeitig die notwendige Geschwindigkeit und Wendigkeit aufbringen, die für einen Erfolg im Springsport auf hohem Niveau notwendig sind.

Überlege dir also sehr genau, ob deine Hoffnungen und Erwartungen für dein Pferd realistisch sind. Verfügt es über das nötige Talent? Ist sein Körperbau für die Aufgabe geeignet? Glaubst du, dass ihm das, was du geplant hast, Spaß machen wird? Wird es zu seinem Charakter passen? Es ist nicht fair, Dinge von deinem Pferd zu erwarten, die es niemals leisten können wird. Natürlich kann man einem Pferd viel beibringen und eine gute Ausbildung führt zu Verbesserungen. Gemeinsam könnt ihr danach streben, die beste Version von euch selbst zu sein, aber es gibt Grenzen, die du kennen musst. Euer gemeinsamer Spaß ist wichtiger als unrealistische Erwartungen. Außerdem solltest du dir darüber im Klaren sein, dass es sehr viel Zeit kostet, ein Pferd sowohl körperlich als auch geistig auf Höchstleistungen vorzubereiten.

Innerhalb der Grenzen seines echten Potenzials kannst du deinem Pferd viel beibringen und ihr könnt gemeinsam viel erreichen – solange du dabei fair bleibst und ihm zuhörst. Vergiss nie, dich von Zeit zu Zeit selbst unter die Lupe zu nehmen und dich zu fragen, ob du dich noch fair verhältst.

Sei also realistisch in deinen Erwartungen und verhalte dich immer aufrichtig und respektvoll deinem Pferd gegenüber.

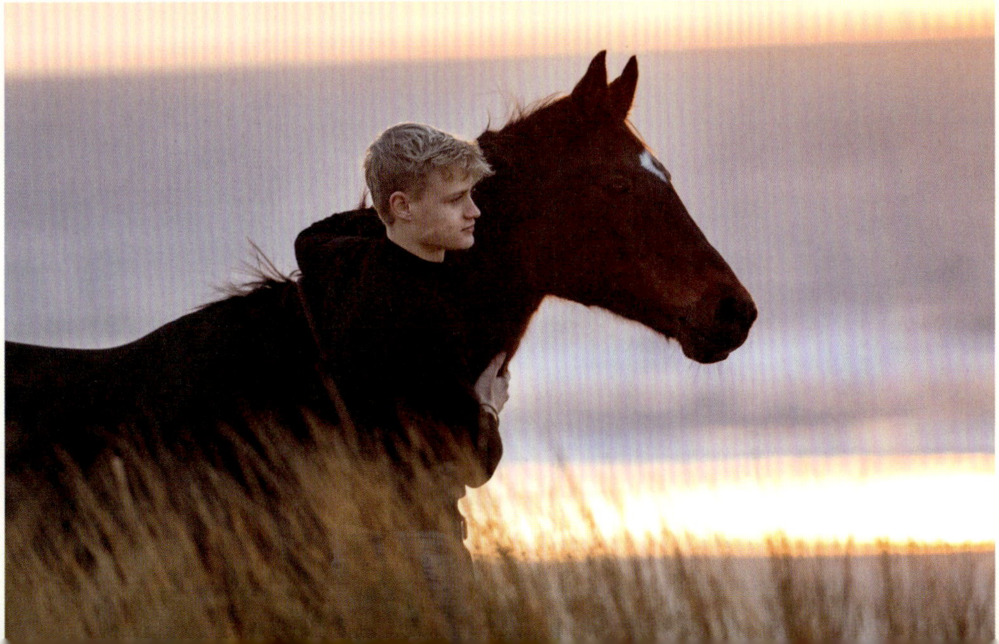

Ein junges Pferd auf das Reiten vorbereiten

Das Grundprinzip der Pferdeausbildung ist, dem Pferd nach und nach mehr beizubringen, wobei es aber immer den Eindruck haben sollte, dass alles, was ihr macht, völlig normal und unproblematisch ist. Am Ende wirst du die wildesten Dinge mit ihm machen können, ohne dass dein Pferd jemals denkt: „Hilfe, hier ist Vorsicht angebracht!" Wenn es sich auch bei verrückten Lektionen einfach entspannen kann, musst du dich bei der Arbeit mit ihm nicht ständig wie auf rohen Eiern bewegen. Denn es hat volles Vertrauen, dass alles, was du tust, in Ordnung ist.

BODENARBEIT

Die erste Stufe ist die Bodenarbeit. Es ist ungemein nützlich, mit dem Pferd an der Hand zu arbeiten, denn das ist der Ausgangspunkt und die Grundlage für alles, was es lernt. Viele Menschen denken, dass sie ihrem Pferd alles vom Sattel aus erklären müssen, aber es kann enorm hilfreich sein, wenn du ihm die Dinge zuerst vom Boden aus beibringst.

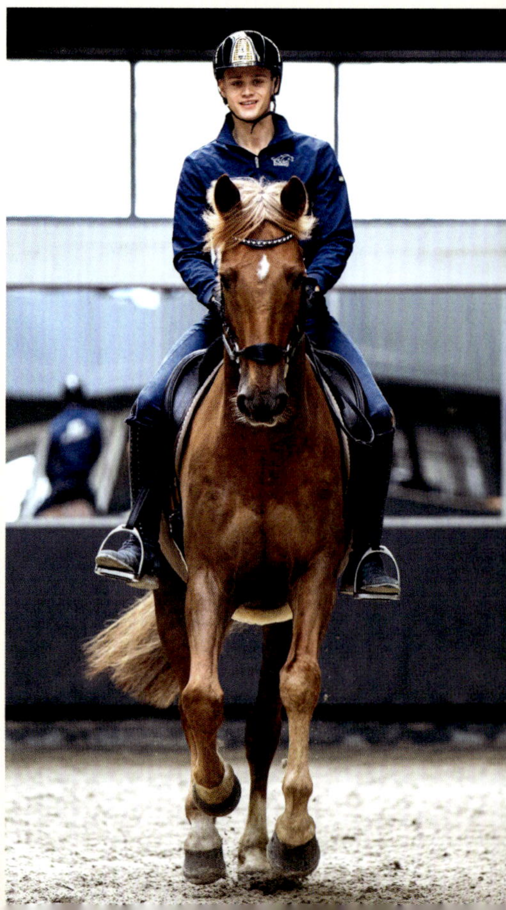

Ich habe einem abgestumpften und gestressten Dressurpferd so geholfen, indem ich in den ersten drei Wochen alles Mögliche gemacht habe, nur nicht reiten: nur Übungen an der Hand, schön entspannt. Als ich schlussendlich aufstieg, ging dieses Pferd so, als ob es ein Jahr lang unter dem Sattel trainiert worden wäre. Das war deshalb möglich, weil es sich endlich traute, sich zu entspannen, und weil ihm unsere Kommunikation nun so viel klarer war. So kann ein Pferd beginnen, die gemeinsame Arbeit zu genießen. Die Umstellung von der Arbeit an der Hand zum Reiten ist dann nicht so groß und das Pferd wird den Prozess viel weniger beängstigend finden.

Ich finde, dass die Bodenarbeit unbedingt gut funktionieren muss, bevor man überhaupt daran denkt, in den Sattel zu steigen. Viele Leute reiten ihre Pferde übereilt ein, obwohl das Wichtigste wäre, dass die

Vorbereitung wirklich stimmt, weil der Rest dann leicht und stressfrei geht. Das beste Gefühl ist, wenn man das erste Mal auf ein Pferd steigt und seine Reaktion ist: „Ja sicher, das können wir auch gerne machen".

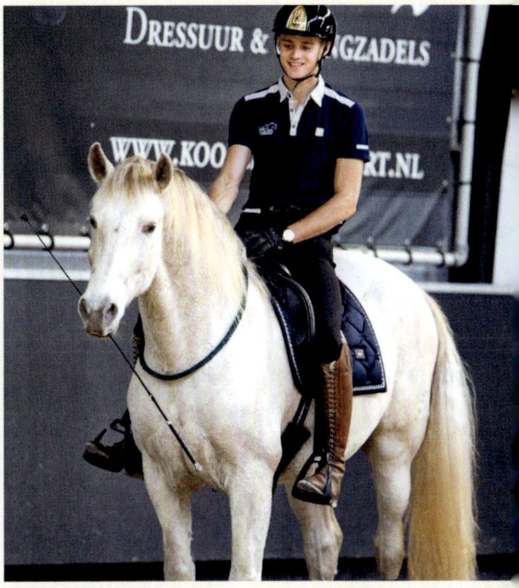

Klarheit

Auch Klarheit ist in der Anfangsphase wichtig. Zu Beginn kann es passieren, dass dein Pferd die unterschiedlichen Hilfen verwechselt – deshalb ist es so wichtig, diese ganz klarzumachen. Denn nur so kann das Pferd die Unterschiede entdecken.
Klarheit hilft deinem Pferd, sich sicher und entspannt zu fühlen. Es weiß, was du meinst. Aber auch du musst Selbstsicherheit vermitteln und darfst nicht zögerlich sein. Dadurch überzeugst du dein Pferd, dass du das Leittier bist und dass du weißt, was du tust. Ich gebe Leuten oft den Rat: „Selbst wenn du einen Fehler machst, mache ihn selbstsicher. Denn dein Pferd nimmt nur deine Absicht und deine Energie wahr. Du kannst deine Hilfen immer noch korrigieren und verbessern, aber vor allem solltest du deinem Pferd ein sicheres Gefühl vermitteln, indem du keine Zweifel kommunizierst".
Wenn du ihm etwas Neues beibringen willst, kannst du immer auf die Grundlagen zurückgreifen. Dank deiner guten, klaren Kommunikation mit deinem Pferd kannst du ihm helfen, neue Aufgaben zu verstehen.

Einsatz der Gerte

Viele Leute sehen den Einsatz der Gerte als etwas Negatives an, aber das ist nicht unbedingt der Fall. Du darfst die Gerte niemals benutzen, um das Pferd zu schlagen. Es ist zwar eine Gerte, aber es könnte auch ein anderer Gegenstand sein. Auch wenn dein Pferd Angst vor der Gerte hat, ist es eine gute Idee, sie einzusetzen, damit es lernt, dass die Gerte auch etwas Angenehmes, Positives sein kann. Für mich ist die Gerte nicht nur eine Verlängerung meines Arms, sondern auch eine Art Zeigestock, mit dem ich den Pferden helfen kann, mich besser zu verstehen.
Manchmal sind die einzigen Signale, die ich gebe, die mit der Gerte, wie in der Freiheitsdressur. Meine Pferde wissen, dass sie die Übungen nicht machen müssen, wenn ich keine Gerte trage. Sie ist hilfreich, um präzise Anweisungen zu geben.
Ich trage immer eine Gerte bei mir, wenn ich mit meinen Pferden arbeite, auch wenn ich sie gar nicht oft einsetze, habe ich die Möglichkeit dazu. Wenn ich ein bisschen mehr Bewegung aus der Hinterhand oder ein bisschen mehr Seitwärtsbewegung möchte, kann ich mit der Gerte deuten und meinem Pferd so helfen, meine Absicht zu verstehen.

Natürlich musst du deinem Pferd als Erstes beibringen, was die Gerte bedeutet, aber wenn es die Hilfen einmal kennt, stellt sie eine einfache und leichte Kommunikationsform dar. Bei der Handarbeit kann die Gerte ein nützlicher Schenkelersatz sein. Das ist eine gute Methode, um dein Pferd auf das Reiten vorzubereiten, da es die Hilfen so schon vorher kennenlernt.

Die Gerte in den unterschiedlichen Positionen, an denen später der Schenkel liegen wird. Du kannst sie einsetzen, um auf bestimmte Körperregionen zu deuten.

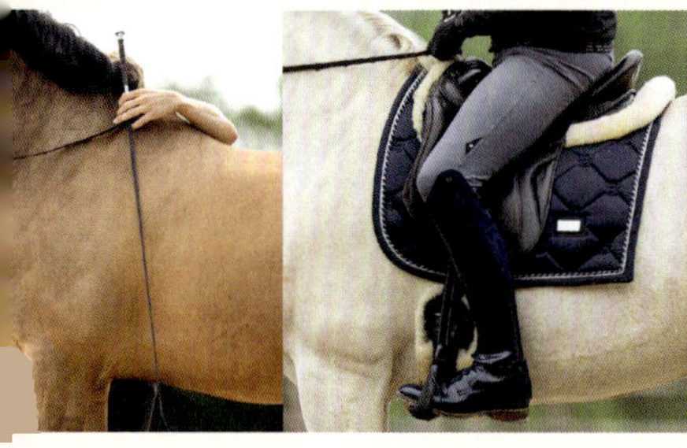

Die Gerte zeigt auf die Vorhand.

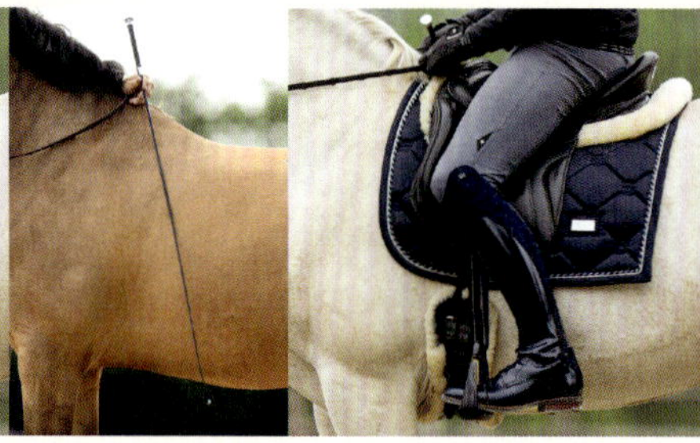

Die Gerte zeigt auf die Körpermitte.

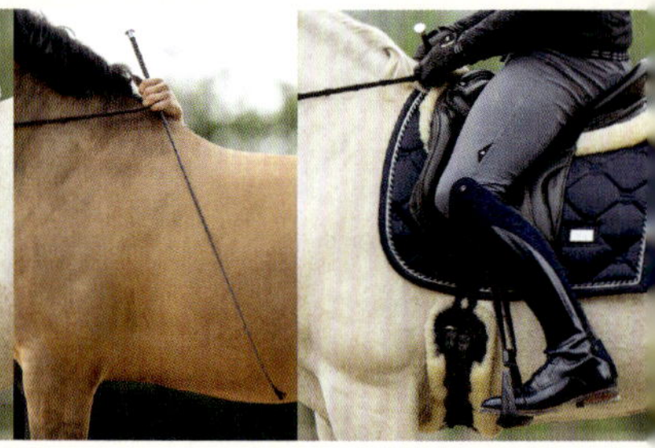

Die Gerte zeigt auf die Hinterhand.

Die Hilfen erklären

Es ist möglich, dem Pferd die Hilfen erst beim Reiten zu erklären, aber ich bereite gerne so viel wie möglich vom Boden aus vor. Du kannst dem Pferd zeigen, dass es sich vorwärtsbewegen soll, wenn es Druck an der Seite verspürt – an der Stelle, an der später dein Bein liegen wird. Das gilt für alle Übungen, die du deinem Pferd vielleicht schon beibringen willst – wie zum Beispiel Stellung und Biegung, Seitwärtstritte oder -weichen. Das alles kannst du deinem Pferd ganz leicht an der Hand zeigen, indem du ihm beispielsweise beibringst, dem Führstrick zu folgen, wenn du leicht daran ziehst.

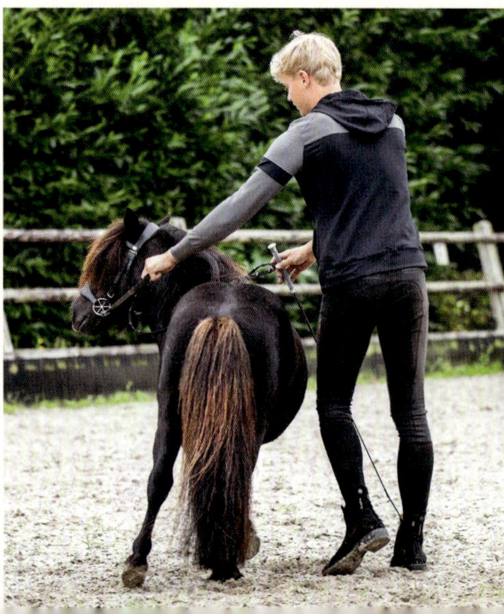

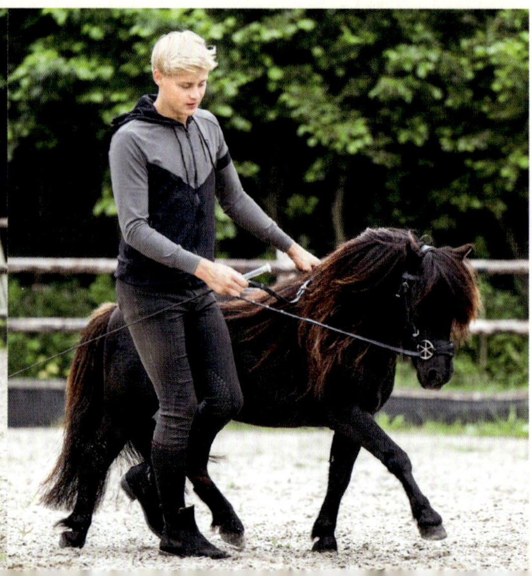

Einsatz der Stimme

Natürlich kannst du bei fast allen Übungen auch deine Stimme einsetzen, um noch mehr Klarheit zu schaffen. Du sollst deinem Pferd dabei keine Geschichten erzählen, sondern jedes Mal dasselbe klare Kommando geben, in immer demselben Tonfall. Gleichzeitig belohnst du dein Pferd, wenn es etwas gut macht – aber wirklich nur dann, da du es sonst verwirren würdest. Wir neigen oft dazu, automatisch bei allem, was wir verlangen, mit der Zunge zu schnalzen: Vorwärts, Rückwärts, um eine Reaktion zu erhalten und so weiter. Das ist kontraproduktiv. Für das Pferd ist es viel klarer, wenn du für jede Hilfe einen anderen Ton, einen anderen Rhythmus oder eine andere Lautstärke verwendest. Jede Lektion kann ihr eigenes Wort haben – genau, wie wir verbale Hilfen in der Freiheitsdressur einsetzen. Sobald das Pferd versteht, dass unterschiedliche Kommandos unterschiedliche Übungen bedeuten, muss es aufmerksam bleiben. Zusätzlich solltest du dich noch stärker darauf konzentrieren, was du willst, und auch das wird dein Pferd beeinflussen. Je mehr Energie du in etwas steckst, desto mehr wirst du zurückbekommen.

Berührung ist gut

Bringe deinem Pferd so bald wie möglich bei, sich überall berühren zu lassen. Es sollte dabei ganz ruhig bleiben, da ein Pferd, das sich bei Berührungen nicht entspannen kann, auch unter dem Reiter verspannt sein wird. Als Erstes muss dein Pferd sich in deiner Gegenwart wohlfühlen und alles Mögliche mit sich machen lassen, bevor du zu Übungen wie Longieren übergehen kannst. Denn auch, wenn dein Pferd das Longieren zunächst als schwierig oder nervenaufreibend empfindet, kannst du dann zumindest sicher sein, dass es dir vertraut und sich in deiner Gegenwart wohl fühlt. Bringe ihm nicht nur bei, sich am ganzen Körper von deinen Händen berühren zu lassen, sondern zeige ihm auch, dass der Kontakt mit der Gerte angenehm ist und dass es keinen Grund gibt, Angst davor zu haben.

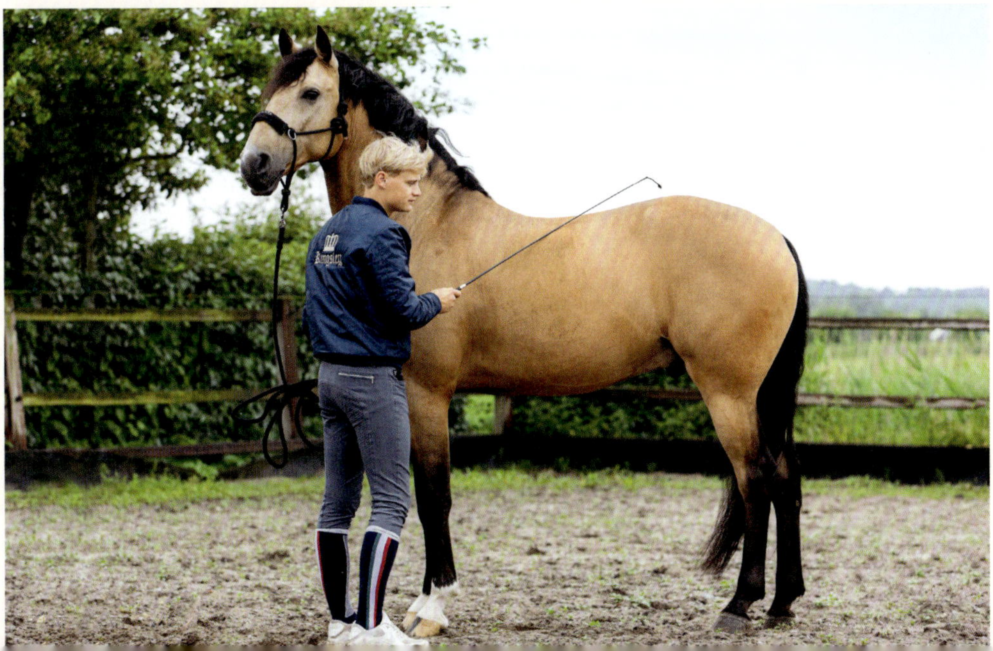

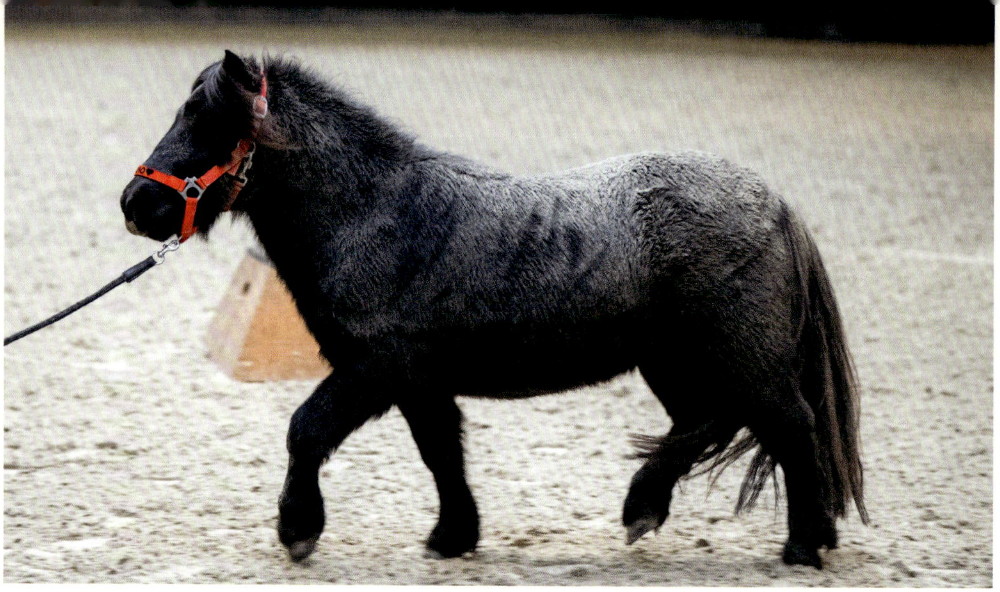

Sich führen lassen

Der nächste Schritt ist, dein Pferd daran zu gewöhnen, sich am Halfter führen zu lassen. Alle Pferde sollten das problemlos beherrschen. Bringe ihm bei, vorwärtszugehen, anzuhalten und ruhig stehen zu bleiben. Wenn es Druck hinter den Ohren verspürt, soll es sich vorwärtsbewegen, während rückwärtswirkender Druck am Halfter bedeutet, dass es langsamer werden, anhalten oder – später einmal – rückwärtsgehen soll. Das Pferd wird diese Signale auch unter dem Sattel wiedererkennen, weshalb es dann nicht mehr schwierig ist, ihm diese Hilfen beizubringen. Ich persönlich habe es gern, wenn ein Pferd mit dem Kopf neben meiner Schulter geht, sodass ich es noch sehen kann. Auch Schulter neben Schulter ist in Ordnung oder eine Position, bei der das Pferd hinter dir geht. Es sollte jedoch niemals vor dir gehen! Finde heraus, was für euch am besten funktioniert, aber stelle dabei sicher, dass das auch deine bewusste Entscheidung ist. Sobald du genau weißt, was du willst, kannst du es deinem Pferd erklären.

Von beiden Seiten

Wir Reiter haben uns angewöhnt, alles von der linken Seite des Pferdes aus zu machen. Ich versuche jedoch, alle Bodenarbeitsübungen von beiden Seiten aus zu machen. Damit verhindern wir, dass das Pferd schief wird, und bringen ihm die Hilfen auch gleich auf beiden Körperseiten bei.

Ruhig stehen bleiben

Wenn du dein Pferd anhalten willst, sollte es eigentlich vom ersten Moment an ruhig stehen bleiben. Viele Pferde haben die Tendenz, noch einen zusätzlichen Schritt in unsere persönliche Zone hineinzumachen oder sofort abwenden zu wollen. Das willst du nicht – es sollte sofort ruhig stehen bleiben, wenn du ein Halt verlangst. Wenn es noch einen Schritt nach vorne macht, forderst du einen Schritt zurück ein. Belohne es nur, wenn es wirklich macht, was du verlangt hast. Es ist wichtig, dem Pferd gegenüber deutlich zu sein und viel zu üben. Das wird dir in der Zukunft bei allem, was du mit deinem Pferd machst, sehr helfen.

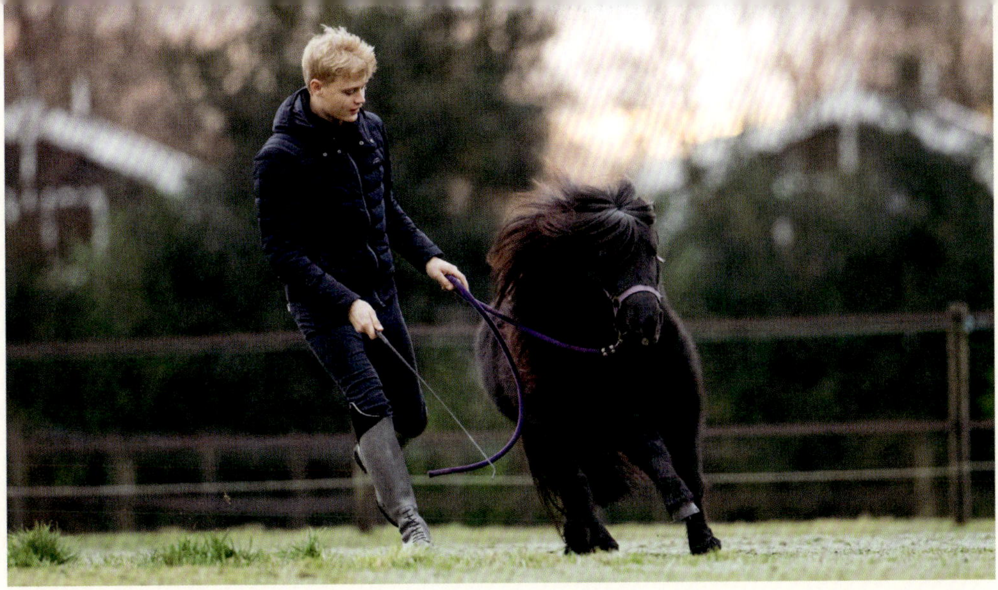

Beim Anhalten geht es um Abstand und Konzentration. Dein Pferd muss sich auf dich und darauf, was du tust, konzentrieren. Wenn das Pferd hinter dir geht und du langsamer wirst, sollte es auch langsamer werden. Es ist wichtig, dass das funktioniert, bevor du etwas anderes übst. Wenn dein Pferd an der Hand weitergeht, obwohl du möchtest, dass es anhält, besteht eine gute Chance, dass es das Konzept des Anhaltens unter dem Reiter auch nicht verstehen wird.

Rückwärts

Das Rückwärtsrichten sollte eigentlich automatisch funktionieren, weil dein Pferd deine persönliche Zone respektiert und seine Aufmerksamkeit bei dir hat. Wenn du gerade und mit deinem Rücken zu ihm vor deinem Pferd stehst und einen Schritt zurückgehst, sollte es das Gleiche tun. Im Idealfall ist es nicht nötig, sich umzudrehen und eine Hilfe zu geben, aber in manchen Fällen kann eine derartige Körpersprache hilfreich sein.

Dem Druck weichen

Nun kannst du in deinem Training einen Schritt weitergehen und deinem Pferd beibringen, Druck zu weichen. Wenn du seitlich gegen den Bauch drückst, sollte es einen Schritt zur Seite gehen. Wenn du dasselbe an seiner Brust machst, sollte es rückwärts gehen. Es versteht deine Absicht, weil du ihm kurz gegen eine bestimmte Stelle drückst oder einen bestimmten Ton von dir gibst. Es reagiert auf deine Signale.
Du musst dir selbst im Klaren darüber sein, welche Signale du deinem Pferd geben willst. Wenn du einen kurzen Druck einsetzen willst, um dein Pferd zum Weichen aufzufordern, dann musst du aufpassen, dass du das Drücken nicht in anderen Situationen verwendest, wo es nichts bedeutet. So könnt ihr beide euch von Anfang an klar verstehen.

Wenn du deinem Pferd beibringst, einen Schritt zur Seite zu machen, bereitest du es damit auf die späteren einseitigen Schenkelhilfen vor: Indem du mit der Gerte oder deiner Hand Druck in der Schenkellage ausübst, verlangst du, dass es zur Seite geht. Dein Pferd wird zunächst wahrscheinlich noch nicht verstehen, was du willst, und anders als erwünscht reagieren – indem es beispielsweise den Druck erwidert oder indem es rückwärts geht. Es tut das, weil es noch nicht versteht, was du willst, aber gerne möchte, dass der Druck aufhört. Erhalte den Druck also aufrecht und löse ihn erst dann, wenn dein Pferd sich in die gewünschte Richtung bewegt. Die Belohnung ist das Wegnehmen des Drucks. Bleibe dabei immer geduldig und freundlich.

Erkläre, was du meinst

Es ist gut, wenn dein Pferd etwas anbietet – selbst, wenn es nicht das ist, was du verlangt hattest. Denn es bedeutet, dass es versucht, herauszufinden, was du willst. Es macht einen Versuch. Es liegt an dir, dein Pferd anzuleiten und ihm genau zu erklären, was du meinst. Gib deine Hilfen anfangs weich und vorsichtig. Wenn das keine Wirkung erzielt, kannst du sie etwas verstärken, um deinem Pferd klarzumachen, was du von ihm willst. Nie im Zorn, sondern auf hilfreiche Weise.

Sobald dein Pferd einen Schritt zur Seite macht, nimmst du deine Hand oder die Gerte sofort weg. Sobald dein Pferd das Konzept wirklich verstanden hat, kannst du weitermachen und mehrere Schritte verlangen – immer, indem du Druck ausübst und wieder nachgibst – Druck und Nachgeben. Vermeide es aber, ein und dieselbe Sache zu lang zu üben, da dein Pferd sonst unsicher wird, ob es dich richtig verstanden hat. Eine Pause zeigt ihm, dass es seine Sache gut gemacht hat.

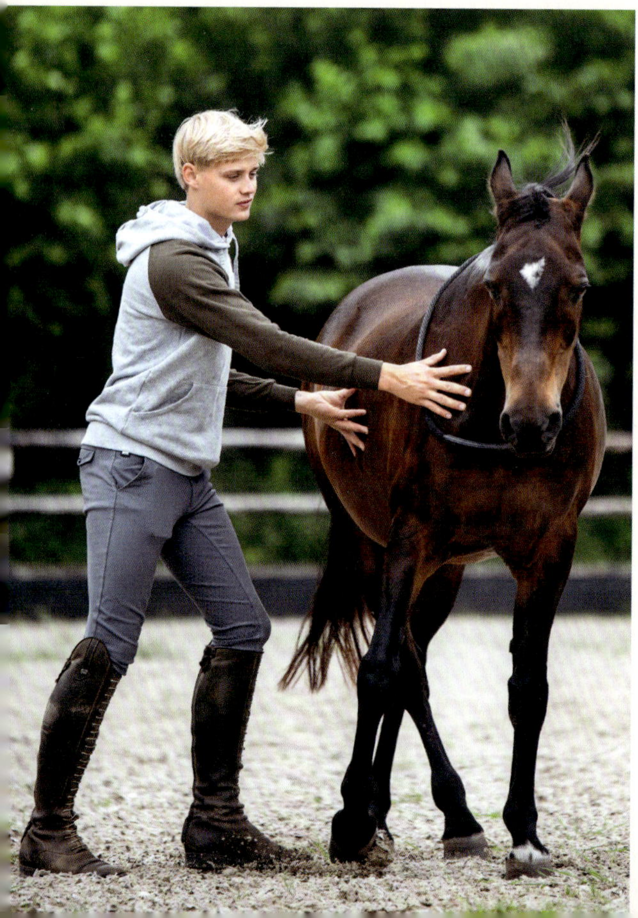

Mache in der nächsten Übungseinheit damit weiter, bis dein Pferd es wirklich verstanden hat. Wenn du später beim Reiten ein Schenkelweichen verlangst, baust du auf diese Bodenarbeitsübung auf. Dein Pferd versteht die Hilfen bereits und es wird dir nicht schwerfallen, ihm die Bedeutung der Schenkelhilfe zu erklären.

Gewöhnung an Ungewöhnliches

Wenn dein Pferd sich gut führen lässt, brav stehen bleibt und sogar schon weichen kann, kannst du beginnen, mit ihm draußen spazieren zu gehen. Bereite das Pferd zuerst vor, indem du neue Sachen in der Reitbahn platzierst und ihm zeigst, dass sie ihm nichts tun. Danach kannst du mit ihm rausgehen, wobei du ihm Zeit geben solltest, sich alles genau anzusehen und sich an ungewohnte

Objekte zu gewöhnen. Lass es doch am Briefkasten schnuppern oder mehrmals am Traktor des Nachbarn vorbeigehen. Wenn es sich an diese ganzen komischen Sachen gewöhnt hat, kannst du den Nachbarn bitten, seinen Traktor zu starten. Dadurch lernt dein Pferd, dass du gar nichts Wildes von ihm verlangst und dass es dir vertrauen kann. Die Kommunikation zwischen euch wird besser werden, weil du da bist, um deinem Pferd zur Seite zu stehen, wenn es etwas Komisches oder Furchterregendes erblickt. Deshalb ist es auch so wichtig, dass du den sicheren, verlässlichen Part in diesen Situationen spielst. Achte darauf, dass du dich an dic gleichen Regeln hältst, wie immer, die gleichen Reaktionen auf die gleichen Hilfen erwartest und in schwierigen Situationen die Führung übernimmst. Auf diese Weise wird dein Pferd sich auf dich konzentrieren und darauf achten, wie du auf eine vermeintliche Gefahr reagierst – anstatt dich gar nicht zu beachten und das Problem alleine lösen zu wollen. Dasselbe gilt, wenn du dein Pferd reitest. Je besser dein Pferd auf die Hilfen reagiert, desto eher wirst du ihm in schwierigen Situationen helfen können. Denn dann wird es dich als Leittier betrachten und du wirst es so unterstützen können.

Außerdem bereitest du dein Pferd so schon auf das Reiten vor. Wenn es bereits daran gewöhnt ist, ins Gelände zu gehen, wird es auch sehr viel weniger Angst mit einem Reiter haben, von dem es weiß, dass er vertrauenswürdig ist.

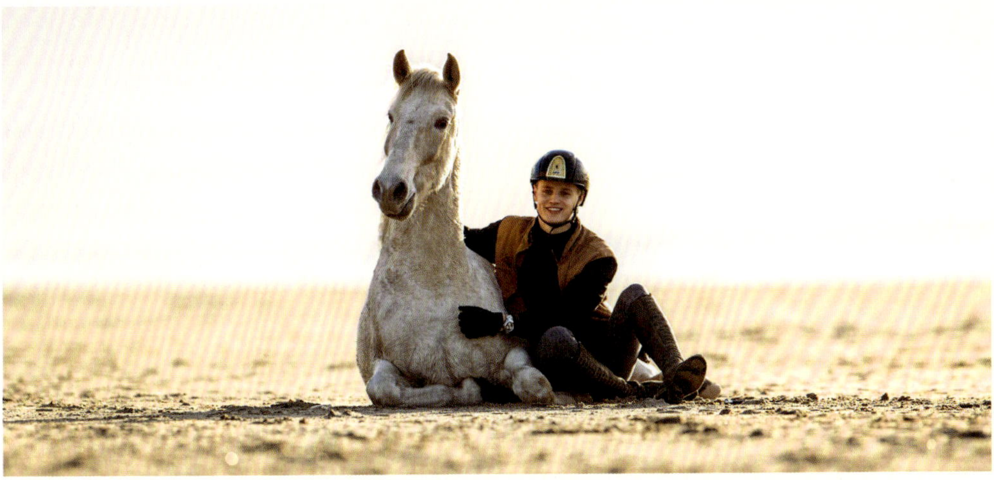

Gewöhnung an den Zügeldruck

Du kannst ihm auch schon das gebisslose Zaumzeug anlegen, mit dem du es später reiten willst. Lege es zunächst einmal einfach an, ohne dass etwas anderes passiert. Achte darauf, dass es ein für das Pferd angenehmes und weiches Zaumzeug ist, bei dem sich der Druck über die wichtigen Bereiche verteilt. Diese Aspekte sind immer wichtig, aber ganz besonders bei einem jungen Pferd, das noch nicht viel kennt.

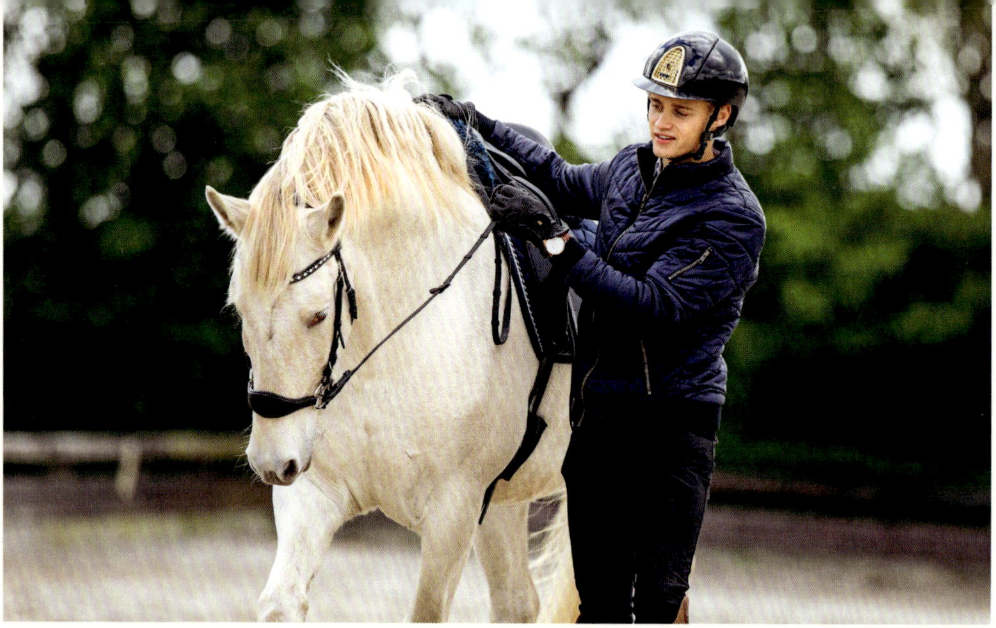

Zunächst kombinierst du das Zaumzeug am besten noch mit einem Halfter, damit das Pferd die Hilfen wiedererkennen kann. So kannst du ihm helfen, sich allmählich an das Druckgefühl auf seiner Nase zu gewöhnen, bis du das Halfter ganz weglassen kannst.
Achte darauf, dass du das alles zuerst in einer sicheren Umgebung übst – ich würde zum Beispiel nicht gleich auf die Straße gehen. Sei nicht überrascht, wenn die erste Reaktion deines Pferdes ganz anders ist, als du erwartet hattest – es muss noch viel lernen. Versuche, ihm die Hilfen zu erklären, und bleibe dabei immer ruhig und positiv. Du kannst ihm helfen, sich an den Zügeldruck zu gewöhnen, indem du auf Schulterhöhe neben ihm gehst. Lege ihm die Zügel um den Hals und halte sie so, als ob du einhändig reiten würdest – mit einer Hand auf seiner anderen Halsseite, wobei ein Sattel optional ist. Wenn dein Pferd zu groß ist, um über den Widerrist zu greifen, kannst du auch improvisieren und den Außenzügel über den Widerrist zu dir führen.

Keinen Stress

Auf diese Weise kannst du deinem Pferd alles schrittweise und stressfrei beibringen. Warte jedes Mal ab, bis dein Pferd sich an den vorherigen Schritt gewöhnt hat und dabei komplett entspannt ist, bevor du zur nächsten Sache übergehst. Wie immer kannst du deine Hilfen auch mit deiner Stimme verstärken.
Wenn dein Pferd schon vor dem ersten Aufsteigen alle Hilfen versteht, wird dir das beim Anreiten sehr viel Mühe ersparen.

In dieser Ausbildungsphase musst du dir noch keine großen Gedanken über Dressurtechniken machen. Das kommt schon noch. Momentan bringst du ihm die absoluten Grundlagen bei, die du auch beim Reiten verlangen wirst. Wenn dein Pferd nach links schauen soll, bewegst du deine Hand mit dem seitlich am Zaum angebrachten Zügel oder Führstrick nach links. Wenn dein Pferd daraufhin eine gute Kopfstellung einnimmt, gibst du nach und lobst es. So kannst du auf eine gute Stellung und Biegung hinarbeiten.

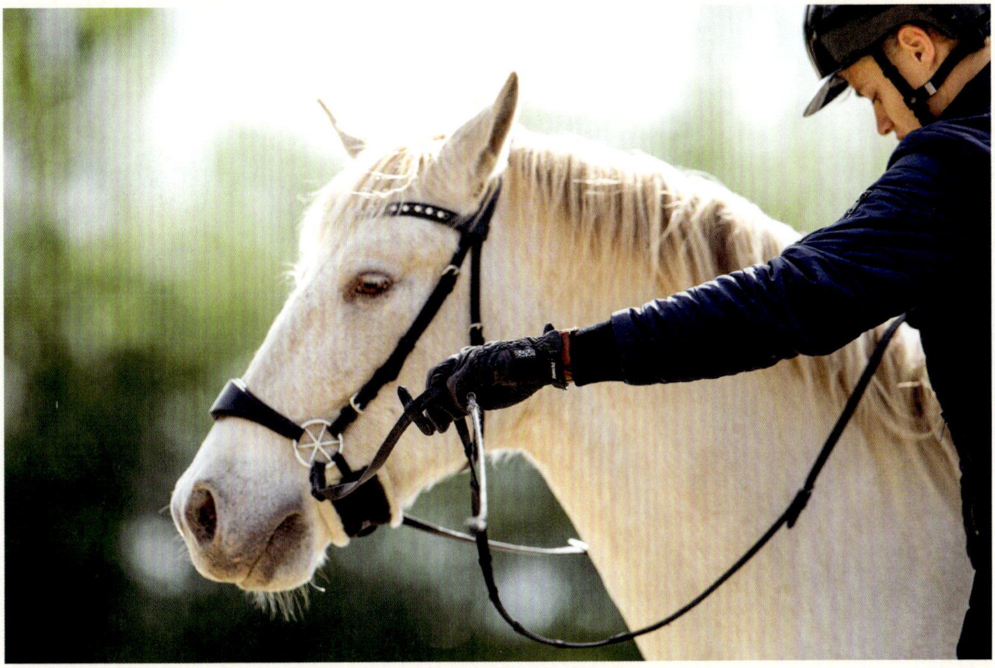

Leichte Hilfen

Bei der Bodenarbeit kann das Pferd lernen, auf leichte Hilfen zu reagieren, sodass du später gar nicht mehr viel Druck brauchen wirst. Deshalb ist es ein Fehler, den Kopf des Pferdes mit Ausbindezügeln festzuzurren, dadurch gewöhnt es sich nur daran, einen ständigen Druck auf der Nase zu haben und das ist etwas, was wir um jeden Preis vermeiden wollen. Achte also genau darauf, was dein Pferd spürt und welches Ergebnis du erzielen willst.

Von der Bodenarbeit zum Reiten

Longieren

Die Arbeit an der Longe kann sehr nützlich sein, um das Pferd an die Bewegungsabläufe und einen gewissen Druck zu gewöhnen. Die meisten Lektionen an der Hand werden im Schritt ausgeführt, aber an der Longe kann das Pferd auch traben und galoppieren. Man sieht oft, dass Leute ihre Pferde longieren, um sie zu bewegen und ihnen Auslauf zu verschaffen – aber es ist nicht Sinn der Übung, das Pferd so lange im Kreis rennen zu lassen, bis es müde ist.

Manche Pferde gelangen zwar zu der Überzeugung, dass das der Sinn ist: Ihrer Erfahrung nach bedeutet Longieren die Gelegenheit zu rennen. Aber je mehr sie rennen, desto wilder werden sie. In einer derartigen Situation hat das Pferd das Gefühl, dass es an der Longe alleine gelassen wird und es achtet überhaupt nicht auf den Longenführer. So kann das nicht funktionieren. Du musst in Kontakt mit deinem Pferd bleiben und ihm helfen, die Aufgaben auszuführen, die du ihm stellst. Ich setze die Arbeit an der Longe ein, um Abwechslung in mein Training zu bringen und um jungen Pferden etwas beizubringen. Ein junges Pferd kann zum Beispiel lernen, seinen Kopf und Hals an der Longe vorwärts-abwärts zu dehnen. Stelle deinem Pferd Aufgaben, um es zu beschäftigen und explosives Verhalten zu verhindern.

Ich hatte einmal ein Dressurpferd im Beritt, das große Probleme beim Reiten hatte. Dieses Pferd habe ich sehr viel longiert. Es konnte sich nicht entspannen und stand ständig unter Stress. Durch die gestellte und gebogene Arbeit an der Longe lernte es, sich zu entspannen. Ich arbeitete es nur mit Halfter, sodass es das Gefühl hatte, es werde gar nicht viel verlangt. Von dieser Grundlage aus baute ich das Training auf, bis das Pferd sich auch beim Reiten entspannen konnte.

Kurze Longe oder Führstrick

Häufig sieht man das klassische Bild des Longenführers, der mit einer langen Longierpeitsche in der Mitte steht und mit Longe, Peitsche und Pferd ein sauberes Dreieck bildet. Das Pferd dreht sich in schönen Kreisen um den Longenführer herum. Es ist natürlich toll, wenn man das schafft, aber meiner Meinung nach nicht unbedingt notwendig. Das Ziel ist, dass das Pferd sich wohlfühlt, dass es aufpasst und dass es lernt, was es lernen soll. Wenn das besser funktioniert, wenn du mitgehst, dann tu das! Du kannst die Longierleine auch kürzer nehmen, sodass du näher bei deinem Pferd bist und besser zu ihm durchkommst. Ich arbeite oft mit einer kurzen Longe oder einem langen Führstrick, sodass ich meinem Pferd Signale mit der Peitsche senden kann. In vielen Situationen bin ich lieber nah am Pferd und bewege mich mit ihm mit, sodass ich mehr Kontakt habe. Auf diese Weise besteht auch kein so großer Unterschied zwischen der Arbeit an der Hand und dem Longieren und du kannst ganz leicht zwischen den beiden abwechseln. Beginne mit kleinen Kreisen um dich herum.

Hier gehe ich sehr nah neben Antares her.

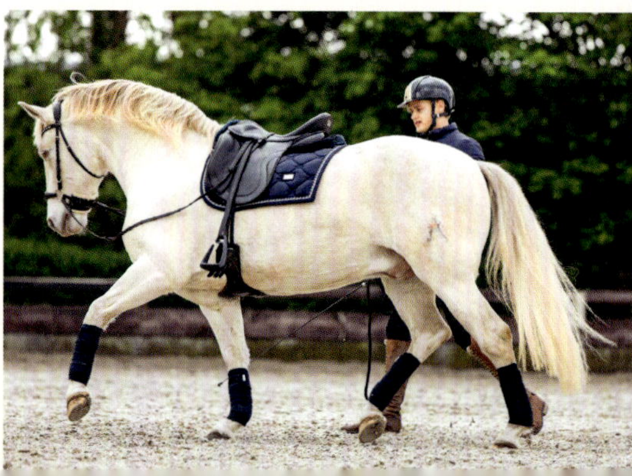

Der Einsatz der Gerte, um Hilfen zu geben.

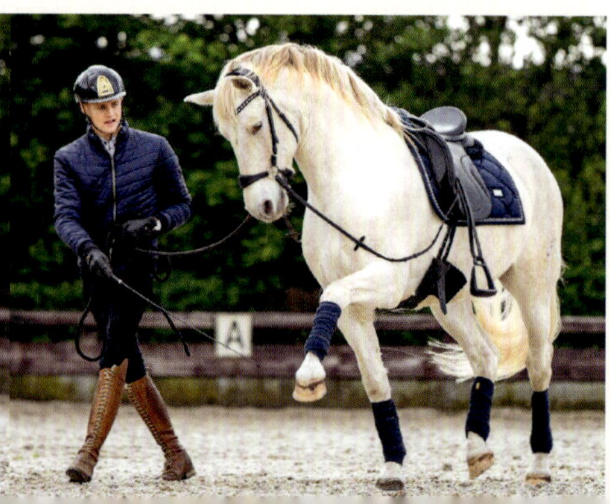

So kannst du deinem Pferd den Vorwärtsschwung, das Langsamerwerden und das Rückwärtsrichten beibringen. Du baust auf den Dingen auf, die du bereits erarbeitet hast. Du lädst dein Pferd genau wie an der Hand dazu ein, vorwärtszugehen – indem du von ihm verlangst, der Leine zu folgen und ihm so den Weg zeigst. Der Kreis kann allmählich größer werden – so lange, bis du mittiger stehst.

Verwende ein Halfter

Das Longieren mit Halfter ist eine tolle Übung, die seltsamerweise die wenigsten Leute machen. Dabei erscheint es mir nur logisch – das Ziel ist doch, dass das Pferd entspannt arbeitet und nicht zu viel permanenten Druck hat. Du gehst mit ihm mit und setzt deine Körpersprache ein, um ihm zu zeigen, was es tun soll. Es soll sein eigenes Gleichgewicht finden und sich lernen, sich besser zu tragen. Gleichzeitig willst du es nicht behindern. Je leichter dein Pferd sich ohne zu viel Hilfe von deiner Seite bewegen kann, desto besser.
Du kannst es satteln und das gebisslose Zaumzeug anlegen, damit es sich schon vor dem ersten Aufsteigen an das Sattelzeug gewöhnen kann und damit du Abwechslung ins Training bringst – im Grunde aber finde ich, dass man mit Halfter oder Knotenhalfter longieren sollte.

Bringe deinem Pferd bei, sich zu entspannen

Wenn du deinem Pferd beibringen willst, sich beim Longieren zu entspannen, anstatt mit hoch erhobenem Kopf herumzugaloppieren, musst du es an die Hilfen erinnern, indem du ganz viele Übergänge übst. Dadurch wird dein Pferd sich auch stärker auf dich konzentrieren und sich besser entspannen können. Setze deine Stimme ein, um Kommandos zu geben, und verwende die Longierleine, um halbe Paraden zu geben und eine Innenstellung zu verlangen. Du kannst mit der Zirkelgröße spielen, wobei dein letztendliches Ziel sein sollte, dass dein Pferd sein Gleichgewicht findet. Sobald es im Gleichgewicht ist, kann es seinen Hals fallen lassen, seinen Rücken entspannen und durch seinen gesamten Körper arbeiten. Das ist sehr viel von einem Pferd verlangt und kann nicht in einer Einheit erreicht werden. Lobe dein Pferd mit deiner Stimme, sobald es sich auch nur ein bisschen entspannt. Von dem Punkt aus kannst du seine Haltung langsam entwickeln, bis es durch seinen gesamten Körper losgelassen ist.

Noch nicht entspannt — Der Versuch, loszulassen — Komplett losgelassen

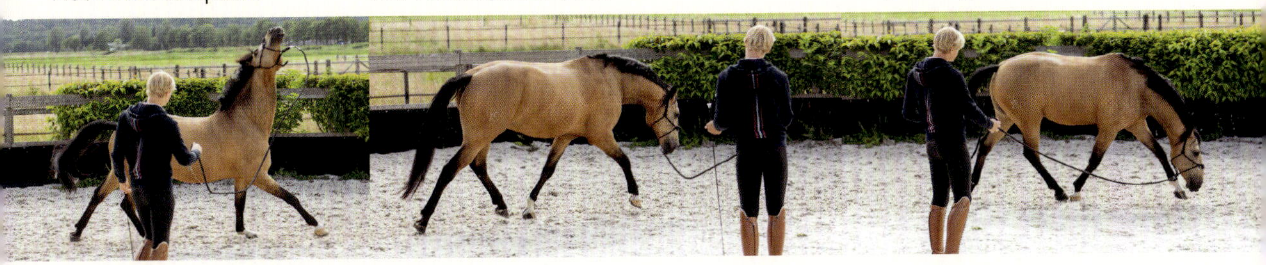

Keine Ausbindezügel

Ich verwende beim Longieren keine Ausbindezügel. Wenn ich doch einmal welche anlege, dann nur, um das Pferd an einen leichten Zügelkontakt zu gewöhnen, bevor ich das erste Mal aufsteige und die Zügel aufnehme. Ich setze die Ausbinder nie ein, um den Kopf des Pferdes in eine bestimmte Haltung zu zwingen, da dies jegliches Nachgeben unmöglich macht, wenn das Pferd sich entspannt. Was wiederum bedeutet, dass es nicht belohnt wird, wenn es seine Sache gut macht. Das ist für seine Ausbildung überhaupt nicht hilfreich. Eine gute Anlehnung kommt aus der Hinterhand – sobald das Pferd dort genügend Kraft entwickelt hat. Sie ist die logische Folge einer gut aufgebauten Ausbildung.

Sei klar

Von dem Moment an, in dem du aufsteigst, befindest du dich plötzlich in einer völlig anderen Position als bei der Bodenarbeit oder beim Longieren. Dein Pferd wird es zunächst nicht fassen können. Bist du immer noch dieselbe Person? Warum sitzt du plötzlich auf ihm drauf? Nimm dir also die Zeit, um dein Pferd in Ruhe an die neue Situation zu gewöhnen.

Zum ersten Mal reiten

Wie bei allem ist es auch beim Longieren wichtig, dass du so lange weitermachst, bis dein Pferd versteht, was von ihm verlangt wird – und das auch tut. Wenn du aufhörst, weil es immer wieder stehen bleibt oder einfach viel zu schnell läuft, wird es daraus schließen, dass du genau das von ihm wolltest. Mach also so lange weiter, bis du zufrieden mit ihm bist – so schaffst du Klarheit. Für den Anfang ist das genug.

Welches gebisslose Zaumzeug solltest du wählen?

Bei der Wahl des geeignetsten Zaumzeugs solltest du dir überlegen, was du damit machen willst. Was ist dein Ziel? Ich reite im englischen Stil, aber das gilt nicht für alle Menschen. Wenn du dir eine andere Disziplin, wie das Westernreiten, ausgesucht hast, dann fragst du am besten einen Spezialisten in dieser Reitsparte um Rat.

Im Kapitel 6 (Seite 111) findest du eine Beschreibung der häufigsten gebisslosen Zaumzeugarten, mit all ihren unterschiedlichen Vor- und Nachteilen. Suche dir eines aus, das zu deinem Reitstil passt, das gleichzeitig eine deutliche Wirkung hat und angenehm für dein Pferd ist.

Beim Anreiten eines jungen Pferdes ist es besonders wichtig, dass die Nachgebefunktion perfekt funktioniert. Wenn das Nachgeben nur schwammig funktioniert, kannst du deinem Pferd nie punktgenau mitteilen, ob es auf deine Zügelhilfen wie gewünscht reagiert.

Ein Hackamore mit Anzügen ist meiner Meinung nach ungeeignet für junge Pferde, da es zu scharf wirkt. Meine persönliche Präferenz wäre ein Sidepull oder ein Zaumzeug mit Rad, da die Lenkung und Erklärung des Zügelkontakts bei diesen Zaumzeugtypen besser funktioniert.

Und dann steigst du auf

Wenn du das Training schrittweise aufgebaut und mit vielen Übungen gefestigt hast, hast du eine Grundlage, auf die du zurückgreifen kannst. Dein Pferd erkennt deine Stimme und deine Hilfen. Allerdings ist der Umstieg von Bodenarbeit zu Arbeit unter dem Reiter immer noch riesig für ein Pferd. Mach den Übergang deshalb in kleinen Schritten, wobei du dich zuerst nur auf den Sattel legst und öfter mal erhöht über deinem Pferd stehst, sodass es sich daran gewöhnt, dich hinter und über ihm zu sehen. Reibe es auf beiden Seiten und am Rücken ab. Wenn du deinem Pferd schon bei der Bodenarbeit Entspannungstechniken beigebracht hast, kannst du diese auch beim Reiten anwenden.
Trotzdem gibt es immer wieder Pferde, die einfach nicht verstehen können, wie ihnen geschieht und die in Panik geraten. Vielleicht übernimmt da eine Art Urinstinkt, als ob ein Raubtier auf seinen Rücken gesprungen wäre. Wenn das der Fall ist, musst du versuchen, dem Pferd klarzumachen, dass keine Gefahr besteht. Aber noch besser ist es, eine derartige Situation zu vermeiden – achte also darauf, dass dein Pferd immer Spaß an der Sache hat, und baue deine Arbeit ruhig und langsam auf, mit gegenseitigem Vertrauen.

Wenn du dann das erste Mal aufsteigst, ist es gut, wenn eine zweite Person dir hilft. Sowohl dein Pferd als auch du müsst euch sicher fühlen. Sorge dafür, dass ihr euch zusammen mit einer verlässlichen Person, die im Notfall helfen kann, in einem sicheren, eingezäunten Bereich befindet. Steige ruhig auf und achte darauf, ob dein Pferd ähnlich wie bei der Bodenarbeit und beim Longieren reagiert. Kannst du eine leichte Stellung verlangen? Kannst du es anreiten und wieder stehen bleiben? Wenn all das gut funktioniert, seid ihr für die gemeinsame Arbeit bereit.

Entspanntes Stehen

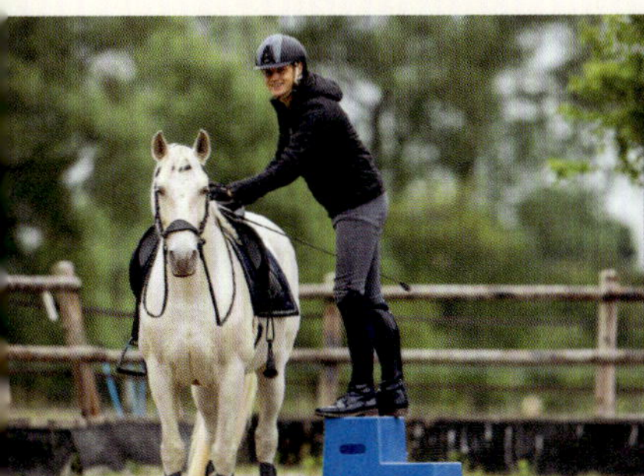

Belohnen

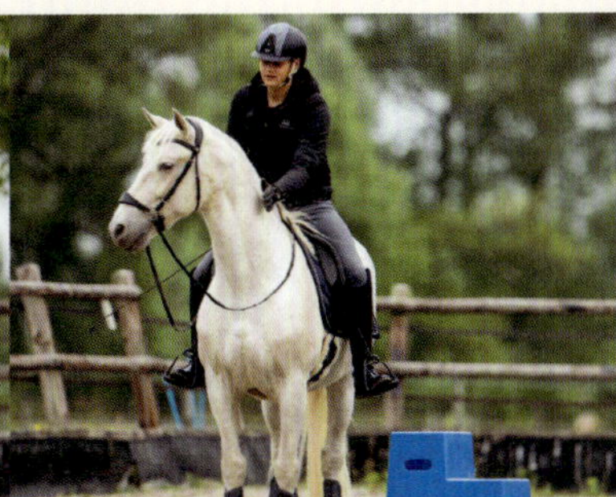

Gemeinsamer Spaß in Losgelassenheit

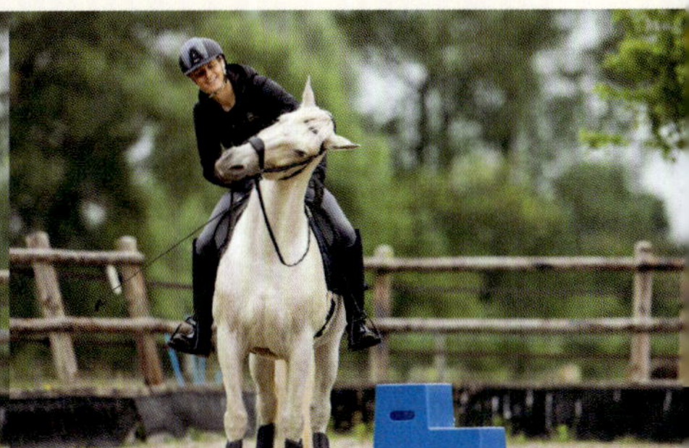

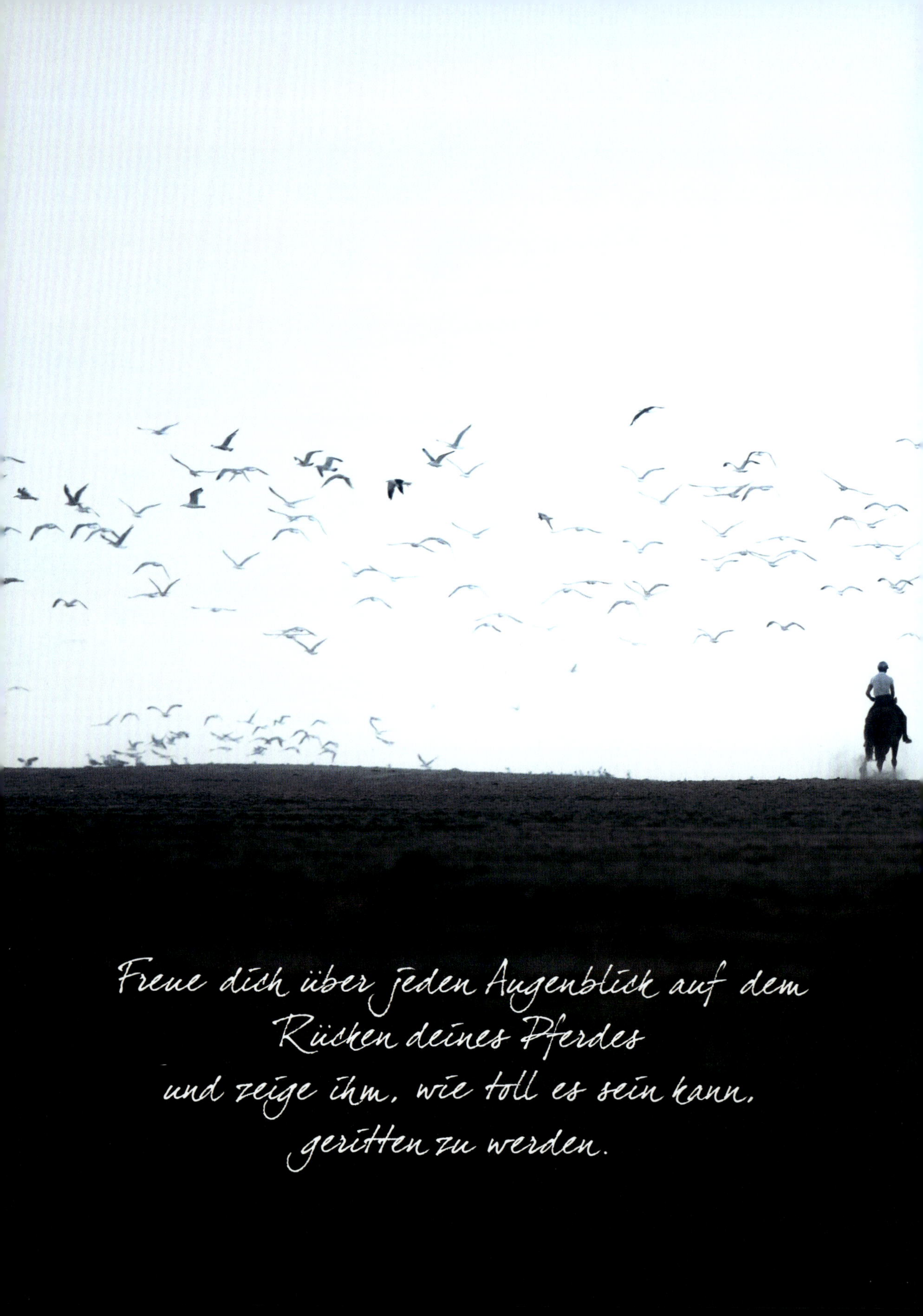

Freue dich über jeden Augenblick auf dem
Rücken deines Pferdes
und zeige ihm, wie toll es sein kann,
geritten zu werden.

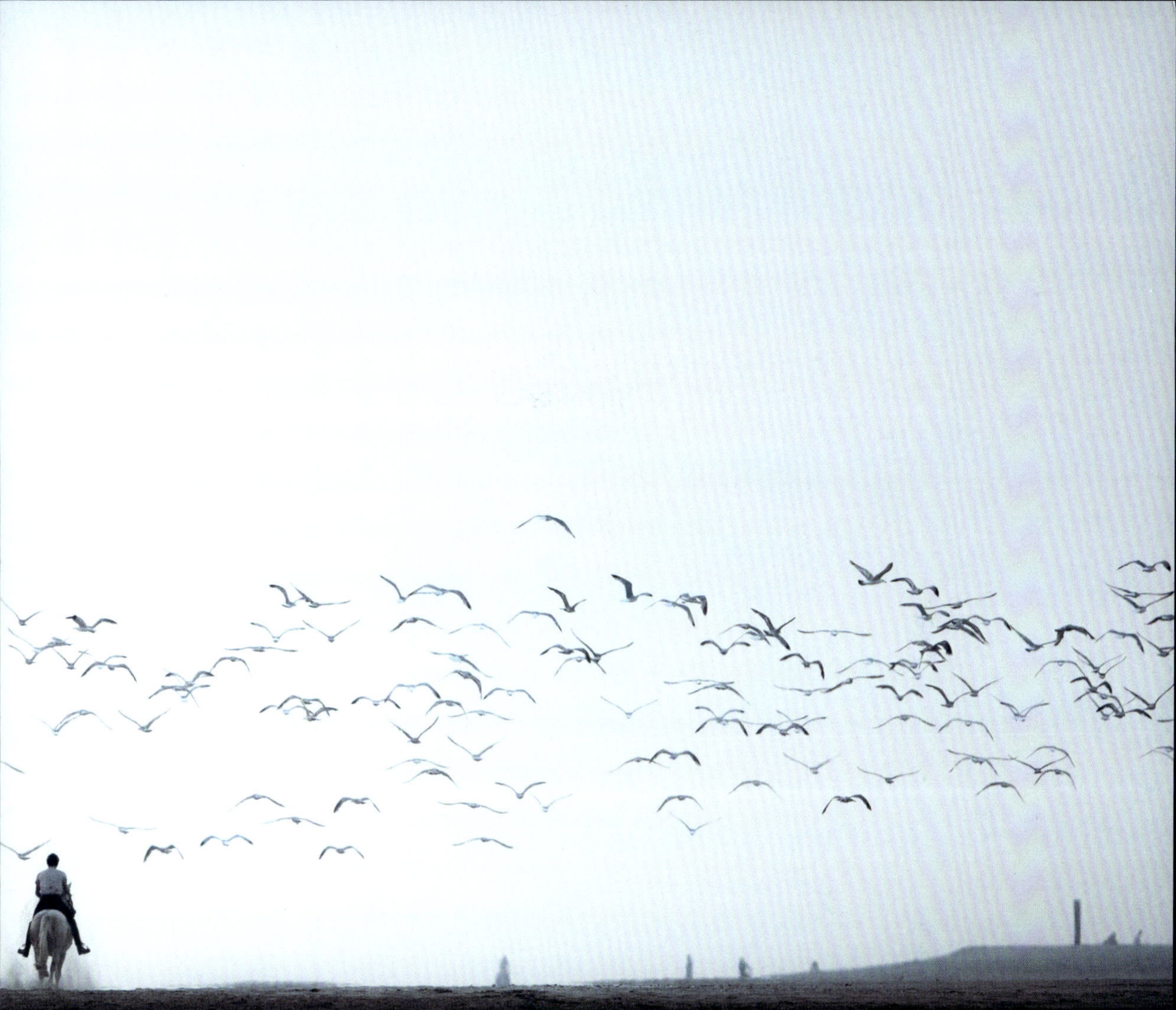

Ein Pferd zum ersten Mal reiten

Wenn du dein Pferd die ersten paar Male reitest, darfst du dabei nie mit deinen Schenkeln klemmen. Sitze so ruhig und entspannt wie möglich auf ihm. Wenn du möchtest, dass es sich in Bewegung setzt, kannst du kleine Impulse mit deinen Beinen geben. Versuche, möglichst ähnliche Hilfen zu denjenigen zu geben, die dein Pferd vom Boden aus gelernt hat. Am besten ist es, wenn du so wenig wie möglich ändern musst. Aber wenn du doch Dinge anders machen musst, dann nur eine Sache auf einmal, am besten alles in kleinen Schritten.

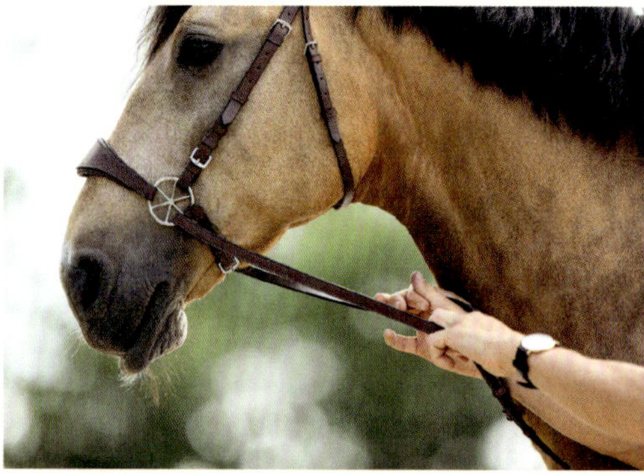

Eine Reaktion verlangen

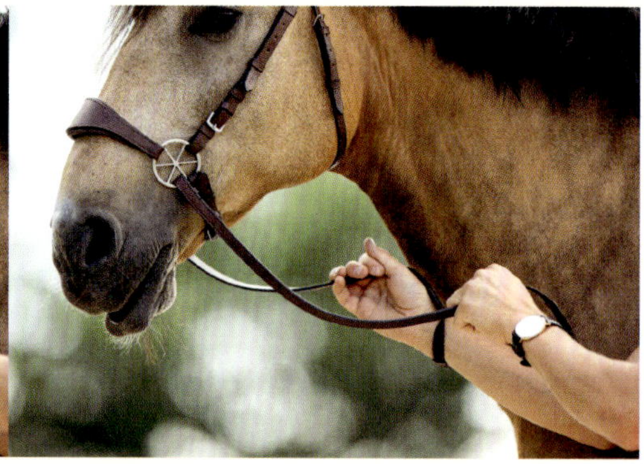

Sofortiges Nachgeben

Du willst die Bodenarbeitshilfen durch Reithilfen ersetzen. Eine zweite Person, die die Hilfen gleichzeitig mit dir vom Boden aus gibt, kann dem Pferd helfen, die richtige Verknüpfung herzustellen.

Im Zuge deines langsamen Trainingsaufbaus hast du deinem Pferd die lenkenden Zügelhilfen vom Boden aus beigebracht, sodass du die gleichen Hilfen vom Sattel aus anwenden kannst. Wenn du Wendungen reitest, kommen nur noch deine Bein- und Gewichtshilfen hinzu. Setze diese anfangs vorsichtig ein, in Kombination mit deinen Stimmhilfen, die das Pferd bereits kennt. Sobald das Pferd die anderen Hilfen verstanden hat, kannst du die Stimmkommandos weglassen.

Bei seinen ersten Schritten unter dem Reiter ist es unwichtig, wohin das Pferd geht. Solange es nicht durchgeht, sondern wie verlangt ruhig im Schritt weitergeht, kannst du sehr zufrieden sein. Natürlich soll es auf deine Hilfen schlussendlich richtig reagieren, aber für den Augenblick muss noch nicht alles perfekt sein. Bei den ersten Ritten ist es viel wichtiger, dass du dein Pferd ermutigst und es lobst, wenn es seine Sache gut macht. So lernt dein Pferd, dass es Spaß machen kann, geritten zu werden. Von diesem Ausgangspunkt kannst du dann dazu übergehen, die Lenkung und Tempowechsel zu üben. Wenn ein Pferd das Gefühl hat, dass es mit dir mitdenken darf und eine gewisse Kontrolle über sich selbst hat, verfällt es weniger leicht in Panik. Es ist immer am besten, ihm die Dinge auf spielerische Weise beizubringen.

Ein junges Pferd ohne Gebiss anreiten

Es ist bei jedem Pferd wichtig, auf eine richtige Reaktion hin nachzugeben, bei einem ganz jungen Pferd ist es aber unabdinglich. Nur so kann es lernen, was richtig und was falsch ist. Wenn dein Timing dabei nicht stimmt, wird es dir schwerfallen, eine feine Reaktion auf deine Hilfen zu erreichen.

Probiere, viel Abwechslung einzubauen, wenn du ein junges Pferd reitest. Konzentriere dich auf immer Neues. Vermeide es, eine Lektion ewig lang zu üben – besonders, wenn sie schwierig ist. Denn das verdirbt deinem Pferd den Spaß. Wenn es etwas gut gemacht hat, ist die beste Belohnung, ihm eine Pause zu gönnen und dann etwas anderes zu machen.
Deine Hände sind dabei besonders wichtig, denn mit ihnen gibst du weich nach, wenn dein Pferd wie gewünscht auf eine Zügelhilfe reagiert. Dennoch solltest du dich nicht ständig darauf konzentrieren, was du in deinen Händen spürst. Es geht um das ganze Pferd – versuche, das ganze Pferd zu spüren.

Du übst viel, damit dein Pferd die Hilfen nach und nach besser versteht und die Dinge leichter gehen – aber dasselbe kannst du auch erreichen, indem du einfach reitest und das Erlebnis genießt. Übe einfache Bahnfiguren wie Zirkel, Achterfiguren oder einfache Richtungswechsel. Du kannst auch ein paar Tempounterschiede einbauen. Es ist auch immer gut, Innen- oder Außenstellung zu verlangen. Nachdem dein Pferd die Stellung ein paar Meter lang gehalten hat, stellst du es in Ruhe wieder gerade.
All das sind nützliche Übungen für ein junges Pferd, sobald es für diese bereit ist. Es ist kein Problem, wenn ihr sie noch nicht perfekt ausführen könnt, es wird allmählich immer besser werden.

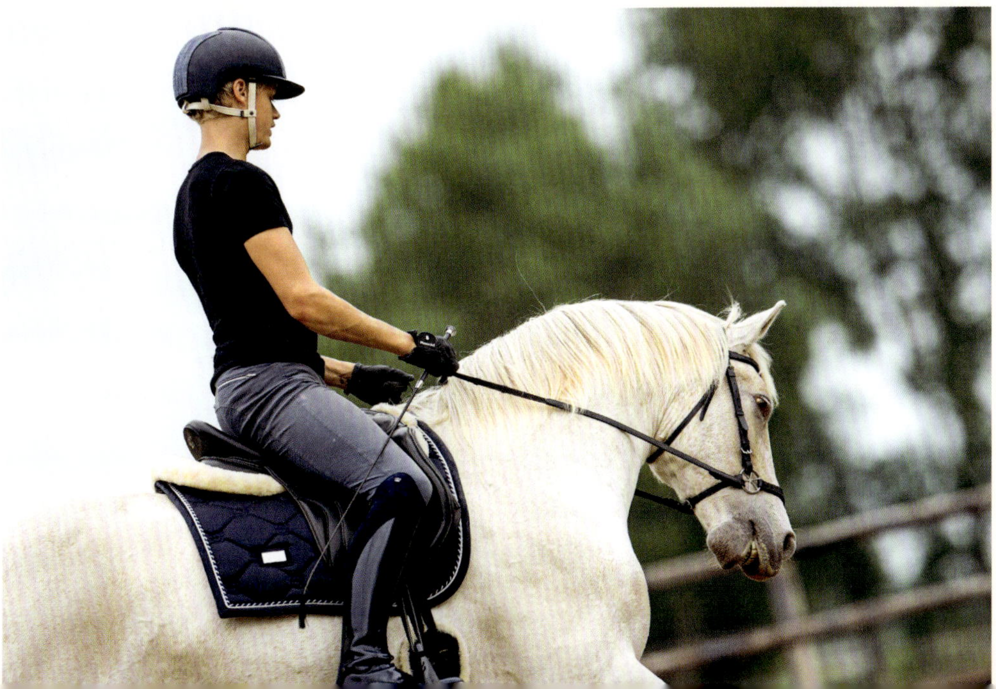

Es kann hilfreich sein, wenn du dich mental auf die Linie konzentrierst, die du reiten willst. Du wirst merken, dass dein Pferd sich dann besser auf die Hilfen konzentriert und es viel leichter wird, die Linie mit einem Minimum an Korrekturen zu halten.
Vermeide es anfangs, zu viele Dinge gleichzeitig von deinem Pferd zu verlangen, da dies schnell zu Chaos und Missverständnissen führen kann. Verlange also beispielsweise nicht gleichzeitig einen Tempounterschied und Stellung. Vergiss nicht, dass dein Pferd erst alles lernen muss. Du kannst den Grundstein nur einmal legen.

Du darfst auch nie vergessen, wie wichtig deine Sitz- und Schenkelhilfen bei alldem sind. Deine Hand kann die Richtung anzeigen, aber deine Schenkelhilfen sind viel wichtiger. Stelle zum Beispiel sicher, dass dein Außenschenkel dein Pferd geradegerichtet hält, wenn du Außenstellung verlangst.

Hast du das Gefühl, dass dein Pferd das Bisherige verstanden hat, und fühlst du dich sicher? Dann kannst du eure geteilten Erfahrungen erweitern, indem du zum Beispiel Stangenarbeit einbaust oder auf einen kleinen Ausritt gehst. Abwechslung wird euch beiden guttun und ist meiner Meinung nach extrem wichtig. Durch jede neue Situation, in der ihr euch aufeinander verlassen und trotzdem klar miteinander kommunizieren könnt, werdet ihr weiter zusammenwachsen. Probleme und Schwierigkeiten sind dazu da, um gelöst zu werden und eine gemeinsame Weiterentwicklung zu ermöglichen.

Wenn du mit technischen Reitproblemen kämpfst, ist es auf jeden Fall gut, wenn du eine fähige Person um Hilfe bittest. Sie kann dir helfen, so schnell wie möglich aus dem negativen Teufelskreis wieder herauszukommen. Ein Problem hat oft eine ganz andere Ursache, als du beim Reiten angenommen hattest. Wir lernen immer wieder Neues von unseren Pferden. Lieben wir sie nicht genau deshalb so sehr?

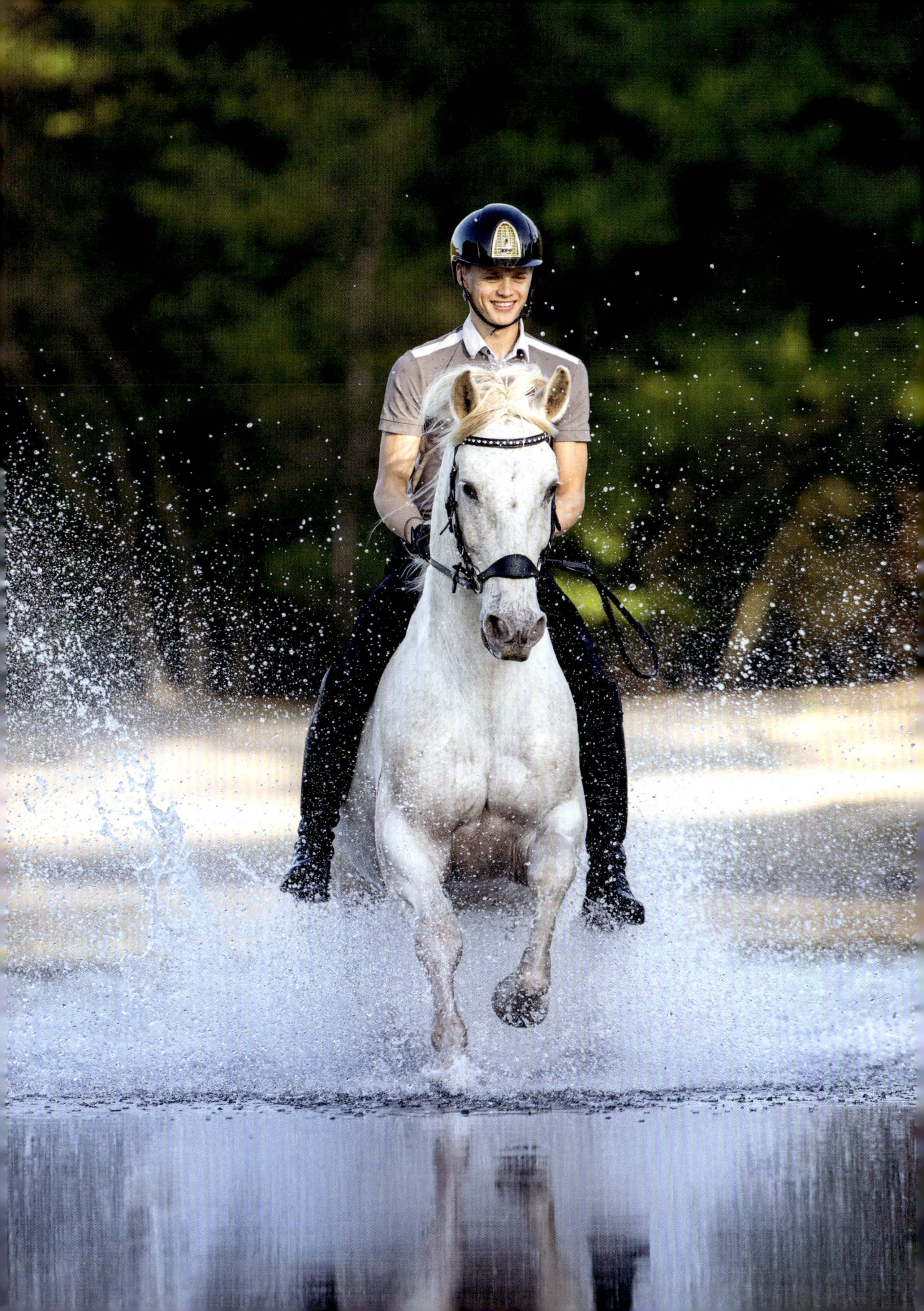

Bianca Schoenmakers

INTERNATIONALE SPRINGREITERIN

Mit oder ohne Gebiss?

Ich reite mit ganz unterschiedlichen Zaumzeugen. Ab der Klasse Z (in Deutschland ab Klasse M, Anm. des Übersetzers) ist alles erlaubt, sogar Hackamores, während in den niedrigeren Klassen schon seit Jahren Zaumzeuge erlaubt sind, bei denen die Zügel am Nasenriemen befestigt sind (gilt für die Niederlande, aber nicht für Deutschland oder Österreich, Anm. des Übersetzers). Meiner Meinung nach ist das Reiten ohne Gebiss eine tolle Abwechslung. Es gibt Pferde, die das Gebiss hassen, also warum sollte man sie mit Gebiss reiten?

Halsring

Ich habe vor Kurzem begonnen, mit Halsring zu reiten. Ich dachte mir, es wäre echt cool, wenn mein Pferd mit Halsring laufen würde. Es macht nicht nur sehr viel Spaß, mit Halsring zu reiten, es ist auch nützlich. Das Pferd kann sich dabei nicht auf den Händen abstützen und muss sich selbst tragen.

Ich springe auch mit Halsring. Das Pferd, mit dem ich das am öftesten mache, war anfangs ziemlich verunsichert – besonders über dem Sprung. Ich habe mich gefreut, dass es sich mit dem Halsring ganz leicht lenken ließ und fand es toll, wie es auf meine kleinsten Hilfen reagiert hat. Am Sprung fiel mir auf, dass es anfangs Probleme hatte, sein Gleichgewicht zu finden – es stolperte und machte mehr Fehler. Es suchte nach der Unterstützung meiner Hand. Aber je mehr ich das übte, desto besser wurde sein Gleichgewicht. Es ist also ein tolles Training. Dank des Halsringreitens hat es nun eine viel bessere Balance und reagiert besser auf meine Schenkel- und Sitzhilfen. Es ist also wirklich eine wunderbare Trainingsergänzung für das Sportreiten.

Abwechslung

Was mich angeht, reite ich gerne sowohl mit als auch ohne Gebiss. Ich finde nicht, dass eine Variante unbedingt besser als die andere ist. Für meine eigenen Pferde sehe ich es als gute Abwechslung an. Es gibt Pferde, die ohne Gebiss schwer zu kontrollieren sind und für die das gebisslose Reiten wahrscheinlich keine gute Idee ist. Man kann sich natürlich immer verbessern, aber ich würde das Risiko nicht eingehen.

Für mich klappt das ganz feine Reiten besser und schneller mit Gebiss. Besonders, wenn ich in einer höheren Klasse im Turnier starte, reite ich mit Gebiss. Aber jeder Reiter hat dazu seine eigene Ansicht. Jetzt, wo ich das Halsringreiten kennengelernt habe, möchte ich auch ein gebissloses Zaumzeug gerne zumindest mal ausprobieren.

Nicht jedes gebisslose Zaumzeug ist sanft

Ich finde nicht, dass jedes gebisslose Zaumzeug sanfter ist. Besonders Zaumzeuge mit Hebelwirkung können sehr scharf wirken. Manchmal sieht man gebisslose Zäume, bei denen der Nasenriemen viel zu tief liegt und dann noch einen Hebelmechanismus hat: Das ist richtig unangenehm fürs Pferd. Anfänger mit unruhiger Hand sollten auf jeden Fall zunächst ohne Gebiss reiten – aber mit einem weichen Sidepull und nicht mit einem Zaumzeug mit Hebelwirkung. Ein Sidepull ist viel weicher – besonders, wenn der Nasenriemen nicht zu tief verschnallt ist. Aber wenn ein Reiter eine stille, weiche Hand hat, kann ein Zaumzeug mit Gebiss genauso pferdefreundlich sein wie eine gebisslose Variante.

Für mich ist das Halsringreiten eine gute Ergänzung – es macht Spaß und ist ein tolles Training.

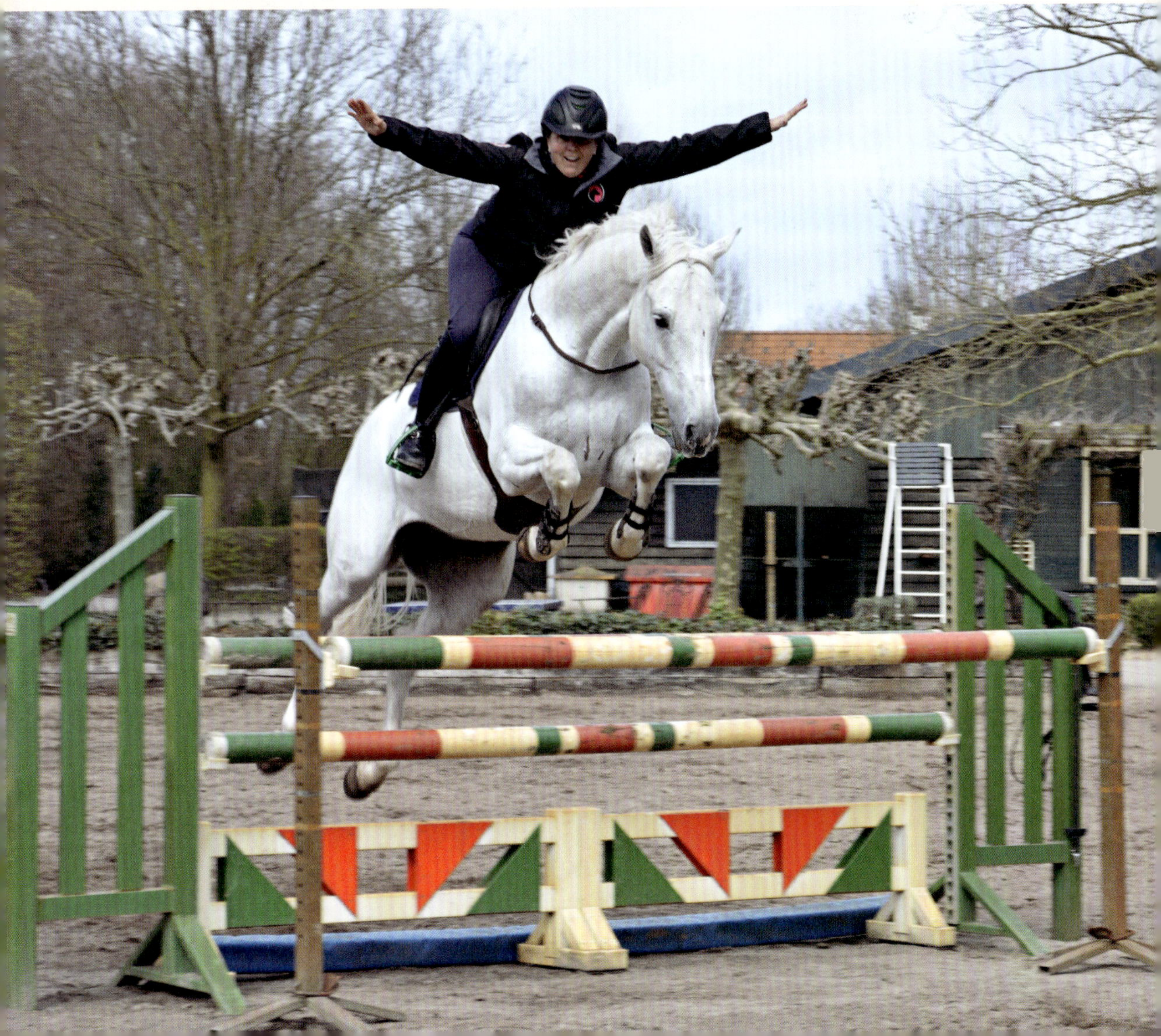

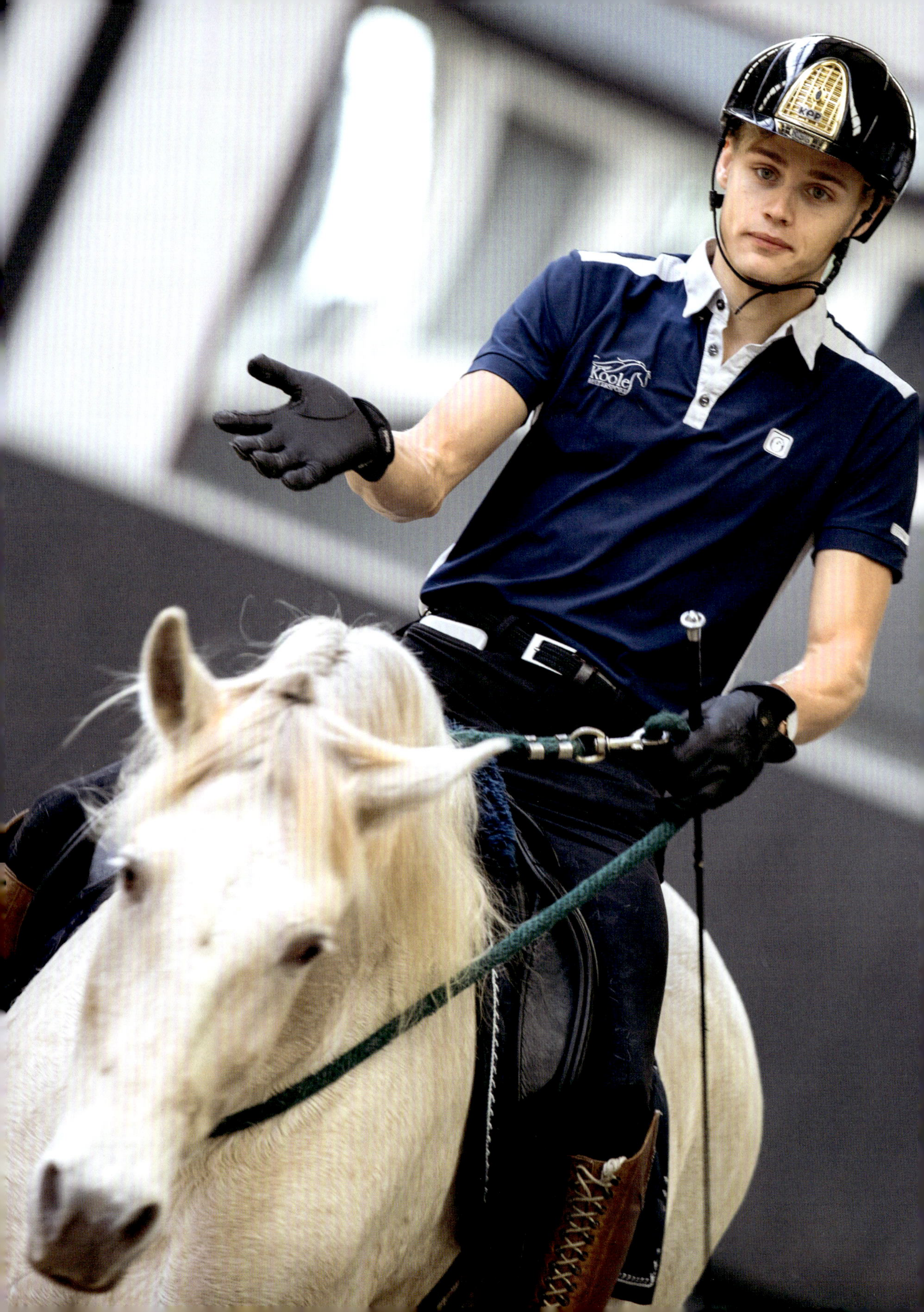

Mit Halsring reiten

Wenn Halsringreiten für dich funktioniert,
kann es das schönste aller Gefühle sein.

Mit einem Halsring zu reiten ist etwas anderes, als mit einem gebisslosen Zaumzeug zu reiten. Es ist wundervoll, ein Pferd mit so wenig Leder zu reiten, aber du solltest diesen Schritt nur machen, wenn du und dein Pferd dafür bereit seid. Wenn ihr die Herausforderung gemeistert habt, werdet ihr beide mit einem tollen Gefühl belohnt werden. Antares ist immer stolz, wenn er mit Halsring geritten wird. Er richtet sich dann auf und beginnt von sich aus zu tanzen.

HALSRINGARTEN

Weicher Halsring

Prinzip

Es gibt weiche Halsriemen aus allen möglichen Materialien, die meisten sind aus Seil oder Leder. Doch ganz abgesehen vom Material: Wenn deine Hilfen klar sein sollen, darf der Halsring nicht zu sehr durchhängen. Genau wie beim Nasenriemen gilt, dass ein weiter Halsring angenehmer für das Pferd ist. Ist er jedoch zu weit, werden die Hilfen weniger

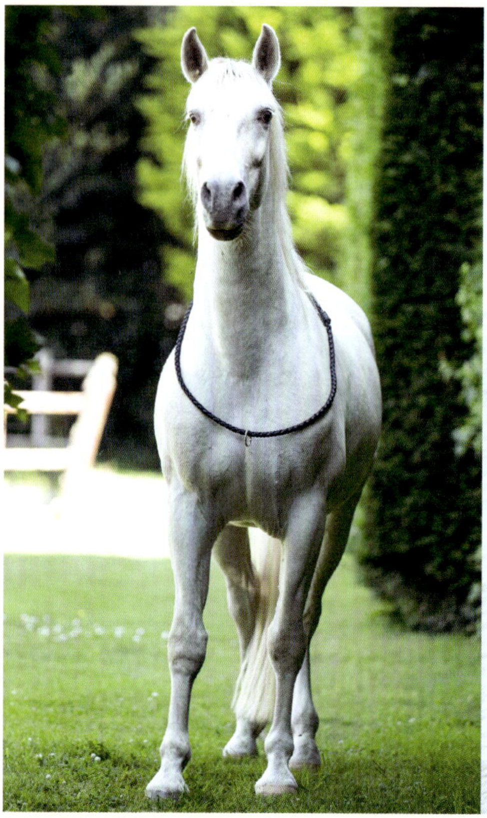

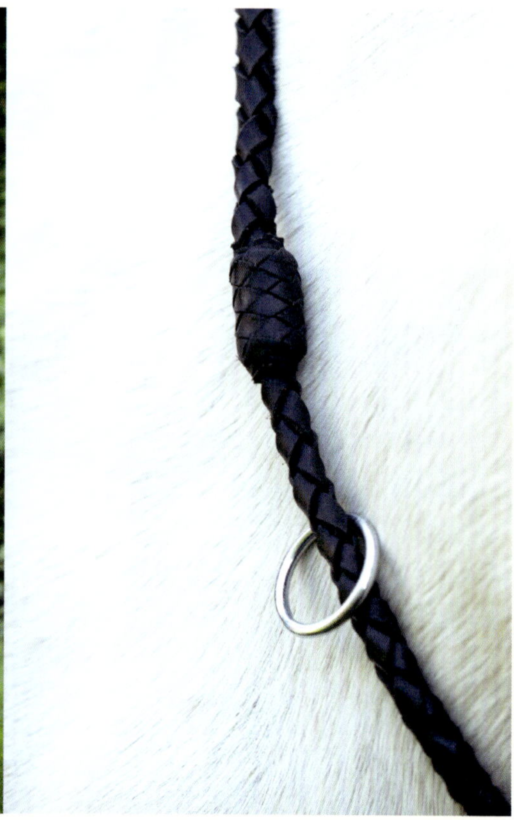

deutlich und präzise. Und obwohl schmale Halsringe hübsch aussehen, musst du sehr aufpassen, da sie scharf einschneiden können.
Es gibt auch Halsringe mit einem breiteren Abschnitt, der an der unteren Halsseite aufliegt. Halsringe aus Leder sind oft flach, deshalb musst du prüfen, ob sie gut anliegen und sich nicht verdrehen. Manche bestehen auch aus einer Mischung aus Leder und Seil, sodass du dir aussuchen kannst, welches Material du lieber in deinen Händen und am Pferd hast. Ein Halsring muss so lang sein, dass er am unteren Halsansatz locker hängt, aber gleichzeitig nicht über die Brust oder Vorderbeine herunterrutscht. Du solltest noch genügend Spielraum haben, um den Riemen bequem in beiden Händen zu halten.
Ein normaler Halsring ist weich und passt sich der Kurve des Pferdehalses an.

Anwendung

Mit einem Halsring hast du kaum Möglichkeiten, dein Pferd zu lenken oder anzuhalten. Es ist daher nur dann möglich, mit einem Halsring zu reiten, wenn du bereits eine gute Kommunikation mit deinem Pferd aufgebaut hast. Die Lenkung mit Halsring ist ganz anders als mit Zaumzeug und Zügeln. Wenn du in Erwägung ziehst, mit einem Halsring zu reiten, kannst du es zuerst mit einem umfunktionierten Führstrick versuchen, da dieser mehr oder weniger die gleiche Dicke hat. So kannst du das Gefühl mal ausprobieren. Wenn du aber regelmäßig mit Halsring reitest, ist es besser, einen echten Halsring zu verwenden, da dieser deutlicher, stärker und zweckoptimiert ist.

Vorteile

- Mit einem Halsring kannst du sofort nachgeben.
- Damit erleben sowohl du als auch dein Pferd das ultimative Freiheitsgefühl.
- Er bietet eine gute Gelegenheit, das Gleichgewicht deines Pferdes zu testen.
- Wenn das Reiten mit Halsring gut läuft, wirst du und dein Pferd an Selbstbewusstsein gewinnen.

Nachteile

- Begrenzte Möglichkeiten, um dein Pferd zu kontrollieren (stelle also sicher, dass mehr nicht nötig ist).

Worauf muss ich achten?

- Der Halsring soll nachgiebig, aber nicht dehnbar sein.
- Keine der Abschnitte dürfen steif oder fest sein – der Ring sollte sich weich an den Pferdehals anschmiegen.
- Der Halsring muss gut passen, er sollte im Brustbereich unter dem Hals locker hängen, aber nicht um die Beine schlenkern.
- Ein Halsring sollte niemals zu dünn sein, da seine Wirkung dann zu scharf wird.
- Er sollte angenehm in den Händen liegen.

CORDEO ODER REITRING

Prinzip

Ein Cordeo besteht aus einem festeren Material als ein gewöhnlicher Halsring, sodass er nicht am Pferdehals anliegt, sondern eher wie ein Reifen absteht. Dadurch unterscheidet sich die Lenktechnik von der, die du mit einem normalen Halsring anwendest. Ein Cordeo verändert seine Form, wenn man eine Hilfe gibt – er wird dann eher oval als rund. Ich persönlich finde das verwirrend, aber manche Leute kommen sehr gut damit zurecht.

Anwendung

Genau wie beim Reiten mit Halsring ist es auch hier ganz wichtig, dass dein Pferd und du bereits eine gute Kommunikation aufgebaut habt. Ein Reitring ist im Grunde nicht viel anders als ein Halsring, abgesehen von der Tatsache, dass man einen Reitring aufgrund seiner Steifheit so halten kann, dass er gar nicht mit dem Pferd in Berührung kommt und das Pferd daher auch nichts spürt.

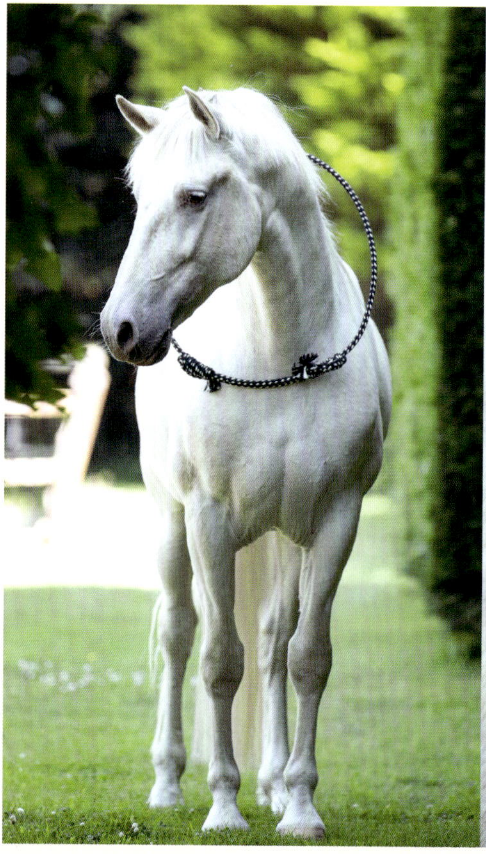

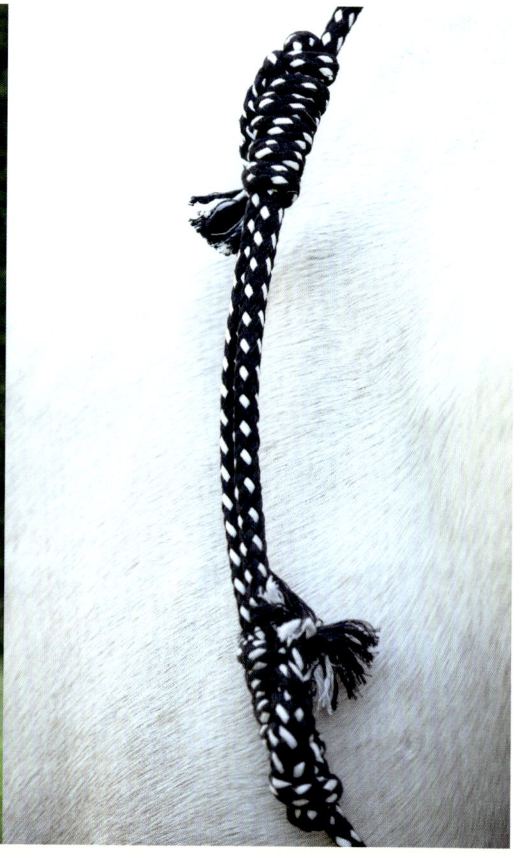

Das bedeutet, dass deine Hilfengebung damit entweder „an“ oder „aus“ ist. Sobald du den Cordeo am Pferdehals anlegst, gibst du schon eine Hilfe. Viele Reiter halten ihn nur in einer Hand.

Vorteile

- Mit einem Cordeo kannst du direkt nachgeben.
- Durch seine Festigkeit kann man ihn so halten, dass das Pferd absolut nichts spürt.
- Klare Signalübermittlung.
- Das Reiten mit Reitring vermittelt ein tolles Freiheitsgefühl und kann das Selbstbewusstsein von dir und deinem Pferd stärken.
- Der Cordeo ist größenverstellbar.

Nachteile

- Begrenzte Kontrollmöglichkeiten über dein Pferd (stelle also sicher, dass mehr nicht nötig ist).
- Das feste Material bedeutet, dass Reitringe scharf einwirken können. Du solltest bereits einen guten, unabhängigen Sitz haben, wenn du damit reiten willst.
- Manche Reitringe verlieren ihre Form, wenn man starken Druck auf sie ausübt, und das kann zu Missverständnissen führen, da das Pferd die Hilfe auf einem größeren Halsbereich spürt.

Worauf muss ich achten?

- Der Cordeo muss gut passen und im Brustbereich unter dem Hals locker sitzen.
- Er sollte aus keinem zu rauen und kratzigen Material bestehen, da das dem Pferd wehtun kann.
- Er muss kräftig sein und darf sich nicht dehnen oder bei einer Einwirkung zu stark an Form verlieren.

Es ist im Endeffekt Geschmackssache, ob du lieber mit einem weichen Halsring oder einem steifen Reitring reiten willst. Mir persönlich sind weiche Halsringe lieber, weil ich damit mehr spüre als mit einem Cordeo. Dadurch, dass ein weicher Seilring sich um den Pferdehals schmiegt, kann ich auch weichere Hilfen geben. Das Pferd spürt es damit sofort, wenn ich nachgebe. Es hängt davon ab, was du machen willst. Manche Reiter bevorzugen den Reitring, weil die Hilfengebung damit klarer ist.

Ich bevorzuge den gewöhnlichen Halsring auch deshalb, weil ich das weiche Seil als angenehmer in den Händen empfinde und damit dieselben feinen Hilfen geben kann, die ich vom Dressurreiten gewöhnt bin.

Der Sinn des Halsringreitens

Es ist natürlich ein echter Kick, ein Pferd nur mit einem Riemen um den Hals reiten zu können. Durch das Halsringreiten kannst du die Beziehung zwischen dir und deinem Pferd verbessern, da ihr auf einer Wellenlänge sein müsst. Es ist außerdem der ultimative Test für deine Kommunikation mit deinem Pferd. Damit hast du keine Möglichkeit, irgendetwas zu kaschieren, und deshalb wird gerade beim Reiten mit Halsring deutlich, wie weit du mit deinem Pferd bist. Es ist wichtig, dass sich dein Pferd mit Halsring korrekt und in Selbsthaltung bewegt. Pferde lieben es, nichts am Kopf tragen zu müssen. Es ist eine gute Übung für das Gleichgewicht, weil das Pferd so lernt, sich selbst ohne die Unterstützung der Zügel auszubalancieren. Wenn es das Konzept einmal verstanden hat, wird dein Pferd sich sehr stolz und in wunderschöner Selbsthaltung präsentieren.

Ein gut passender Halsring

Ein Halsring muss knapp über dem Schultergelenk unter dem Hals des Pferdes liegen. Er darf nicht so groß sein, dass er unter der Brust baumelt, aber auch nicht so klein, dass er das Pferd einengt.

Ab wann kann ich mit Halsring reiten?

Zunächst einmal solltest du dir das Halsringreiten gut überlegen und es nicht einfach aus einem Impuls heraus ausprobieren. Eine stabile Vertrauensbasis zwischen dir und deinem Pferd ist dafür unbedingt nötig. Wenn du zu früh mit dem Halsringreiten beginnst, kann es leicht schiefgehen und euer gegenseitiges Vertrauen zerstören. Du kannst eigentlich erst dann damit anfangen, wenn du dir der guten Kommunikation mit deinem Pferd sicher bist und weißt, dass es nicht plötzlich durchgehen wird. Mit einem Halsring kannst du dein Pferd im Grunde zu nichts zwingen, weshalb es von selbst mitmachen und neue Dinge lernen wollen muss. Dein Pferd muss die Hilfen verstehen und deiner Hilfengebung ohne Druck folgen, bevor du mit dem Halsringreiten beginnen kannst.

Außerdem musst du schon gut ausbalanciert im Sattel sitzen, da sonst die Gefahr besteht, dass du den Halsring benutzt, um dich zu stabilisieren. Für das Pferd ist es natürlich unmöglich, den Unterschied zwischen einer halben Parade und einer unbeabsichtigten Hilfe zu erkennen, die daraus resultiert, dass du dich festhalten willst. Ergebnis: Möchtest du dann wirklich eine Hilfe geben, versteht dein Pferd sie nicht. Keine Hilfen zu geben, bedeutet nämlich auch, keine unbeabsichtigten oder unbemerkten Hilfen zu geben: Das Pferd darf gar nichts spüren.

Achte darauf, dass du deine Körpersprache sowie deine Stimm- und Schenkelhilfen vollkommen unter Kontrolle hast. Diese Hilfen müssen deinem Pferd bereits klar sein.

Es muss schon sehr gut auf deine Stimm- und Sitzhilfen reagieren, bevor du überhaupt daran denken kannst, mit Halsring zu reiten. Du musst auch in der Lage sein, sein Tempo ohne Zügelhilfen anzupassen – und zwar nicht nur zum Schnellerwerden, sondern auch zum Langsamerwerden.

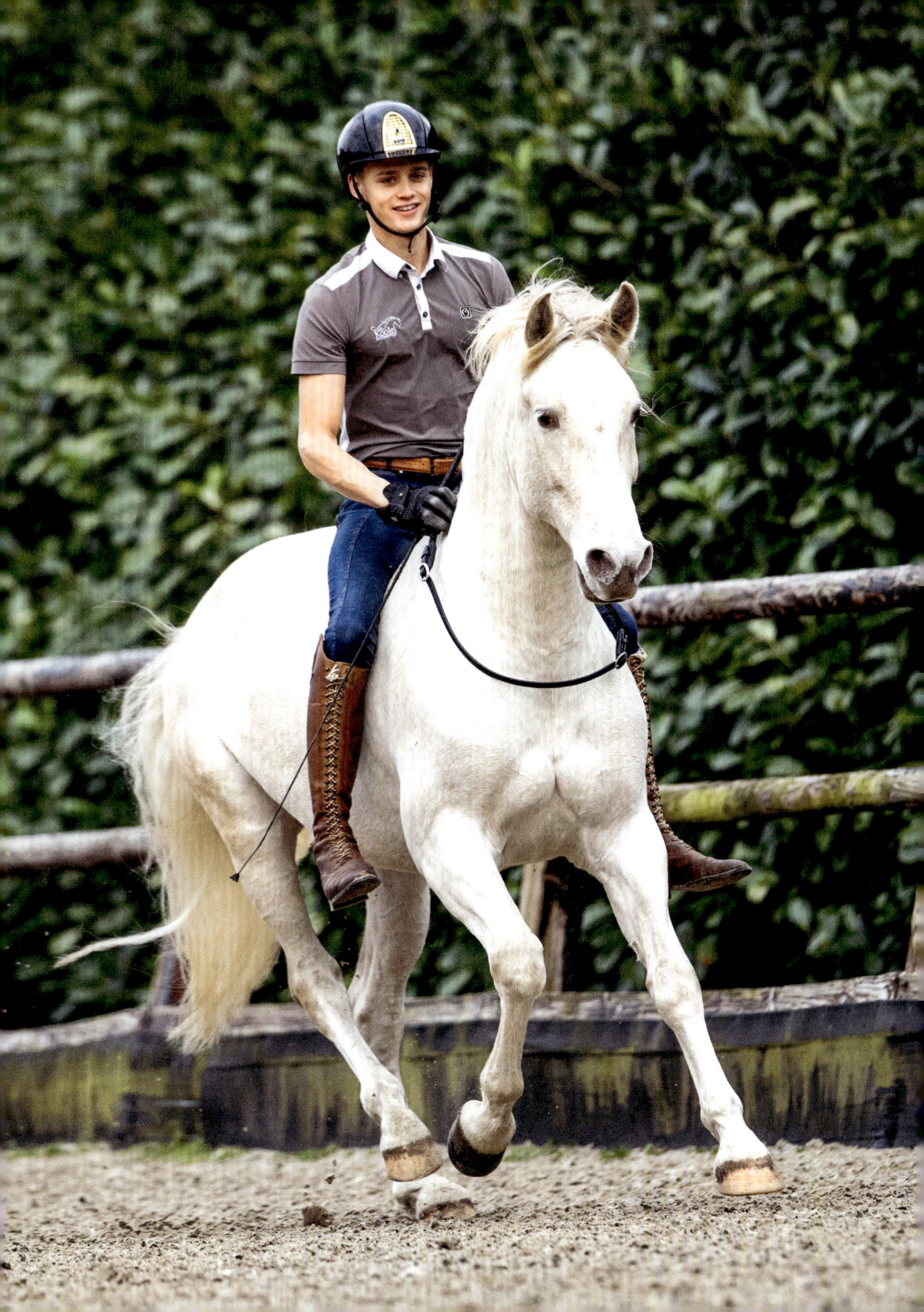

Mache den Selbsttest!

Wenn du herausfinden willst, ob ihr schon fürs Halsringreiten bereit seid, kannst du ein paar Übungen zur Selbstüberprüfung machen. Du kannst diese Übungen vom Sattel aus machen, solltest dich dafür aber in einem sicheren, abgesperrten Bereich befinden. Lobe dein Pferd für jede gute Reaktion mit deiner Stimme!

- Lasse die Zügel los und leg sie über den Sattel, wobei der davorliegende Halsring verhindert, dass sie über den Hals hinunterrutschen. Verlange jetzt einen Übergang vom Trab zum Schritt, ohne die Zügel zu berühren.
- Probiere, einen Zirkel nur mit deinen Gewichts-, Sitz- und Schenkelhilfen zu reiten, ohne die Zügel oder den Halsring zu berühren.
- Und jetzt reite eine Acht. Setz deine Schenkel zum Lenken ein, aber achte darauf, dass dein Pferd dabei nicht schneller wird. Es muss verstehen, dass deine Beine nur die Richtung vorgeben. Wenn das nicht funktioniert, kannst du anfangs noch die Zügel zu Hilfe nehmen, um deinem Pferd das Konzept verständlich zu machen.
- Übe, ohne Zügel anzuhalten.
- Stehe beim Leichttraben langsamer auf, um zu sehen, ob dein Pferd wirklich deinem Takt folgt und auch langsamer trabt.
- Nun kannst du beim Leichttraben schneller aufstehen. Trabt dein Pferd auch schneller?
- Reite Übergänge vom Schritt zum Trab, vom Trab zum Galopp und dann wieder zurück – alles, ohne die Zügel zu berühren.

  Bei all diesen Übungen sollte dein Pferd aufpassen und klar auf deine Hilfen reagieren. Du solltest nicht eine ganze Runde um die Bahn brauchen, um dein Pferd zurückzunehmen. Wenn die Übungen noch nicht perfekt sitzen, musst du weiterüben. Je mehr du übst, desto besser wird es funktionieren.

UMSTELLUNG AUF DEN HALSRING

Positionierung des Halsrings

Im Idealfall liegt der Halsring um den breitesten Teil des Halses. Wenn er auf halber Höhe am Hals liegt, ist er schon zu hoch – diese Position ist nur für Notfälle geeignet – zum Beispiel um einen Nothalt zu veranlassen oder um dem Pferd klarzumachen, dass es nicht mit zu viel Gegendruck reagieren soll. Das heißt, du kannst den Halsring zwischenzeitlich ein bisschen höher am Hals anbringen, wenn du deinem Pferd etwas besonders deutlich machen willst – aber niemals zu hoch, da du sonst die Speise- und Luftröhre deines Pferdes abschnürst.

Erste Gewöhnung

Ich bereite meine Pferde unter anderem auf den Halsring vor, indem ich sie nur mit einem Seil um den Hals auf die Koppel oder in die Reitbahn führe. So gewöhnen sie sich an das

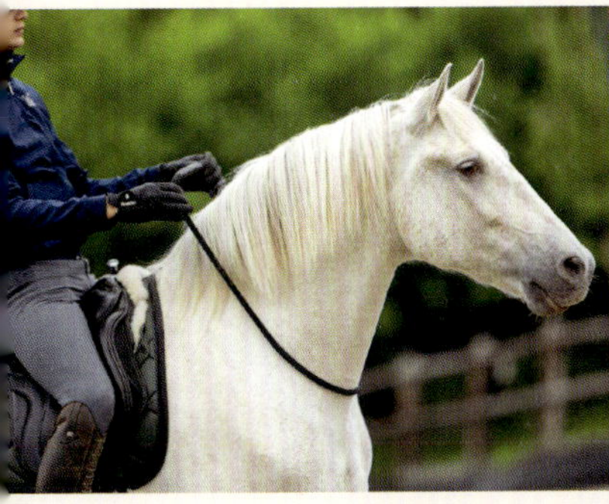

Dies ist die korrekte Position für den angelegten Halsring.

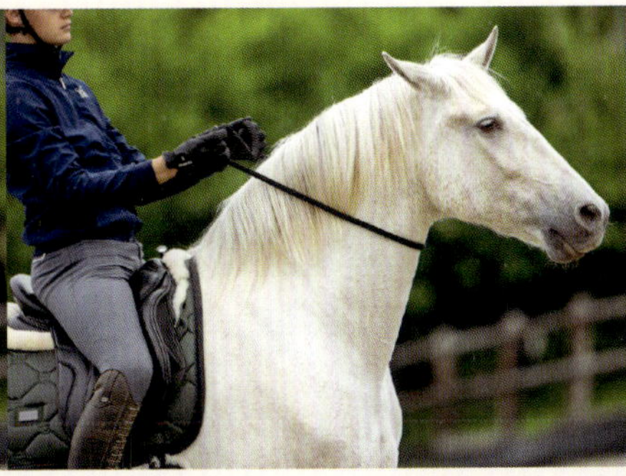

Der Halsring liegt weiter vorne, was in einem Notfall manchmal nützlich sein kann.

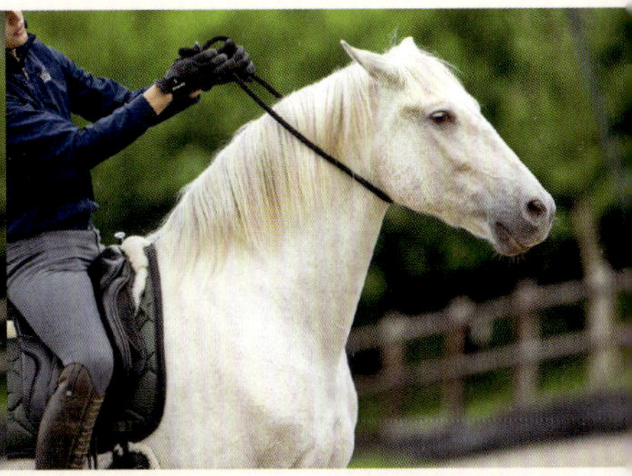

Der Halsring liegt zu weit vorne und sollte niemals so angelegt werden.

Gefühl und lernen, dass sie auch mit nichts am Kopf geführt werden können. Ich finde es nie ratsam, Pferde auf die Weide zu jagen, da sie lernen, sofort wegzurennen, wenn sie auf die Weide gehen. Es ist gefährlich, deinem Pferd das anzugewöhnen, da es so lernt, dass es einfach losrennen darf, sobald das Zaumzeug oder Halfter abgenommen wird. Und das ist ganz sicher nicht die ideale Botschaft, wenn du planst, mit Halsring zu reiten. Deshalb gewöhne ich meine Pferde daran, sich als Vorbereitung aufs Reiten mit einem Halsring führen zu lassen.

Bodenarbeit

Anfangs solltest du immer in einem umzäunten Bereich arbeiten. Verlange von deinem Pferd zunächst Schritt, Trab und Halt, während du neben ihm hergehst und den Halsring je nach Größe deines Pferdes oben oder an der Seite festhältst. Bring ihm die Lenkung bei, indem du Wendungen einbaust. Bei der Boden- und Handarbeit kannst du auch ein Führseil am Halsring anbringen, sodass dein Pferd neben dir traben und galoppieren und sich auch an dieses Gefühl gewöhnen kann.

Es hängt natürlich alles davon ab, was du gewöhnlich mit deinem Pferd machst. Überlege dir Übungen und Lektionen, die euch beiden bereits vertraut sind und die du jetzt mit Halsring üben kannst, während du neben deinem Pferd hergehst. Ihr könntet zum Beispiel auch Lektionen aus der Freiheitsdressur üben.

Ich rate davon ab, mit Halsring zu longieren, da man dabei unabsichtlich zu viel Druck ausüben kann. Es ist viel besser, wenn du neben deinem Pferd hergehst, da du so eine feinere Verbindung über den Halsring halten kannst.

Vorbereitung

Ich nehme das Zaumzeug nie auf einmal ab. Zuerst überprüfe ich, ob mein Pferd auch ohne Zügel auf meine anderen Hilfen reagiert. Folgt es meinem Sitz? Reagiert es gut auf meine Stimme? All das muss schon reibungslos klappen, und zwar ohne zu viel Zügeleinsatz. Solange du die Zügel noch brauchst, wird das Halsringreiten kein Erfolg werden.

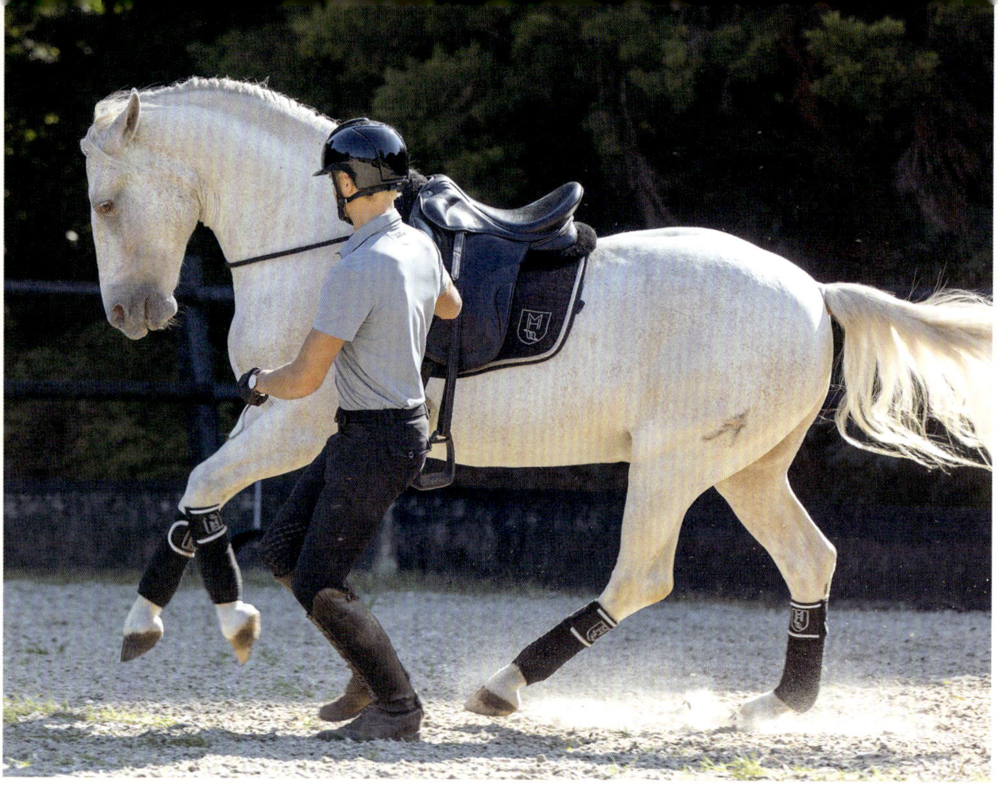

Das Wichtigste ist, dass du ohne Zügel lenken und langsamer werden kannst. Du musst in der Lage sein, dein Pferd nur mit deinem Sitz zurückzunehmen oder mehr vorwärtszuschicken. Du kannst beispielsweise versuchen, im Trab schneller oder langsamer zu werden, indem du den Takt beim Leichttraben veränderst und zusätzlich deine Stimme einsetzt. Abgesehen davon musst du auch mit deinem Sitz und deinen Beinen lenken können. Kannst du Wendungen und Zirkel ohne Verwendung der Zügel reiten?

Derartige Sachen kannst du üben, wenn du möchtest, dass dein Pferd gut mit dem Halsring geht. Verwende anfangs auch die Zügel, um deine Sitz-, Schenkel- und Stimmhilfen zu betonen. Lass die Zügel dann immer länger werden – bis du all diese Lektionen ganz ohne Zügel reiten kannst.

Dabei kann dein Pferd den Halsring tragen, aber du solltest ihn noch nicht einsetzen. Gib deinem Pferd Zeit, sich an das Gefühl zu gewöhnen.

Halsring und Zügel

Wenn du dieses Stadium erreicht hast, kannst du anfangen, den Halsring einzusetzen – anfangs aber noch mit zusätzlichem Zaumzeug. Der Druck vom Halsring unterscheidet sich von allem anderen, was das Pferd kennt, und deshalb drücken manche Pferde dagegen. Selbst wenn dein Pferd sich schon sehr gut ohne Zügel lenken und anhalten lässt, ist der Umstieg auf das Reiten mit Halsring immer noch ein großer Schritt. Mache den Umstieg deshalb in kleinen Schritten, ohne Stress. So kannst du deinem Pferd in aller Ruhe beibringen, was du von ihm erwartest. Du hältst die Zügel an der Schnalle und dein Pferd trägt den Halsring. Du reitest so, als ob du nur den Halsring hättest. Die Zügel sind nur noch zur Sicherheit da.

Wenn du anfangs zum Beispiel abwenden willst, kannst du die Sitz- und Schenkelhilfen übertreiben, die du in Kombination mit den Halsringhilfen anwendest. So kann dein Pferd die Verknüpfung herstellen.
Diese allmähliche Methode funktioniert bei den meisten Pferden gut. Ich habe es so mit Gaio gemacht. Als ich das Gefühl hatte, dass wir bereit sind, habe ich ihn mit Halsring und gleichzeitig losen Zügeln geritten. Er fand den Umstieg sehr schwierig und war anfangs extrem angespannt, sodass ich die Zügel ein paar Mal verwenden musste, um ihm verständlich zu machen, was er tun sollte. Selbst wenn du dir sicher bist, dass alles gutgehen wird, ist es von Vorteil, die Zügel noch eine Weile im Hintergrund zu haben – zu deiner Sicherheit genauso wie zur Sicherheit deines Pferdes. Und es ist auch die beste Art, um deinem Pferd zu helfen und ihm klarzumachen, was die Hilfen mittels Halsring eigentlich bedeuten.

Du reitest jetzt so, als ob dein Pferd nur noch den Halsring tragen würde – ein- oder zweihändig, je nachdem, was dir lieber ist. Du kannst lenken und bremsen und überprüfst immer wieder, ob dein Pferd die Hilfen gut versteht. Wenn dein Pferd das schwierig findet oder nicht versteht, was du meinst, darfst du nicht am Halsring hängen und dich festziehen. Es ist besser, kurze, wiederholte Signale oder halbe Paraden zu geben – als würdest du jemandem auf die Schulter klopfen. Wiederhole das so oft wie nötig, bis dein Pferd richtig reagiert. Gib dann sofort nach und lobe dein Pferd. Wenn das nicht funktioniert, musst du die Hilfe vielleicht noch einmal klarer geben. Du darfst dabei nie zornig werden, sondern solltest immer geduldig bleiben.

Wenn das Pferd von der neuen Hilfengebung verwirrt ist, kannst du zwischenzeitlich die Zügel leicht annehmen und damit erklären, was die neue Hilfe bedeutet. Gib die Halsringhilfe gleichzeitig mit der Zügelhilfe, damit das Pferd eine Verknüpfung zwischen den beiden herstellen kann. Deine Halsring- und deine Zügelhilfe verlangen beide dasselbe.

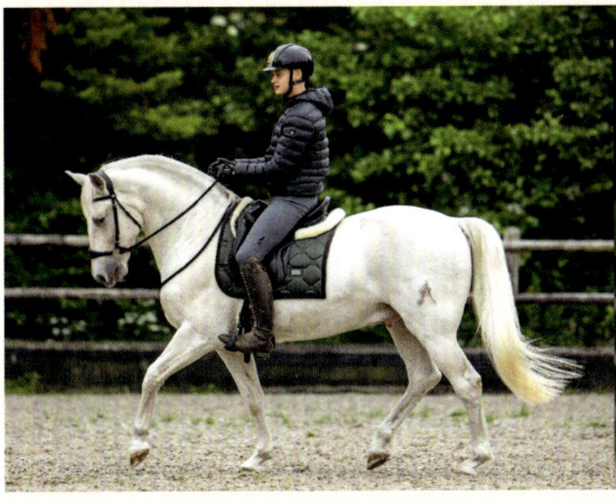

Das Pferd gewöhnt sich an das Gefühl.

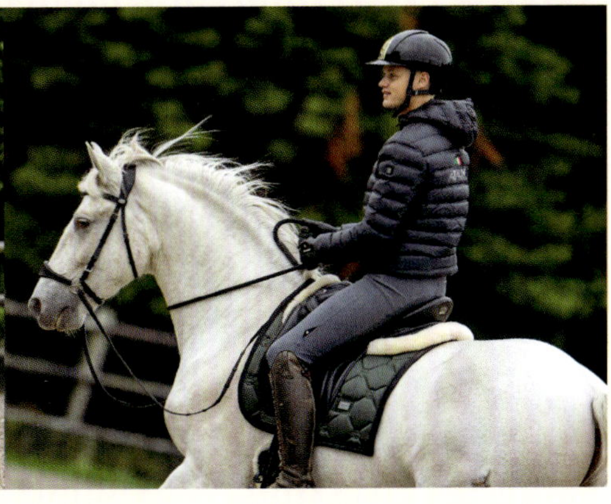

Reiten mit Halsring und durchhängenden Zügeln

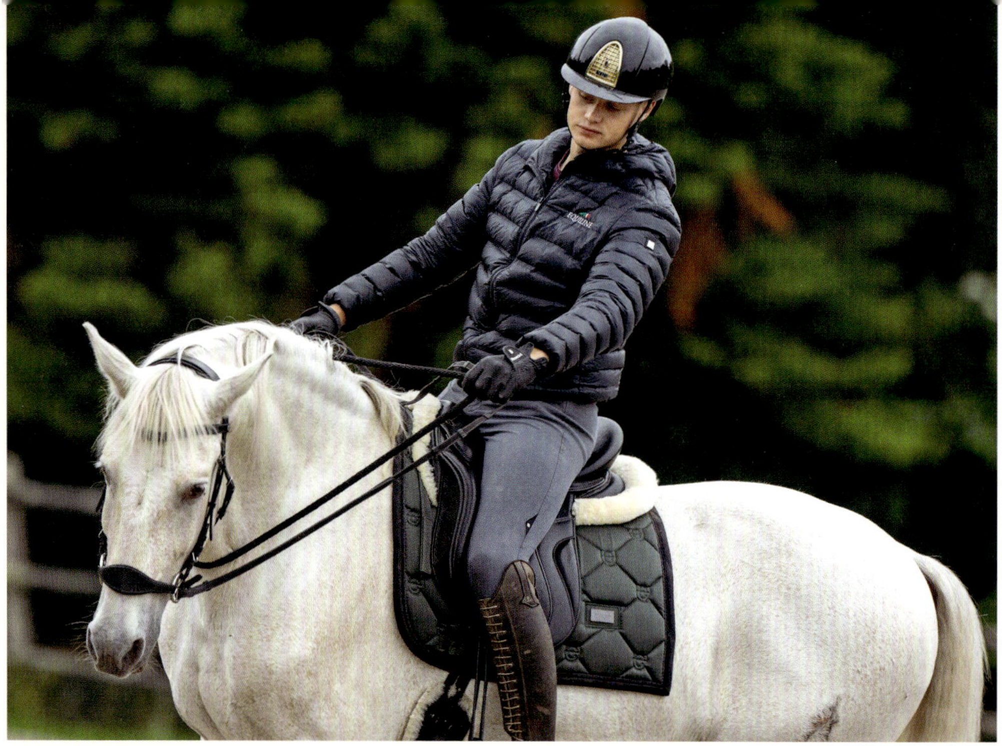

Halsring und Zügel gleichzeitig

Wie kann ich mit Halsring bremsen?

Nimm beide Hände, wenn du mit dem Halsring eine Parade geben willst. Dadurch verhinderst du, dass der Halsring verrutscht. Er liegt an der Unterseite des Halses an. Das Pferd muss erst lernen, dass es langsamer werden soll. Sobald dein Pferd gut auf eine halbe Parade reagiert, musst du nachgeben, um es dafür zu belohnen. Sonst kann dein Pferd die Bedeutung nicht lernen. Achte darauf, dass es nicht von selbst wieder schneller wird. Es kann schwierig sein, das zu verhindern, aber es ist wichtig, dass dein Pferd lernt, auf deine nächste Hilfe zu warten.

Wie lenke ich mit Halsring?

Du darfst nicht wie bei einem Fahrrad lenken – also an einer Seite ziehen, um den Halsring zu drehen, und die andere Hand absenken, sondern musst in die Richtung lenken, in die du reiten willst. So, als ob du lenkst und das Pferd dabei mitnimmst. Wenn du nach rechts wenden willst, bewegst du deine rechte Hand nach rechts, sodass sich der Halsring gegen die linke Seite des Pferdehalses legt. Dadurch „drückst" du das Pferd quasi nach rechts und es wird diesem Druck nachgeben. Diese Art der Lenkung ist ein bisschen gewöhnungsbedürftig, da sie sich ganz anders anfühlt als die direkten Zügelhilfen.

Am Anfang musst du betonte, überdeutliche Hilfen geben, aber wenn dein Pferd den Dreh raushat, kannst du nach und nach immer feiner werden. Manche Leute lenken sogar, indem sie ihre Gerte oder Hand am Hals in Richtung des Pferdekopfs anlegen. Wenn sie nach rechts wenden wollen, schwenken sie ihre Gerte oder Hand auf der linken Seite vom Pferdekopf.

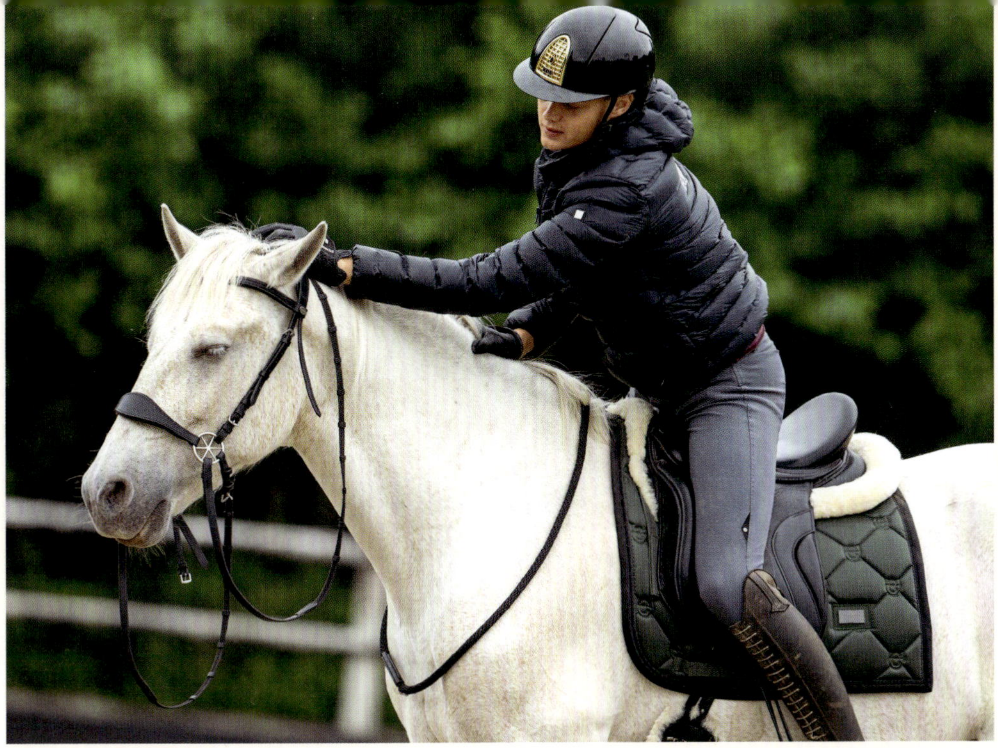

Nur noch mit Halsring

Wenn du dich gut vorbereitet hast, brauchst du derartige Lenkhilfen wahrscheinlich gar nicht. Solange dein Pferd das Lenken mit dem Halsring noch nicht richtig versteht, kannst du diese Methode gerne anwenden, aber ich persönlich halte nicht so viel davon. Ich setze lieber meinen ganzen Körper, meine Haltung und meinen Schwerpunkt ein. Ich halte meine Gerte genauso, als würde ich mit Zaumzeug reiten.
Du musst genau wissen, was du tust, welche Bahnfiguren du in welchem Tempo reiten möchtest. Achte darauf, dass du genau weißt, wo eine Wendung beginnen soll, und bereite sie sorgfältig vor. Auf diese Weise bist du deinem Pferd gegenüber klar und deutlich.

Nur mit Halsring

Wenn alles gut läuft und du meinst, dass dein Pferd bereit ist – es reagiert auf alle Lenk- und Bremshilfen – dann kannst du die Trense abnehmen. Mach das immer in einer sicheren Umgebung mit einer anderen Person am Boden. Auch hier solltest du mit kleinen Schritten anfangen und zunächst nur das Anhalten und Wieder-Anreiten üben. Probiere, ob ihr ein paar Rückwärtstritte und Wendungen schafft – alles in einem ganz ruhigen Schritt oder aus dem Halt. So kannst du testen, ob dein Pferd alle deine Hilfen versteht und ob du dich beim Reiten sicher fühlst. Das ist die Grundlage, auf die du später aufbauen kannst.

Mit Halsring reiten

Die wichtigste Frage ist zunächst, ob du beim Reiten mit Halsring eine gute Kontrolle hast und ob dein Pferd alle Hilfen versteht. Wenn du die Basics gemeistert hast, kannst du einen Schritt weiter gehen und mehr verlangen – bis du auf demselben Lektionsniveau bist wie mit Zaumzeug. Du hilfst deinem Pferd auch, sich korrekt zu bewegen.

Am Ende wirst du in der Lage sein, mit Halsring eine unglaublich schöne und feine Bewegung zu erreichen, bei korrekter Haltung deines Pferdes. Dein Pferd wird sich immer besser selbst tragen können und dabei immer weniger Unterstützung von dir brauchen. Sein Schwung muss wirklich aus der Hinterhand kommen, weil du vorne sehr wenig hast, um einzuwirken. Du kannst dein Pferd mit dem Halsring parieren und es zum Nachgeben animieren. Der Schwung kommt aus der Hinterhand und erzeugt die Vorwärtsbewegung, wobei der Halsring das Pferd vorne begrenzt. Ein gut gerittenes Pferd wird sich sogar von selbst in den Ganaschen stellen.

Um diese Verfeinerung der Hilfen zu erreichen, musst du sehr viel Arbeit, Training und Zeit investieren und es wird nicht immer leicht sein. Aber diese Augenblicke, in denen einfach alles perfekt läuft, sind magisch. Denn dann tanzt du mit deinem Pferd in völliger Harmonie.

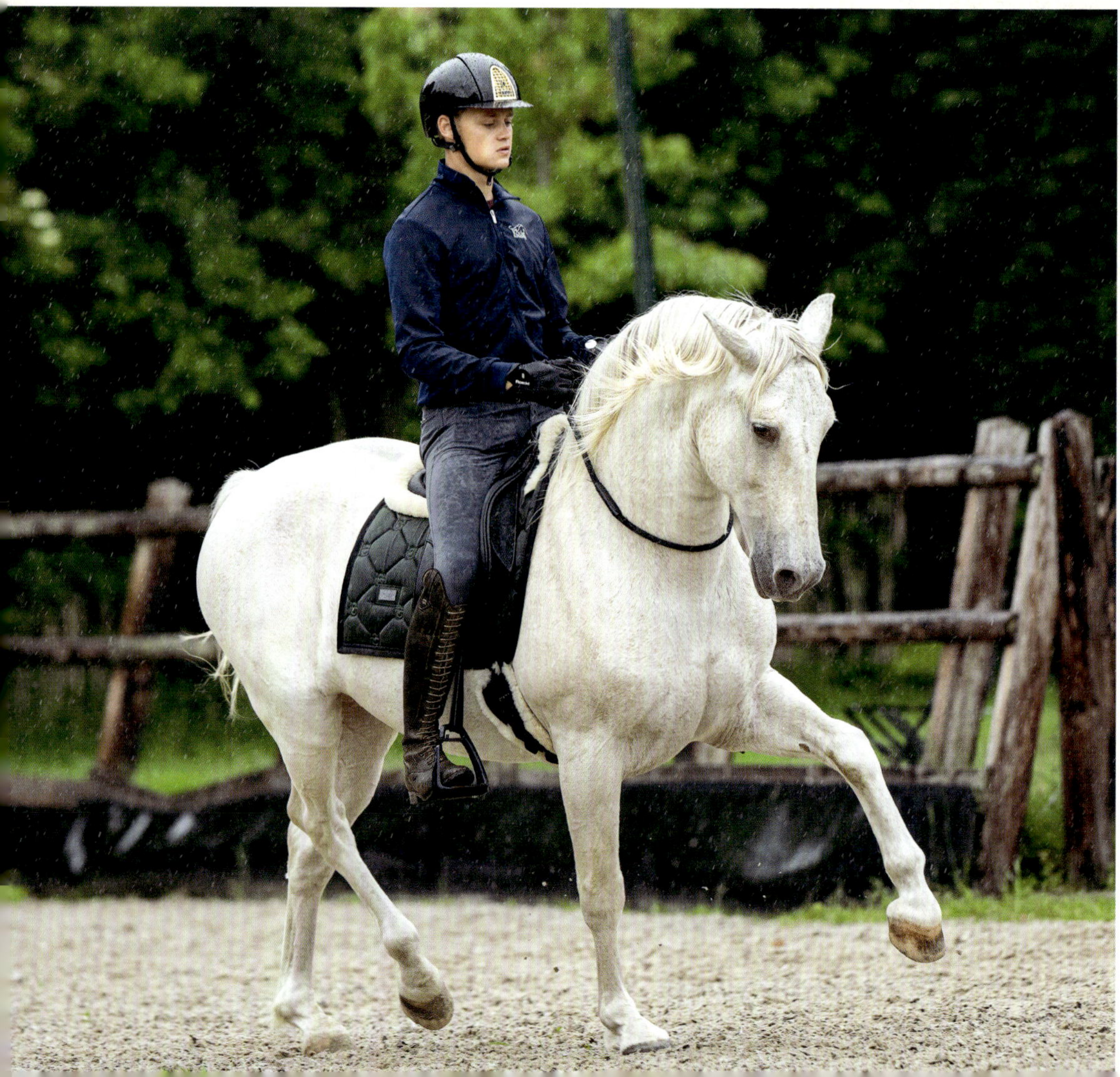

*Letztendlich ist es nicht so wichtig,
welche Art von Zaumzeug du benutzt, wenn du
alles andere richtig machst.*

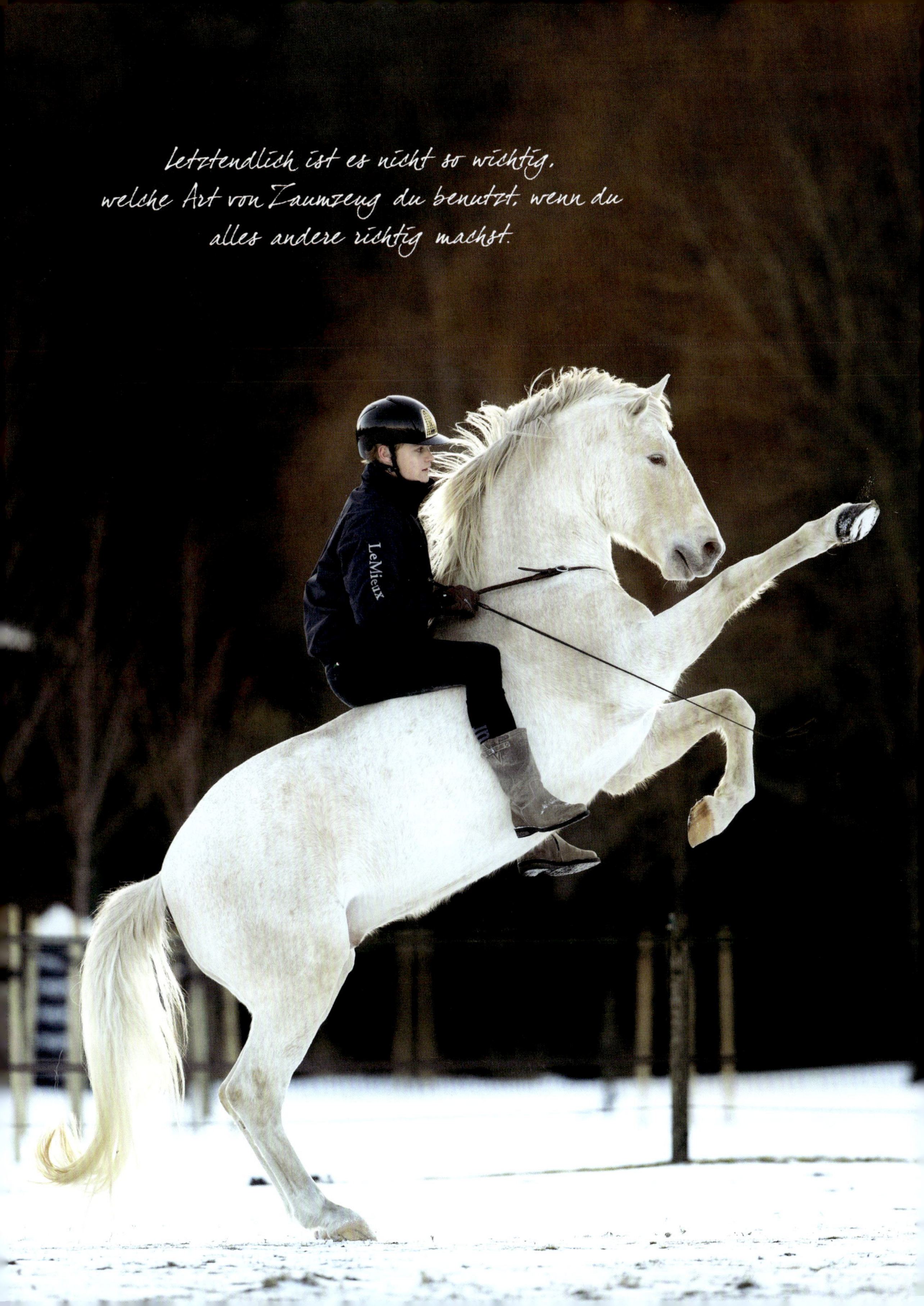

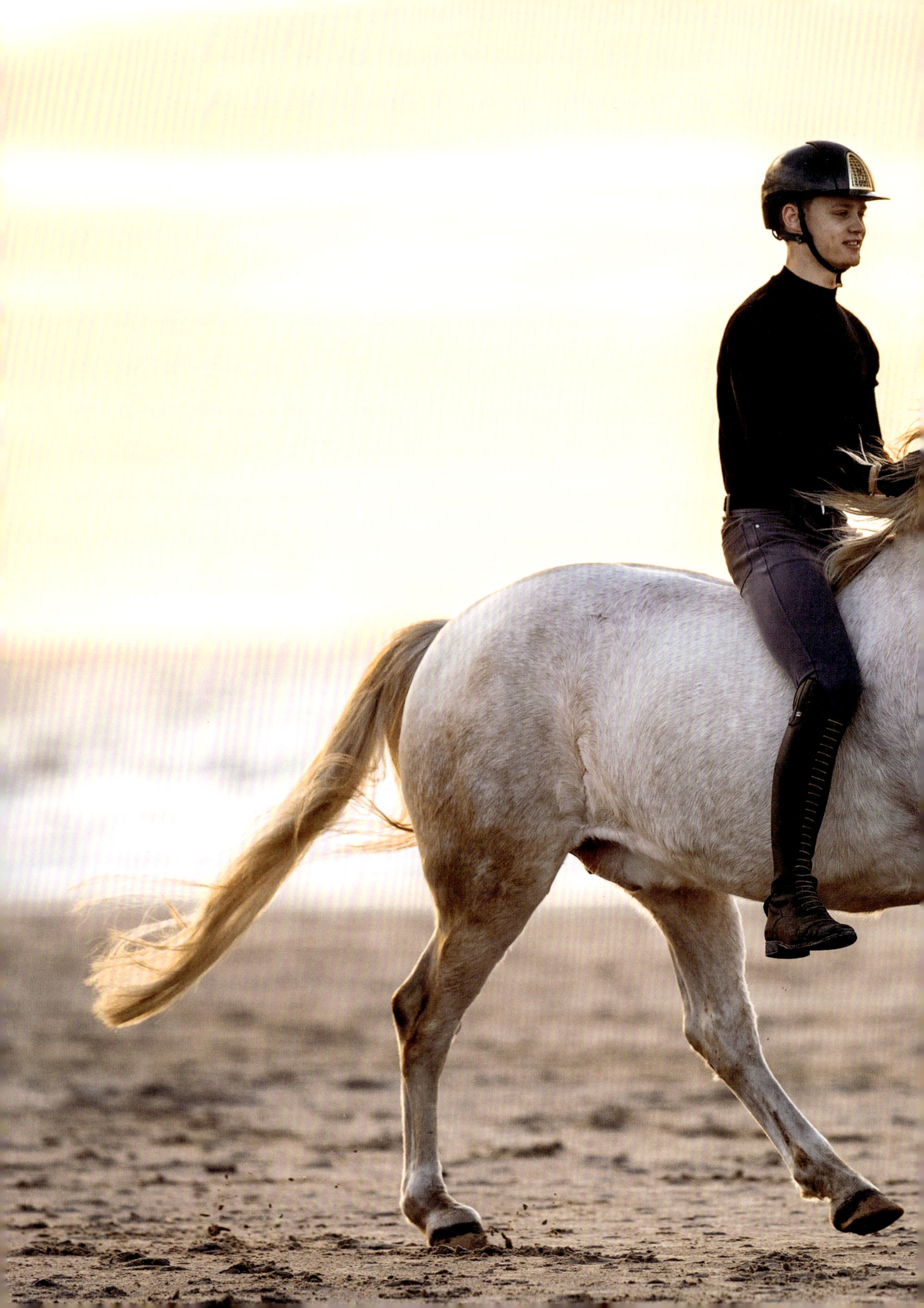

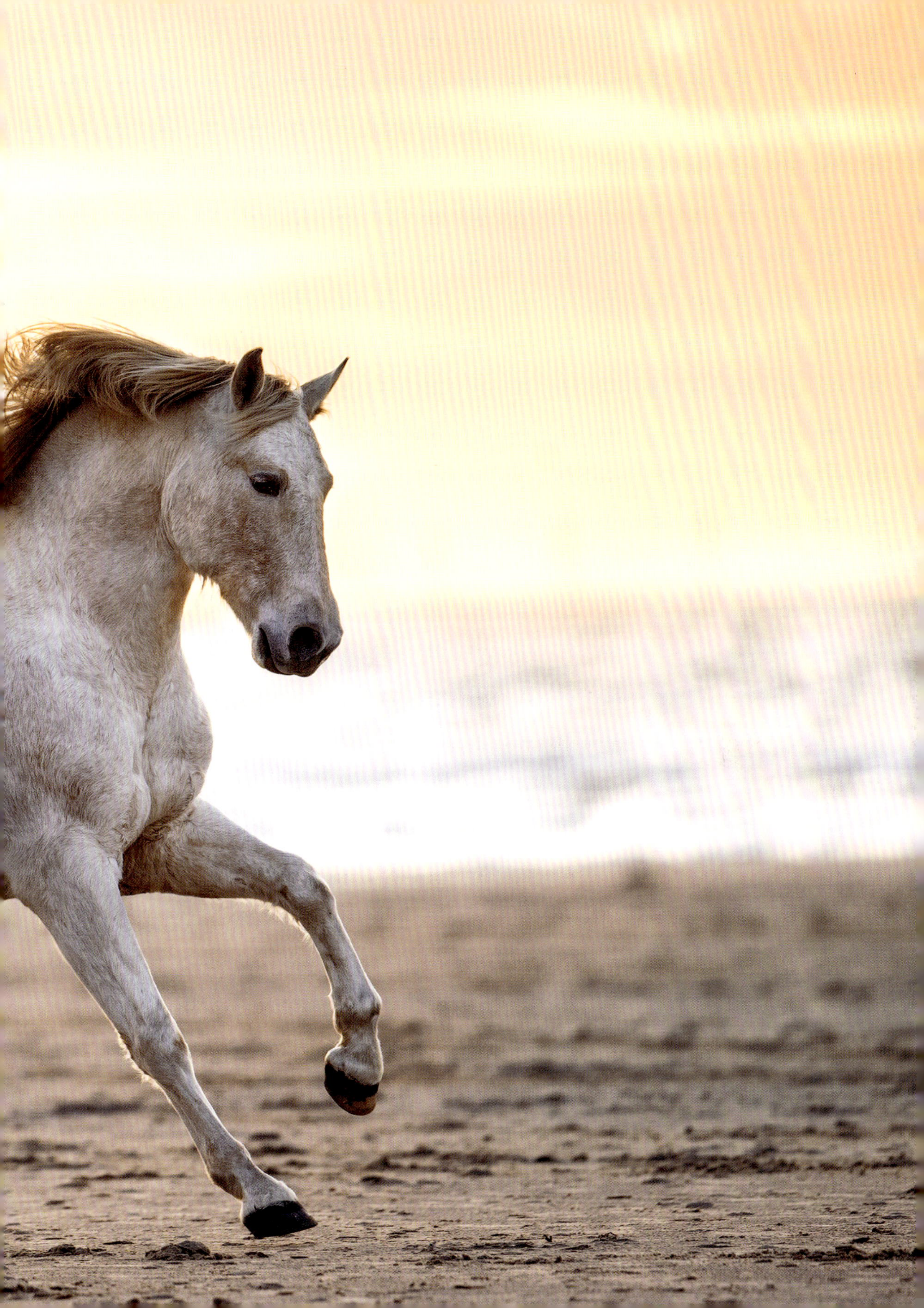

Danksagung

Es ist viel Arbeit, ein solches Buch zu schreiben, und ohne die Hilfe und Unterstützung von so vielen Menschen hätte ich es nie geschafft.
Aber an erster Stelle möchte ich mich bei den Pferden bedanken – für ihre Liebe und alles, was sie mir beigebracht haben. Euch habe ich es zu verdanken, dass ich dieses Buch schreiben konnte. Und für euch habe ich es geschrieben.
Alizée, Yvet und Bianca: Ich danke euch für euren Gastbeitrag in diesem Buch.
Sonja Tiehuis von FRA: Danke, dass du die verschiedenen Arten von gebisslosen Zäumungen mitgebracht hast, sowie für deine Erklärungen und Fotos.
Annemarie, ich danke dir für deine Geduld und natürlich für deinen fantastischen Text.
Lucy, ich danke dir für deine Freundschaft, für all die schönen Momente, die wir zusammen verbracht haben, und für die Übersetzung des Buches.
Matt, danke für alles, was du tust, um mir zu helfen und mich jeden Tag zu unterstützen.
Monica, danke, dass du mich mit Gaio arbeiten lässt.
Gaio, ich danke dir für deine besondere Freundschaft und all deine Lektionen und Hilfe.
Mariska, ich danke dir für deine Arbeit an Gestaltung und Layout, – sie verleihen dem Buch Wärme und machen es für das Auge ansprechend.
Meiner Familie danke ich dafür, dass ihr mir mein erstes Pony, Andorra, gekauft habt. Ich möchte euch auch dafür danken, dass ihr mich mit meinen Pferden herumgefahren habt, bevor ich es selbst tun konnte. Meinen Großeltern gilt ein riesiges Dankeschön dafür, dass sie mich jede Woche zur Reitschule gefahren haben, als ich gerade mit dem Reiten angefangen hatte.
Außerdem danke ich Anne, Morgan, Laura, Steve, Sanneke, Anja und Lily für eure Fotos.
Am allermeisten möchte ich mich bei Dominique bedanken. Ohne deine tollen Fotos wäre dieses Buch nicht halb so schön geworden. Meiner Meinung nach bist du die beste Pferdefotografin der Welt. Danke DIR, dass du dieses Buch gelesen hast.

Jesse

Jesse und Dominique

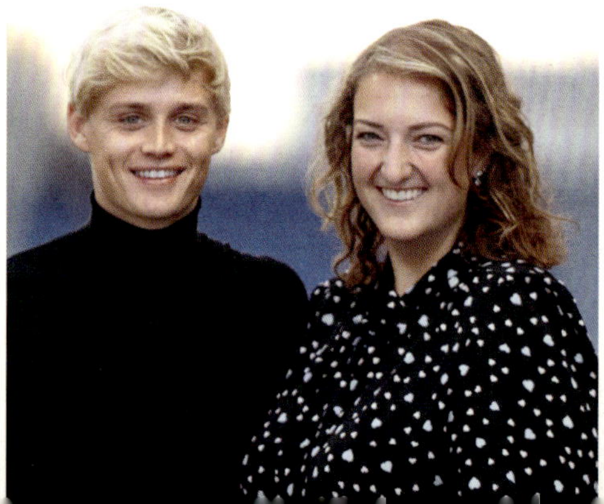

Jesse und Lucy

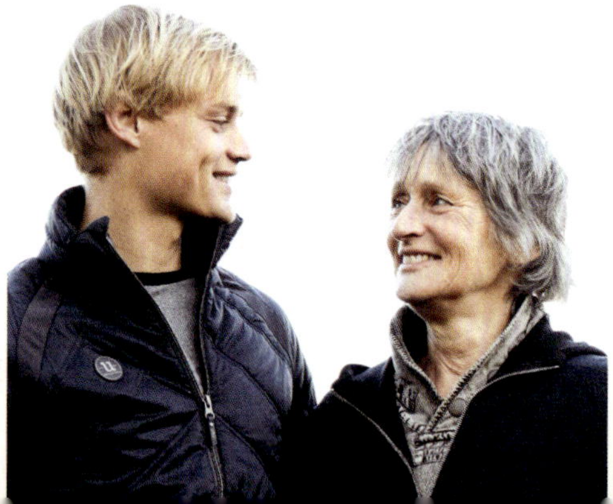

Service

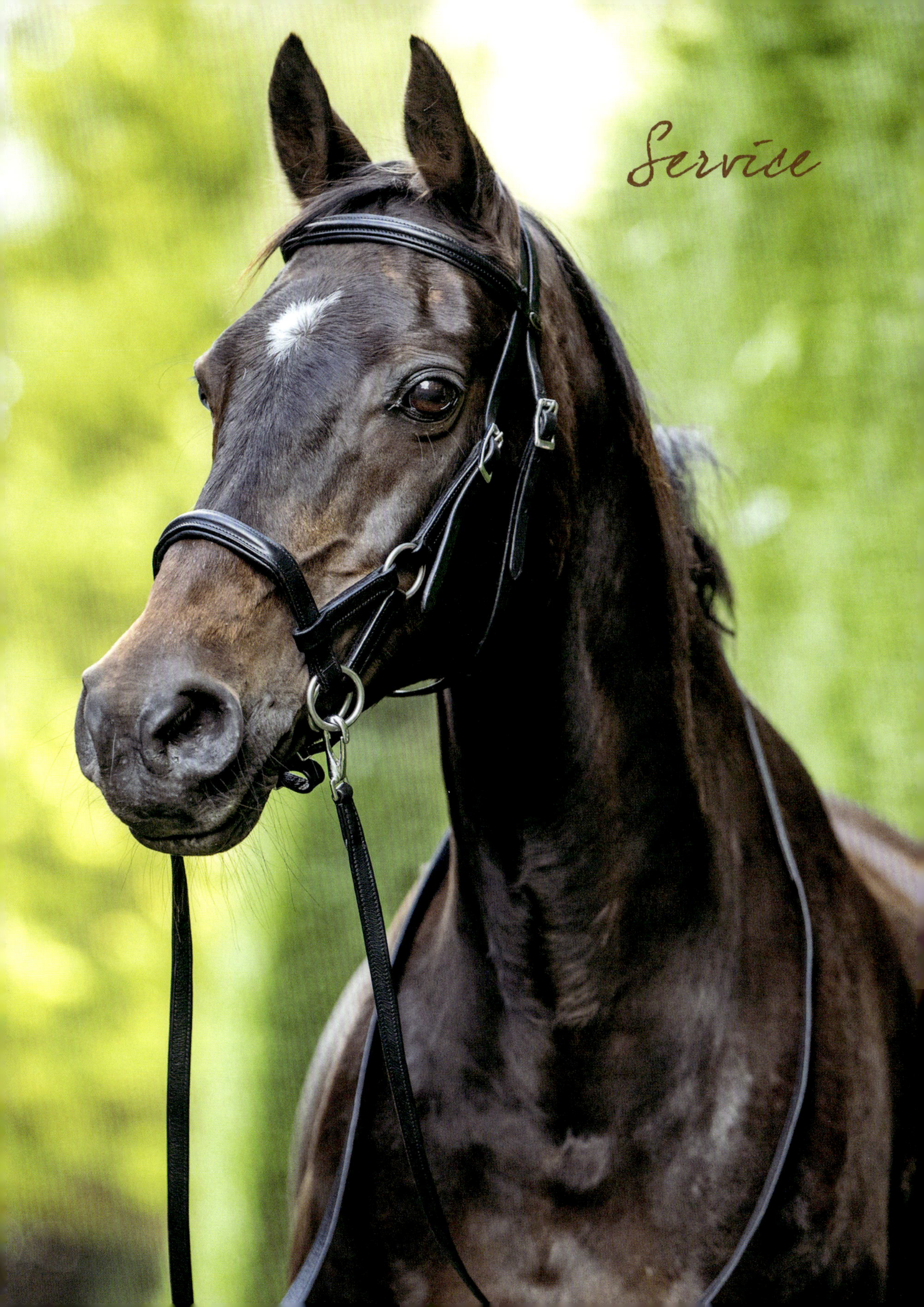

NÜTZLICHE ADRESSEN

Deutsche Reiterliche Vereinigung e. V.
Freiherr-von-Langen-Str. 13
D-48231 Warendorf
Tel. +49 25 81 63 62 0
pferd-aktuell.de

Vereinigung der Freizeitreiter und -fahrer in Deutschland (VFD)
Christiane Ferderer
Zur Poggenmühle 22
D-27239 Twistringen
Tel. +49 42 43 94 24 04
vfdnet.de

Österreichischer Pferdesportverband (OEPS)
Am Wassersprung 2
A-2361 Laxenburg
Tel. +43 22 36 71 06 00
oeps.at

Schweizerischer Verband für Pferdesport (SVPS)
Papiermühlestr. 40 H
Postfach 726
CH-3000 Bern 22
Tel. +41 31 33 54 343
fnch.ch

Nalanta
Jesse Drent
E-Mail: info@nalanta.nl
jessedrent.com
nalanta.nl

LG-Team e. G.
Josefsstr. 14
D-51789 Lindlar
Tel. +49 22 66 47 89 621
E-Mail: info@lgzaum.de
lgzaum.de

ZUM WEITERLESEN

Aquilar, Alfons / Aquilar, Arien: **Feine Kommunikation mit dem Bosal**; KOSMOS 2019
Der Ursprung des Bosals liegt in der mexikanisch-altkalifornischen Arbeitsreitweise. Ihr Ziel ist es, die höchste Stufe der Versammlung mit minimalen Hilfen zu erreichen. Alfonso Aquilar, einer der angesehensten Pferdetrainer der Welt, und sein Sohn Arien, Balanced Horsemen, zeigen in ihrem Buch die Technik des Bosal-Reitens und erklären, warum es insbesondere für junge Pferde und für Pferde, die korrigiert werden müssen, ideal geeignet ist.

Beran, Anja: **Aus Respekt!**, Reiten zum Wohle des Pferdes; Edition WuWei bei KOSMOS 2017
Mit diesem Buch ist Anja Beran ein grundlegendes Werk gelungen. Ob Anfänger oder fortgeschrittener Dressurreiter – hier findet jeder unverzichtbares Basiswissen, angefangen vom mentalen und körperlichen Rüstzeug für den Reiter bis hin zur pferdegerechten Ausbildung.

Böhmke, Waltraud: **Bodenarbeit für Pferde**, 26 Parcours für Training und Prüfung; KOSMOS 2022
Die erfahrene Pferdewirtin und Trainerin Waltraud Böhmke stellt 25 Parcours mit verschiedenen Zielsetzungen vor: zur Gymnastizierung, für Gelassenheitstraining, Umgangsregeln und Geschick-

lichkeit. Die Übungs- und Trainingsabläufe machen Spaß, fördern das Teamwork und dienen zugleich als gezieltes Training für die Abzeichenprüfung.

Hansen, Annica: **#Ponyliebe**, Mein Leben mit den Pferden; KOSMOS 2019
Hallo ihr Lieben, ich hätte nie gedacht, dass ich jemals ein Buch schreiben würde, aber hier ist es. #Ponyliebe handelt von meiner Liebe zu Pferden und ist wie mein YouTube-Kanal zum Lesen. Dabei sind Wölbchen und Canto, meine Ponys, natürlich die eigentlichen Stars. Ich verrate euch Trainingstipps, zeige meine Lieblingsübungen bei der Bodenarbeit, backe meine Lieblingsleckerlis selber, erzähle euch was über meine Lieblingsapps, erkläre wie ihr ein gutes YouTube Video dreht und und und.

Hansen, Annica: **#Ponyliebe**, Mein Leben in 33 Listen; KOSMOS 2021
33 Listen zum Ankreuzen, Ausfüllen und Glücklich sein: die schönsten Pferdefarben, die liebste Ponyfreundin, Trainings- und Pflegetipps von Annica, alle Facts über ihre neuen Vierbeiner. Zum Sammeln, Reinschreiben und Erinnern an die eigenen Ponyerlebnisse und auch ganz viel Platz für Träume und Notizen.

Higgins, Gillian: **Anatomie, Gymnastizierung, Muskelaufbau**, Die besten Übungen am Boden; KOSMOS 2017
Die Erfolgsautorin beschreibt auf ihre gewohnt anschauliche Art die besten Boden-Übungen zur Gymnastizierung und zum Muskelaufbau des Pferdes. So bleibt der Pferderücken gesund und locker. Mit klar strukturiertem Seitenaufbau, prägnanten Texten und Fotos zu jedem Übungsschritt. Extra: Anatomische Übersichten von Skelett und Muskulatur. Das Plus zum Buch: Die kostenlose KOSMOS-PLUS-App mit Filmen zu ausgewählten Übungen.

Jones, Janet: **Horse Brain, Human Brain**, Erkenntnisse aus der Neurowissenschaft – Wie Pferd und Mensch denken, fühlen, handeln; KOSMOS 2022
Das Gehirn steuert das Verhalten – beim Pferd ebenso wie beim Menschen. Die Neurowissenschaftlerin und erfolgreiche Trainerin Janet Jones erklärt leicht verständlich die Gemeinsamkeiten und Unterschiede zwischen den Gehirnen von Mensch und Pferd und zeigt, wie man dieses Wissen anwendet, um Ausbildung, Training und Umgang effizient und lösungsorientiert zu gestalten.

Jung, Kirsten: **Rückentraining mit dem Kappzaum**, Pferde lösen, ausbilden, gymnastizieren; KOSMOS 2009
Laut Tierärzten leidet fast jedes zweite Pferd an Rückenproblemen. Viele Reiter geben Unsummen für therapeutische Maßnahmen aus, doch die beste Medizin ist ein gesundheitsförderndes Training. Mit dem Kappzaum kann über das Longieren direkter Einfluss auf die Rückenmuskulatur des Pferdes genommen werden. So können die Beweglichkeit des Pferdes gefördert und Rückenprobleme erfolgreich therapiert werden.

Krüger, Konstanze, Marr, Isabell: **Forschung trifft Pferd**, Neuste Erkenntnisse für ein besseres Verständnis; KOSMOS 2022
Schluss mit Pferde-Mythen! Prof. Dr. Konstanze Krüger und Dr. Isabell Marr stellen die aktuellen Erkenntnisse der Verhaltensforschung vor und zeigen, wie sich dieses Wissen bei Ausbildung und Training sowie im täglichen Umgang nutzen lässt. Ein Standardwerk auf dem neuesten Stand der Wissenschaft.

Nölke, Marc: **Neuroathletik für Reiter**, Das Neuro-Rider-Trainingsprogramm; KOSMOS 2022
Mit diesem Buch wird man ein besserer Reiter, ohne dafür Reiten zu üben. Denn Neuro-Athletik verbessert die Reittechnik durch Übungen fürs Gehirn. Die Methode des Erfolgstrainers Mark Nölke trainiert gezielt jene Gehirnareale, die für Stabilität, Rhythmusgefühl, Bewegungspräzision und die Sehzentrale zuständig sind. So werden Beweglichkeit und Körperhaltung verbessert, Muskelprobleme gelöst, die Konzentrationsfähigkeit gestärkt und sogar Ängste und Traumata überwunden.

Tellington-Jones, Linda: **Vertrauen stärken mit Tellington Training**; KOSMOS 2023
Das Praxisbuch der berühmten Pferdetrainerin Linda Tellington-Jones ist der perfekte Einstieg in die erfolgreiche Therapieform und das partnerschaftliche Training mit dem Pferd. Detailgenaue Schritt-für-Schritt-Anleitungen machen es leicht, TTouches und die Bodenarbeit kennenzulernen und mit dem eigenen Pferd auszuprobieren. Körperarbeit und Ausbildung fördern die Leistungsbereitschaft beim Pferd und die Tiere sind ausgeglichener und gesünder. Die richtige Methode für alle Reiterinnen und Reiter, die das Beste für ihren Schützling wollen.

Teschen, Babette, Konnerth, Tania: **Praxiskurs Bodenarbeit**; KOSMOS 2021
Einen pferdegerechten, positiven und sanften Weg im Umgang mit ihrem Pferd suchen viele Pferdefreunde. Babette Teschen und Tania Konnerth zeigen, wie die Übungen Schritt für Schritt funktionieren und erklären stets auch das „Warum“. Sie beginnen bei den Basisübungen über Spiel, Longieren und Gymnastizierung bis zur Freiarbeit.

REGISTER

BILDNACHWEIS

Die Fotos wurden von Dominique van Dreumel – Equigeniek Equestrian Photography für dieses Buch angefertigt, mit Ausnahme der Fotos von Anja Fee (1: Seite 210), Lily Forado (1: Seite 217), Morgan Froment (1: Seite 88), Steve Harnacke (3: Seite 170, 171, 217), Laura Oonk Photography (1: Seite 141), Sanneke van Maanen (1: Seite 199), Anne Roos van Stapele (10: Seite 15, 18, 37, 44, 69, 110, 137, 138, 180, 184). Mit 19 Zeichnungen von Annemarie Dragt.

IMPRESSUM

Umschlaggestaltung von GRAMISCI Editorialdesign/Isabelle Fischer, München unter Verwendung von zwei Fotos von Dominique van Dreumel.

Mit 190 Farbfotos und 19 Illustrationen.

Alle Angaben und Methoden in diesem Buch sind sorgfältig erwogen und geprüft. Sorgfalt bei der Umsetzung ist jedoch geboten. Verlag und Autor übernehmen keinerlei Haftung für Personen-, Sach- oder Vermögensschäden, die im Zusammenhang mit der Anwendung und Umsetzung entstehen könnten.

Gedruckt auf chlorfrei gebleichtem Papier

Aus dem Englischen übersetzt von Lisa Wetzmüller.
Bitless Riding erschienen im Eigenverlag von Jesse Drent, Nalanta.
ISBN 978-90-9036794-1

ISBN 978-3-440-17995-6
Redaktion: Gudrun Braun
Gestaltungskonzept: Lucy Ulrich
Satz: DOPPELPUNKT, Stuttgart
Produktion: Claudia Frank
Druck und Bindung: Westermann Druck Zwickau GmbH, Zwickau
Printed in Germany / Imprimé en Allemagne

FSC
www.fsc.org
MIX
Papier | Fördert gute Waldnutzung
FSC® C110508